BAEDEKER

SCHWEDEN

www.baedeker.com
Verlag Karl Baedeker

INHALT • **Reiseziele**

Top-Reiseziele

Schweden bietet eine Fülle von reizvollen Zielen, die einen Umweg oder sogar eine eigene Reise wert sind. Hier haben wir für Sie zusammengestellt, was Sie auf keinen Fall versäumen sollten.

❺ ✶✶ Umeå
Schöne Stadt am bottnischen Meerbusen, in deren Umgebung die Lachse springen
Seite 351

❻ ✶✶ Jämtland
Unberührte Waldwildnis, wo noch Bär und Vielfraß leben
Seite 219

❼ ✶✶ Östersund
Unbedingt anschauen: Museum Jamtli über die Samen
Seite 293

❽ ✶✶ Härnösand
Den sauren Hering mag nicht jedermann, die Gegend ist aber bezaubernd.
Seite 194

❶ ✶✶ Lappland
Eines der letzten Wildnisgebiete in Europa
Seite 206, 233

❷ ✶✶ Jokkmokk
Samische Stadt, eingebettet in Birken- und Nadelwälder der Tundra
Seite 214

❸ ✶✶ Polarkreis
Unsichtbare Linie, von der an im Sommer die Sonne nicht untergeht
Seite 212

❹ ✶✶ Arvidsjaur
Hier lohnt unbedingt das berühmte Silbermuseum.
Seite 210

❾ ✶✶ Dalarna
Hier liegt der Siljansee, Schwedens blauschillerndes Herz.
Seite 296

❿ ✶✶ Falun
Kupfer bestimmt bis heute über das Wohl und Wehe der Stadt.
Seite 143

Reiseziele · INHALT

⓫ ✶✶ Uppsala
Freundliche Universitätsstadt mit
weltberühmten Bücherschätzen
Seite 354

⓬ ✶✶ Stockholm
Das »Venedig des Nordens« ist das
ganze Jahr über eine Reise wert.
Seite 309

⓭ ✶✶ Bohuslän
Ganz im Westen des Landes zieht
sich ein wunderschöner Küsten-
streifen mit Sandstränden hin.
Seite 131

⓮ ✶✶ Vättersee
Kristallklar ist das Wasser des
zweitgrößten schwedischen Sees.
Seite 387

⓯ ✶✶ Gränna
Unweit der hübschen Stadt steht
der Runenstein von Rök.
Seite 391

⓰ ✶✶ Jönköping
Die herrlich ausgemalte Habo
Kyrka und das Streichholzmuseum
sollte man unbedingt gesehen
haben.
Seite 389

⓱ ✶✶ Gotland
Sonneninsel in der Ostsee, ein
Paradies für Schwimmer, Wanderer
und Radfahrer
Seite 169

⓲ ✶✶ Kalmar
Idyllische Altstadt und ein trutziges
Schloss kennzeichnen diese einst
dänische Stadt.
Seite 222

⓳ ✶✶ Öland
Hier machen die schwedischen
Royals Urlaub.
Seite 281

⓴ ✶✶ Karlskrona
Hafenstädtchen in einer Bilder-
buchlandschaft
Seite 227

㉑ ✶✶ Lund
Besuchermagnet Nummer eins
ist der wuchtige Dom, die älteste
romanische Kirche Schwedens.
Seite 255

㉒ ✶✶ Malmö
Hauptstadt Schonens mit Direktan-
bindung ans dänische Kopenhagen
Seite 270

INHALT • Lust auf...

Lust auf...

... einen Schluck Hummerbier, Wandern mit Rentieren, Tafeln wie ein Nobelpreisträger, Golf um 3.00 Uhr früh im Licht der Mitternachtssonne? In Schweden ist nicht nur das möglich.

SPORT
- **Schlittschuh-Marathon**
  Ist es richtig kalt, wird in der Provinz Dalarna jedes Jahr im Februar ein Schlittschuh-Marathon ausgetragen.
  Seite 129
- **Golf unter der Mitternachtssonne** ▶
  Abschlagen rund um die Uhr – in Björkliden, rund 250 km nördlich des Polarkreises, im Licht der Mitternachtssonne
  Seite 233
- **Wandern mit Rentier**
  In Lappland gehen Wanderer mit Rentieren auf Tour durch einen Nationalpark.
  Seite 252

UNGEWÖHNLICHE ÜBERNACHTUNGEN
- **Wohnen im Baumhaus**
  Zwei luxuriöse Holzhäuser in lichter Höhe erwarten Besucher in der Nähe von Falköping.
  Seite 93
- ◀ **Wohnen im Gefängnis**
  In einigen Städten Schwedens nächtigt man in alten Gefängnissen. In Falun und Varberg wurde daraus eine Jugendherberge.
  Seite 144, 375
- **Wohnen im Leuchtturm**
  Ganz weit draußen: Im äußeren Schärengarten von Luleå liegt das Rödkallen Fyrhotell.
  Seite 253

Lust auf... • INHALT

KULINARISCHE SPEZIALITÄTEN

- **Hummerfest**
  Im September dreht sich in Grebbestad alles um den Hummer – dann gibt's sogar Hummerbier.
  Seite 139
- **Nobelpreisdinner**
  Speisen wie ein Nobelpreisträger kann man im Stadshuskällaren in Stockholm: Hier wird die Speisenfolge des Nobeldinners für zahlende Gäste nachgekocht.
  Seite 72

WEITE BLICKE

- **Stockholm von oben**
  Die schönste Aussicht über die schwedische Hauptstadt hat man vom Turm des Stadshuset im Stadtzentrum und vom Kaknästurm, einem Fernsehturm am Stadtrand.
  Seite 309
- **Längste Seilbahn der Welt**
  Luftige 13 Kilometer von Orträsk nach Mensträsk in Nordschweden: Wo einst Erz transportiert wurde, genießen heute Besucher die Aussicht.
  Seite 308

ERLEBNISSE MIT TIEREN

- **Mit Fischen kuscheln**
  »Fische sind Freunde!« Im Aquarium von Lysekil darf man sie sogar streicheln.
  Seite 137
- **Bärensafari**
  In Schweden leben so viele Braunbären, dass sie sogar gejagt werden dürfen. Bei der Bärensafari in Hede geht man aber nur mit der Kamera auf die Pirsch.
  Seite 186

HINTERGRUND

- 12 **Land der Wälder und Seen**
- 14 **Fakten**
- 15 Natur und Umwelt
- 20 *Infografik: Schweden auf einen Blick*
- 24 *Special: Elche*
- 28 *Infografik: Polarlicht*
- 30 Bevölkerung · Politik · Wirtschaft
- 34 *Willkommen im Alltag*

- 38 **Geschichte**
- 39 Steinzeitjäger und Wikinger

- 46 **Kunst und Kultur**
- 47 Kunstgeschichte
- 50 Literatur

- 52 **Berühmte Persönlichkeiten**
- 62 *Infografik: Nobelpreis*

ERLEBEN & GENIESSEN

- 66 **Essen und Trinken**
- 67 Schwedische Küche – Weltklasse
- 70 *Typische Gerichte*
- 72 *Special: Edelrestaurant Stadshuskällaren*

- 74 **Feiertage · Feste · Events**
- 75 Feiern, wie die Feste fallen

- 78 **Mit Kindern unterwegs**
- 79 Fast so viel Spaß wie Pippi

Ländliche Idylle in Südschweden

Zu den beliebtesten Reisezielen in Schweden gehört die Insel Gotland.

82 Nationalparks
83 Alles im grünen Bereich

86 Shopping
87 Nordischer Stil
88 *Special: Skandinavisches Design*

90 Übernachten
91 Von der Hütte bis zum Hotel
93 *Special: Baumhäuser*

94 Urlaub aktiv
95 Ich bin dann mal draußen
100 *Special: Store Mosse Nationalpark*

TOUREN

104 Tourenübersicht
106 Unterwegs in Schweden
108 Tour 1: Zur Badewanne Schwedens
111 Tour 2: Nach Stockholm und Gotland
113 Tour 3: Rund um den Mälarsee
115 Tour 4: Die große Nordlandfahrt

REISEZIELE VON A BIS Z

122 Ängelholm
127 Bergslagen
131 Bohuslän

PREISKATEGORIEN
Restaurants
(Preis für ein Hauptgericht)
●●●● Über 350 SEK
●●● 200 – 350 SEK
●● 130 – 200 SEK
● bis 130 SEK
Hotels (Preis für ein DZ)
●●●● Über 1500 SEK
●●● 1000 – 1500 SEK
●● 500 – 1000 SEK
● bis 500 SEK

Hinweis
Gebührenpflichtige Servicenummern sind mit einem Stern gekennzeichnet: *0800....

140 **Special: Felsritzungen**
143 Falun
149 Gävle
152 Göteborg
166 **Special: Götakanal**
169 Gotland
180 Halmstad
185 Härjedalen
188 Helsingborg
194 Höga Kusten
200 Hudiksvall
204 **Special: Kungsleden**
206 Inlandsvägen
212 **Special: Himmlische Lichter**
219 Jämtland
222 Kalmar
227 Karlskrona
233 Kiruna
236 **Special: Die Samen**
240 Kristianstad
244 Landskrona
247 Linköping
251 Luleå
255 Lund
260 **3D: Dom von Lund**
262 Mälarsee
266 **3D: Schloss Gripsholm**
270 Malmö
276 **3D: Öresundbrücke**
278 Norrköping
281 Öland
289 Örebro
293 Östersund
296 Siljansee
306 Skellefteå
309 Stockholm
333 **Special: Untergang der Vasa**
334 **3D: Vasa-Museum**
341 Sundsvall
345 Trelleborg
348 **Infografik: Wikinger**
351 Umeå
354 Uppsala
362 Vänersee
368 **Infografik: Kranichzug**
375 Varberg
379 Västerås
383 Västervik
387 Vättersee
392 **Infografik: Glasreich**
399 Växjö
401 Ystad

PRAKTISCHE INFORMATIONEN

410 Anreise · Reiseplanung
413 Auskunft
414 Mit Behinderung
415 Elektrizität
415 Etikette
416 Geld
417 Gesundheit
417 Literaturempfehlungen
418 Medien
419 Notrufe
419 Post · Telekommunikation
420 Preise · Vergünstigungen
421 Reisezeit
421 Sprache
429 Toiletten
429 Verkehr
431 Zeit

432 Register
437 atmosfair — nachdenken · klimabewusst reisen — **atmosfair**
438 Verzeichnis der Karten und grafischen Darstellungen
439 Bildnachweis
440 Impressum
444 *Kurioses*

So mancher Lachs, der auf Schwedens Tellern landet, stammt aus der Aquakultur.

HINTERGRUND

Kurz und knapp, verständlich geschrieben und schnell
nachzuschlagen: Wissenswertes über Schweden, über Land und
Leute, Wirtschaft und Kunst, Geschichte und Alltagsleben.

Land der Wälder und Seen

In Schweden gibt es Elche, Alkohol ist teuer und man kann wunderbar wandern – all das stimmt, doch Schweden hat viel mehr zu bieten. Es ist ein ideales Reiseziel für Individualisten, die den Massentourismus scheuen, ein Land für Urlauber, die gerne auf eigene Faust unterwegs sind, wie für solche, die sich entspannte Tage im Ferienhäuschen am Meer wünschen. Wer einmal dort war, gerät immer wieder ins Schwärmen.

Schweden ist groß und weitläufig, 1500 km misst das Land von seiner Südspitze bis hinauf in die nordische Tundra. Entsprechend **vielfältig ist die Natur**: Im Süden, Götaland genannt, breiten sich friedliche Ackerbaulandschaften, Sonnenküsten und riesige Seen aus, in der Mitte, in Svealand, liegen die großen Wälder und der Mälarsee mit Stockholm. Das menschenleere Norrland hingegen reicht schon in die baumlose arktische Tundra hinein. Schweden will mit Zeit und Ruhe entdeckt werden, denn auch kulturell wird einiges geboten. An erster Stelle steht hier der Hauptstadt Stockholm, das »Venedig des Nordens« mit seinen beeindruckenden Prachtbauten und Museen sowie der lebendigen Restaurant- und Kneipenszene. Auch Göteborg und das lebensfrohe Malmö sind lohnende Ziele für Kulturbegeisterte und Städtetouristen. Im Hinterland hingegen werden die Freunde des Kunsthandwerks fündig: Schwedens »Töpferland« und sein »Glasreich« sind weltbekannt.

Königlich: Das prachtvolle Schloss in Kalmar

FRIEDLICHER SÜDEN, FASZINIERENDER NORDEN

Während sich die kulturellen Sehenswürdigkeiten auf den Süden des Landes konzentrieren, wird nach Norden hin das Land immer fremdartiger: Die Tageslänge nimmt zu, die Mitternachtssonne scheint, in der menschenleeren Tundra öffnet sich das Tor zur einer Wildnis, deren Monotonie und Großartigkeit unvergesslich ist. Hier leben noch Wölfe und Bären; hier weiden die riesigen halbwilden Rentierherden der Samen, die ihre fast verloren gegangene Kultur jetzt wieder ganz bewusst pflegen.

Land der Wälder und Seen • HINTERGRUND

Im Jahreslauf spielt die **Mittsommerzeit** die Hauptrolle. So findet der lange und nördlich des Polarkreises fast lichtlose Winter, der dem Gemüt zu schaffen machen kann, seinen Ausgleich in den endlosen hellen Nächten des Sommers, in denen die Einheimischen von einer unerschöpflichen Vitalität zu sein scheinen. Die Mittsommernacht wird im ganzen Land mit Musik, Tanz, viel Alkohol und Hingabe gefeiert und die Festtagsfreude der Schweden reißt auch die Gäste mit. Im Alltag treten die Schweden überwiegend sehr zurückhaltend auf und werden als höfliche, umgängliche Menschen geschätzt.

Schon in den ersten Stunden auf schwedischem Boden fällt dem Reisenden auf, wie sauber und gepflegt Gärten, Wege und Wanderparkplätze sind. Auf den Straßen herrscht nicht das Recht des Stärkeren, vielmehr pflegen die Schweden einen sehr gelassenen Fahrstil. So steuert man sein Gefährt friedlich auf hervorragenden Straßen von den Badestränden an der Ostküste zu denen im Westen, von Südschwedens Bilderbuchlandschaft bis hinauf in den höchsten Norden. Seit dem Jahr 2000 besitzt Schweden dank der

Ausgelassen tanzen und feiern können in Schweden nicht nur kleine Kinder.

Öresundbrücke eine direkte Verbindung zum Festland, sodass man auch ohne Fährpassage das größte Land Nordeuropas erreicht.

ABBA, IKEA UND CO.

Schweden ist die Heimat von weltweit erfolgreichen Popgruppen wie Abba oder Ace of Base und auch Mutterland von Global Playern wie Volvo, Ikea, Electrolux oder H & M. Wirtschaftlich geht es dem Land gut. Wenngleich Segnungen des berühmten schwedischen Wohlfahrtsstaats zuletzt zurückgenommen werden mussten, dient das skandinavische Land noch oft als **Vorreiter**, wenn es um das Auffangen von negativen Folgen der Globalisierung geht. Natürlich hat auch Schweden seine dunklen Seiten: Drogenszenen, soziale Randgruppen, Arbeitslosigkeit, doch nicht in solchen Dimensionen wie in anderen Ländern. Die lange Jahre skandalfreie, königliche Familie sorgt seit 2010 für irritierende Schlagzeilen: König Carl XVI. Gustaf soll eine Affäre mit einer Sängerin gehabt haben. Das mag nicht wirklich passen zu der romantischen Begegnung des Monarchen mit seiner späteren Frau, der Heidelbergerin Silvia Sommerlath. Sie treten auch weiterhin als ein Königspaar auf, das für ruhige Beständigkeit steht.

Fakten

**Natur und Umwelt** • HINTERGRUND

Natur und Umwelt

Sanft, sonnig und voller kultureller Highlights präsentiert sich Schwedens Süden, der Norden ist wild und einsam, ein Paradies für Naturfreunde. Bis vor 100 Jahren war das Land noch ein reiner Agrarstaat, doch längst boomt die Industrie – Ikea, Volvo und H & M lassen grüßen!

LAND ZWISCHEN FJÄLL UND SCHÄREN

Schweden nimmt den östlichen Teil der skandinavischen Halbinsel ein und wird durch den Hauptkamm des Skanden-Gebirges von Norwegen, seinem westlichen Nachbarland, getrennt. Die Skanden erstrecken sich auf einer Länge von 1700 km (zum Vergleich: Alpen knapp 1000 km). **Typisch für die Skanden** sind die weiten, teils vermoorten und von kleinen Seen durchsetzten Fjällhochflächen, die **zwischen 1000 und 1500 m ü.d.M.** liegen. Geologisch gesehen sind die Skanden etwa zwanzigmal älter als die Alpen.

Auf dem Fjäll: Berge, Seen

Das **südliche Schweden** sieht völlig anders aus als der Norden: Riesige Seen bedecken die relativ flache Mittelschwedische Senke. Die drei größten Seen sind Vänersee, Mälarsee (dessen Spiegel nur um Zentimeter über dem der Ostsee liegt) und Vättersee. Noch weiter südlich wirkt die nur bis zu 400 m hohe Landschaft **wie ein flacher Schild**. Im Südwesten leiten dann die Mittelschwedische Senke und Småland über nach Bohuslän und Halland mit ihren Schärenküsten.

Die großen Seen

Die Schären (von schwed. skär = Klippe) sind ein Charakteristikum der ostskandinavischen Küsten. Sie entstanden, als die Gletscher abschmolzen, sich das Land hob und bislang unter Wasser gelegene Gesteinsmassen aus dem Meer auftauchten. Im **Küstensaum von Stockholm** zählt man mehr als 24 000 Inseln, Inselchen und Klippen.

Reif für die Inseln?

Ganz Nordeuropa war mehrere zehntausend Jahre hindurch von einem **mächtigen Eispanzer** bedeckt, und nur die höchsten Spitzen des skandinavischen Hochgebirges ragten aus der Eisdecke heraus. Während aber Norddeutschland schon vor 20 000 Jahren eisfrei wurde, war Skandinavien **vor nur 10 000 Jahren** noch weitgehend von Eis bedeckt. Vor allem diese letzte Eiszeit formte die Landschaft Skandinaviens: Das Eis verschliff alle älteren Formen stark, nur der

Eis formt das Land

Lappland ist so kalt, dass man Hotels aus Eis bauen kann: Ice-Hotel in Jukkasjärvi.

HINTERGRUND • Natur und Umwelt

lange Gebirgszug der Skanden blieb erhalten. Als es schmolz, hat die **Ostsee**, die anfangs nur ein großer Stausee am Rand des Eises war, ihre Uferlinie immer wieder verändert und bekam eine offene Verbindung zum Weltmeer. Von der alten mittelschwedischen Meeresbedeckung sind die großen Seen zurückgeblieben; durch die reichliche Zufuhr von Fluss- und Quellwasser hat sich ihr Salzwasser längst **in Süßwasser verwandelt**.

Die Gletscher schmelzen
Hatten die etwa 2000 m dicken, mächtigen Eismassen das darunter liegende Land noch stark in die Tiefe gedrückt, so schwand diese Belastung mit dem Abschmelzen des Eises, und das Land hob sich. Am stärksten war diese **Landhebung** im Zentrum der einstigen Eisbedeckung. Sie ist in Skandinavien noch nicht abgeschlossen, sondern beträgt in der Gegend des Bottnischen Meerbusens noch etwa 1 m pro Jahrhundert, so dass dort manche Städte (wie etwa Luleå) ihre Hafenanlagen immer wieder verlegen mussten, um dem zurückweichenden Meer zu folgen.

> **? BAEDEKER WISSEN**
> *Höchste Bodenhebung der Welt*
>
> Die Höga Kusten in Västernorrland hat die höchste Bodenhebung der Welt zu verzeichnen. Hier betrug die Landhebung seit der letzten Eiszeit vor 10 000 Jahren 285 m. Das Gebiet steigt noch heute um 8 mm im Jahr auf und wurde zum Weltnaturerbe erklärt.

Die Kraft des Eises schuf bizarre Formen: Im Schärenbereich und im Binnenland sind mitunter Felsen zu finden, die an die Rücken mächtiger Wale erinnern. Besonders eigenartig sind die **Oser** (schwed. Åser), lang gestreckte, geschichtete Kiesdämme, die sogar größere Seen durchziehen. Es handelt sich um die ehemaligen Sedimentfüllungen von Tunnelbahnen, die sich die unter den Eismassen hinziehenden Flüsse geschaffen hatten. Als das Eis schließlich abschmolz, blieben die Sedimentmassen als natürliche Dämme liegen. Von den Menschen wurden sie als stets trockene Verkehrswege geschätzt. Nicht zuletzt verdankt Stockholm seine Existenz einem solchen Os, das zur Abschnürung des Mälarsees beigetragen und eine günstige Möglichkeit zur Überquerung des Wassers geboten hat.

DIE SCHWEDISCHEN LANDSCHAFTEN

Südschweden
Die Landschaft in Südschweden unterscheidet sich kaum von der in Norddeutschland und Dänemark. Hier ist es flach, so weit das Auge reicht. **Skåne (Schonen)**, die südlichste Landschaft Südschwedens, ist ein flacher Landstrich voll endloser Felder. Nur der Norden bietet auch Wald. Schon nordisches Gepräge hat die Landschaft **Småland**, obwohl sie auf der gleichen Breite wie Jütland liegt. Ihr von eiszeitlichen Gletschern abgeschliffener Gneis- und Granitrumpf, der sich

Natur und Umwelt • HINTERGRUND

Schweden · Landschaften

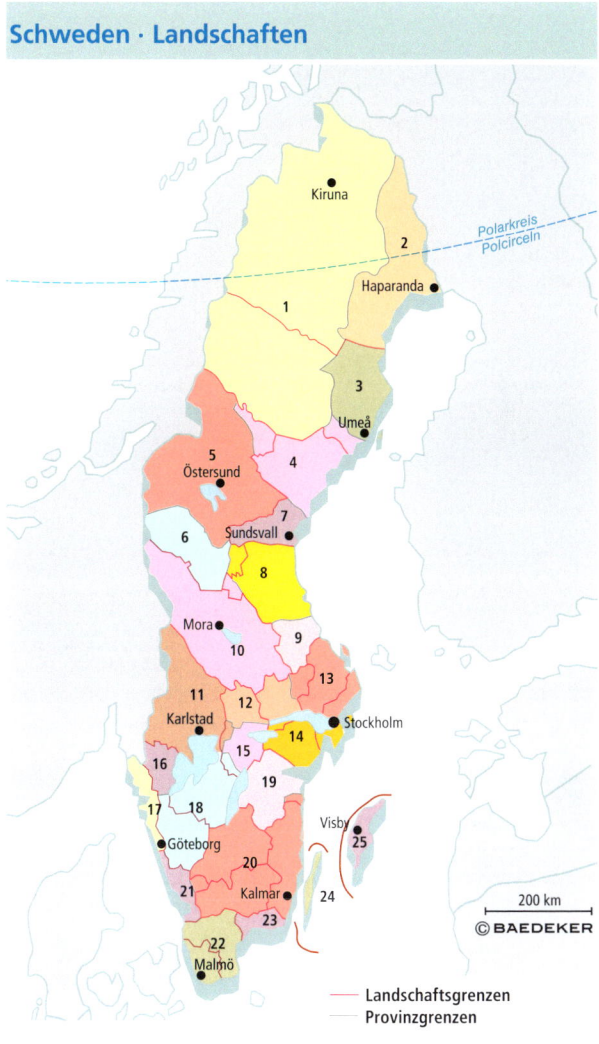

— Landschaftsgrenzen
— Provinzgrenzen

1 Lappland (Nordlappland, Südlappland)
2 Norrbotten
3 Västerbotten
4 Ångermanland
5 Jämtland
6 Härjedalen
7 Medelpad
8 Hälsingland
9 Gästrikland
10 Dalarna
11 Värmland
12 Västmanland
13 Uppland
14 Södermanland
15 Närke
16 Dalsland
17 Bohuslän
18 Västergötland
19 Östergötland
20 Småland
21 Halland
22 Skåne
23 Blekinge
24 Öland
25 Gotland

Der Klarälv ist der längste Fluss Schwedens und schlängelt sich durch waldiges Land.

kaum bis auf 400 m erhebt, ist trotz der geringen Höhe ein noch weithin unerschlossenes Wald- und Moorgebiet. Der Holzreichtum hat in älterer Zeit an vielen Orten eine lebhafte Glasindustrie entstehen lassen. **Halland** im Westen zeichnet sich durch bekannte Badeorte und schöne Strände aus. **Blekinge** im Osten gehört zu den kleinsten Landschaften, kann aber trotzdem dem Besucher einiges bieten. Das Land ist hügeliger als Skåne, verfügt über weite Laubwälder und schöne Strände an der von Fjorden stark gegliederten Küste. Strände sind das Markenzeichen der großen Inseln Öland und Gotland. Doch ansonsten haben die beiden nicht viel gemeinsam. Während das kleinere **Öland** windzerfetzt und mit karger Vegetation in der Ostsee liegt, zeichnet sich **Gotland** durch mildes und sonniges Klima aus und wird nicht umsonst »Insel der Rosen« genannt.

Mittelschweden | Mittelschweden hat kein eigentliches Zentrum. Immer wieder wechseln ebene Ackerbaulandschaften mit dicht bewaldeten Gebirgshorsten oder gleichförmigen, vermoorten Hochflächen ab. Im Osten Mittelschwedens liegt die Landeshauptstadt **Stockholm** hinter einem dichten Schärengürtel. Weiter im Landesinneren hat die bäuerliche Bevölkerung des alten Svealandes jedoch viel offenes Land vorgefunden. Vänersee und Mälarsee werden durch viele kleine Inselchen vor ihren Küsten geprägt. Nördlich von Stockholm beginnt für viele Liebhaber des Landes erst das richtige Schweden. **Uppland** mit seiner schönen Hauptstadt Uppsala und **Gästrikland** sind mit ihren Wäldern, Seen und weiten Feldern die ersten Vorboten des Nordens. In **Västmanland** und vor allem Dalarna wird die Landschaft bereits wilder. **Dalarna** ist eine der beliebtesten Feriengegenden des Landes und der **Siljansee** wird von vielen als der schönste See Schwedens bezeichnet. Im Nordwesten Dalarnas liegt das südlichste Fjällgebiet Schwedens mit Erhebungen bis zu 1200 m. In **Hälsingland und Medelpad**, den Landschaften an der Küste, herrscht Landwirtschaft vor. Im Landesinneren in Härjedalen und Jämtland ist das Klima wesentlich rauer. Jetzt prägen die Wälder und Berge an der Westgrenze zu Norwegen das Bild. Nördlich von **Jämtlands** größter Stadt Östersund beginnt die Wildnis.

Die meisten Menschen in Nordschweden leben in den Küstenlandschaften **Ångermanland, Västerbotten und Norrbotten**. In den beiden letztgenannten gibt es mit Luleå und Umeå sogar noch größere Städte. **Norrlands** Seen liegen im Winter viele Monate lang unter einem dicken Eispanzer verborgen. Weit im Norden, schon jenseits des Polarkreises, sind in Porjus, Harsprånget und an vielen anderen Stellen große Wasserkraftwerke angelegt worden. Norrland und Lappland sind Gebiete der endlosen Wälder, durchrauscht von ungebändigten Strömen, die vom Gebirge herabkommen und früher dem Holztransport dienten. Heute sind weite Waldgebiete durch gute Straßen erschlossen, sodass Holz meist mit Lastwagen zu den vielen Sägewerken gebracht wird. Diese befanden sich früher ausnahmslos an den Mündungen der großen Flüsse, entstehen heute aber auch im Binnenland. In **Lappland,** der flächenmäßig größten Landschaft Schwedens, leben die wenigsten Menschen. Die Bevölkerung konzentriert sich hauptsächlich auf die Bergbaustädte wie z.B. **Kiruna**. Statt Nadelwäldern wachsen hier lichte Birkengehölze, das Land ist oft sumpfig und moorig, Bäche sickern durch die Trümmer- und Schuttfelder der letzten Eiszeit. Diese Region, bis vor kurzem noch ausschließlich die Domäne zahlreicher halbwilder Rentierherden, wird den Samen (Lappen) heute mehr und mehr streitig gemacht (▶Baedeker Wissen, S. 236). Im Jahr 1986 wurden die Rentierweiden durch große Mengen radioaktiven Niederschlags schwer geschädigt, nachdem am 26. April 1986, mehr als 2000 km entfernt, die Brennstäbe im Kernkraftwerk von **Tschernobyl** (Ukraine) geschmolzen und der Reaktor explodiert war.

Nordschweden

Schweden auf einen Blick

Lage:
Nordeuropa am östlichen Rand der skandinavischen Halbinsel

Fläche:
449 964 km²

Einwohner: **9,5 Mio. (2012)**
davon:
90,5 % Schweden
2,5 % einheimische Finnen
ca. 20 000 Samen
Ausländeranteil: ca. 14 %

Bevölkerungsdichte:
21 Einwohner/km²
Im Vergleich Deutschland: 231 Einwohner/km²

▶ Bevölkerung

17 % der Bevölkerung über 65 Jahre, damit ist Schweden eines der »ältesten« Länder weltweit. Geburtenrate: 1,85 Kinder/Frau.

▶ Staat

Staatsform: parlamentarisch-demokratische Monarchie
König: Carl XVI. Gustaf (seit 1973)
Ministerpräsident: Fredrik Reinfeldt (seit 2006)
Amtssprache: Schwedisch
Hauptstadt: Stockholm

▶ Energiegewinnung

45 % aus erneuerbaren Energien, **43 %** Atomkraft, **12 %** fossile Energieträger. Im Juni 2010 machte Schweden den Ausstieg aus der Atomenergie rückgängig.

▶ Religion

71 % der Bevölkerung evangelisch-lutherisch (Schwedische Kirche),
ca. 250 000 Moslems,
ca. 150 000 römisch-katholisch

▶ IKEA

Verkaufsschlager
Ivar, Klippan, Billy

Jahresumsätze 2011 im Vergleich (in €)

VOLVO
36,5 Mrd.

IKEA
24,7 Mrd.

Tetra Pak
10,4 Mrd.

131 000 MITARBEITER
9500 PRODUKTE

Wirtschaft

Prokopf-Einkommen:
57 000 US-$

Hauptausfuhr:
Holzerzeugnisse, Pkw, Lkw, Maschinen, Elektro- und Telekommunikationsausrüstung, Design

Einfuhr: Öl, Pkw, Halbfabrikate, Maschinen, Bekleidung, Obst

Dienstleistungen: **70 %**,
Industrie: **28 %**,
Landwirtschaft: **2 %**
Arbeitslosenquote:
7,3 %

Währung:
Schwedische Krone SKR

Internet-TLD: .se

Großunternehmen:
ABB, Electrolux, Ericsson, Ikea, Saab, Scania, Tetra-Pak, Volvo

▶ Klimastation Stockholm

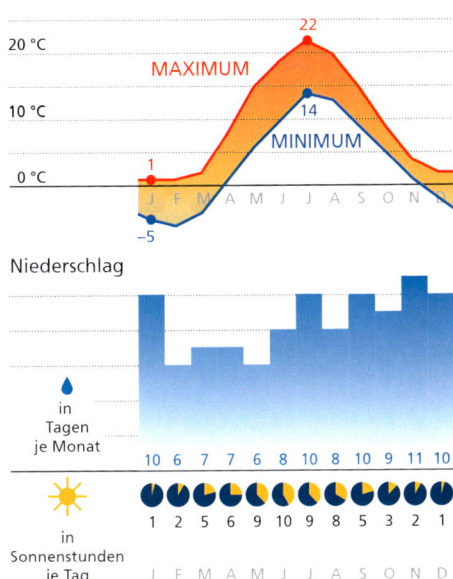

Filialen weltweit
284 Einrichtungshäuser
+ 40 Franchisenehmer

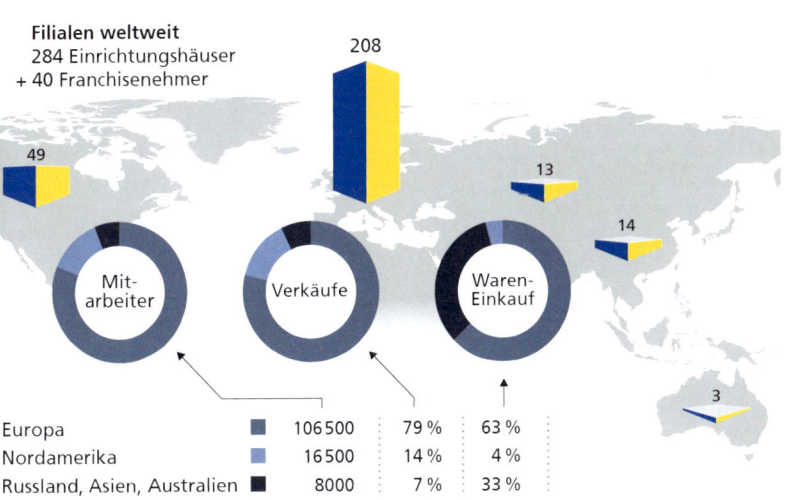

		Mitarbeiter	Verkäufe	Waren-Einkauf
Europa		106 500	79 %	63 %
Nordamerika		16 500	14 %	4 %
Russland, Asien, Australien		8 000	7 %	33 %

HINTERGRUND • **Natur und Umwelt**

PFLANZEN UND TIERE

Durch Wälder zur Tundra

Nur im Süden des Landes wachsen Buchen und Eichen. Der größte Teil Schwedens, vor allem Norrland, gehört zur nördlichen Nadelwaldzone. Als vorherrschenden Waldbaum findet man hier – meist auf Moränenböden – die Nordische Fichte (Picea excelsa), doch auch Kiefern kommen vor. Die **Fichtenwälder des Nordens** haben ein lichteres Aussehen. Eine stämmige Fichte in einer Gebirgsregion kann dreimal so alt sein wie eine entsprechende aus südlichen Waldregionen. Im Norden Schwedens bilden die Kiefern- und Birkenwälder auf Sandböden den Übergang zur Tundra, jener baumarmen Landschaft, die vor allem **für Lappland charakteristisch** ist.

Birken

Für **ganz Skandinavien** typisch ist die Birkenzone, die sich in einem Streifen von 200 m relativer Höhe über der Nadelwaldzone ausbreitet. Die Baumgrenze des Birkenwaldes liegt bei 500 bis 800 m. Als Bodenbewuchs sind Beerensträucher und in trockenen Lagen die Rentierflechte kennzeichnend.

Markanter Geselle: ein Auerhahn bei der Balz

Natur und Umwelt • HINTERGRUND

In Mittel- und Südschweden wird in erster Linie Ackerbau betrieben. Die Kulturpflanzen gleichen denen in Deutschland: Roggen und Hafer wachsen bis zum 67. und Gerste bis zum 68. Breitengrad, Kartoffeln gedeihen sogar in Lappland. Darüber hinaus gibt es Apfel-, Birn- und Kirschbäume; im Süden entfaltet der **Flieder an Straßenrändern** eine überwältigende Blütenpracht und im Frühling blühen die Rapsfelder hellgelb. Manchmal findet man Buschwindröschen, Leberblümchen und Schlüsselblumen. Auch als Wirtschaftsfaktor wichtig sind die vielen Pilz- und Beerenarten (etwa Heidel-, Preisel- und Moltebeeren). Die Büsche der begehrten **Moltebeeren** (Rubus chamaemorus) wachsen in Mooren und Feuchtgebieten und werden bis zu 30 cm groß. Ihre Früchte sehen aus wie orangefarbene Brombeeren und reifen Ende Juli/Anfang August. Man macht aus ihnen Marmelade oder isst die **eigentümlich bitter-süß** schmeckenden Beeren gefroren mit Zucker (»Björnkulla«), als Eis und Parfait.

Getreide, Raps und Beeren

Die schwedischen Flüsse und Seen sind sehr fischreich und daher **ideale Angelreviere**. Es gibt viele Lachse, Forellen, Karpfen, Hechte und Saiblinge; in den Küstengewässern kommt auch der Strömling vor, ein kleiner Weißfisch der Ostsee.

Petri Heil!

Die südschwedischen Wälder gehören zur gemäßigten, mitteleuropäischen Zone und werden von denselben Arten bevölkert, die auch in den deutschen Wäldern anzutreffen sind wie Reh, Rothirsch, Fuchs, Hase und Dachs. Weil in Nordschweden nur wenig Menschen wohnen und die Eingriffe in die Natur bisher eher maßvoll verliefen, ist die **Artenvielfalt weit größer als in Mitteleuropa**. Hier leben noch Tiere in freier Wildbahn, die bei uns ausgestorben sind, z. B. kommen von Luchsen und **Braunbären** noch einige hundert Exemplare vor. In Lappland, das zum arktischen Bereich gehört, ist die Fauna von Natur aus ärmer als in den weiter südlich gelegenen Regionen. Am verbreitetsten ist das **Ren**, das – oft halbwild – die kargen Tundren beweidet und als Lieferant von Milch, Fleisch, Fellen und Horn für die einheimische Bevölkerung größte Bedeutung hat. Durch strenge Schutzmaßnahmen hat sich der Bestand der **Elche** wieder stark vergrößert (▶Baedeker Wissen, S. 24). Für die nördlichen Regionen sind außerdem Schneehuhn, Schneehase, Vielfraß und Polarfuchs typisch.

Reh, Ren und Vielfraß

KLIMA

Die Lage Schwedens hoch im Norden führt zu **ausgeprägten jahreszeitlichen Unterschieden** bei Sonneneinstrahlung, Helligkeit und Temperatur, die nach Norden hin immer stärker werden. Das Frühjahr (April/Mai) ist durch hohe Strahlungsintensität bei langer

Nordische Besonderheiten

Elche

Das Lieblingstier der Schweden

Mehr als ein Drittel der in Europa vorkommenden Elche lebt in den weitläufigen schwedischen Landschaften. Allein schon die Anzahl der geklauten Elch-Verkehrsschilder zeigt den Beliebtheitsgrad des Riesenhirsches, der meist ungesehen durch die Wälder zieht.

Seit im Oktober 1997 ein Fahrzeug der Mercedes A-Klasse in Stockholm umgekippt ist, weiß jedes Kind, was ein **Elchtest** ist: Für die Testfahrer heißt es, mit hohem Tempo schnell die Spur zu wechseln, ohne dabei zu bremsen – ein Ausweichmanöver, das z.B. auf schwedischen Straßen nötig werden und überlebenswichtig sein kann, wenn ein Elch am Wegesrand auftaucht. Zwar sind viele Strecken durch Wildzäune geschützt, aber an ihrem Ende, also dort, wo meist auch die Elchschilder warnend stehen, sowie in der Dämmerung treten die Tiere dafür umso häufiger auf die Straße heraus. Dort halten sie sich gerne auf, weil hier in der Regel weniger Insekten umherschwirren. Fast jeder zweite, tödliche **Autounfall** in Schweden hat mit Elchen zu tun.

800 kg Lebendgewicht

Immerhin bringt die **größte Hirschart der Welt** bis zu 800 kg auf die Waage. Elchbullen erreichen eine Schulterhöhe von bis zu 2,4 m, der Körper ist mehr als 3 m lang. Charakteristisch ist das mächtige, schaufelförmige Geweih der Männchen. Aber nur den nordschwedischen Elchen wachsen fast ausnahmslos zwei **Schaufeln** auf dem Kopf. Rund die Hälfte der südschwedischen Elche trägt hingegen ein Stangen-Geweih, ähnlich, wie unser Hirsch es tut. Eine Waffe ist der pompöse Kopfschmuck allerdings nicht. Wenn ein Elch sich gegen Wolf, Bär oder andere Angreifer verteidigen will, teilt er gefährliche Fußtritte und Schläge mit den Vorderläufen aus. Das Geweih dient allein dazu, dem Imponiergehabe während der Brunftzeit den nötigen Nachdruck zu verleihen. Kaum ist die herbstliche Brunft vorbei, werfen die Bullen den bis zu 20 Kilogramm schweren Kopfschmuck ab und barhäuptig ziehen sie durch die Wälder, bis im Frühjahr nach und nach neue Schaufeln wachsen.

Schüchterner Riese

Elche sind überaus scheu und wandern meist, bis auf Mutter und Kalb, als Einzelgänger durch die Wälder und Sumpfgebiete. Ihre Fähigkeit, sich »unsichtbar« zu machen, ist bei schwedischen Jägern legendär. Am liebsten fressen diese Wiederkäuer **Zweige**, sie knien auf dem Boden, um Gräser zu zupfen und junge Bäumchen anzuknabbern, sorgen für so manchen Forstschaden und setzen mitunter den Feldern der Bauern zu. Besonders **gerne äsen sie im Wasser** – dort entkommen sie den lästigen Bremsen und Mücken –, weiden Schlingpflanzen und Seerosen ab und können bis zu einer Minute kopfunter im See abtauchen. Zum

Wasser haben sie ohnehin ein inniges Verhältnis. Sie schwimmen gut und außerordentlich schnell. Auch sonst sollte man Elche nicht unterschätzen, bloß weil sie so plump und ungeschlacht wirken: Diese Tiere schaffen es mühelos, über 2 m hohe Zäune zu springen. Zwar bleibt der Elch am liebsten, wo er ist, doch wenn es an Futter mangelt, wandert er mitunter mehrere 100 Kilometer, um neue Weidegründe zu finden. Die nahrungsarme Winterzeit mit Temperaturen zum Tiel weit unter der Gefriergrenze überstehen die Tiere dank ihrer Fettreserven unbeschadet.

Das große Halali

Derzeit leben schätzungsweise rund 350 000 Elche in Schweden. Jährlich im Herbst aber blasen Jäger zum großen Halali auf den König der nordischen Wälder. In nur zwei bis drei Wochen werden die astronomischen Abschusszahlen von etwa 100 000 Exemplaren erfüllt und anschließend hat man gute Chancen, **Elchsteak oder Elchgulasch** auf der Speisekarte vieler Restaurants zu finden. Wer die Tiere lieber live erlebt und auf Nummer sicher gehen will, könnte z.B. den Tierpark Kolmarden besuchen (▸S. 280).

Besonders in der Dämmerung muss auf kleinen Straßen mit Elchen gerechnet werden.

Sonnenscheindauer gekennzeichnet. Damit einher gehen oft relativ hohe Mittagstemperaturen an den hellen Frühlingstagen. Schon im März ist es in den schwedischen Wintersportgebieten **länger hell als in den Alpen.** Erfreulich für Urlauber sind die langen Tage im Sommer sowie ein Hoch, das sich häufig von Russland über die Ostsee ausbreitet und selbst in Höhe des Polarkreises (und damit etwa in der Stadt Jokkmokk) noch – für viele überraschend – **Höchsttemperaturen von bis zu 30 °C** ermöglicht. Mitte September kann dann allerdings auch schon der erste Kaltlufteinbruch Schnee bringen. Meist herrscht dann bis zum Monatsende sonniges Hochdruckwetter: In den klaren Nächten gibt es Frost, tagsüber ist es bei sonnigem Wetter aber noch warm, und man kann einen Altweibersommer mit herrlicher Laubfärbung genießen.

Warmer Süden

In Südschweden sind die Winter mäßig kalt, die Sommer mäßig warm. In Skåne (Schonen) ganz im Süden ist es am wärmsten. An der Westküste regnet es der westlichen Winde wegen mehr als im Osten. An der Ostküste sind die Wassertemperaturen mit bis zu 16 °C auch am höchsten – ideal für einen **Badeurlaub.** Im Winter allerdings sinken die Wassertemperaturen bis auf 2 °C ab, sobald der Wärmevorrat der Ostsee aufgebraucht ist. Treibeis aus dem Norden kann bis auf die Breite von Gotland vorkommen. Einfluss auf das regionale Klima haben die **großen Binnenseen**: Sie geben im Herbst die gespeicherte Wärme an die Umgebung ab und verzögern die Abkühlung der Region im Umfeld. Im Frühjahr sind sie noch gefroren und die Umgebung wird weniger schnell warm.

Frische Mitte

Mittelschweden ist ein Übergangsgebiet vom stärker ozeanisch geprägten Klima Südschwedens zum mehr kontinental und boreal (nördlich) geprägten Klima Nordschwedens. Die Sommer sind nur mäßig warm und die **Winter sehr kalt.**

Kurze Sommer im Norden

Nordschweden (»Norrland«) hat ein kontinentales Borealklima mit langen, sehr kalten, schneereichen Wintern (in denen der viele Schnee die einsame Landschaft in den langen Polarnächten beinahe mystisch aufhellt) und kurzen, relativ warmen Sommern. Nach Westen schützen die Berge der Skanden diese Region, sodass sich feuchte Luftmassen vom Atlantik schon **auf der norwegischen Seite abregnen.** Die Niederschlagsmengen auf schwedischer Seite sind gering (meist zwischen 500 und 600 mm). Im Frühjahr wird es in der Regel nur zögernd warm, da die Eisschmelze auf der Ostsee bzw. die Erwärmung des eiskalten Wassers viel Energie verbrauchen, und weil im Mai Winde von der Ostsee landwärts wehen. Erst im Mai klettern die Tiefstwerte über den Gefrierpunkt, Ende September fallen sie schon wieder darunter. **Nachtfröste sind jeden Monat** mit Ausnahme des Juli möglich.

Natur und Umwelt • HINTERGRUND

Vier regionaltypische Klimastationen

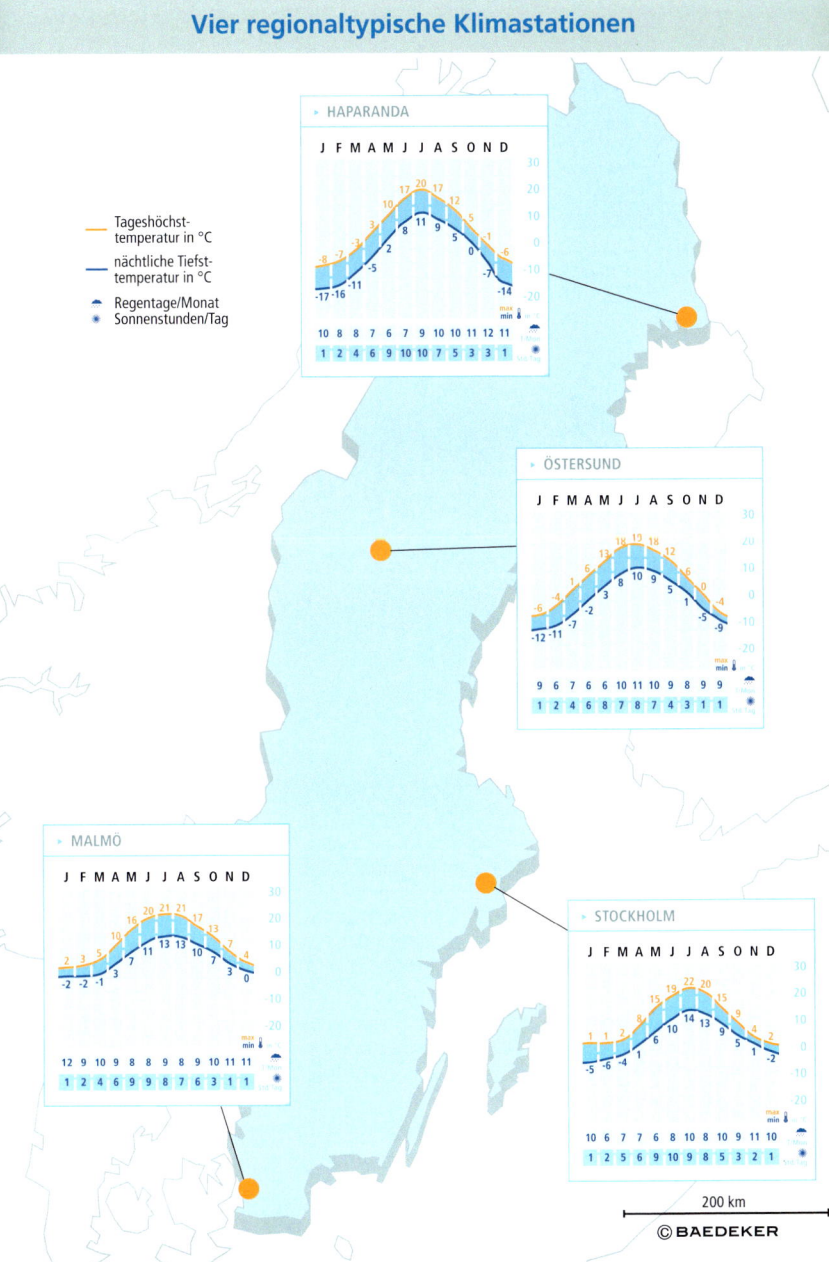

Polarlicht

BAEDEKER WISSEN

Aurora Borealis

Eine Aurora borealis bzw. ein Polarlicht in den Farbabstufungen Weiß, Gelb, Grün ist in Schweden keine Seltenheit. Solche leuchtenden Gemälde am Himmel treten immer dann auf, wenn erhöhte Sonnenaktivität zu verzeichnen ist.

▶ Wo entstehen Polarlichter?
Polarlichter treten zeitgleich an den magnetischen Polen der Erde auf. Bei wolkenlosem Himmel sind in Schweden die Bedingungen besonders in den Monaten September, Oktober und März ideal für eine Polarlichtbeobachtung.

Dipolachse

Erdachse

geografischer Nordpol

magnetischer Nordpol

Feldlinien

geografischer Südpol

magnetischer Südpol

▶ Wie entstehen Polarlichter?

1 Nach heftigen Eruptionen auf der Sonne strömen elektrisch geladene Teilchen als Sonnenwind in Richtung Erde.

Sonnenwind

Sonne

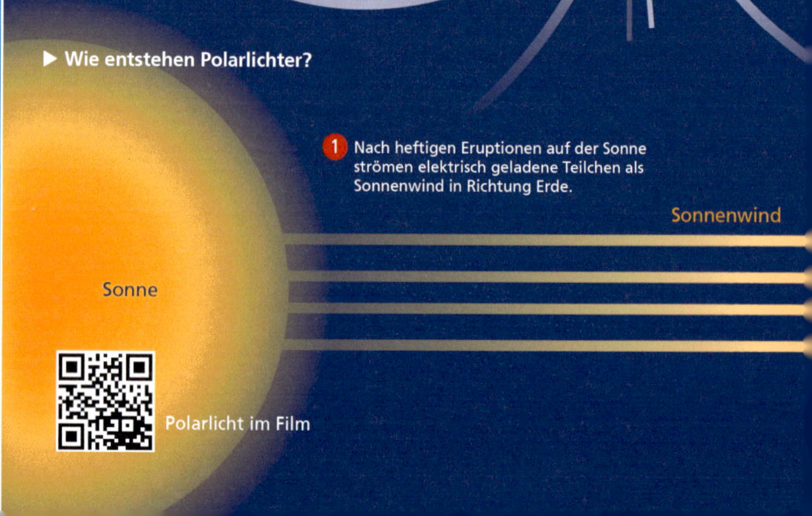

Polarlicht im Film

▶ Ein Phänomen in großen Höhen

200 km

Polarlichter treten in einer
Höhe von 100–400 km auf

©BAEDEKER

Thermosphäre bis 500 km

100 km

.... 80 km

Mesosphäre

.... 50 km

Stratosphäre

.... 10 km

Troposphäre

Magnetosphäre

2 Nach einigen Tagen treffen die Partikel mit hoher Geschwindigkeit auf das Magnetfeld der Erde. Dieses hält die gefährliche Strahlung von der Erde fern.

Erde

Magnetfeld (Van-Allen-Gürtel)

3 Nur in den Polarregionen durchdringen einige Teilchen die oberen Atmosphäreschichten und treffen dort auf Gase wie Stickstoff und Sauerstoff. Am Himmel leuchten unterschiedlich farbige Lichter auf.

Bevölkerung · Politik · Wirtschaft

200 Jahre Frieden haben Schweden geprägt: Das nordische Land wurde zum Vorbild für Gleichberechtigung in Europa, bezieht Energie gleichermaßen aus Wasser- und Atomkraft, und seine Einwohner liegen, entgegen landläufigen Meinungen, beim Alkoholkonsum erstaunlich weit hinten.

Bevölkerung Von den 9,5 Mio. Einwohnern leben mehr als 85 % in der südlichen Landeshälfte, knapp 1 Mio. davon in der Hauptstadt Stockholm. Dagegen beträgt die Bevölkerungsdichte in Norrbotten nur ca. 3 Einw./km². Jahrhundertelang war Schweden ethnisch sehr homogen. Das weit im Norden lebende Nomadenvolk der Sami war die einzige ethnische Minderheit von Bedeutung. Heute sind sie selbst in ihrem angestammten Siedlungsgebiet nur noch eine Minorität. Zu Beginn zielte die staatliche Politik auf die Assimilierung der Sami; erst gegen Ende der 1960er-Jahre wurde deren kulturelle Autonomie allmählich ernst genommen (▶Baedeker Wissen, S. 236). Heute besteht die schwedische Bevölkerung zu etwa 10 % aus Einwanderern. Die meisten von ihnen sind finnische Staatsbürger mit Schwedisch als Muttersprache.

> **? BAEDEKER WISSEN**
>
> *Gewerkschaften*
>
> In Schweden sind Sozialdemokraten und Gewerkschaften eng miteinander verflochten. Die Gewerkschaften sind allein zuständig für Tarifverhandlungen und haben starken Rückhalt in der Bevölkerung: Fast 90 % der Arbeiter sind Mitglieder, entsprechend groß ist der Einfluss auf die Politik.

Sprachen Die schwedische Sprache gehört wie Dänisch, Färöisch, Isländisch und Norwegisch zu den nordgermanischen Sprachen. In Schweden gibt es (anders als in Norwegen und Finnland) nur eine einzige Amtssprache: Schwedisch. Viele Schweden besitzen gute bis ausgezeichnete Englischkenntnisse, nicht zuletzt deshalb, weil ausländische Filme im Fernsehen meist nicht synchronisiert werden, sondern nur mit Untertiteln laufen. Durch die seit Jahrhunderten anhaltende Einwanderung aus Finnland wird Finnisch von rund 300 000 schwedischen Bürgern gesprochen.

Stellung der Frau Seit Anfang der 1970er-Jahre sind die Schwedinnen auf den Arbeitsmarkt vorgedrungen. Hinter diesem Wandel von der Hausfrau zur Berufstätigen, der im übrigen Europa erst mit deutlicher Verzögerung eingesetzt hat, stehen politische wie soziale Entwicklungen. Zur genannten Zeit wurden Frauen als Arbeitskräfte auf dem stark expandierenden, öffentlich-sozialen Sektor gebraucht; neue Steuergesetze, zahlreiche Kindertagesheime und ähnliche Einrichtungen wurden geschaffen. Inzwischen sind 85 % der Mütter, deren Kinder noch nicht älter als sieben Jahre sind, berufstätig. Dass so viele Frauen arbeiten, liegt im Wesentlichen daran, dass die Reformen auch familienfreundlich auf Teilzeitarbeit ausgerichtet waren. Verglichen mit anderen Ländern sind Frauen in Schweden auch in gewählten Organen wie dem Reichstag gut repräsentiert. In Spitzenpositionen von Unternehmen und Gewerkschaften sieht man sie hingegen seltener; im mittleren Management dagegen sind sie gut vertreten.

STAAT UND GESELLSCHAFT

Seit den Napoleonischen Kriegen, die für Schweden 1814 mit dem Frieden von Kiel endeten, lebt das schwedische Volk im Frieden. Dies ist ein Grund für die jahrzehntelange politische Stabilität im Lande. Dazu kommt, dass es in Schweden nur sehr wenige ernsthafte religiöse, ethnische oder soziale Konflikte gab.

Stabilität dank Frieden

Schweden ist eine konstitutionelle Monarchie, in der der König das formelle Staatsoberhaupt ist. Gegenwärtig ist dies **Carl XVI. Gustaf**,

Der König repräsentiert ...

Wachablösung am Königlichen Schloss in Stockholm

der seit dem 15. September 1973 das Amt des Monarchen innehat. Über politische Macht verfügt er jedoch nicht. Diese liegt beim Reichstag bzw. beim Ministerpräsidenten und der Regierung.

... das Parlament regiert

Im schwedischen Reichstag sitzen 349 Abgeordnete. Gewählt wird alle vier Jahre. Die größte schwedische Partei ist die Sozialdemokratische Arbeiterpartei, die in den vergangenen sieben Jahrzehnten bis auf wenige Ausnahmen die Regierung stellte. Mit knapp 40 % erzielte sie auch 2002 die meisten Stimmen. Bei den **Parlamentswahlen 2006 und 2010** gewann jedoch die bürgerliche Allianz die Mehrheit der Stimmen. Ministerpräsident ist seit 2006 Fredrik Reinfeldt (Moderate Sammlungspartei). In der Nachkriegszeit schafften es einzig die Grünen, die seit 1998 im Reichstag in Stockholm vertreten sind, sich neben den traditionellen Parteien zu etablieren. Für Schweden typisch sind auch die **relativ geringen Unterschiede** zwischen den Parteien. In Detailfragen wird zwar heftig gestritten, über den generellen Weg der Politik sind sich aber meist alle einig.

Schweden und Europa

Seit 1995 ist Schweden Mitglied der Europäischen Union, doch der Währungsunion trat das Land bisher nicht bei. Mit dem Euro kann man hier also nicht bezahlen; Landeswährung ist die Schwedische Krone. Insgesamt ist die Begeisterung für Europa in Schweden eher verhalten, auch wenn die **Skepsis** nicht mehr so groß ist wie Mitte der 1990er Jahre.

Die Provinzen

Schweden gliedert sich in 24 Provinzen (län), die in ihren Grenzen mit den 25 historischen Landschaften übereinstimmen. An der Spitze einer jeden Provinzialverwaltung steht ein von der Regierung ernannter Regierungspräsident; daneben besteht eine **kommunale Selbstverwaltung**.

Gelockerte Alkoholpolitik

Alkohol wird in Schweden **sehr hoch besteuert**. Auf einen Liter mit 40 Vol.% werden 22 € Steuer erhoben, in Deutschland sind es nur 5,20 €. Ursprünglich diente dies allein als erzieherische Maßnahme, inzwischen hat sich der Staat von diesen Einkünften, die jährlich rund 10 Milliarden Kronen in die Staatskassen spülen, so abhängig gemacht, dass ihm an einem Rückgang des Alkoholkonsums gar nicht gelegen sein kann. Wegen der hohen Preise ist die **illegale Schwarzbrennerei** auf dem Lande weit verbreitet. »Hembränd«, der Selbstgebrannte, ist bekannt für seinen hohen Alkoholgehalt und berüchtigt wegen seiner schlechten Qualität. Weiter decken sich die Schweden vorzugsweise auf Fähren mit Alkohol ein und umgehen so die Steuer. Tabu ist Alkohol also keineswegs, vielmehr frönen viele Schweden an Wochenenden und Feiertagen einem für ausländische Gäste mitunter irritierend exzessiven Alkoholgebrauch. Dennoch liegt Schweden bzgl. des Alkoholverbrauchs pro Jahr bei einem Vergleich v**on 35 Ländern nur auf dem 31. Platz**. Inzwischen hat man auch bei der schwedischen Regierung die Schwachstellen der Alkoholpolitik erkannt. Seit einigen Jahren werden die Steuern für niedrigprozentigen Alkohol gesenkt, die für hochprozentigen aber angehoben. Aber auch die EU hat sich eingeschaltet, die in den hohen Steuern eine Verletzung des Wettbewerbs sieht. Die schwedische Regierung denkt mittlerweile darüber nach, die Steuern zu senken, um das Geschäft mit dem billigen Alkohol im eigenen Lande zu machen. Seit 1955 aber kann man nach wie vor Alkohol **nur in speziellen staatlichen Läden** kaufen.

WIRTSCHAFT

Innerhalb von **nur 100 Jahren** wurde aus dem bitterarmen Schweden eines der reichsten Länder Europas, aus einem Agrarstaat eine aufstrebende Industrienation. Weil das Land als eines der wenigen in Europa von den Zerstörungen des Zweiten Weltkrieges verschont blieb, konnte die Industrie nach 1945 sofort ausländische Märkte erobern, während man anderswo mit dem Wiederaufbau zerstörter Fabriken beschäftigt war. Mit heutzutage traumhaft anmutenden Steigerungsraten wuchs die Industrie die gesamten 1950er- und 1960er- Jahre hindurch. Den finanziellen Überschuss verwendete man zum Aufbau eines Sozialstaates, der seinen Bürgern umfassende Sicherheit garantierte.

Wohlfahrtsstaat

? BAEDEKER WISSEN — *Erlkönigs Teststrecke*

DaimlerChrysler, Saab, General Motors, Fiat und zahlreiche andere Autohersteller testen ihre »Erlkönige« im nordschwedischen Arjeplog. Weil es im Winter in Lappland extrem kalt wird, können hier die neuesten Automodelle hervorragend auf ihre Winterfestigkeit überprüft werden. Dazu sausen die Erlkönige sogar über die zugefrorenen Seen. Auch »Erlkönigjäger« liegen dann hier auf der Lauer, um am Rande der Teststrecken Fotos von den noch geheim gehaltenen Modellen zu schießen.

Ende der 1980er-Jahre wurde aber immer deutlicher, dass die schwedische Industrie im Vergleich zum Ausland zu teuer produzierte – die Kosten des Sozialstaates waren in einer Zeit, in der die gesamte Weltwirtschaft in der Krise war, zu hoch geworden. Als eines der ersten Länder Europas schlitterte Schweden in eine schwere Wirtschaftskrise. Um die Konkurrenzkraft der Industrie zu stärken, nahm die Regierung einschneidende **Eingriffe in das soziale Netz** vor. So wurde z.B. ein unbezahlter Karenztag im Krankheitsfall eingeführt. Auch fürs Alter müssen die Bürger jetzt **verstärkt privat vorsorgen**. Die Reformen brachten tatsächlich den gewünschten Erfolg, doch die **steigende Arbeitslosigkeit** macht den Schweden Sorgen. Derzeit liegt die Arbeitslosenquote bei 7,3 %.

Willkommen im Alltag

Schweden einmal abseits der üblichen Touristenpfade erleben – hier können Sie auch mal ganz »normale Leute« treffen.

SPRACHKURSE

Sprachkurse in Schweden werden sowohl von Privatpersonen als auch von öffentlichen Organisationen angeboten. Empfehlenswert sind die Kurse, die das Schwedische Institut (Svenska Institutet) in Zusammenarbeit mit Volkshochschulen und Universitäten veranstaltet.
Info: www.si.se

EIN ECHTES SCHWEDENHAUS

Rot und Weiß sind die typischen Farben traditioneller schwedischer Häuser. Und aus Holz müssen sie natürlich sein. Wer davon träumt, einmal in solch einem echten Klassiker zu wohnen, findet hier die passenden Anregungen:
www.nordhus.de, www.aladomo.de, www.schwedenhaus.de und www.eksjoehus.de

Alltagsbegegnungen • HINTERGRUND

SOMMERKOLLEG IN GRÄNNA
Am Ostufer des Vänernsees liegt Gränna mit seiner Altstadt aus typischen Holzhäusern. Hier befindet sich auch das Grennaskolan Riksinternat, in dem während der Ferien in Zusammenarbeit mit dem Nordkolleg Rendsburg ein Sommerkolleg stattfindet, das mit verschiedenen Kursangeboten fundierte Einblicke in die schwedische Kultur bietet.
Infos unter www.grennaskolan.se und www.nordkolleg.de

EIN EIGENES FLOSS BAUEN
Mit dem Floß den Klarälv hinunter schippern und am Ufer des Flusses campen – Kindheitsträume werden wahr. Bevor es losgeht, baut man sich sein Floß selbst. Dazu braucht man nichts weiter als Baumstämme und Seile. Sechs Stunden dauert es in etwa, bis das Floß – unter Anleitung – fertig ist, und dann geht es schon hinein ins Abenteuer.
Info: Vildmark i Värmland, www.vildmark.se

PRAKTIKA UND JOBS IN SCHWEDEN
Die Zentrale Auslands- und Fachvermittlung (ZAV) der Bundesagentur für Arbeit vermittelt Jobs und Praktika im Ausland.
Aktuelle Infos unter www.ba-auslandsvermittlung.de/jobsundpraktika

Auch die Deutsch-Schwedische Handelskammer hilft bei der Vermittlung von Praktikumsplätzen und Arbeitsstellen:
www.handelskammer.se/de

Lohnend ist eventuell auch ein Blick auf folgende Seiten:
www.praktikuminfo.de und www.studiereninschweden.de

HINTERGRUND • **Bevölkerung · Politik · Wirtschaft**

Kein Steuerparadies — In Schweden sind die Steuern sehr hoch: Die Steuer- und Abgabequote liegt bei knapp 50 %, also um ein Viertel höher als in Deutschland. Rechnet man noch Verbrauchssteuern hinzu, gibt ein Beschäftigter fast zwei Drittel seines Einkommens an den Staat ab.

Abhängig vom Export — Die schwedische Volkswirtschaft ist stark exportorientiert und geprägt durch einige große, global ausgerichtete Unternehmen wie Ericsson, ABB, Electrolux oder IKEA. Deswegen ist das Land von internationalen Wirtschaftskrisen auch besonders betroffen. Stecken die Käuferländer in der Krise, wirkt sich das sofort auf Schweden aus. Mehr als 60 % der Exporte gehen in die Europäische Union, größter Abnehmer schwedischer Produkte ist Deutschland. Obwohl das World Economic Forum Schweden ausdrücklich lobte und in seinem Global Competitiveness Report 2010/2011 hinter der Schweiz auf Platz zwei der wettbewerbsfähigsten Länder der Welt einstufte, hat die weltweite Wirtschaftskrise auch in Schweden zu einem **Rückgang des Wirtschaftswachstums** geführt. Schweden gehört zu den wenigen Ländern, die die Kriterien der Eurozone erfüllen, trotzdem ist die Einführung des **Euro nicht geplant**. Die von der schwedischen Zentralbank gesteuerte Krone hat seit 2010, bedingt durch die Probleme im Euroraum, beständig an Wert gewonnen.

»Schwedenstahl« — Der geologische Untergrund der Skandinavischen Halbinsel enthält **Eisen- und Kupfererze.** Schon zu Beginn des 14. Jh.s wurden Eisen-

Der Tännfors ist der größte Wasserfall Schwedens. Das Land bezieht aus der Wasserkraft fast die Hälfte seines Energiebedarfs.

erze abgebaut. Weltwirtschaftliche Bedeutung erlangten dann im 19. Jh. die Erze von **Kiruna** und Gällivare in Lappland. Noch heute kommen bis zu 80 % der schwedischen Erze aus diesem Gebiet. Dennoch erhält das mit 60 % Eisengehalt sehr hochwertige Erz zunehmend Konkurrenz aus Brasilien, wo die Produktionskosten weitaus geringer sind, sowie von der ostkanadischen Halbinsel Labrador und aus Australien. Daher ist der Export des einst legendären »Schwedenstahls«, dem nicht zuletzt die Karosserien der Volvo- und Saab-Automobile ihren Ruf verdankten, stark zurückgegangen.

Die fruchtbaren Sedimentböden im südschwedischen Skåne und in der Mittelschwedischen Senke sorgen für hohe Erträge in der **Landwirtschaft**. Was Getreide, Molkereiprodukte und Fleisch betrifft, ist das Land noch heute autark, wenngleich seit dem Anschluss an die Europäische Union Importe aus dem Kontinent auf den Markt drängen. Gut die Hälfte Schwedens ist von Wald bedeckt. Rund die Hälfte der Waldflächen ist Privateigentum, ein Viertel gehört Industriekonzernen, ein weiteres Viertel dem Staat. Mit rund 70 Mio. Festmetern ist der jährliche **Holzeinschlag** hier noch höher als in Finnland, das als Holzproduzent schlechthin gilt. Der größte Teil des Holzes gelangt in die Zellulose-Fabriken, die u.a. den Grundstoff für die **europäische Papierindustrie** liefern. Nur rund 17 % der Holzproduktion gehen direkt als Nutzholz oder Fertigprodukte in den Export.

Land- und Forstwirtschaft

Nach der Atomkatastrophe im US-amerikanischen Kernkraftwerk in Harrisburg war Schweden das **erste Land der Welt,** das 1980 in einer Volksabstimmung den schrittweisen Ausstieg aus der Kernkraft beschloss. Bis zum Jahr 2000 sollten alle Atommeiler in Schweden abgeschaltet werden. Diese Frist wurde schließlich um zwei Jahre verlängert und dann ganz aufgehoben. Zeitgleich verabschiedete der schwedische Reichstag 2009 ein **Energieprogramm**, das u.a. den Ausbau der Windenergie und eine generelle Erhöhung der alternativen Energieproduktion vorsah. Die Kernkraftbetreiber erhielten freie Hand zum Neubau von Kernkraftwerken unter der Voraussetzung, dass für jeden neuen Mailer der ans Netz geht, ein alter abgeschaltet wird. Aus dem Gau im japanischen Atomkraftwerk Fukushima 2011 hat man in Schweden keine unmittelbaren Konsequenzen gezogen. Die Kernkraft blieb auch nach der Katastrophe unumstritten. Gegenwärtig sind in Schweden **zehn Atomreaktoren** an den drei Standorten Forsmark, Oskarshamn und Ringhals in Betrieb. Die Kernenergie bestreitet 37,4 % der Gesamtstromerzeugung.

Atomkraft, ja bitte!

Als Reiseland ist Schweden **besonders bei Individualisten** beliebt. Jährlich werden rund 45 Mio. Übernachtungen gezählt, zu denen noch eine ganz beachtliche Zahl von Aufenthalten in Ferienhäusern (estugor) und auf Campingplätzen kommt.

Tourismus

Geschichte

Geschichte • HINTERGRUND

Steinzeitjäger und Wikinger

Großartige Felszeichnungen künden vom Leben der Menschen in Schweden vor 3000 Jahren. Auch die Wikinger sorgten dafür, dass man sie nicht vergisst. Bis zum 18. Jh. war Schweden eine Großmacht und beherrschte Norwegen, Finnland sowie Teile von Norddeutschland und des Baltikums. Aus beiden Weltkriegen hielt sich das neutrale Land heraus.

vor 12 000 Jahren	Erste menschliche Besiedlung
1800 – 500 v.Chr.	Bronzezeit/ Felszeichnungen
500 v.Chr. – 500 n.Chr.	Eisenzeit/ Entwicklung der Runen
550 – 800.n.Chr	Vendelzeit
ca. 800 – 1050 n.Chr	Wikinger

Die ältesten Spuren menschlicher Besiedlung sind in Schweden rund 12 000 Jahre alt. Im Laufe der Steinzeit drangen Jäger und Fischer in Schweden bis zum Dalälv vor. Die Küstenbewohner lebten vom Fischfang und Muschelsammeln. Erst um 5000 v. Chr., also in der Jungsteinzeit, wurden die Menschen sesshaft, legten Äcker an und züchteten die ersten Haustiere. Aus dieser Zeit stammen die **Megalithbauten**, Bauwerke aus großen Steinen, an der Küste von Västergötland. Diese als **»Gånggrifter«** (Ganggräber) bezeichneten Anlagen wurden über mehrere Generationen für Bestattungen genutzt. Heute liegen die Steine frei, einst überdeckte sie ein Hügel aus Erde.

Vom Jäger zum Bauern

Die nordische Bronzezeit hatte ihren Schwerpunkt in Dänemark und Südschweden. Aus jener Zeit stammen die verschiedenen **Felszeichnungen**, die man besonders in Tanum im Bohuslän nördlich von Göteborg und nahe der norwegischen Grenze, an der schwedischen Ostküste, nördlich vom Mälarsee oder im Steingrab von Kivik findet.

Bronzezeit

Während der nordischen Eisenzeit, aus der nur spärliche Funde (z.B. auf Öland und Gotland) vorliegen, wurde die Waffentechnik verbessert. Seit dem 2. Jh.n. Chr. sind Runeninschriften auf Schmuck und Geräten bekannt; etwa am Ende des 4. Jh.s begann man auch **Runen** in Stein zu schlagen. Der Name **»Scandinavia«** tauchte erstmals bei dem römischen Geschichtsschreiber Plinius d.Ä. um 75 n. Chr. auf; Tacitus erwähnte die mächtigen Schwedenkönige (Suiones) um 100 n. Chr. in seiner Germania.

Eisenzeit

Die **Vendelzeit** hat ihren Namen von den prächtigen **Bootsgräbern** in Vendel in Uppland. Im Laufe der Jahrhunderte entwickelten sich zwei Zentren der Besiedlung: Die in straffen Stammesordnungen

Svear und Götar

Runenstein aus der Wikingerzeit, gefunden in Lund

organisierten Svear herrschten im Gebiet um das heutige Stockholm, die Götar saßen etwas weiter südlich im Bereich des heutigen Östergötland. Die Svear unterwarfen die Götar; die entscheidende letzte Schlacht fand um das Jahr 750 statt. Der Stammesname ging auf das ganze Land über (Svea rike = **Sverige** = Schweden).

Eroberungen der Wikinger Um 800 setzte eine starke Expansion ein. Die Skandinavier machten sich im Ausland als Händler, vor allem aber als plündernde Wikinger bemerkbar: Während sich ihre Verwandten aus Norwegen und Dänemark bei ihren **Raubzügen** zumeist nach Westen wandten, spezialisierten sich die schwedischen Wikinger auf den Osten. Über die russischen Flüsse gelangten sie mit ihren leichten Booten bis zum Kaspischen Meer. Sie gründeten dort verschiedene Staaten, zuerst einen am Ilmensee mit dem Hauptort Holmgard, dem späteren Nowgorod; danach auch Kiew. Schwedische Wikinger kamen **bis Konstantinopel**, wo sie als Waräger die Kaisergarde bildeten.

MITTELALTER

um 830	Christliche Missionare erreichen Schweden.
14. – 16. Jh.	Hansezeit
1397 – 1521	Kalmarer Union: Dänemark, Schweden und Norwegen unter einem König vereint
1471	Sieg über die Dänen
1521	Stockholmer Blutbad

Bekehrte Heiden Um 830 predigte der **Heilige Ansgar** das Christentum in Birka am Mälarsee, das seinerzeit Schwedens größte Handelsniederlassung bildete. Nur zögerlich legte die Bevölkerung den Glauben an die germanischen Götter wie Thor und Odin ab, und lange existierte ein Nebeneinander von Heiden und Christen. Insgesamt sollten 170 Jahre vergehen, bis sich das Christentum im Königshaus durchsetzte: Im Jahr 1000 ließ sich **König Olof Eriksson taufen**. Einen eigenen Erzbischof erhielt Schweden indes erst 1164. Zu diesem Zeitpunkt war die Christianisierung abgeschlossen, die heiligen Haine und Quellen mit Kirchen überbaut und viele Runensteine weggeschafft.

Die Hanse in Schweden Unter der Führung Lübecks hatten sich im 14. Jh. die deutschen Städte in der Hanse zusammengeschlossen. Die Handelsgemeinschaft sicherte sich im gesamten Ostseeraum, so auch in Schweden, die Vorherrschaft und gründete auch hier zahlreiche Städte. **Visby auf der Insel Gotland** war einer der Hauptstützpunkte der Hanse.

Kalmarer Union Ein wichtiges Datum in der schwedischen Geschichte war das Jahr 1397, als unter der Führung der dänischen **Königin Margarete**

Die Stadtmauern von Visby (Gotland) zeugen von dem großen Schutzbedürfnis, das die Menschen im Mittelalter hatten.

Dänemark, Norwegen und Schweden zu einem Reich vereinigt wurden. Nach dem Tod Margaretes 1412 wurde die **Kalmarer Union** immer mehr zu einem Machtinstrument Dänemarks – zum Nachteil Schwedens. Das Land wurde mit **hohen Steuern** belegt und der Dauerstreit mit der Hanse, die den Ostseeraum dominierte, führte zu einem Boykott von schwedischem Eisen und Kupfer. 1434 kam es deshalb unter der Führung des Bergwerksbesitzers **Engelbrekt Engelbrektsson** zu einem Aufstand. Seinem Bauernheer gelang schließlich der Sieg und Engelbrektsson stieg für kurze Zeit sogar zum Reichsverweser auf. Zwar wurde er 1436 ermordet und der Adel eroberte sich die Macht zurück, doch viele Freiheiten blieben den Bauern erhalten. Es wurde ein **Vier-Stände-Reichstag** gebildet, dem neben Adel und Geistlichkeit auch Bürger und Bauern angehörten. Letztere genossen Freiheiten, die für die damalige Zeit in ganz Europa einmalig waren.

Ab 1436 stand Karl Knutsson an der Spitze des Kampfs gegen den Unionskönig Erich von Pommern. Karl Knutsson wurde 1448 zum König gewählt, verlor aber in den, bis zu seinem Tod (1470) andauernden erbitterten Kämpfen gegen König Christian I. von Dänemark und gegen schwedische Adlige zweimal die Herrschaft. Der **Kampf gegen die Dänen** und für die Auflösung der Kalmarer Union aber ging unvermindert weiter. Sten Sture der Ältere besiegte das dänische Heer 1471 in der Schlacht von Brunkeberg.

<small>Schlacht von Brunkeberg</small>

Immer wieder eroberten die Dänen ihre Macht zurück. Tragischer **Höhepunkt der Auseinandersetzung** war das »Stockholmer Blutbad« im Jahre 1521, als Dänenkönig Christian II. 82 schwedische

<small>Stockholmer Blutbad</small>

Adlige, die angeblich einen Aufstand gegen ihn geplant hatten, brutal ermorden ließ. Als Folge aber brach tatsächlich ein Aufstand aus, der schließlich zur Absetzung von Christian II. führte.

AUFSTIEG ZUR GROSSMACHT

1523	Gustav Wasa wird zum König gewählt.
1527	Reformation
1632	Gustav II. Adolf fällt in der Schlacht von Lützen.
1648	Im Westfälischen Frieden bekommt Schweden u.a. Vorpommern zugesprochen.
1658	Größte Ausdehnung des Staatsgebiets in der Geschichte
ab 1697	Niedergang Schwedens

Gustav Wasa Gustav Wasa, ein schwedischer Adliger, der maßgeblich am Widerstand gegen die Dänen beteiligt war, wurde 1523 zum **König von Schweden** gewählt. Er ließ 1527 die Reformation einführen, brach die Macht der Hanse und machte Schweden 1544 zur Erbmonarchie.

Gustav II. Adolf Zu Beginn des 17. Jh. betrieb der schwedische König Gustav II. Adolf eine aggressive Expansionspolitik Richtung Osten und beendete die bereits von seinem Vater **Karl IX.** begonnenen Kriege gegen Russland und Polen siegreich. Er reformierte die Verwaltung und förderte die Wirtschaft. Auf Bitten der protestantischen Fürsten griff Gustav II. Adolf in Deutschland in den **Dreißigjährigen Krieg** (1618 – 1648) ein; dort fiel er 1632 in der Schlacht von Lützen.

Königin Christina Unter seiner Tochter Christina setzte sich der **Aufstieg Schwedens zur Großmacht** fort. Im Westfälischen Frieden, der den Dreißigjährigen Krieg beendete, sicherte sich Schweden unter anderem Vorpommern mit Rügen und **Wismar sowie Bremen** und das Bistum Verden. Weitere Eroberungen folgten im Krieg gegen Dänemark-Norwegen – 1658 stand das schwedische Reich damit auch territorial auf dem Gipfel seiner Macht.

Glückloser Karl XII. Dem rein agrarisch geprägten Land fehlten jedoch die wirtschaftlichen Ressourcen, um das riesige Gebiet absichern zu können. Als 1697 der 15-jährige Karl XII. den Thron bestieg, begann der **Abstieg Schwedens**. Zunächst konnte der kriegerische König zwar noch militärische Erfolge feiern, doch die Niederlage im **Großen Nordischen Krieg** (1700 –1721) gegen Dänemark, Polen und Russland brachte den Verlust der Ostseeprovinzen, Bremens, Verdens und Vorpommerns. Auch die Vormachtstellung in Europa war damit dahin. Karl XII. war bereits 1718 vor der norwegischen Festung Fredrikssten durch eine verirrte Kugel gefallen.

FREIHEITSZEIT · INDUSTRIALISIERUNG

1719 – 1772	Freiheitszeit: Die Macht des Königs wird eingeschränkt.
1809	Schweden verliert Finnland.
1814 – 1905	Union mit Norwegen
1818	Jean Baptist Bernadotte besteigt den Thron.
ab 1850	Große Auswanderungswellen
1900 – 1930	Aufstieg zur Industrienation
1914 – 1918 / 1939 – 1945	In den Weltkriegen bleibt Schweden zumindest auf dem Papier neutral.

Nach seinem Zusammenbruch erholte sich das Land wirtschaftlich überraschend schnell. In der darauffolgenden, »Freiheitszeit« genannten Epoche gelang es dem Adel, die Macht des Königs zugunsten des **Reichsrates** deutlich einzuschränken. Die Macht lag nun ganz beim Reichsrat/Parlament – vergleichbare politische Strukturen konnte zu dieser Zeit nur England aufweisen.

Der Reichsrat wird gestärkt

Dem aufflackernden Parlamentarismus wurde indes rasch der Boden entzogen. **Gustav III.,** der 1772 den Thron bestieg, schränkte den Einfluss der Parteien wieder stark ein. Er regierte im Sinne des aufgeklärten Absolutismus, schaffte die Folter ab und führte die **Pressefreiheit** ein. Gustav ging auch als bedeutender Förderer von Kunst und Kultur in die Geschichte des Landes ein. Durch sein entschlossenes Auftreten gegen den Adel schaffte er sich dort allerdings viele Gegner und wurde schließlich 1792 durch einen Vertreter des Adels bei einem Maskenball erschossen.

... und wieder geschwächt

1805 tobte in Europa wieder ein Krieg. Schweden verbündete sich mit England gegen Russland und Frankreich – und unterlag. Die Provinz Finnland ging verloren. In der Verfassung von 1809 wurden die Machtbefugnisse des Königs stark eingeschränkt, ein Gleichgewicht zwischen Monarchie und Reichstag wurde geschaffen. Da man Gustav IV. Adolf als Schuldigen für die Niederlage im Krieg gegen Russland und Frankreich ausgemacht hatte, wurde er abgesetzt und durch **Karl XIII.** ersetzt. Die eigentliche Macht übte aber **Jean Baptiste Bernadotte** aus, ein ehemaliger Marschall aus der napoleonischen Armee. Er wurde 1810 als Kronprinz ins Land geholt und zog 1813 gegen Frankreich und Dänemark in den Krieg. Als Kriegsfolge musste Dänemark **Norwegen abtreten** und Norwegen indes – gegen seinen Willen – eine Union mit Schweden eingehen, die bis 1905 währte. 1818 bestieg Jean Baptiste Bernadotte als Karl XIV. Johann den Thron – und regierte in Personalunion als König Karl III. Johann auch über Norwegen. Die Nachkommen des einstigen französischen Kriegsministers stehen noch heute an der Spitze des schwedischen Staates.

Union mit Norwegen

Bitterarme Menschen Im Laufe des 19. Jh.s verschlechterte sich die wirtschaftliche Situation in Schweden. Vor allem die Landbevölkerung verarmte und rund 1,5 Millionen Menschen (bei einer Bevölkerung von nur 3,5 Millionen) wanderten zwischen 1860 und 1914 vor allem **nach Nordamerika** aus. Wer nicht emigrierte, versuchte sein Glück in der Stadt. Die damals einsetzende Industrialisierung schuf zwar neue Arbeitsplätze, doch für viele ehemalige Bauern endete der Umzug in die Stadt in größter Armut. 1889 wurden die **ersten Arbeiterschutzgesetze** erlassen, als Vertreter der Arbeiterschaft wurden in dieser Zeit die Sozialdemokratische Partei und die Zentralgewerkschaft gegründet.

Die Zeit der Weltkriege Ab 1890 kam die Industrialisierung in Fahrt und durchlief bis 1930 eine rasche Entwicklung. Wirtschaft und Kultur erreichten ein höheres Niveau. Im **Ersten Weltkrieg** verfolgte die schwedische Regierung offiziell eine Politik der Neutralität. Da man aber in Wirklichkeit eine sehr deutschfreundliche Linie fuhr, verhängte England schließlich eine Blockade gegen das Land. Das Kriegsende leitete eine Reihe politischer und sozialer Reformen ein, durch die der Grundstein zur **Schaffung des schwedischen Wohlfahrtsstaates** gelegt wurde. 1921 wurde das allgemeine Wahlrecht eingeführt. Im **Zweiten Weltkrieg** erklärte Schweden erneut seine Neutralität, lieferte aber unter anderem Eisenerz für Hitlers Waffenschmieden. Zudem genossen deutsche Truppen ein Transitrecht ins besetzte Norwegen.

DER WEG INS 21. JAHRHUNDERT

1946	Beitritt zu den Vereinten Nationen
1976	König Carl XVI. Gustaf heiratet Silvia Sommerlath.
1986	Ermordung des Ministerpräsidenten Olof Palme
1995	Beitritt zur Europäischen Union (EU)
2003	Schweden stimmt gegen den Euro.
2006	Die bürgerliche Allianz gewinnt die Parlamentswahlen.

Wohlfahrtsstaat Nach dem Krieg wurden die sozialen Reformen fortgeführt. 1946 trat Schweden den **Vereinten Nationen** bei, 1949 dem Europarat und 1951 gründete das Land zusammen mit seinen Nachbarn den **Nordischen Rat**. All dies geschah unter der Führung des Sozialdemokraten Tage Erlander, der von 1946 bis 1969 als Ministerpräsident amtierte. Ihm folgte **Olof Palme** im Amt, der 1976 die Regierungsgeschäfte an Thorbjörn Fälldin abgeben musste. Für schwedische Verhältnisse war das eine Sensation, denn erstmals stand damit kein Sozialdemokrat an der Spitze einer Regierung. Doch 1982 übernahmen die Sozialdemokraten und mit ihnen Olof Palme wieder die Macht. Der beliebte Ministerpräsident, der außenpolitisch als Pazifist und Friedensstifter auftrat, zugleich aber die schwedische Armee hochrüstete, wurde 1986 von einem Unbekannten **ermordet.** Dasselbe Schicksal erlitt 2003 die schwedische Außenministerin **Anna Lindh**, die in einem Stockholmer Kaufhaus ermordet wurde. Der Sieg bei den Parlamentswahlen 2006 ging an die bürgerliche Allianz, Ministerpräsident wurde Fredrik Reinfeldt.

1976 heiratete König Carl XVI. Gustaf **Silvia Sommerlath**. Er hatte die Deutsche 1972 während der Olympischen Spiele in München kennengelernt. Am 14. Juli 1977 kam ihre Tochter **Victoria** auf die Welt. Das war der Anlass, die Thronfolgeregelung zu ändern: Seit 1980 gilt in Schweden bei der Königsnachfolge das Erstgeburtsrecht, auch Frauen dürfen regieren. Damit ist Victoria schwedische Thronfolgerin. Ihr Bruder Prinz Carl Philip wurde

Schwedens künftige Königin: Kronprinzessin Victoria

1979 geboren, ihre Schwester, Prinzessin Madeleine, im Jahr 1982. Kronprinzessin Victoria schien die große öffentlichen Aufmerksamkeit schwer zu belasten, sie studierte nicht wie geplant in Schweden, sondern in den USA Politikwissenschaft und Geschichte. Mittlerweile wirkt sie gefestigt. Am 19. Juni 2010 heiratete Victoria in der Stockholmer Nikolaikirche (Storkyrkan) den Bürgerlichen Daniel Westling (geb. 1973). Am 23. Februar 2012 brachte sie ihre Tochter Estelle Silvia Ewa-Mary, Herzogin von Östergötland, zur Welt. Sie steht nach ihrer Mutter auf Platz zwei der schwedischen Thronfolge.

Als eines der ersten Länder Europas schlitterte Schweden im Laufe der 1990er-Jahre in eine schwere Wirtschaftskrise mit hoher Arbeitslosigkeit und Betriebsbankrotten. In dieser Situation beschloss die Regierung die Aufgabe ihrer Neutralitätspolitik und beantragte den damals in der Bevölkerung äußerst umstrittenen **Beitritt zur Europäischen Gemeinschaft**. Seit 1995 ist das Land Mitglied der Europäischen Union. Der Beitritt zur Europäischen Währungsunion und damit die Übernahme des **Euro** wurde aber in einer Volksabstimmung 2003 von einer breiten Mehrheit der Bevölkerung **abgelehnt**. Ein Grund für die Ablehnung war der eigene Wirtschaftsaufschwung, den man durch den Euro gefährdet sah.

Schweden und Europa

Kunst und Kultur

Kunstgeschichte

Als Impulsgeber für die Kunstwelt ist Schweden nie in die Geschichte eingegangen, dazu lag es zu weit ab vom Geschehen. Ärchäologen und Reisende aber begeistern sich für eine Vielzahl an einzigartigen Felszeichnungen, die zum Teil mehr als 8000 Jahre alt sind, sowie an Zeugnissen der Wikingerzeit.

VOR- UND FRÜHGESCHICHTE

Felszeichnungen gehören zu den eindrücklichsten Kunstwerken der Vorgeschichte in Schweden. Forscher gehen davon aus, dass die ersten bereits in der Jungsteinzeit entstanden, also über 8000 Jahre alt sind. Einen Höhepunkt erreichte die Zahl der Felszeichnungen in der Bronzezeit. Allein in der Gegend **Nord-Bohuslän** wurden 40 000 solcher so genannter Hällristningar gezählt, die überwiegend zwischen 1800 und 400 v.Chr. geschaffen wurden (▸ Baedeker Wissen, S. 140).
Fels-zeichnungen

In der germanischen Zeit verfeinerte sich die Kunst, Schmuckstücke aus Metall herzustellen. Bis um 350 n.Chr. wurden Fibeln, eine Art Brosche, mit gekörnten Gold- oder Silberdrähten verziert. Bis 550 n. Chr. ließ man sich vom Orient inspirieren, übernahm ornamentale Techniken iranischer Herkunft und versah Goldschmuck mit wunderschönen **roten Einlagen aus Almandin** (Granat). Charakteristisch ist auch der »Tierstil«: Schmuckstücke tragen seltsam ineinander **verschlungene Tiergestalten,** die teils so abstrakt sind, dass man darin kaum ein Tier erkennt. Tipp zur Orientierung: Zuerst das Auge suchen, dann erschließt sich der Rest der Figur leichter.
Schmucker »Tierstil«

Auch die Wikinger entwickelten den »Tierstil« weiter und ließen sich von außerhalb inspirieren. So ist z. B. der abstrakte dänische Jellingstil (900–1100) von irisch-keltischer Tierornamentik beeinflusst. Aus etwas späterer Zeit datieren die **Runensteine von Stenkyrka** auf Gotland (um 1000), Lundagård in Lund und Tulsdorp in Skåne. Kennzeichnende Tiergestalt ist das **»Große Tier«**, ein raubtierartiges Wesen mit Spiralgelenken und mächtigem Schopf.
Kunst der Wikinger

KUNST IM MITTELALTER

Ihr Ende fand die germanisch-wikingische Kunst mit der Christianisierung um 1000. Die ältesten Kirchen sind hölzerne Stabkirchen,
Romanik

Werke von Carl Milles, zu sehen im Millesgården in Stockholm

Schloss Stockholm: eine Mischung aus Spätrenaissance und Barock

die allerdings rasch durch Bauten aus Stein ersetzt wurden. Nur in Hedared bei Borås (▶ S. 168) hat **eine einzige Stabkirche** die Stürme der Zeiten überlebt. Kirchenbauten aus Stein sind die am besten erhaltenen Baudenkmäler aus romanischer Zeit. Das wichtigste ist der **Dom von Lund**, eine von den Kaiserdomen des Rheinlands beeinflusste dreischiffige Basilika (▶S. 260). Die Steinkirchen des 12. und 13. Jh.s sind meist einfacher; vor allem auf Gotland finden sich auch noch einige **Rundkirchen**.

Gotik Die gotischen Kirchen des 13. bis 15. Jh.s orientieren sich in Südskandinavien vielfach an französischen oder spanischen Vorbildern, etliche auch an der niederdeutschen Backsteingotik. In Schweden bleiben die Formen der Gotik eher gedrungen; für größere Bauprojekte wurden fremde Baumeister und Handwerker ins Land geholt: Der gotische Hallenchor des Doms zu Linköping stammt von dem **Kölner Meister Gerlach**. Das zweite Hauptwerk der Gotik ist der **Dom zu Uppsala** (um 1280 begonnen; allerdings im 19. Jh. durch Restaurierung verfälscht, ▶S. 356).

Malerei Die Malerei des Mittelalters zeigt kaum eine eigene Note; sensationell ist aber, dass sich in Schweden viele **Wandmalereien in den Kirchen** erhalten haben, besonders prachtvoll in den Domkirchen zu Strängnäs und Härkeberga (▶S. 265 und 268).

KUNST IN DER NEUZEIT

Nach der Reformation wurden weniger Kirchen, dafür aber **mehr Schlösser** gebaut. Hier ließ man sich vom Ausland inspirieren: **Deutsche Baumeister** brachten im 16. Jh. lombardische Renaissanceformen nach Schweden. Der bedeutendste Schlossbau des 17. Jh.s ist **Drottningholm**, das königliche Sommerschloss (▶S. 338), das sich an niederländischen Vorbildern orientiert. Ebenfalls erwähnenswert sind das Stadtschloss von Stockholm (▶S. 318), das nach einem Brand umgebaut wurde, der Dom von Kalmar (▶S. 224) sowie das Schloss Skokloster bei Uppsala (1654–1665, ▶S. 359).

Renaissance und Barock

Mit dem Bildhauer **Johann Tobias Sergel** (1740–1814), der auch als Zeichner hervortrat, setzte sich der Klassizismus durch. Sergels beste Werke befinden sich heute im Nationalmuseum zu Stockholm. In der Malerei sind vor allem die Innendekorationen der Schlösser von Kalmar und Stockholm zu erwähnen. Wichtige klassizistische Werke auf dem Gebiet der Architektur sind das Alte Opernhaus und die Börse in Stockholm.

Klassizismus

Die Blütezeit der südschwedischen Bauernmalerei liegt zwischen 1750 und 1850 (Dalarna, Gästrikland, Helsingland). Die vor allem für festliche Gelegenheiten hergestellten **bemalten Wandbehänge** bestehen meist aus Stoff oder Papier; im Norden wird die Wand- und Deckenmalerei gepflegt.

Bauernmalerei

Im 19. Jh. gingen viele schwedische Maler **zur Ausbildung nach Düsseldorf,** später nach Paris. Erwähnenswert sind der Landschaftsmaler C.J. Fahlcrantz (1774–1861), C. Wahlbom (1810–1858), A. Wahlberg (1834–1906), vor allem aber der Hauptmeister der neuen schwedischen Malerei, **Anders Zorn** (▶Berühmte Persönlichkeiten), der auch als Radierer hervortrat.

Malerei

KUNST IM 20. JAHRHUNDERT

Für die Architektur des 20. Jh.s ist ganz Skandinavien von großer Wichtigkeit. Besonders in den 1920er- und 1930er-Jahren wurde eine bodenverbundene Bauweise sehr geschätzt. Auch der internationale Funktionalismus von **Gunnar Asplund** (1885–1940), der die Stockholmer Hallen für die Werkbundausstellung von 1930 in luftigen, von Beton und Glas bestimmten Formen schuf, gewann an Bedeutung. **Sven Markehus** baute 1936 das Konzerthaus in Helsingborg. Die Ideen moderner Gestaltung des schwedischen Werkbunds lösten eine **eigenständige skandinavische Schule** der Inneneinrichtung und des Designs aus.

Architektur und Design

HINTERGRUND • **Literatur**

Skulptur und Malerei
Als bedeutendster schwedischer Bildhauer seiner Zeit gilt **Carl Milles** (1875 – 1955). Neben Anders Zorn, der sich unter anderem dafür einsetzte, die Bauernkultur Dalarnas zu bewahren, wurde von den Malern des späten 19. und frühen 20. Jahrhunderts besonders **Carl Larsson** (1853 – 1919) bekannt: Seine literarisch umrahmte Aquarellfolge »Das Haus in der Sonne« erregte auch im deutschsprachigen Raum Aufmerksamkeit.

Literatur

Kinder und Krimifans lieben Literatur aus Schweden ganz besonders. Doch nicht nur Astrid Lindgren und Henning Mankell sind international bekannte Namen. Selma Lagerlöf erhielt als erste Frau den Literaturnobelpreis.

Religiöse Literatur
Sieht man einmal von den Inschriften der Runensteine ab, sind religiöse Texte aus dem 13. Jh. die ersten in Schweden erschienenen, literarischen Werke. Damals verfasste der Dominikanermönch **Petrus de Dacia** (1230 – 1289) die Lebensgeschichte der Klosterfrau Kristina von Stommeln. Literarisch bedeutender sind die **Offenbarungen der Heiligen Birgitta** (1303 – 1373). Im 15. Jh. erschienen die ersten Bibelübersetzungen in die Landessprache, verfasst von den Brüdern Laurentius (1499 – 1573) und Olaus Petri (ca. 1493 – 1552).

Humanismus und Barock
In der schwedischen Großmachtzeit (Regierungszeit von Gustav II. Adolf bis zu Karl XII.), setzte sich der Humanismus durch, ehe ihn der »karolingische Barock« ablöste. Kristallisationspunkt der künstlerisch-literarischen Kultur war der königliche Hof. Zugleich wandte man sich Strömungen des festländischen Europa zu und besann sich wieder auf **die eigene Sprache**. Der **Enzyklopädismus** brachte Werke wie den voluminösen »Atland eller Manheim« von Olof Rudbeck (1630-1702) und den poetischen Leitfaden »Manductio ad Poesiam Svecanam« von Andreas Arvidi (1620 – 1673) hervor.

17. und 18. Jh.
Viele bedeutende Werke der schwedischen Literatur wurden im 17. und 18. Jh. **von Wissenschaftlern verfasst** wie dem Theosophen Emanuel Swedenborg (1688 – 1772), dem **Botaniker Carl von Linné** (1707 – 1778), dem Astronomen Anders Celsius (1701 – 1744) und dem Chemiker Carl Wilhelm Scheele (1742 – 1786). Wichtige Schriftsteller waren der wegen seiner Trinklieder auch heute noch bekannte **Carl Michael Bellmann** (1740 – 1795) und Johan Kellgren (1751 – 1795), einer der Mitbegründer der Schwedischen Akademie, der mit religionskritischen Texten an die Öffentlichkeit trat.

Literatur • HINTERGRUND

Zu Beginn des 19. Jh.s entstand in Uppsala der sogenannte Aurorabund, der sich stark an der deutschen Romantik orientierte. Die Schriftsteller, die ihm angehörten, verband ein starker Nationalismus und eine **romantische Verklärung des Nordens**. Am bekanntesten von ihnen waren Per Daniel Amadeus Atterbom (1790 – 1855), Erik Gustaf Geijer (1783 – 1847) und Esias Tegnér (1782 – 1846).

»Aurorabund«

Neben einer idealisierenden entwickelte sich auch eine eher realistische Darstellungsform. Wichtige Vertreterinnen dieser Richtung waren die **finnlandschwedische Frauenrechtlerin** Frederika Bremer (1801 – 1865) und Emilie Flygare-Carlén (1807 – 1892). Deren meist in bürgerlichen Kreisen spielenden Romane waren zur damaligen Zeit **Publikumshits.** Das künstlerische Talent dieser Schriftstellerin ist umstritten, doch kommt ihr das Verdienst zu, sichals eine der ersten kritisch mit der schwedischen Gesellschaft befasst zu haben.

Realismus

1879 wurde mit **August Strindbergs** (1849 – 1912) Roman »Röda Rummet« (dt. »Das rote Zimmer«) der erste schwedischsprachige Roman der Weltliteratur veröffentlicht. Obwohl Strindberg die Literaturszene der folgenden Jahrzehnte dominierte, blieb ihm im eigenen Land die **Anerkennung lange versagt.** Im Gegensatz zu vielen anderen seiner heute weniger bekannten schwedischen Schriftstellerkollegen wurde er auch nie mit dem **Literaturnobelpreis** ausgezeichnet. 1909 wurde das erste Mal der Literaturnobelpreis nach Schweden verliehen. Die Ehre, auf die Strindberg lange vergebens gehofft hatte, wurde **Selma Lagerlöf** (1858 – 1940) zuteil. 1916 erhielt Carl Gustaf Verner von Heidenstam (1859 – 1940), 1931 Erik Axel Karlfeldt (1864 – 1931), 1951 Pär Lagerkvist (1891 – 1974) und 1974 Harry Martinson (1904 – 1978), gemeinsam mit Eyvind Johnson (1900 bis 1976), den begehrten Preis. 2011 wurde der Lyriker **Tomas Tranströmer** (geb. 1931) ausgezeichnet.

Weltliteratur aus Schweden

Schweden hat **im 20. Jh.** viele begabte Literaten hervorgebracht, z.B. Ivar Lo-Johansson (1901 bis 1990), der mit dem naturalistischen Roman »Kungsgatan« ein Werk der Weltliteratur schuf, Sarah Lidman (1923 – 2004) und **Per Olav Enquist** (geb.1934). In Deutschland viel gelesen werden u.a. die Werke von Lars Gustafsson (geb. 1936). Die höchsten Auflagen eines schwedischen Autors auf dem internationalen Markt dürfte aber **Astrid Lindgren** (1907 – 2002) erzielt haben, deren Pippi Langstrumpf zu einem Siegeszug um die ganze Welt aufbrach. In jüngster Zeit haben besonders **Kriminalschriftsteller** aus Schweden von sich reden gemacht – allen voran das Autorenehepaar Maj Sjöwall (geb. 1935) und Per Wahlöö (1926 – 1975) sowie **Henning Mankell** (geb. 1948), Hakan Nesser (geb. 1950) und Stieg Larsson (1954 – 2004). Allein Mankells Kimis sind in Deutschland bisher mehr als 20 Millionen Mal verkauft worden.

Berühmte Persönlichkeiten

SALOMON AUGUST ANDRÉE (1854 – 1897)

Salomon August Andrée kam in Gränna am Vättersee zur Welt. Der Ingenieur wurde nach seiner Teilnahme an der 1882 – 1883 durchgeführten Expedition nach Spitzbergen Cheftechniker des schwedischen Patentamts. Am 11. Juli 1897 stieg er in Begleitung seiner Kameraden Strindberg und Fraenkel mit dem Freiballon »Adler« von Spitzbergen auf, um **als Erster den Nordpol zu überfliegen**. Das Unternehmen endete tragisch: Nachdem das Team bis zum 83. Breitengrad gelangt war, musste es am 14. Juli notlanden und galt als verschollen. Erst 1930 fand man auf einer nordöstlich von Spitzbergen gelegenen Insel die Überreste der Expedition. Die wagemutigen Männer waren an Entkräftung und (wie man vermutet) an einer durch Eisbärfleisch verursachten Trichinose gestorben. Die aufgefundenen Tagebücher und Fotos wurden unter dem Titel »Med Örnen mot Polen« **(»Dem Pol entgegen«)** veröffentlicht.

Entdecker

INGMAR BERGMAN (1918 – 2007)

Der **Film- und Theaterregisseur** Ingmar Bergman wurde als Sohn eines Geistlichen in Uppsala geboren. Ab 1937 studierte er Literaturgeschichte, brach sein Studium aber bald ab. Danach veranstaltete er Laienaufführungen, arbeitete an einem Studententheater und wandte sich schließlich dem Film zu. Sein Ziel: »Ich versuche, die Wahrheit über die menschlichen Verhältnisse zu erzählen – die Wahrheit, so wie ich sie sehe.« Anfangs zeichnete er in seinen Filmen Porträts der skeptischen Nachkriegsjugend; später behandelte er die Probleme der reiferen Generation, deren Aufgaben im Bereich von Familie und Beruf liegen. In den 1950er-Jahren wandte er sich eher religiösen Themen wie der Frage nach dem **Sinn des Lebens** zu. Nach einer Auseinandersetzung mit den schwedischen Steuerbehörden, arbeitete Bergman eine Zeit lang in Deutschland. Durch den Film »Wilde Erdbeeren« (1957), den melancholischen Lebensrückblick eines alternden Mannes, zog Bergman die Aufmerksamkeit des deutschen Publikums auf sich. Bekannt wurden auch »Szenen einer Ehe« (1973) mit Liv Ullmann, die lange seine Lebensgefährtin war.

Regisseur

INGRID BERGMAN (1915 – 1982)

Die in Stockholm geborene Filmschauspielerin Ingrid Bergman arbeitete seit 1935 beim schwedischen Film, später auch in Deutschland und den USA. Hier drehte sie mit Humphrey Bogart und unter der Regie von Michael Curtiz den Streifen **»Casablanca«** (1942), eine tragische Liebesgeschichte, die den Oscar erhielt und zum Kult-

Schauspielerin

Greta Lovisa Gustafsson schrieb als »Greta Garbo« Filmgeschichte.

»Ich seh dir in die Augen, Kleines... «: Humphrey Bogart und Ingrid Bergman im 1942 gedrehten Kultfilm »Casablanca«.

film wurde. Ingrid Bergman selbst bekam die begehrte Auszeichnung für ihre Hauptrolle in »Gaslight« (1944), für die Verkörperung der Anastasia (1956) und die beste weibliche Nebenrolle in »Mord im Orient-Express« (1974). Als sie sich 1950 von Mann und Tochter trennte, um **den italienischen Regisseur Roberto Rossellini zu heiraten**, löste dies einen Skandal aus. Mit Rossellini hatte sie drei Kinder, darunter Isabella Rossellini, die auch Schauspielerin wurde. Ingrid Bergman starb an ihrem 67. Geburtstag in London.

JÖNS JAKOB BERZELIUS (1779 – 1848)

Chemiker Der in der Nähe von Linköping geborene Chemiker Jöns Jakob Berzelius hat die Entwicklung der Chemie entscheidend beeinflußt. Er entdeckte u.a. die Elemente Cer, Selen, Lithium und Thori, vor allem aber führte er 1811 die **Nomenklatur** ein, auf der die chemische Formelsprache basiert: Bis heute werden die Elemente mit den Anfangsbuchstaben ihrer lateinischen Namen bezeichnet, z.B. H für Wasserstoff (lat. Hydrogenium). Für seine Verdienste wurde Berzelius **1818 geadelt** und 1835 in den Freiherrnstand erhoben.

BIRGITTA VON SCHWEDEN (1303 – 1373)

Heilige Der Mutter der schwedischen Nationalheiligen war bei ihrer Errettung aus Seenot die Madonna erschienen und hatte ihr geweissagt, sie werde ein seliges Kind gebären. Bald darauf kam Birgitta in der Nähe von Uppsala zur Welt. Noch nicht 14-jährig, vermählte sie sich mit Ulf Gudmarson, stieg bald zur **Hofmeisterin der Königin** auf und wallfahrtete nach dem spanischen Santiago de Compostela. Als ihr Mann gestorben war, zog sie sich in den Zisterzienserinnenkonvent von Alvastra zurück und erhielt dort **den göttlichen Auftrag, ein Kloster zu gründen**. Sie pilgerte nach Rom, um vom Papst die Erlaubnis zu diesem Vorhaben zu erbitten, und gründete 1370 in Vadstena am Vättersee ein Mönchs- und Nonnenkloster. Kurz nach ihrer Rückkehr von einer Fahrt ins Heilige Land starb sie 1373; schon 1391 wurde sie heilig gesprochen.

CHRISTINA (1626 – 1689)

Königin Christina von Schweden, die Tochter Gustavs II. Adolf, wurde in Stockholm geboren. Als ihr Vater 1632 in der Schlacht bei Lützen fiel, hatte sie Anspruch auf den Thron, denn seit 1590 war die weibliche Erbfolge in Schweden zulässig. Da Christina noch minderjährig war, bestimmte zunächst ein Regentschaftsrat unter dem Reichskanzler Axel Oxenstierna die Politik. 1644 übernahm Christina selbst die Regierungsgeschäfte, **lehnte es aber ab, nur aus Gründen der Staatsräson zu heiraten.** Auf dem Reichstag von 1649 setzte sie durch, dass ihr Vetter, Karl Gustav von Pfalz-Zweibrücken, zu ihrem präsumtiven Nachfolger gewählt wurde. 1654 verzichtete sie zu seinen Gunsten auf den Thron. Weit mehr als für die Politik interessierte sich Christina für die Künste und Wissenschaften. Sie holte ausländische Gelehrte an ihren Hof, darunter den französischen Philosophen **René Descartes**. Nach ihrem Thronverzicht verließ sie Schweden; 1655 trat sie zum Katholizismus über und verbrachte die letzten Jahrzehnte ihres Lebens in Rom, wo sie auch starb.

Königin von Schweden

GRETA GARBO (1905 – 1990)

Die Filmschauspielerin Greta Garbo, genannt **»die Göttliche«**, kam als Greta Lovisa Gustafsson in Stockholm zur Welt. Schon ihr erster Film, der 1924 nach der gleichnamigen literarischen Vorlage von Selma Lagerlöf gedrehte Streifen »Gösta Berling«, wurde ein überwältigender Erfolg. Nach dem im Folgejahr in Deutschland entstandenen Film »Die freudlose Gasse« arbeitete die Diva **für die amerikanische Filmgesellschaft Metro-Goldwyn-Mayer**. Die Garbo, die als eine der schönsten und geheimnisvollsten Darstellerinnen der Filmgeschichte gilt, verkörperte meist elegante, aristokratische Gestalten (»Anna Karenina«, »Mata Hari«, »Königin Christine«). 1941 zog sie sich völlig aus der Welt des Films zurück.

Superstar

HINTERGRUND • Berühmte Persönlichkeiten

GUSTAV II. ADOLF (1594 – 1632)

Schwedischer König

Gustav II. Adolf, Sohn Karls IX. und Enkel Gustavs I. Wasa, gilt als der bedeutendste schwedische König. Gegen die Mitwirkung des Adels an der Regierung, erklärte der Reichstag den 17-jährigen Gustav Adolf 1611 nach dem Tod seines Vaters für mündig. Er schuf die Voraussetzungen für die schwedische Großmachtpolitik im Ostseeraum: Bedeutung hatten insbesondere die Heeresreform und der zielstrebige Ausbau der Wirtschaft. 1613 bzw. 1617 gelang es Gustav Adolf, die Kriege gegen Dänemark und Russland zu beenden, die Karl IX. begonnen hatte. Auf dem europäischen Festland wütete seit 1618 der Dreißigjährige Krieg. Da das Vordringen der habsburgisch-kaiserlichen Macht in den Ostseeraum den schwedischen König beunruhigte, entschloss er sich, in den Krieg einzugreifen. Im Juni 1630 landete er auf der Insel Usedom, um die Protestanten zu unterstützen. In Mitteldeutschland besiegte er den kaiserlichen Feldherrn Tilly und zog durch Thüringen und Franken bis Mainz. Nach einem zweiten Sieg über Tilly kam es am 16. November 1632 bei Lützen, südwestlich von Leipzig, zum Kampf zwischen den Schweden und den von Wallenstein befehligten, kaiserlichen Truppen. Zwar siegten die Schweden, doch König Gustav II. Adolf fiel in der Schlacht.

DAG HAMMARSKJÖLD (1905 – 1961)

Politiker

Der schwedische Politiker Dag Hammarskjöld stammte aus der südschwedischen Stadt Jönköping. Als studierter Nationalökonom war er von 1936 bis 1946 Staatssekretär im Finanzministerium, von 1941 bis 1942 auch Reichsbankpräsident. Zu Beginn der 1950er-Jahre leitete er die schwedische Delegation bei den Vereinten Nationen; 1953 wählte ihn die Weltorganisation zu ihrem Generalsekretär. In vielen internationalen Krisen war er bemüht, der UNO zu Geltung als Friedensstifter zu verhelfen. Dag Hammarskjöld kam unter nicht restlos geklärten Umständen bei einem Flugzeugabsturz in Afrika ums Leben; 1961 wurde ihm posthum der Friedensnobelpreis verliehen.

SVEN HEDIN (1865 – 1952)

Asienforscher

Der Asienforscher Sven Hedin, der letzte große Landreisende der Entdeckungsgeschichte, wurde in Stockholm geboren. In Berlin wurde er Schüler des Geografen und Chinaforschers Ferdinand Freiherr von Richthofen. Zwischen 1894 und 1935 unternahm er vier Expeditionen nach Zentralasien, die jeweils mehrere Jahre dauerten. Seine Reisen führten ihn u.a. nach Tibet und zum Karakorum. Außerdem betrieb er Forschungen in entlegenen Regionen wie dem

Tarimbecken, einer Senke zwischen den Gebirgen Tien Shan, Pamir und Kunlun in West-China. Er besuchte das Quellgebiet der Flüsse Brahmaputra und Indus an der Nordflanke des Himalaya und erforschte den Transhimalaya, der seither auch als »Hedin-Gebirge« bezeichnet wird. Seine letzte Expedition führte ihn als Leiter einer internationalen Forschungsgruppe in die Gobi-Region und nach Turkestan. Sven Hedin wertete seine Reisen nicht nur in wissenschaftlichen Berichten aus, sondern schrieb auch Reise- und Abenteuerschilderungen für Jugendliche.

Noch irgendwo weiße Flecken? Sven Hedin

INGVAR KAMPRAD (GEB. 1926)

Mit dem Verkauf von Streichholzschachteln verdiente der Förstersohn Ingvar Kamprad seine ersten Øre, heute wird sein Privatvermögen auf 23 Milliarden Dollar geschätzt. Damit ist er einer der zehn reichsten Männer der Welt. Kamprad, geb. 1926, gründete mit 17 eine winzige Firma, der er den Namen **»Ikea«** gab, zusammengesetzt aus den Initialien von Ingvar, Kamprad, Elmtyard, Agunnaryd: Auf dem Hof Elmtyard beim Städtchen Agunnaryd war Kamprad 1928 geboren worden. Anfangs handelte Kamprad erfolgreich mit Uhren und Strümpfen, erst 1948 kamen Möbel hinzu. Weil er sich Artikelnummern schlecht merken konnte, erhielten seine Möbel Namen (z.B. Ruth), und um Transportkosten zu sparen, wurden den Tischen die Beine abgeschraubt. Dies sind Konzepte, die Ikea bis heute beibehalten bzw. weiterentwickelt hat. 1953 eröffnete das erste Ikea-Möbelhaus in einer Zeit, als in Schweden der Wohlstand wuchs und damit die Mittel vorhanden waren, Wohnungen neu einzurichten. Und Ikea produzierte erschwingliche, ästhetisch ansprechende Möbel. Als die Firma 1955 in ernste Lieferschwierigkeiten geriet, weil zahlreiche schwedische Tischlereien den Konzern boykottierten, fackelte Kamprad nicht lange: Er knüpfte Kontakte zu polnischen Schreinereien, die billig und zuverlässig Möbel herstellten. Diese entwarf Ikea nun selbst und legte damit die Basis für den Welterfolg. Heute werden die meisten Ikea-Möbel in China hergestellt. Ingvar Kamprad hat sich mittlerweile aus dem Tagesgeschäft zurückgezogen und lebt in der Schweiz.

Unternehmer

SELMA LAGERLÖF (1858 – 1940)

Schriftstellerin — Berühmt wurde Selma Ottilia Lovisa Lagerlöf, die bekannteste schwedische Schriftstellerin ihrer Zeit, mit dem Buch »Die wunderbare Reise des kleinen Nils Holgersson mit den Wildgänsen«. Es war ursprünglich eine Auftragsarbeit und als Lesebuch für Schulen bestimmt. Selma Lagerlöf wurde auf dem Gut Mårbacka im Värmland geboren, wo sie einen Großteil ihres Lebens verbrachte. Nachdem sie einige Jahre als Lehrerin gearbeitet hatte, unternahm sie 1895/1896 eine Italienreise; im Anschluss an eine Reise durch Ägypten und Palästina (1899/1900) schrieb sie den religiösen Schicksalsroman »Jerusalem«. Bekannt wurde sie besonders durch Werke, die in Schweden spielen, darunter »Gösta Berling« und »Liljecronas Heimat«. Im Jahr 1909 erhielt Selma Lagerlöf den Literaturnobelpreis.

CARL LARSSON (1853 – 1919)

Maler — Der Maler Carl Larsson wurde in Stockholm geboren. Er ist der Hauptvertreter des Jugendstils in Schweden; für das Treppenhaus des Nationalmuseums in Stockholm schuf er sechs große Fresken, deren Motive wichtige Ereignisse aus der kunstgeschichtlichen Entwicklung des Landes sind. Larsson war ein glänzender Zeichner und Aquarellist; volkstümlich wurde er insbesondere durch Bilder, die das Leben seiner Familie in Sundborn bei Falun schildern und von denen einige sein Buch »Das Haus in der Sonne« (1909) illustrieren.

ZARAH LEANDER (1907 – 1981)

Sängerin — Die als Zarah Stina Hedberg in Karlstad geborene Sängerin erlangte Ruhm durch ihre unverwechselbare, dunkle Singstimme. Seit 1930 als Filmschauspielerin tätig, war sie von 1937 – 1943 einer der erfolgreichsten Stars der Berliner Ufa. Da man ihr Verbindungen zu den Größen des Dritten Reichs nachsagte, wurde sie nach Kriegsende bis 1949 mit Auftrittsverbot belegt. Zarah Leander starb in Stockholm.

ASTRID LINDGREN (1907 – 2002)

Schriftstellerin — Die als Astrid Ericsson im südschwedischen Vimmerby geborene Astrid Lindgren ist eine der erfolgreichsten Jugendbuchautorinnen der Gegenwart. Am 13. September 1945 gab die damals 38-Jährige beim Verlag Raben & Sjörgen in Stockholm das Manuskript eines Buches ab, bei dem »Pippilotta Viktualia Rollgardina Pfefferminza Efraimstochter Langstrumpf« die Hauptrolle spielte: eine freche, selbstbewusste Göre mit knallroten, abstehenden Zöpfen. Anfangs gab es Kritiker, die diese Geschichten als geradezu anarchisch ablehnten, doch mit der Kinderbuchserie »Pippi Langstrumpf« war die Grundlage ihres weltweiten Erfolgs gelegt. Wie in vielen ihrer Werke (u.a. »Karlsson auf dem Dach«, »Michel aus Lönneberga«, »Die Kinder von Bullerbü«, »Ferien auf Saltkrokan«) geht es mitunter reichlich turbulent zu, sie wurden verfilmt oder für das Fernsehen bearbeitet. 1978 wurde die Autorin mit dem Friedenspreis des Deutschen Buchhandels ausgezeichnet.

Astrid Lindgren

CARL VON LINNÉ (1707 – 1778)

Der Naturforscher Carl von Linné (Carl Linnaeus), aus Råshult in Småland gebürtig, ist Begründer der biologischen Systematik. Er studierte zunächst an der Universität Lund Medizin und Naturwissenschaften, unternahm dann ausgedehnte Forschungsreisen (u.a. nach Lappland) und ließ sich als Arzt in Stockholm nieder. Hier wurde er auch Präsident der Akademie der Wissenschaften, deren Gründung er angeregt hatte. 1757 wurde Linné geadelt. Er gestaltete den botanischen Garten von Uppsala um und richtete das naturhistorische Museum ein. Seine letzten Lebensjahre verbrachte er auf dem südlich von Uppsala gelegenen Gut Hammarby. Das große wissenschaftliche Verdienst Carl von Linnés ist die Entwicklung der biologischen binären Nomenklatur, die noch heute gültig ist.

Naturforscher

HENNING MANKELL (GEB. 1948)

Seine Kurt-Wallander-Krimis, mittlerweile mehrfach verfilmt, haben ihn weltberühmt gemacht: Heute ist Henning Mankell der meistgelesene skandinavische Autor. In Stockholm wurde Mankell am 3. Februar 1948 geboren, im Härjedalen wuchs er auf. Schon früh erwachte seine Sehnsucht nach Afrika – vielleicht dem eisigen Klima gezollt, das in diesem Teil Mittelschwedens herrscht. Mit 17 Jahren wurde er Regie-Assistent am Riks Theater in Stockholm. 1972 reiste Mankell das erste Mal nach Afrika, 1979 erschien sein erster Roman:

Schriftsteller, Regisseur

»Das Gefangenenlager, das verschwand«. Mankell arbeitete in den folgenden Jahren als Theaterregisseur und Autor und pendelte zwischen Schweden und Afrika. In Maputo/Mosambik baute er eine Theatergruppe auf, die er bis heute leitet. Immer wieder übte er Kritik an den westlichen Industriestaaten, die Afrika seines Erachtens im Stich lassen. 2000 veröffentlichte er den Roman »Der Chronist der Winde«, in dem er das Leben der Straßenkinder in Maputo beleuchtet. Bereits 1991 erschien der erste Wallander-Krimi, »Der Mörder ohne Gesicht« (dt. 1993). Zwar spielen diese Krimis im südschwedischen Ystad, geschrieben hat Mankell sie jedoch zum größten Teil in Mosambik, das heute seine Wahlheimat ist. Im Sommer kehrt er jedoch oft mit seiner dritten Frau Eva, der Tochter von Ingmar Bergman, in sein Ferienhaus in Ystad zurück. Der letzte in Deutschland erschienene Roman war »Der Feind im Schatten« (2010). Darin erzählt Mankell, wie Kommissar Wallander seinen letzten Fall löst – während er an Alzheimer erkrankt. Mankell nahm im Mai 2010 an der »Ship to Gaza-Aktion« teil. Damals wurden Schiffe, die Hilfslieferungen in den Gazastreifen bringen sollten, von der israelischen Marine gestoppt; mehrere Menschen kamen dabei ums Leben. Mankell rief in der Folge zu Sanktionen gegen Israel auf.

ALFRED NOBEL (1833 – 1896)

Chemiker, Stifter Der Chemiker Alfred Nobel arbeitete zunächst in der väterlichen Maschinenfabrik im russischen St. Petersburg. Seit 1859 beschäftigte er sich in Stockholm mit der Sprengstoffchemie, 1867 erfand er das Dynamit – eine Mischung von Nitroglyzerin und Kieselgur, mit der er seinen Reichtum begründete. Aufgrund von Nobels Erfindungen entstanden Sprengstoff-Fabriken in vielen Industrieländern, u.a. in Deutschland (Dynamit Nobel AG). Das enorme Vermögen, das Alfred Nobel hinterließ, bildet die Grundlage einer Stiftung, die jährlich die nach ihm benannten »Nobelpreise« vergibt: Nobel hat testamentarisch verfügt, dass die anfallenden Zinsen zu fünf gleichen Teilen Persönlichkeiten zukommen sollen, die der Menschheit besonders große Dienste geleistet haben (▶ Baedeker Wissen S. 62).

AUGUST STRINDBERG (1849 – 1912)

Schriftsteller Der Schriftsteller Johan August Strindberg entstammte einer alteingesessenen Stockholmer Familie. Nach einer schwierigen Jugend begann er in Uppsala zu studieren; danach wollte er Schauspieler werden. Als diese Pläne scheiterten, wandte er sich der Literatur zu. Seit 1872 arbeitete er als Zeitungskorrespondent in Stockholm und kam mit sozialistischen Ideen in Berührung. 1833 ging er nach Paris, lebte dann in der Schweiz, in Berlin und Dänemark. Nach einer Nervenkrise kehrte er 1899 nach Stockholm zurück. Nach der ab 1910 in zwei Zeitungen ausgetragenen »Strindberg-Fehde«, seiner letzten polemischen Auseinandersetzung mit der etablierten Oberklasse, starb Strindberg in Einsamkeit; seine drei Ehen waren gescheitert. Strindberg, der sich intensiv mit der Psychologie des Geschlechterkampfs befasst hat, begann als Naturalist in der Nachfolge des Norwegers Henrik Ibsen. Durch Berührung mit okkultistischen Kreisen und Lektüre des Philosophen Swedenborg gelangte er zu einer mystisch gefärbten, katholisierenden Religiosität, die ihren Niederschlag u.a. in dem Drama »Nach Damaskus« (1898 – 1904) fand. In diesem Werk sind bereits wesentliche Elemente des Expressionismus und des Surrealismus vorweggenommen. Auch über historische Gestalten seines Vaterlands, u.a. über Königin Christina, hat Strindberg Dramen verfasst.

August Strindberg

ANDERS ZORN (1860 – 1920)

Der Maler, Grafiker und Bildhauer Anders Leonard Zorn wurde in Mora am Siljansee geboren. Seinen Vater, einen unterfränkischen Bierbrauer, hat er nie kennengelernt, nahm aber später dessen Nachnamen an. Seine Studienzeit verbrachte er im Wesentlichen in Stockholm; ursprünglich wollte er Bildhauer werden, fand dann aber zur Aquarellmalerei. Längere Reisen führten ihn nach Spanien, Italien und in die Maghreb-Länder. Um 1888 verlegte er sich zusehends auf die Ölmalerei. Zorn ist der wichtigste Impressionist Schwedens. Seine Erfolge brachten auch eine Reihe offizieller Aufgaben mit sich; er zählte 1890 zu den Begründern der Pariser Société Nationale des Beaux-Arts und war 1893 Kommissar der schwedischen Delegation für die Weltausstellung in Chicago. 1907 gründete er die Bauernhochschule in Mora, wo er seinen ständigen Wohnsitz hatte. Zorn starb als reicher Mann und hinterließ dem schwedischen Staat 6 Millionen Dollar, um das Zorn-Museum einzurichten, das 1939 in Mora eröffnet worden ist.

Künstler

Nobelpreis

BAEDEKER WISSEN

Nobelpreis

Die 1901 erstmals vergebenen Nobelpreise bedeuten für die damit Ausgezeichneten die Krönung ihrer Arbeit. Außer Personen können auch Organisationen den Preis erhalten.

▶ **Irrtum**
Entgegen einer vielfach kolportierten Geschichte hat Alfred Nobel den Friedenspreis nicht wegen seiner vermeintlichen Bestürzung über die militärische Verwendung von Dynamit gestiftet.

Die Urkunde
wird von einem Künstler und einem Kalligrafen speziell für den Laureaten angefertigt.

Die Goldmedaille
trägt das Porträt Alfred Nobels und eine Widmung.

©BAEDEKER

Nobelpreis für Physik
Vergeben von der Königlich-Schwedischen Akademie der Wissenschaften an »denjenigen, der auf dem Gebiet der Physik die bedeutendste Entdeckung oder Erfindung gemacht hat«.

Nobelpreis für Chemie
Vergeben von der Königlich-Schwedischen Akademie der Wissenschaften an »denjenigen, der die wichtigste chemische Entdeckung oder Verbesserung gemacht hat«.

Nobelpreis für Medizin
Vergeben von der Nobelversammlung des Karolinska-Instituts in Stockholm an »denjenigen, der die wichtigste Entdeckung in der Domäne der Physiologie oder Medizin gemacht hat«.

194   **163**   **201**

Männer 717

Preisträger insgesamt 790
(ohne den von der schwedischen Reichsbank gestifteten Preis für Wirtschaftswissenschaften)

Das Preisgeld
ca. 1,1 Millionen Euro je Kategorie bis 2011, seit 2012 herabgesetzt auf ca. 900 000 Euro

▶ Mehrfachpreisträger
seit 1901 ist der Preis nur vier Menschen zweimal verliehen worden:

Nobels Testament
Alfred Nobel verfügte, dass mit seinem Vermögen eine Stiftung gegründet werden sollte, deren Zinsen:

»als Preis denen zugeteilt werden, die im verflossenen Jahr der Menschheit den größten Nutzen geleistet haben«

Das Geld sollte zu fünf gleichen Teilen auf folgende Gebiete verteilt werden:

Nobelpreis für Literatur
Vergeben von der Schwedischen Akademie an »denjenigen, der in der Literatur das Herausragendste in idealistischer Richtung produziert hat«.

Friedensnobelpreis
Vergeben vom fünfköpfigen norwegischen Nobelkomitee an »denjenigen, der am meisten oder am besten auf die Verbrüderung der Völker und die Abschaffung oder Verminderung stehender Heere ... hingewirkt hat«.

109

125

Frauen **40**

Organisationen **24**

Marie Skłodowska Curie
(1867 – 1934)
polnischer Herkunft
1903 Nobelpreis für Physik für »die Erforschung der Strahlungsphänomene«
1911 Nobelpreis für Chemie für »die Endeckung der chemischen Elemente Polonium und Radium« mit Ehemann Pierre Curie

Linus Carl Pauling
(1901–1994)
US-Amerikaner
1954 Nobelpreis für Chemie
»für seine Forschungen über die Natur der chemischen Bindung ...«
1963 Friedensnobelpreis »für seinen Einsatz gegen Atomwaffentests«

John Bardeen
(1908 –1991)
US-Amerikaner
1956 Nobelpreis für Physik »für die Entwicklung des Transistors«
1972 Nobelpreis für Physik »für den fundamentalen Beitrag zur Theorie der Supraleitfähigkeit«

Frederick Sanger
(geb. 1918) Brite
1958 Nobelpreis für Chemie »für die Aufklärung der Struktur des Insulins ...«
1980 Nobelpreis für Chemie »für Untersuchungen zur Ermittlung der Basensequenz in Nukleinsäuren«

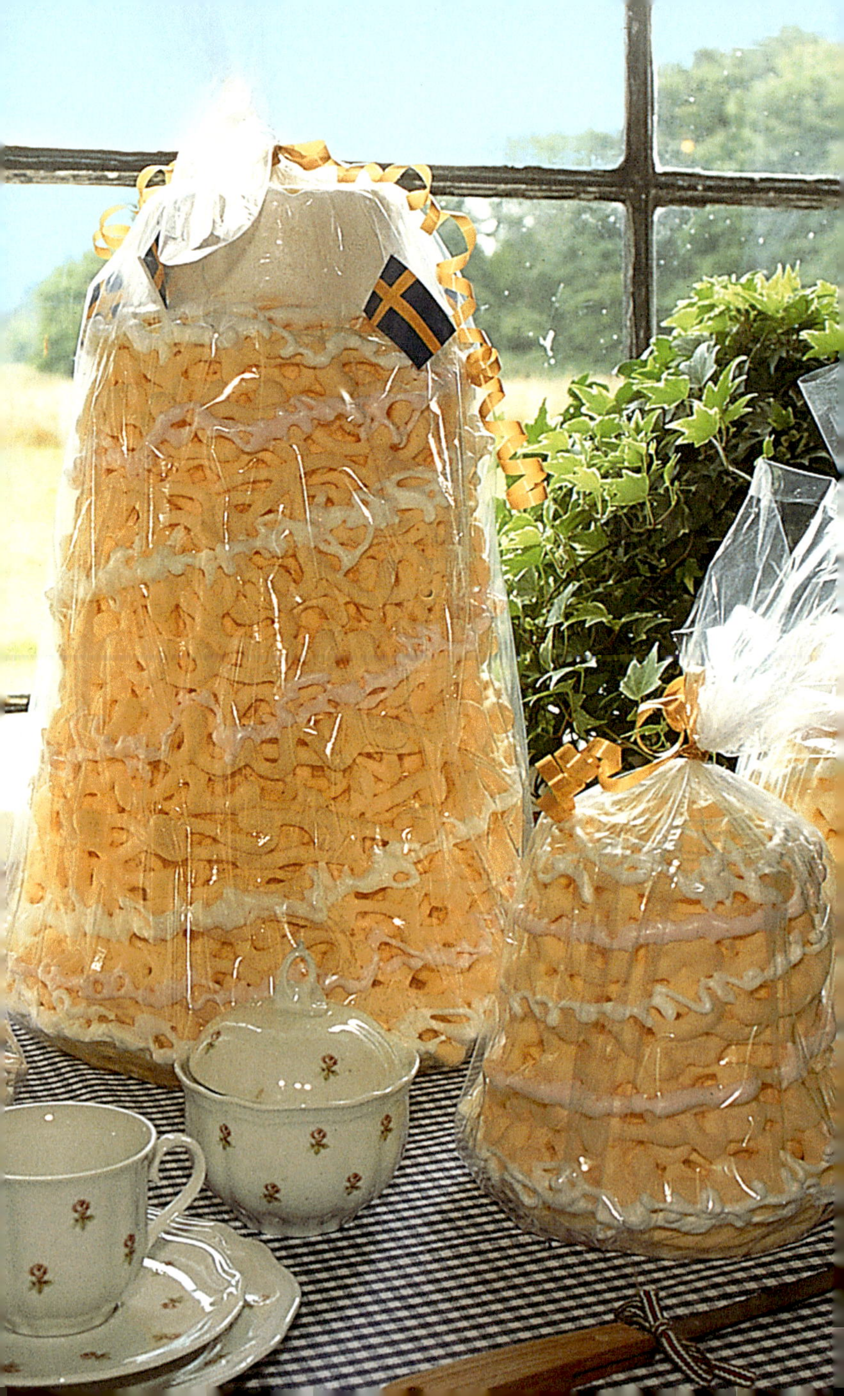

ERLEBEN UND GENIESSEN

Sie möchten einmal speisen wie ein Nobelpreisträger? Das geht in Stockholm! Ihre Kinder wollen Ritter sehen? Auf nach Visby zum Mittelalterfest. Sie wollen einfach nur raus? Schweden hat allein 29 Nationalparks, unzählige Seen und eine 7000 km lange Küste. Viele Infos für einen genussreichen Urlaub gibt's hier.

Essen und Trinken

Essen und Trinken • ERLEBEN UND GENIESSEN

Schwedische Küche – Weltklasse

Schweden kocht, und zwar fantastisch! Das zeigt sich regelmäßig bei der Weltmeisterschaft der Köche: Lange Zeit war die schwedische Nationalmannschaft am Herd unschlagbar, und auch in den letzten Jahren landete das Drei-Kronen-Team immer wieder auf den vorderen Plätzen.

Wer in Schweden essen gehen will, muss sich auf ein Preisniveau gefasst machen, das deutlich über dem deutschen liegt. Eine einfache Pizza ist kaum unter zwölf Euro zu haben, ein Hauptgericht im Restaurant kostet gut das Doppelte und ein Bier mindestens sechs Euro. Für ein Glas Wein muss man sogar noch etwas mehr kalkulieren. Allerdings wird in der Regel gute Qualität geboten, auf frische, oft regionale Waren, legen immer mehr Restaurants Wert. Allerdings: In vielen »normalen« Restaurants wird etwas einfallslos gekocht.

Ein teures Vergnügen

Schweden war lange als Heimat fettiger Fleischbällchen **(köttbullar)** mit matschigem Kartoffelbrei verrufen und von **»Pytt i Panna«**-Restepfanne könnte man dieses Gericht auch nennen – was vom Vortag übrig bleibt, wird mit viereckigen Kartoffelstückchen verkocht. Und damit das Ganze nicht allzu unappetitlich aussieht, schlägt man zur Tarnung noch ein Ei darüber. Als Billiggericht steht es auf den Speisekarten vieler schwedischer Restaurants. Ebenso berüchtigt ist **»Janssons frestelse«**, ein Auflauf aus Kartoffeln, Sardellenfilets und jeder Menge Sahne, was übersetzt etwas euphemistisch »Janssons Versuchung« heißt. Verwenden die Schweden Bückling statt Sardellen, nennen sie das Gericht **»Karlssons frestelse«**, ohne Fisch heißt es **»Svenssons frestelse«**.

Nationalgerichte

> **? BAEDEKER WISSEN**
>
> *Preiskategorien*
>
> Restaurants (Preis jeweils für ein Hauptgericht ohne Getränke)
> €€€€ über 350 SEK
> €€€ 200 – 350 SEK
> €€ 130 – 200 SEK
> € bis 130 SEK

Die meisten Touristen lernen schon bei der Anreise mit dem Schiff das schwedische »Smörgåsbord« kennen, den riesigen Selbstbedienungstisch mit vielen leckeren kalten und warmen Gerichten. Seinen Ursprung hat das Smörgåsbord in der **Tradition der Bauernfeste**, als das ganze Dorf zusammenkam und jeder Gast eine oder zwei Mahlzeiten zum Fest mitbrachte. Dann baute man das Ganze auf einem Tisch auf und los ging die Schlemmerei. Der richtige Smörgåsbordspezialist **schlemmt übrigens nach System**: Man beginnt

Smörgåsbord

Knusprige Krabben knabbern? Freunde von Meerestieren werden am Schwedenurlaub ihre Freude haben.

mit den Fischgerichten, geht dann zu den kalten Vorspeisen über, bevor man sich ein Warmgericht auf den Teller lädt und das Ganze mit einem Dessert und einem kleinen Stück Käse abschließt.

Fisch Bekannt ist Schweden für seine Fischgerichte. **Lachs** wird in vielen Variationen serviert – gegrillt, gedünstet oder als Grundlage für eine herzhafte Suppe. Besonders wohlschmeckend ist der Ostseelachs, der fleischiger und heller ist als sein Verwandter von der Westküste. Eine Spezialität ist **»laxpudding«**, der aus Lachs, Kartoffeln und Eiern zubereitet und mit geschmolzener Butter serviert wird. Hering **(strömming)** ist der proletarische Bruder des feinen Lachses. Besonders beliebt im Sommer sind Matjesheringe mit saurer Sahne, frischen Kartoffeln und Petersilie, dazu knuspriges Knäckebrot. Die typische schwedische Vorspeise besteht aus einer kleinen Platte Heringe mit Brot, Butter und einem Stück gut gereiftem Käse. Im ganzen Land gern gegessen werden Fischsalate.

Ren und Elch Gerichte aus Rentier- und Elchfleisch gibt es auf dem schwedischen Speisezettel selbstverständlich auch. Doch **renskarv**, in Scheiben geschnittenes Rentierfleisch, oder gar **Elchsteak**, kommen wesentlich weniger auf den Tisch, als man dies vielleicht annehmen möchte.

Süßes Brot, salzige Butter Was hat die schwedische Küche noch zu bieten? Brot wird meist mit Sirup gebacken und schmeckt eher süß, Butter wird gesalzen, Joghurt und Milchgetränke gibt es in viel größerer Auswahl als in Deutschland, jeden Donnerstag kommt Erbsensuppe auf den Tisch.

REGIONALE SPEZIALITÄTEN

Was Land und Meer hergeben Zu all dem kommen viele regionale Spezialitäten. In Skåne (Schonen) etwa wird gerne **Aal** gegessen. Dem Fisch widmet man bei den Ålagille-Festen im August/September sogar eine eigene Veranstaltung. Småland ist bekannt als die »Preiselbeerprovinz«: **Preiselbeermarmelade** wird zu Mahlzeiten und als Dessert gereicht. Beliebtestes Gericht sind Kartoffelklöße **(kroppkakor)**, die mit geräuchertem und gesalzenem Schweinefleisch, Zwiebeln und Pfeffer gefüllt und mit geschmolzener Butter und Preiselbeermarmelade serviert werden. In Bohuslän, an der Westküste Schwedens, werden **Hummer**, Garnelen, Meereskrebse, Krabben und Austern sowie Seezunge, Steinbutt und Heilbutt gefangen und frisch zubereitet. In der värmländischen Küche findet man auch Spezialitäten **aus dem Nachbarland Finnland,** darunter einen Brei, der mit Schweinefleisch und Preiselbeeren serviert wird. Am bekanntesten ist die **»Värmlandskorv«**, eine Wurst aus Rind- und Schweinefleisch, Zwiebeln und rohen Kartoffeln. Ein köstlicher und für den ganzen Norden typischer Nachtisch sind **Moltebeeren** in jeglicher Zubereitungsform.

Trinkgeld wird in Schweden nicht dringend erwartet. Beim **Restaurantbesuch** freut man sich aber, wenn Sie den Betrag aufrunden, in dem das eigentliche Trinkgeld bereits enthalten ist.

Trinkgeld erfreut

GETRÄNKE

Wer an schwedische Getränke denkt, dem fallen natürlich Akvavit und (Absolut) Wodka ein. Statistisch sind aber **Milch** und **Kaffee** die meist getrunkenen Getränke. Ungefähr 170 Liter konsumiert jeder Schwede davon pro Jahr. Beim Kaffeeverbrauch sind die Schweden, nach Nachbar Finnland, die Nummer 2 der Welt. Noch bis vor kurzem war es üblich, dass man in den Kaffeehäusern nur die erste Tasse bezahlen musste, die zweite (påtar) gab es umsonst – inzwischen leider nicht mehr, oder aber zumindest zu einem günstigeren Preis. Zum Kaffee isst man u.a. schneckenartiges Hefegebäck **(vetebullar)**, in den Konditoreien neben Torte **(tårta)** auch Kleingebäck **(småkakor)** und frische Waffeln **(våttlor)** mit Him- oder Preiselbeeren. Mit 52,3 Liter pro Jahr und Person (zum Vergleich Deutschland: 109,8 Liter) bleibt der Bierverbrauch hingegen deutlich hinter dem Kaffeekonsum zurück. Im Supermarkt kann man nur Bier (öl) bis 3,5 vol.% Alkoholgehalt kaufen. Alles andere (Wein, Schnaps, stärkeres Bier) muss man für teures Geld in **Läden des staatlichen Alkoholmonopols** – »Systembolaget« – erwerben.

Kaffee, Milch und Alkohol

Hochprozentiges gibt es nur in staatlichen Läden.

Typische Gerichte

Herzhaft und ungewohnt

Fisch kommt frisch auf den Tisch, wird ein- und dann wieder ausgegraben, gärt in Salzlake oder wird erst getrocknet und dann rehydriert: Klassiker der schwedischen Küche können eine kulinarische Herausforderung sein. Aber es gibt ja auch »Knäckebröd«.

Knäckebrot: der vielleicht wichtigste schwedische Exportschlager der letzten Jahrhunderte. Das lang haltbare Brot wurde auf schwedischen Bauernhöfen »erfunden«. Da im Winter kein Mehl gemahlen werden konnte, machte man sich im Herbst daran, einen Vorrat für die kalte Jahreszeit zu backen; im Frühjahr aber buk man dann den Sommervorrat, denn in den wenigen Sommermonaten hatte ein Bauer so viel zu tun, dass keine Zeit zum Backen blieb.

Gravad lax heißt wörtlich übersetzt »eingegrabener Lachs«. So wurde schon lange vor Erfindung der Kühlhäuser frisch gefangener Lachs für einige Wochen haltbar gemacht: Die ausgenommenen Fische werden mit Salz, Zucker, Pfeffer und vor allem Dill gewürzt und für mindestens drei Tage vergraben und mit Steinen beschwert. Diese Delikatesse wird gerne mit Salzkartoffeln verspeist.

Löjrom: Der rote Kaviar ist eine der schmackhaftesten Köstlichkeiten Norrbottens. Er wird aus dem Rogen der Kleinen Maräne hergestellt: Der Rogen wird gesalzen und gefroren und meist mit saurer Sahne, fein gehackten Zwiebeln, Zitrone und Dill serviert. Auf Schwedisch heißt der Rogen »rom«, daher der Name »löjrom«. Eine exklusive Vorspeise ist der mit Löjrom garnierte »Toast Skagen«.

Surströmming: nur Experimentierfreudigen und wirklich starken Mägen zu empfehlen. Er wird aus Ostseeheringen hergestellt, die im Frühjahr in Salzlake eingelegt werden und bald zu gären anfangen. Dann wird er in Konserven abgefüllt. Der andauernde Gärungsprozess führt dazu, dass sich Boden und Deckel der Dosen wölben. Wer diesen sehr intensiv riechenden Fisch probieren will, sollte sich unbedingt einen schwedischen »Klaren« bereit stellen, um das Ganze etwas verträglicher zu gestalten.

Lamm: wird besonders auf Gotland gern gegessen. Gotland ist daher in Schweden auch als Insel der Lämmer bekannt, und nicht umsonst ziert ein Lamm die Landesflagge. Auf Gotland nennt man auch die erwachsenen Tiere Lämmer. Das Fleisch ist durch die kräuterreichen Wiesen sehr schmackhaft. Trotzdem ist nicht jedes Lammgericht als Delikatesse zu empfehlen. »Lammskallar« sind in Milch gekochte Lammköpfe – hört sich eher gewöhnungsbedürftig an und ist es auch.

Lutfisk: wird gern zu Weihnachten gegessen und ist ebenfalls schwer verdaulich. Grundstoff ist getrockneter Dorsch, auch Stockfisch genannt. Dieser wird in einer wässrigen Lauge aus Ätznatron rehydriert, wobei das Fleisch eine gelatinöse Konsistenz bekommt. Vor der Zubereitung wird der Fisch gespült, behält aber einen durchaus gewöhnungsbedürftigen Geschmack. Dazu gibt es zum Glück aber ausgelassenen Speck, Erbsenpüree und Kartoffeln.

Falukorv: Die berühmte Faluner Wurst aus der Provinz Dalarna wird aus gehacktem Rind-, Kalb- und Schweinefleisch, Kartoffelmehl und Gewürzen hergestellt. Deutsche Bergleute, die ab dem 16. Jh. in Falun arbeiteten, sollen das Rezept erfunden haben. Für die Lederriemen der Aufzugskörbe benötigte man hunderte Ochsen, was lag näher, als ihr Fleisch zu Wurst zu verarbeiten?

Edelrestaurant Stadshuskällaren

Speisen wie Einstein, Böll und Grass

Das Edelrestaurant Stadshuskällaren in Stockholm serviert seinen Gästen auf Wunsch die Menüs der Nobelpreisdinner.

Für Nobelpreisträger gibt es nur das Beste. Und so werden sie auch nach der Übergabe des Preises kulinarisch verwöhnt. Schon im September, also viele Wochen vor der Nobelpreisverleihung, beginnen die Köche des **Edelrestaurants Stadshuskällaren in Stockholm**, das exklusive Dinner für den Abend des 10. Dezembers zu planen. Was den Preisträgern und rund **1300 Ehrengästen** aufgetischt wird, bestimmt das Nobelpreiskomitee. Es prüft die von Chefkoch Gunnar Eriksson entworfene Speisenfolge – so lange, bis die Herren sich einig sind. Und je länger das dauert, desto öfter dürfen sie im feien Stadshuskällaren speisen.

Die Mannschaft

Kompliziert wie die Auswahl der Speisen und Getränke ist die der Mitarbeiter des denkwürdigen Abends. Denn die Angestellten des Stadshuskällaren allein schaffen es niemals, die zahlreichen Ehrengäste zu bekochen und zu bedienen – die Speisen aus der Küche, die im Stockwerk über dem Festsaal im Stadshus liegt, müssen so serviert werden, dass alle Gäste gleichzeitig mit dem Essen beginnen können. Schon einen Tag vor dem Dinner sind allein 20 Personen acht Stunden lang damit beschäftigt, die Tische zu decken. Die Blumengestecke werden eigens aus Italien eingeflogen, gestiftet vom **Bürgermeister von San Remo**. Der Grund: Alfred Nobel hatte nach 1891 jeden Winter in der Stadt an der Riviera verbracht und ist dort am 10.Dezember 1896 gestorben. Sämtliche Köche sowie das Küchen- und Servierpersonal aller Stockholmer Spitzenrestaurants empfinden es als große Ehre, zu einem gelungenen Nobelpreisdinner beizutragen. Deshalb nehmen daran allein mehr als 300 Bedienungen und Ober, **30 Köche und 25 Spüler** teil – sowie fünf Männer und Frauen, die nur damit beschäftigt sind, Weinflaschen zu öffnen. Hohen Wert wird bei der Auswahl der Mitarbeiter neben der Qualifikation auch auf die Sicherheit gelegt. SÄPO, der **schwedische Verfassungsschutz**, prüft das Personal in spe auf Herz und Nieren, um Vergiftungsattacken auszuschließen.

Die jungen Gäste

Unter den Gästen befinden sich nicht nur hochgestellte Persönlichkeiten, sondern **auch 200 Studenten** schwedischer Universitäten. Ihre Teilnahme soll zeigen, dass Nobel mit seinem Preis immer auch aufstrebende Wissenschaftler motivieren wollte. Die Studenten müssen aber auch was tun – und zwar **als Animateure**. Nach dem Dinner soll getanzt werden, und damit tun sich, so die Pressesprecherin des Stadshuskällaren, Maria Backelin, viele der hochrangigen Gäste »ganz schön schwer«. Trotz ihrer Aufgabe als Vortänzer müssen die

Stundenten, die per Losverfahren ermittelt werden, wie die meisten anderen geladenen Gäste für ihre Teilnahme zahlen. Umgerechnet etwa 150 Euro kostet es, im Kreise der Preisträger zu speisen. Vom Nobelpreiskomitee eingeladen sind nur die Preisträger und deren Gäste. Angeblich **bezahlen sogar der König und die Königin**.

Nobel wie ein Preisträger

Speisen wie ein Nobelpreisträger kann im Stadshuskällaren jeder, der bereit ist, umgerechnet etwa 175 Euro auf einen der wuchtigen Holztische des Restaurants zu blättern. Das Menü des aktuellen Jahres wird dort **auch kurzfristig** innerhalb von 24 Stunden für Gäste zusammengestellt. Wer ein Nobelpreisdinner aus weiter zurückliegenden Jahren probieren will, muss länger vorausbuchen und mit einer kleinen Gesellschaft von mindestens acht Personen antreten. Genau das machen japanische Touristen besonders gerne. Für sie gehört ein Nobelpreisdinner zu einer gelungenen Europatour. Am besten kommt bei ihnen das Dinner von 1994 an, das bisher schon rund 28 000 mal verkauft worden ist. Kein Wunder: Damals gewann der Japaner Kenzaburō Ōe den Literaturnobelpreis – und verzehrte im Rauch von Wacholderholz geräucherten Lachs mit Senfsauce, Wildente mit schwarzen Johannisbeeren und – zum Nachtisch – Karottenkuchen. Jährlich **nur etwa 40 deutsche Touristen** hingegen ordern im Stadshuskällaren das einzigartige Mahl – dann aber gerne den Lammrücken, den Heinrich Böll 1972 vorgesetzt bekam, oder ein Lammfilet, wie es Günter Grass 1999 verzehrte.

Infos

Stadshuskällaren im Stadshuset, Hantverkargatan 1, Stockholm, Tel. 08 58618 30, www.profilrestauran ger.se/stadshuskallaren

Nobel: Bankett der Nobelpreisverleihung 2008 im Stadshuskällaren

Feiertage · Feste · Events

Feiertage · Feste · Events • ERLEBEN UND GENIESSEN

Feiern, wie die Feste fallen

Viele Feste, die in Schweden gefeiert werden, sind auch in Mitteleuropa beliebt. Einige jedoch sind typisch schwedisch oder skandinavisch, darunter auch das Mittsommerfest, das für die meisten Schweden die schönste Feier des Jahres ist.

Mittsommer ist für viele Schweden wichtiger als der Nationalfeiertag am 6. Juni. Denn die **kürzeste Nacht des Jahres** markiert den Anfang der Freiluftsaison, den Beginn der langen Tage und hellen Nächte, die Erfüllung der Sehnsucht nach Wärme und Sonne. Es ist die Hoffnung auf einen langen Sommer! Nur wer schon einmal einen langen und dunklen Winter im Norden erlebt hat, kann die Freude über Mittsommer wohl richtig nachvollziehen. Gefeiert wird immer an dem Wochenende, das dem 24. Juni am nächsten liegt. Am Morgen des Mittsommertages werden Haus und Hof mit Blumen und Zweigen geschmückt und auf dem Land stellen die Männer die **»Majstång«**, einen reich geschmückten Baumstamm auf. Die »Majstång« hat übrigens nichts mit unserem Maibaum zu tun. Ihren Namen hat sie nicht vom Monat Mai, sondern von dem schwedischen Wort »Majen«, was soviel wie »winden« bedeutet und sich auf die Blumen und Zweige bezieht, mit denen die »Majstång« umwickelt wird. Die Feuer, die einst auch in Schweden am Johannistag brannten, brachten in den hellen Nächten hingegen nicht die rechte Freude. Deshalb setzte sich der Maibaum nach und nach im ganzen Land durch. Er ist also nicht eine unbedingt urschwedische Erfindung, sondern eher ein Import aus Europa. Mittsommer feiern die Schweden **am liebsten mit Freunden und Bekannten** und vor allem dort, wo sie sich wohlfühlen – das kann in dem kleinen Sommerhäuschen, auf dem eigenen Boot irgendwo in den Schären oder auf dem Campingplatz sein. In jedem Fall gehören Musik und Tanz, aber auch gutes Essen und eine Portion Alkohol dazu. Das traditionelle Mittsommeressen ist »Matjesill«, marinierter Hering in süßer Sauce, dazu gibt es Kartoffeln mit Dill.

Ersehnter Mittsommer

In der **zweiten Augustwoche**, wenn der Sommer schon fast vorbei ist, trifft man sich zur »Krebspremiere« (»Kräftpremiären«). Früher, als es noch genügend Krebse gab, konnte man sie das ganze Jahr über genießen. Als dann aber der Krebsfang bis Mitte August verboten wurde, beschloss man, die ersten Fangtage ausgiebig zu feiern. So ist es bis heute geblieben. Man trifft sich mit Freunden, setzt sich ein Papierhütchen auf den Kopf, hängt sich eine Serviette um den Hals und verspeist jede Menge der kleinen Tierchen, die zum Beispiel in Dill gekocht oder auch geräuchert werden.

Kräftpremiären

Gut gerüstet: Ritter im Turnier bei der Mittelalterwoche in Visby

ERLEBEN UND GENIESSEN • Feiertage · Feste · Events

Lichterglanz beim Luciafest

Während der dunklen Jahreszeit werden vor allem das Luciafest am **13. Dezember** und natürlich Weihnachten gefeiert. Am Luciatag sieht man überall weiß gekleidete Jugendliche mit Kerzen in den Händen durch die winterliche Dunkelheit ziehen. Angeführt wird der Zug von Lucia, die einen Kerzenkranz auf dem Kopf trägt. Jeder Verein und jede Schule – alle habe ihre eigene Lucia. Krankenhäuser und Altenheime erhalten von Lucia Besuch, und bei dieser Gelegenheit gibt es **»Lussebullar«**, mit Safran gewürztes Hefegebäck, Pfefferkuchen und heißen, aromatischen »Glögg«.

Weihnachten mit Tomte

Weihnachten beginnt in Schweden eigentlich immer schon Ende November – mit **Weihnachtsmärkten** und -konzerten sowie festlich geschmückten Weihnachtsbäumen auf öffentlichen Plätzen. Berühmt sind die Weihnachtsmärkte im Stockholmer Freilichtmuseum Skansen und im Göteborger Vergnügungspark Liseberg. Um sich schon mal auf die Feiertage einzustimmen, wird den ganzen Dezember über in Restaurants das **»Julbord«** – die üppigste Variante des »Smörgåsbord« – angeboten. Zum Weihnachtsfest, das ähnlich wie bei uns gefeiert wird, kommt statt des Weihnachtsmannes allerdings der Tomte, **ein Wichtel** aus der Mythologie.

FEIERTAGE

Feiertage sind: Neujahr, Heilige Drei Könige (6. Januar), Karfreitag, Ostermontag, Tag der Arbeit (1. Mai), Himmelfahrt, Pfingstmontag, Mittsommer (24. Juni), Allerheiligen (1. November), Heiligabend, 1. und 2. Weihnachtsfeiertag und Silvester. Der schwedische Nationalfeiertag am 6. Juni wird sehr formlos begangen, ist aber seit 2005 arbeitsfrei.

EVENTS IM FEBRUAR
Wintermarkt in Jokkmokk

Anfang Februar wird seit dem Jahr 1605 in Jokkmokk ein großer samischer Wintermarkt (»Vintermarknad«) abgehalten, der viele Gäste anzieht. Bei diesem ältesten Markt Schwedens wird samische Handwerkskunst verkauft, es gibt Konzerte, Modenschauen samischer Designer und Kunstausstellungen. Viele Anwesende tragen stolz ihre samische Tracht (www.jokkmokksmarknad.se).

IM MÄRZ
Wasalauf

Das bekannteste Sportereignis im Winter ist der Wasalauf, an dem jedes Jahr mehr als 30 000 Skilangläufer teilnehmen (die Strecke ist 90 km lang und führt von Sälen nach Mora, www.vasaloppet.se).

IM APRIL
Walpurgisnacht

Am 30. April wird überall im Land die Walpurgisnacht gefeiert. Für Touristen am eindrucksvollsten sind die Feierlichkeiten im Stockholmer Freilichtmuseum Skansen (www.skansen.se).

IM JUNI
Stockholm Marathon

15 000 Läufer aus aller Welt nehmen jedes Jahr am Stockholm

Feiertage · Feste · Events • ERLEBEN UND GENIESSEN

Marathon teil. Die Strecke führt durch die schönsten Teile der Stadt an einem Ostsee-Meerbusen (www.stockholmmarathon.se).

Midsommar
Mittsommer wird im ganzen Land gefeiert. Auf ganz traditionelle Art im Stockholmer Freilichtmuseum Skansen sowie rund um den Siljansee.

IM JULI
Musik am Siljan
Jährlich können die Gäste rund um den Siljansee (Provinz Dalarna) unter rund 100 Programmen wählen (www.musikvidsiljan.se).

IM AUGUST
Stockholm Pride
Das schwedische Gegenstück zum Christopher Street Day (www.stockholmpride.org).

Mittelalterwoche in Visby
Eine Woche lang wird man auf Gotland mit viel Spektakel ins Mittelalter zurückversetzt – bei Ritterturnieren, Gauklervorführungen und Theaterstücken (www.medeltidsveckan.com).

IM SEPTEMBER
Apfelmarkt Kivik (Schonen)
Zur Apfelernte in Schonen feiert man auch einen Apfelmarkt. Besonders eindrucksvoll sind die Skulpturen, die jährlich aus tausenden Äpfeln gebildet werden (www.applemarknaden.se).

IM NOVEMBER
Stockholm Filmfestival
Im Vergleich zu Cannes oder Berlin geht es auf dem Filmfestival von Stockholm eher beschaulich zu. Für Liebhaber skandinavischer Filmkunst ist es aber ein Muss (www.stockholmfilmfestival.se).

IM DEZEMBER
Weihnachtsmärkte
Die beiden größten Weihnachtsmärkte des Landes werden im Vergnügungspark Liseberg in Göteborg (www.liseberg.se) und im Freilichtmuseum Skansen in Stockholm veranstaltet. Dort wird an Silvester auch ausgiebig das neue Jahr begrüßt mit Gesang, Feuerwerk und dem traditionellen Vorlesen von Tennysons Gedicht »Die Glocke« um Mitternacht (www.skansen.se).

Mit Kindern unterwegs

Fast soviel Spaß wie Pippi

Schweden ist ein großes Land. Mal eben einen Abstecher nach Lappland zu machen, das bedeutet viele Stunden – oder realistischer einige Tage – im Auto zu verbringen. Das mag der Nachwuchs, egal, wie alt er ist, überhaupt nicht. Da hilft es auch nicht, wenn man ihm von der tollen Mitternachtssonne am Ziel vorschwärmt. Doch es gibt viele Alternativen.

Um die ständig quengliger werdende Frage »Wann sind wir endlich da?« nicht allzu oft hören zu müssen, sollten sich Eltern ein relativ kleines Gebiet wie den Süden oder Westen Schwedens als Ziel vornehmen und dieses in Ruhe erkunden. Dann werden die Kleinen vermutlich begeistert sein, denn Schweden ist wegen seiner unzähligen Möglichkeiten für Aktivitäten in der Natur ein **phantastisches Reiseland für Familien**. Egal, ob man Ausflüge zu Fuß, mit dem Rad oder Boot einplant, die Angel mitnimmt oder einfach am Strand Urlaub macht, der Nachwuchs ist eigentlich immer beschäftigt. Und wenn das Wetter mal nicht mitspielt, bleibt immer noch der Besuch in einem Tier- oder Vergnügungspark.

Auf Kinder eingestellt

ADRESSEN
Kolmårdens Tierpark
Im nordöstlich von Norrköping gelegenen Tierpark kann man auf Safari gehen. Auf dem weitläufigen Gelände tummeln sich nicht nur einheimische Tiere wie Elche und Rentiere, hier gibt es auch Löwen, Tiger, Elefanten und Nashörner zu sehen. Eine beliebte Attraktion ist auch die Delfinschau. Wer länger als einen Tag bleiben möchte, übernachtet komfortabel im Vildmarkshotellet (www.kolmarden.com/Vildmarkshotellet).

Universeum
Das Göteborger Universeum zeigt auf 8000 m² Wissenschaft als spannendes Abenteuer. Hier können große und kleine Kinder, aber auch Erwachsene nach Herzenslust experimentieren. Außerdem kann man durch einen tropischen Regenwald unter Glas spazieren. Spektakulär ist auch der Haitunnel, in dem man die Raubfische direkt über seinem Kopf durchs Wasser gleiten sieht (www.universeum.se).

Kneippbyn
Auf Gotland, einige Kilometer südlich von Visby, wartet der Vergnügungspark Kneippbyn mit diversen Fahrgeschäften und einem Spaßbad. Größte Attraktion ist die Villa Villekulla, die als »Villa Kunterbunt« in den Verfilmungen der Pippi-Langstrumpf-Geschichten von Astrid Lindgren berühmt wurde (www.kneippbyn.se).

Gröna Lund
Schwedens ältester Vergnügungspark liegt mitten in Stockholm auf

Großer Familienspaß: Die Welt steht Kopf in Lieseberg.

ERLEBEN UND GENIESSEN • Mit Kindern unterwegs

der grünen Insel Djurgården. Hier gibt es Los- und Spielbuden und natürlich auch Achterbahn und Riesenrad. Vor allem von dort aus hat man einen schönen Blick auf die schwedische Hauptstadt. Gröna Lund steht aber nicht nur für Rummel: Hier treten auch zahlreiche bekannte Künstler auf (www.gronalund.com).

Astrid Lindgrens Welt
Hier ist der Name Programm. In Vimmerby, dem Geburtsort der bekanntesten schwedischen Kinderbuchautorin, trifft man all ihre Romanfiguren: Pippi Langstrumpf, Karlsson vom Dach, Michel aus Lönneberga, die Brüder Löwenherz und natürlich auch Ronja Räubertochter. Als Kulisse dienen die Villa Kunterbunt, die Krachmacherstraße und Bullerbü (www.alv.se).

Orsa Grönklitt
Orsa in der Provinz Dalarna ist vor allem als Wintersportort bekannt. Im Sommer lockt der Björnparken vor allem Familien an, die einen Blick auf die Braunbären, Eisbären und Kamchatka-Bären in dem weitläufigen Freigehege werfen wollen. Gar nicht weit entfernt, südlich von Mora, liegt die Märchenwelt Tomteland (www.orsagronlitt.se, www.tomteland.se).

Bei Jung und Alt beliebt: Die Strecke der historischen Straßenbahn von Stockholm (Djurgårdslinie) wird bis zum Sergels Torg verlängert.

Junibacken

In einer alten Bootshalle im Stockholmer Stadtteil Djurgården werden seit 1996 Kinderträume wahr. Sogar Astrid Lindgren hat an der Gestaltung von Junibacken mitgewirkt. So ist es nicht verwunderlich, dass man in diesem »Haus der Spiele« Madita, Karlsson vom Dach, Michel aus Lönneberga, Ronja Räubertochter und Pippi Langstrumpf in ihrer Villa Kunterbunt begegnet. Man erfährt aber auch alles über andere skandinavische Kinderbuchklassiker, den kleinen Willi Wiberg von Gunilla Bergström, die Mummins von Tove Jansson und Pettersson und Findus von Sven Nordqvist. Und auf der Theaterbühne gibt es auch immer etwas Interessantes zu sehen (www.junibacken.se).

Liseberg

Liseberg im Zentrum von Göteborg gilt als größter und schönster Vergnügungspark Nordeuropas mit zahlreichen Fahrgeschäften und Attraktionen. Vom 85 m hohen Lisebergturm überblickt man zudem die ganze Stadt (www.liseberg.se).

Skansen

Heute beherbergt das Freilichtmuseum auf einer Fläche von 300 000 m² rund 150 historische Gebäude aus allen Landesteilen. Doch Skansen ist kein langweiliges Museum: Gerade für Kinder bietet es eine bunte Mischung. Im alten Stadtviertel kann man in der Goldschmiede, der Bäckerei und der Glasbläserei den traditionellen Handwerkern zuschauen. Außerdem gibt es Spielplätze, Buden mit Süßigkeiten und Andenken sowie mehrere Restaurants. Kinder freuen sich vor allem über den kleinen Zoo mit den für Schweden typischen Tieren und das Aquarium mit Krokodilen, Schlangen und Vogelspinnen. Vor allem die traditionellen schwedischen Feste, wie die Weihnachtsmesse in der Seglora Kirche, das Walpurgisfeuer, Mittsommer, das Luciafest oder die Adventszeit sind in Skansen immer sehr stimmungsvoll (www.skansen.se).

Gränna

Der kleine Ort liegt am Südostufer des Vätternsees und ist bekannt für seine »Polkagriser«. Die bunt geringelten Zuckerstangen werden in mindestens einem Dutzend Geschäften angeboten. Man kann aber auch in mehreren Kochereien zuschauen, wie die klebrige Süßigkeit hergestellt wird (www.destinationjonkoping.se/grannavisingso).

Nationalparks

Nationalparks • ERLEBEN UND GENIESSEN

Alles im grünen Bereich

In Schweden gibt es 29 Nationalparks sowie in und um Stockholm den ersten Nationalstadtpark der Welt. Weitere Zahlen: 1,4 % der Landesfläche (6326,4 km²) sind als Nationalpark ausgewiesen, darüber hinaus gibt es etwa 3200 Naturschutzgebiete. Die gesamte geschützte Fläche umfasst 54 000 km² – das sind stolze 12 % von ganz Schweden!

NORDSCHWEDEN
Vadvetjåkka
Nordwestlich von Kiruna bei Björkliden/Torneträsk, u.a. große Höhlen. Wanderwege zum Park starten von Tornehamn und Kopparåsen aus.

Abisko
An der Reichsstr. 98 gelegen, 35 km östl. von Riksgränsen, leicht zugänglich; arktischer Kräutergarten, sehenswert insbesondere der tiefe Cañon des Abiskojokka, Ausgangspunkt des beliebten Kungsleden-Wanderweges.

Stora Sjöfallet
1 km westlich der Saltoluokta turiststation: In diesem Gebiet liegt u.a. das Akka-Gebirgsmassiv, bekannt durch Selma Lagerlöfs Nils-Holgersson-Erzählung.

Sarek
Jokkmokk, 16 km nördlich von Kvikkjokk. Äußerst schwer zugängliches Wildnisgebiet und nicht geeignet für Fjällneulinge!

Padjelanta
Jokkmokk, 36 km nordwestlich von Kvikkjokk, mit 198 400 ha der größte Nationalpark Schwedens. Er gilt als eine der botanisch wertvollsten Regionen dieses Landes.

Muddus
An der Reichsstr. 88, 20 km südwestlich von Gällivare: große Moorgebiete, im Süden tiefe Felsschluchten. Markierte Wanderwege und Hütten zum Übernachten. Viele Mücken!

Pieljekaise
An der Str. Nr. 95, 60 km nordwestlich von Arjeplog, Birkenwälder und Seen mit Saiblingbeständen.

Björnlandet
40 km südöstlich von Åsele, großartige Wildnis, Urwaldgebiete mit vielen stattlichen Kiefern, Felsgrund und Schluchten.

Haparanda Skärgård
Schärenarchipel im Nordteil des Bottnischen Meerbusens. Interessante, vom Wind geschaffene Dünenlandschaft; viele Zugvögel.

Skuleskogen
An der E 4, 25 km südlich von Örnsköldsvik; mächtige Felsformationen mit schwer zugäng-

Der Njupeskär-Wasserfall ist mit 93 m der höchste Wasserfall Schwedens.

lichen Schluchten sowie Bachtäler mit artenreicher Vogelfauna.

MITTELSCHWEDEN
Sånfjället
10 km südlich von Hede; hier leben noch einige Braunbären!

Töfsingdalen
Nordwestlich von Idre; Landschaft mit riesigen Felsblöcken und einzigartigen Urwaldbeständen.

Fulufjället
Nordwestliches Dalarna, 20 km westlich von Särna, mit Schwedens höchstem Wasserfall.

Hamra
An der Reichsstr. 45, 40 km südöstlich von Sveg, Urwaldcharakter mit Elch, Bär, Luchs.

Färnebofjärden
Südlich von Gysinge im Grenzgebiet von Västmanlands-, Dalarnas- und Gävleborgs län, reiches Vogelleben, Überschwemmungsgebiete, Flusslandschaften.

Ängsö
Insel bei Norrtälje in den Schären von Stockholm, 10 km südwestlich von Furusund; artenreiche Vogelfauna; nur mit Boot erreichbar

Nur beim Rentier tragen beide Geschlechter ein Geweih. In den Nationalparks hat man gute Chancen auf Tierbeobachtungen.

Nationalparks • ERLEBEN UND GENIESSEN

SÜDSCHWEDEN

Garphyttan
15 km westlich von Örebro; Heuwiesen, Kulturflächen, Viehkoppel.

Tiveden
18 km nördlich von Karlsborg, von tiefen Risstälern durchzogen, überwiegend Fichten – viele alte Sagen umranken diesen »Trollwald«.

Djurö
Inselarchipel im Vänersee nahe Mariestad, reiche Vogelwelt.

Tyresta
20 km südöstlich von Stockholm; lichte alte Kiefernwälder auf von Flechten überzogenem Felsgrund sowie auf vom Eis polierten Felsen; Brutplatz vieler Vogelarten.

Norra Kvill
20 km nordwestlich von Vimmerby; gut erhaltener Nadelurwald.

Stora Mosse
An der Str. Nr. 151, 10 km nordwestlich von Värnamo; Moore, Vogelbiotop Kävsjön-See.

Blå Jungfrun
Granitinsel im nördlichen Kalmarsund, erreichbar mit dem Boot von Oskarshamn oder Byxelkrok.

Gotska Sandö
Fårösund, 50 km nördlich von Gotland; Sanddünen, Kiefernwälder; vielfältige Käferfauna, zahlreiche Orchideenarten.

Stenshuvud
An der Reichsstr. 10, 17 km nördlich von Simrishamn, behindertengerechter Wanderpfad.

Dalby Söderskog
An der Str. Nr. 16, 11 km südöstlich von Lund, Laubmischwald (Ulme, Esche, Buche, Eiche), herrliche Blütenpracht im Frühjahr.

Söderåsen
30 km östlich von Helsingborg; Buchenwälder, vom Kopparhatten Ausblick über weite Teile Skånes.

Kosterhavet
Schwedens erster Meeres-Nationalpark, grenzt an den norwegischen Nationalpark Ytre Hvaler.

Tresticklan
Auf dem Gebiet im nordwestlichen Dalsland befinden sich u.a. der See Stora Tresticklan, Kiefernwald und Moore.

Shopping

Nordischer Stil

Zum Shoppen reisen nur die wenigsten Touristen nach Schweden – einst fuhren Schwedenfans sogar meist mit einem Kofferraum voller Lebensmittel und geschmuggeltem Bier oder Wein ins kostspielige Land ihrer Träume. Obwohl sich die Zeiten geändert haben, hat Schweden seinen Ruf als Hochpreisland nicht verloren. Und obwohl manches – wie etwa Alkohol oder Restaurantbesuche – immer noch deutlich teurer ist als hierzulande, kauft man (Marken-)Kleidung und anderes heute in Schweden sogar günstiger ein.

Weltbekannt ist Schweden für sein modernes Design, das sich vor allem durch eine klare Formsprache auszeichnet. Entsprechend gehören Glaswaren aus den småländischen **Glashütten** von Kosta Boda und Orrefors zu den beliebtesten Souvenirs. Auch schwedische **Designermode** von Acne, Filippa K, J Lindberg, Cheap Monday, oder Weekday hat internationalen Ruf. Ein traditionelles Mitbringsel ist das rot oder blau bemalte Schwedenpferd, der **Dalahäst**. Dalapferde sind ein schwedisches Nationalsymbol. Hergestellt werden sie in der kleinen Gemeinde Nusnäs in Dalarna, immer noch in Handarbeit. Allerdings nicht mehr nur von einer Person, heute entsteht es in mehreren Arbeitsschritten: Zuerst werden die Umrisse der Pferdefiguren auf Holzblöcke aufgestempelt und mit der Stichsäge ausgesägt. Jetzt erst kommt das Schnitzermesser zum Einsatz. Und danach bekommen die Pferdchen ihre Farbe. Zuerst wird die Grundschicht aufgetragen, dann folgen die Details und schließlich sorgt ein Schutzlack dafür, dass die Farbe später nicht wieder abblättert.

Schwedisches Design

Ebenfalls beliebt als Souvenir ist **Samisches Kunsthandwerk** aus Rentiergeweih, Rentierfellen oder Birkenholz. Kulinarisch kann man in Schweden einige Spezialitäten erstehen: das reicht vom Elchschinken bis zur »**hjortronsylt**«, einer Marmelade aus Moltebeeren. Aromatisch und leicht süßlich schmeckt **schwedischer Senf**. Wer **Lederbekleidung** und vor allem **Outdoorausrüstung** sucht, kauft diese in Schweden z.T. deutlich günstiger ein als zu Hause.

Souvenirs aus Birkenholz

In Schweden gibt es **keine staatlich festgelegten Öffnungszeiten**. Jeder Ladenbesitzer kann öffnen, wann er es für richtig hält. In der Praxis haben die Supermärkte abends oft bis 21.00 Uhr und länger geöffnet, kleinere Läden schließen oft gegen 18.00 Uhr. Supermärkte und Kaufhäuser sind in der Regel **auch am Wochenende** geöffnet und schließen dann in der Regel um etwa 18 Uhr.

Geöffnet nach Bedarf

Elche sträuben sich oft gegen das Mitnehmen,
dann schon lieber ein traditionelles Dalapferdchen.

Skandinavisches Design

Neue Möbel für alle

Klare Formen, helle Farben, Funktionalität, Möbel aus Erle, Kiefer und Birke, Textilien mit Karos und Streifenmustern – das verbinden die meisten mit schwedischem Design. Seit den 1950er-Jahren ist skandinavisches Design das Maß der Dinge. Mit der Konzentration auf preiswerten Modernismus fürs Heim zeigten die nordeuropäischen Länder der Welt, wie gutes Design mit ebensolcher Funktion einhergehen kann.

Ikea

Wohl kaum ein Schwede würde diesem Satz widersprechen: »Die Sozialdemokraten bauten das Volksheim, **Ingvar Kamprad** hat es eingerichtet.« 1943 gründete er mit 17 Jahren IKEA, ein Unternehmen, das wie kein Zweites schwedisches Design in der Welt bekannt machen sollte. Den Namen setzte er aus den Anfangsbuchstaben von Ingvar Kamprad, dem elterlichen Bauernhof Elmtaryd und seiner Pfarrgemeinde Agunnaryd zusammen. Anfangs verkaufte Kamprad noch Krimskrams wie Kugelschreiber und Schmuck, dann in Småland Möbel, die ab 1956 als Bausatz verschickt wurden. Als **1958 das erste IKEA-Möbelhaus** in Älmhult eröffnete, gab es als wichtigstes Marketinginstrument schon einen Katalog. Der Kunde nahm die Ware als Bausatz mit nach Hause und musste sie selbst zusammenbauen – an diesem Erfolgsrezept hat sich bis heute nichts geändert. Vor IKEA wurden Möbel von Generation zu Generation vererbt, von nun an waren sie preisgünstige Modeartikel und Verbrauchsgegenstände nach dem Motto »Benutze mich, solange es dir Spaß macht und wirf mich dann weg.« IKEA wurde zum Synonym für moderne, ästhetische Wohnkultur, wobei die Exklusivität der Praktikabilität geopfert wurde, denn die Zerlegbarkeit hatte oberste Priorität. Einige Produkte sind schon seit den 1970er-Jahren im Sortiment und **genießen Kultstatus** wie das Regalsystem »Ivar«, Sofa »Klippan« und natürlich Regal »Billy«. Sein Bausatz-Konzept aber hat Kamprad zu einem der reichsten Männer der Welt gemacht.

Möbel aus Småland

IKEA hat nicht von ungefähr von Småland aus die Welt erobert: Diese Provinz hat eine lange Tradition der Möbelfabrikation. Und innovative schwedische Hersteller wie Källemo, Norrgavel, Lammhults oder Svenssons sind alle im Nordwesten Smålands angesiedelt. **Lammhult** ist heute das Mekka des schwedischen Möbeldesigns. Das kleine Örtchen zwischen Jönköping und Växjö hat weltweit pro Kopf die höchste Dichte an Möbel- und Designausstellungen. Für genüssliches Stöbern unter den Klassikern wie auch für das Erforschen aktueller Trends und Möbelkäufe sollte man deshalb genug Zeit mitbringen, auch wenn die Ausstellungsräume von Lammhults, Norrgavel, Svenssons, Abstracta und Nilssons nah beieinander liegen.

Värnamo ist eine typisch småländische Stadt, doch für Design-Fans ein Muss: Im **Bruno Mathsson Center** bekommt man einen Einblick in die Arbeiten eines der bedeutendsten schwedischen Möbeldesigner. **Källemo** beweist, dass auch ein kleines, engagiertes Möbelunternehmen Hervorragendes kreieren kann. Das Designhotel **Scandic Värnamo** gilt als eines der besten Beispiele des Funktionalismus. Und am südlichen Ortsrand von Värnamo liegt **Vandalorum,** das neue Zentrum für Kunst und Design.

Adressen

Form Design Center
Regelmäßig aktuelle Ausstellungen zu Form, Design und Architektur. Lilla Torg 9, Malmö, Tel. 040 6645150, www.formdesigncenter.com, Di.–Sa. 11.00–17.00, So. 12.00–16.00 Uhr

Stockholm Furniture Fair
Jedes Jahr Mitte Februar findet in Stockholm die weltweit größte Messe für skandinavisches Design statt (www.stockholmfurniturefair.se).

Kunsthandwerkerzentren
Im ganzen Land gibt es mehrere Kunsthandwerkerzentren, die qualitativ hochwertig und typisch schwedische Produkte anbieten: www.konsthantverkscentrum.se.
In Stockholm befindet sich das Zentrum in der Bellmannsgatan 5 (Tel. 08 54522290).

Designhotel Värnamo
Die Lobby erinnert trotz Modernisierung noch an die 1950er-Jahre. Die Standardzimmer sind im puristischen, skandinavischen Stil eingerichtet, die Suiten exklusiv von Bruno Mathsson, Källemo und Svenssons aus Lammhult gestaltet. Storgatsbacken 20, Värnamo, Tel. 0370 656600, www.scandichotels.se/varnamo

Bruno Mathsson Center
Professor Bruno Mathsson (1907–1988) war Schreinermeister, Architekt, Unternehmer, Philosoph und einer der bekanntesten schwedischen Möbeldesigner des 20. Jh.s. In Värnamo kann man sein Elternhaus und sein erstes Glashaus sowie viele seiner Arbeiten anschauen. Tännögatan 17, Värnamo, Tel. 0370 1 8899, www.bruno-mathsson-int.se, Mo.–Fr. 13.00–17.00 Uhr

Källemo
Die Firma Källemo besitzt Ausstellungsräume in Stockholm (Nytorgsgatan 11), Göteborg (Lasarettgatan 6) und Värnamo (Växjövägen 30). www.kallemo.se

Zum Stöbern im Internet
Schwedische Gesellschaft für Kunsthandwerk und Design: www.svenskform.se

Stiftung für schwedisches Industriedesign: www.svid.se

Internationaler Rat der Gesellschaften für Industriedesign: www.icsid.org

Gemeinsame Präsentation der wichtigsten schwedischen Designfirmen: www.scandinaviandesign.com

Übernachten

Übernachten • ERLEBEN UND GENIESSEN

Von der Hütte bis zum Hotel

Eine einsame Hütte, eine »Stuga« im Wald und möglichst den See gleich vor der Haustür – so wünschen sich viele den Schwedenurlaub. Das Ferienhaus ist die wohl typischste Unterkunft in diesem Land, auch die Schweden verbringen hier am liebsten ihre freien Tage. Wer rechtzeitig vor der Abreise in den Angeboten der großen Vermieter stöbert, wird mit Sicherheit sein (bezahlbares) Traumhaus finden.

Schwedische Ferienhäuser gibt es in allen Ausstattungsvarianten – von der **schlichten Holzhütte mit Außentoilette** und Wasser aus dem Brunnen oder See bis hin zum **Luxushaus mit Farbfernseher**, Whirlpool und Sauna. Manche liegen einsam auf einer kleinen Schäreninsel, sind nur mit dem Ruderboot zu erreichen und garantieren ungestörte Erholung. Wer mehr Gesellschaft sucht, sollte sich in einem **»Stugby«**, einem kleinen Dorf aus Ferienhäusern, einquartieren. Die Preise variieren extrem und sind abhängig von Größe, Lage und Reisezeit.

Nordische Hüttenromantik

Oft ebenso ländlich, aber in der Regel mit Familienanschluss, ist der Urlaub auf dem Bauernhof. Oft werden die **Zimmer mit Frühstück** angeboten, es gibt aber auch einige für Selbstversorger. Diese Art von Unterkunft ist ideal für Familien mit Kindern und Aktive, denn häufig vermittelt der Vermieter Angel- oder Reitmöglichkeiten oder vermietet Fahrräder. Auf einigen Bauernhöfen kann man **auch mitarbeiten**. Für spontane Übernachtungen in Privatzimmern sollte man am Wegesrand auf Schilder mit der Aufschrift **»Rum ledigt«** achten.

Urlaub auf dem Bauernhof

> **BAEDEKER TIPP !**
>
> **Preiskategorien**
>
> Hotels
> (Preis jeweils für ein Standard-DZ)
> ●●●● über 1500 SEK
> ●●● 1000 – 1500 SEK
> ●● 500 – 1000 SEK
> ● bis 500 SEK

Schwedische Hotels sind in den letzten Jahren attraktiver geworden. Einerseits sind die Preise gesunken, andererseits sind viele Design- und Erlebnishotels entstanden. Vor allem **Wellness und Spas** liegen im Trend. Der Zusatz zum Hotelnamen sagt manchmal schon etwas über die Art der Unterkunft aus. Ein **»Herrgård«** ist ein alter Herrensitz, meistens am See gelegen und von einem schönen Park umgeben. Ein **»Värdshus«** ist eher ein kleines, gemütliches Hotel, das oft von einer Familie geführt wird. Gerade im Sommer bekommt man in Schweden **besonders leicht ein Hotelzimmer** und das noch zu einem günstigen Preis. Grund dafür ist die normalerweise hohe

Hotels

Ein Värdshus auf Sandhamn, einer Schäreninsel vor Stockholm

Auslastung der Häuser mit Geschäftsreisenden, die in den landesweiten schwedischen Sommerferien fast alle gleichzeitig in den Urlaub gehen. Hotels können sich mit ein bis fünf Sternen klassifizieren lassen, insgesamt ist der Standard durchweg sehr gut. **Bed & Breakfast**-Zimmer vermitteln in der Regel die lokalen Touristeninformationen.

Geheimtipp Jugendherberge

Die preiswerte Alternative zu Hotels sind Jugendherbergen (**Vandrarhem**). Die mehr als 300 Vandrarhem werden vom Svenska Turistförening (STF) betrieben und sind weit mehr als klassische Jugendherbergen. Der Standard reicht **von einfach bis luxuriös**, es gibt keine Altersbeschränkung, fast alle Häuser bieten neben Betten in Schlafsälen auch Doppel- und Familienzimmer an. Einige Vandrahem sind **wahre Schmuckstücke**, denn sie sind in schönen alten Holzhäusern, in Segelschiffen, Pfarrhäusern oder anderen Gebäuden mit Charme untergebracht und liegen zudem wunderschön. Mitglieder vom STF und vom Internationalen Jugendherbergswerk erhalten Rabatte, eine Mitgliedschaft ist jedoch nicht erforderlich.

Camping

Neben dem Urlaub im Ferienhaus ist Camping in Schweden äußerst beliebt. Es gibt hunderte von Campingplätzen im ganzen Land, die meisten sind nur **von Mai bis August** geöffnet. In den letzten Jahren hat sich aber auch das Angebot für Wintercamper stark verbessert. Viele Plätze bieten nicht nur Stellplätze für Zelte, Wohnmobile und Wohnwagen, sondern vermieten auch **Hütten**. Die Preise variieren je nach Saison und Ausstattung, für einen einfachen Stallplatz zahlt man ab ca. 120 SEK. Erforderlich ist eine **Camping Card Scandinavia**, die auch noch vor Ort provisorisch ausgestellt werden kann.

Heimelige Hütte auf einem Campingplatz in Vilhelmina (Südlappland)

Baumhäuser

Ein Raum zum Atmen

Baumhäuser waren früher nur etwas für Kinder. Heute verbringen Erwachsene einen luxuriösen Urlaub in verschwiegenen Wipfeln.

Anne-Charlotte Ottoson ist Chefin im »Sjunde Himlen«, dem »Siebten Himmel« – und sie gibt ihren Gästen »Andrum«, »Raum zum Atmen«. Sjunde Himlen und Andrum heißen die beiden Baumhäuser, die Anne-Charlotte mit ihrem Mann Bo als Hotel betreibt. Sie liegen zwölf Kilometer westlich von Falköping in der Provinz Västergötland, nur wenige Kilometer entfernt vom See Hornborgasjö, an dem im Frühjahr Tausende Kraniche rasten.

Wie für Pippi gemacht

Andrum sieht aus wie viele Holzhäuschen in Schweden: rot, mit weißen Fensterrahmen, schnuckelig und gemütlich – als wäre Pippi Langstrumpf gerade aus der Tür gestürmt. Nur, und darüber hätte sich Pippi sicher gefreut, steht Andrum nicht auf festem Boden, sondern schwebt in sechs Metern Höhe zwischen den Ästen einer wuchtigen Eiche. Der Siebte Himmel liegt noch einen Meter höher – auch dieses gelbe Traumschlösschen mit spitzen Giebeln und einem Türmchen versteckt sich unter Blättern.

Slow Food im Körbchen

Gebaut hat die beiden Häuser Bo, der als ehemaliger Bauer »alles kann«, wie Anne-Charlotte stolz sagt. Und offenbar zu Recht: Denn abends steht Bo in der Küche und zaubert für die Gäste aus regionalen Zutaten feinstes Slow-Food. Der Fisch kommt aus dem nahen Vänersee, das Fleisch vom Biobauern um die Ecke, Gemüse und Kräuter baut die Hausherrin selbst an. Das Frühstück liefert Bo den Gästen aufs Zimmer – selbst gemachte Marmeladen, Käse, Wurst, Brot, Kaffee und Tee zieht er im Weidenkörbchen diskret zu ihnen nach oben.

Kein TV, kein Internet

Den Häusern merkt man an, dass Bo jahrelang an ihnen herumgewerkelt hat – bis sie so aussahen, wie seine Frau und er sie sich vorgestellt hatten. In diesen Refugien soll man die Welt um sich herum und den Alltagsstress vergessen – weshalb es in den ansonsten luxuriös ausgestatteten Häuschen auch weder Fernseher noch Internetanschluss gibt. Und keine Dusche: Wie früher steht das Waschwasser in einer Porzellanschüssel bereit.

Baumhaushotel

Anne-Charlotte und Bo unterstützen Kinderhilfsprojekte rund um den Globus. Als sie eines in Sri Lanka besuchten, übernachteten sie dort in einem Baumhaus. Das gefiel ihnen so gut, dass sie direkt ein eigenes planten. Von ihrem Erfolg wurden die beiden regelrecht überrannt: »Ich hätte nicht gedacht«, sagt Anne-Charlotte, »dass die Leute so gerne in einem Baumhaus wohnen.«

Infos

www.islanna.com

Urlaub aktiv

Urlaub aktiv • ERLEBEN UND GENIESSEN

Ich bin dann mal draußen!

Schwedens Natur lässt sich am besten aktiv genießen. Im Sommer streift man durch die Wälder, angelt in Flüssen, Seen und Bächen, unternimmt Touren mit Kajak, Kanu oder Rad und im Winter schnallt man Skier und Schlittschuhe an.

Bis auf wenige Ballungsgebiete ist Schweden ein relativ dünn besiedeltes Land mit **grandioser Natur.** Wer die Einsamkeit sucht, reist gen Norden, doch auch, wer im Süden bleibt, findet viele Möglichkeiten für Freiluftaktivitäten. Dabei garantiert das **Jedermannsrecht**, das so umfassend nur noch in Skandinavien existiert, jedem fast uneingeschränkte Bewegungsfreiheit in der Natur. Auch die Schweden nutzen die endlosen Wälder, die fast menschenleeren Gebirge, die vielen Nationalparks sowie die lange Küstenlinie mit ihren Schären und Stränden für zahlreiche Aktivitäten in der Natur.

Wälder, Berge, Meer und Seen

Wandern steht seit jeher ganz oben auf der Beliebtheitsskala, kein Wunder also, dass Hütten und markierte Wege so gut wie alle Gebirgsregionen erschließen und schier unbegrenzte Tourenmöglichkeiten eröffnen. Im Norden locken das wilde, einsame Weite und die Gebirgswelt, im Süden die fruchtbare Kulturlandschaft. 400 beschilderte Wanderwege durchziehen ganze Provinzen, u. a. der Blekingeleden, der Skåneleden und der Hallandsleden. Andere Wege führen durch Nationalparks, wie z. B. der Kungsleden, der in Abisko beginnt und in Lappland am Kebnekaise vorbeiführt, dem mit 2 104 m **höchsten Berg Schwedens.** Einen schönen Platz zum Aufstellen seines Zeltes findet man immer, aber am Rande vieler Wanderpfade liegen auch Hütten und Gebirgsstationen, in denen man übernachten kann. Der Svenska Turistföreningen unterhält zahlreiche **Wanderheime**, die über Zwei- und Mehrbettzimmer verfügen. **Hütten** sind in der Regel in Tagesabständen vorhanden, Proviant muss man hier allerdings selber mitbringen. Zwischen den einzelnen Hütten sind die Wege meist gut markiert, ebenso die großen Wanderwege. **Eine gute Karte** sollten Wanderer dennoch stets mit sich führen. Ganz anders als in den Alpen führt in Schweden auf kaum einen Gipfel eine Seilbahn und auch das Straßennetz ist eher weitmaschig. So muss man sich seine Ziele wirklich erwandern. Und auch, wenn das ein wenig mehr Schweiß kostet, wartet als Belohnung doch oft ein Rundumblick ohne Spuren menschlicher Zivilisation. Aber keine Angst, die nötige Infrastruktur gibt es trotzdem überall – nur nicht im **Sarek-Nationalpark.** Hier sind Kenntnisse im Umgang mit Kompass und Karte unabdingbar, außerdem gute Kondition, umfassende Wandererfahrung und größte Sorgfalt bei der Ausrüstung!

Ideales Wanderland

Sanfter Tourismus: Anlanden per Kajak an einem schwedischen Strand

ERLEBEN UND GENIESSEN • Urlaub aktiv

Fernwanderwege

Der bekannteste Fernwanderweg ist der gut 400 km lange **Kungsleden (Königspfad)** in Nordschweden (▶S. 204). Wer die lange Anfahrt bis zum Kungsleden scheut, findet im **Bergslagsleden** in Mittelschweden eine Alternative. Der 280 km lange Fernwanderweg führt auf 17 relativ einfachen Etappen in Nord-Süd-Richtung durch die Provinz Örebro. Nach 10 – 20 km langen, gut markierten Tagesetappen durch Wälder und an Seen entlang, warten an den Etappenzielen einfache Übernachtungsmöglichkeiten. Informationen und Wanderkarten zum Bergslagsleden gibt es im Touristenbüro von Örebro. Selbst die südlichste Provinz Schonen bietet gute Möglichkeiten zum Wandern. Die vier Routen des **Skåneleden** haben auch immerhin eine Gesamtlänge von mehr als 900 km. Mit rund einem Drittel der Gesamtlänge ist der **Kust till Kustleden** der längste Teil des Skåneleden, er führt in 20 einfachen Etappen von Sölvesborg an der Ostküste bis zur Bärenhalbinsel an der Westküste und bietet abwechslungsreiches Genusswandern durch die liebliche Landschaft im Norden von Schonen.

Baden in Seen und Meer

Bevorzugte Badeziele sind die Küsten Südschwedens und die unzähligen Seen im Landesinnern. Im Juli und August sind Wassertemperaturen bis 20° C keine Seltenheit. **FKK** ist nur an offiziellen Nacktbadestränden erlaubt. **Skåne** besitzt insgesamt 300 km flach abfallende Sandstrände, teilweise mit Dünen. **Malmö** an der Südwestküste hat einen ungewöhnlich weitläufigen Sandstrand mit Dünen, zwischen denen man vor dem gelegentlich recht frischen Wind Schutz suchen kann. Auch die südlich von Malmö gelegenen Sandstrände von Skanör und Falsterbo erfreuen sich großer Beliebtheit. Die Westküste wird auch **»schwedische Riviera«** genannt, im südlichen Teil überwiegen Sandstrände, im nördlichen Teil Felsen. Wer an flachen Sandstränden Urlaub machen möchte, fährt deshalb nach Laholm, Halmstad Falkenberg oder Varberg. Liebhaber von **Schärenküsten** fühlen sich dagegen in Kungsbacka, Fjellbacka oder Strömstad wohl. Aber auch im Norden von Bohuslän findet man genügend Sandstrände, man muss nur von Strömstad mit Fährschiffen zu den Inseln Styrsö, Alska und Kloster fahren.

(Lachs-) Angeln

Im Meer darf jeder sein Glück mit der Angel versuchen. Wer hingegen in Seen oder Flüssen seine Angel auswerfen möchte, benötigt eine **Fiskekort,** die es im örtlichen Touristenbüro, im Hotel oder auf dem Campingplatz gibt. Gute Lachsflüsse (allein acht in der Provinz Halland an der Kattegat-Küste und der Mörrum in der Provinz Blekinge län) haben allerdings ihren Preis.

Golf

Im Gegensatz dazu ist Golf Volkssport und jeder Gastspieler ist gegen eine durchaus **moderate Greenfee-Gebühr** auf einem der zahlreichen Golfplätze herzlich willkommen.

Urlaub aktiv • ERLEBEN UND GENIESSEN

Schweden ist auch das ideale Land für einen Urlaub mit dem **eigenen Boot.** Seen und Flüsse, auf denen man sein Boot zu Wasser lassen kann, findet man genug. Wer eine schwierigere Tour plant oder einen ihm unbekannten Fluss befahren will, sollte sich jedoch zunächst eingehend informieren. Organisierte Kanu-Safaris durch Värmland oder Fahrten im Kajak durch Stockholms Schären veranstaltet beispielsweise der deutsche Reiseveranstalter Wolters Reisen.

Kanu und Kajak

Im Winter schnallt man sich die Skier an: Traditionell ist **Langlauf** sehr beliebt, in den letzten Jahren verzeichnet aber auch der alpine Skilauf viel Zulauf. Die besten Monate für Skifahrer sind **Januar bis April**, im Norden sogar bis Mai. Von Småland bis in den hohen Norden Lapplands bieten sich Wintersportmöglichkeiten u. a. in den folgenden Wintersportzentren: Isaberg, Närke, Västmanland, Sunne,

Wintersport

Kanufahren ist auch für Kinder ein Vergnügen, hier in der Nähe von Åre im Jämtland.

ERLEBEN UND GENIESSEN • **Urlaub aktiv**

Siljansee, Sälen, Idre und Grövelsjön, Härjedalen mit Vemdalsfjäll, Funäsdalen, Bruksvallarna, Tänndalen, Tännas und Fjällnäs, Sylarna, Blåhammaren, Are, Duved, Trillevallen, Gäddede, Vilhelmina, Storuman, Jokkmokk, Dundret, Abisko, Björkliden und Riksgränsen. Schwedens südlichstes hochalpines Gebiet mit mehr als 30 Gipfeln zwischen 1000 und 1800m und guten Skimöglichkeiten ist das Funäsdalsfjäll (Härjedalen). Sogar **Angler** haben in Schweden im Winter Saison. Dick eingepackt, Miniangel, Stuhl und Eisbohrer im Gepäck, zieht es sie auf die zugefrorenen Seen, in der Hoffnung auf einen guten Fang. Dass **Schlittschuhe** nicht nur für ein paar Runden auf dem zugefrorenen Teich oder See vor der Haustür gut sind, sondern auch ein ideales Fortbewegungsmittel für lange Touren, hat sich in Deutschland noch nicht herumgesprochen. Ganz anders in Schweden, da besitzt das lautlose Gleiten über zugefrorene Seen und Kanäle eine relativ große Fangemeinde. Wen der Sport auf langen Kufen gepackt hat, der ist »isbitnad«, vom Eis gebissen und verabredet sich bei guten Eisverhältnissen am nächsten Wochenende mit Freunden zum gemeinsamen **»långfärdsskridsko«**. Unterwegs darf natürlich auch das Lagerfeuer mit heißer Suppe und dampfendem Kaffee nicht fehlen.

> **BAEDEKER TIPP !**
>
> *Skilanglauf*
>
> Eine der schönsten Loipen in Schweden ist die »Mittåkläppspåret« (Mittåkläppen-Loipe) beim Wintersportort Ramundberget nördlich von Funäsdalen – sie begeistert mit steilen Anstiegen und umso flotteren Abfahrten.

Reiten   Weit über 100 schwedische Anbieter haben Reiterurlaub für Touristen in ihrem Programm. Wer Urlaub mit Pferden machen will, erfährt Näheres bei: Sveriges Ridlägerarrangörers Riksförbund.

Sport-   Schweden bietet mit einer mehr als 7000 km langen Küstenlinie,
schifffahrt   zahlreichen Seen (darunter Vänersee, Vättersee, Mälarsee und Hjälmarsee), schönen Kanälen (Göta-Kanal, Kinda-Kanal, Strömsholms-Kanal, Hjälmare-Kanal, Dalsland-Kanal, Trollhättan Kanal, Södertälje Kanal, Filipstads-Bergslags-Kanal, Säffle Kanal) und Wasserläufen nahezu unbegrenzte Möglichkeiten für **alle Arten des Bootsports.** Deutsche, österreichische und Schweizer Staatsbürger sind nicht verpflichtet, sich anzumelden, wenn sie mit dem Boot nach Schweden einreisen. Der **Internationale Bootsschein** genügt als Bootspapier.

Tennis   Schweden ist unbestritten eine der bedeutendsten Tennisnationen der Welt, aus der hervorragende Spitzensportler wie Björn Borg, Stefan Edberg, Anders Jarryd, Mats Wilander oder Magnus Larsson stammen. Die Tennisplätze können von Gästen ohne Clubzwang benutzt werden.

Urlaub aktiv • ERLEBEN UND GENIESSEN

Adressen

Minto – Wege in die Natur
Rosenlund 3, 4579 Tanumshede
Tel. 0525 2 33 32, www.minto.se
Outdoor-Veranstalter, der neben Kanu- und Seekajaktouren, Makrelen- und Hummersafaris auch Schlittschuhtouren anbietet.

BALLONFAHRTEN
Grenna Ballong & Luftskepp AB
Björkhaga
Tel. 0390 3 05 25
www.flyg-ballong.nu

Ballong & Äventyr AB
Ladugårdsmarken 412
22591 Lund, Tel. 046 24 89 00
www.ballongaventyr.se

WANDERN
Svenska Turistföreningen
Drottninggatan 31,Box 25
10120 Stockholm
Tel. 08 4 63 21 00
www.svenskaturistforeningen.se

KANUVERMIETUNG
Darsland Camping & Kanotcentral
Tel. 0531 1 00 60
www.daslandscamping.se

DRAISINETOUREN
DVVJ
Stationsgatan
66621 Bengtsfors
Tel. 0531 52 68 01
www.dvvj.se

REITEN
Svenska Ridsport Förbundet
Ridsportens Hus
73494 Strömsholm
Tel. 0220 4 56 00
www3.ridsport.se

Fahrräder können, zum Beispiel auf der Insel Ven, fast überall ausgeliehen werden.

Store Mosse Nationalpark

BAEDEKER WISSEN

Auf großem Fuße ins Moor

Der 1982 eingerichtete Store Mosse Nationalpark liegt in der Region Småland, einige Kilometer nordwestlich von Värnamo. Es ist eines der größten Moorgebiete Schwedens mit Hochmooren, Niedermooren, Seen und kleinen Wäldern. Auf geführten Schneeschuhwanderungen dringt man in Gebiete vor, die sonst nicht zu erreichen sind.

An einem schönen Sommertag treffen wir uns auf einem Waldparkplatz am Rande des **Store Mosse Nationalparks** und wollen unter fachkundiger Leitung eine ganz besondere Moorwanderung unternehmen. Als Erstes bekommt jeder ein Fernglas, eine Lupe und ein Paar Schneeschuhe. So für alle Eventualitäten gerüstet, geht es, die Schneeschuhe noch in der Hand, in den hügeligen Kiefernwald. Vorneweg geht Cornelia vom Naturum und erklärt ganz nebenbei den Unterschied zwischen **Blaubeeren, Preiselbeeren und Krähenbeeren**, zeigt Pilze, Libellen und Käfer.

Wie das Moor entstand

Sie erzählt auch von der Entstehung des Store Mosse während der letzten Eiszeit: Vor rund 18 000 Jahren begann das Eis zu schmelzen und bildete reißende Flüsse und große Seen. Sand und Moränenmaterial wurde mitgetragen und schließlich in den Seen abgelagert. Besonders große Eisblöcke blieben länger liegen und bildeten, als auch sie schließlich schmolzen, Hohlformen im Gelände, die **Toteislöcher**. Gräser, Kräuter und Flechten besiedelten das vom Eis befreite Land. Einige tausend Jahre später wurde das Klima mild und feucht, die Sandheide versumpfte und die ersten Torfmoose besiedelten den Boden. Stetig wuchs der Moorboden in die Höhe, bis der Wasserstand sank, und die Pflanzen den Kontakt zum Grundwasser verloren – aus dem Niedermoor wurde ein Hochmoor, ein sehr nährstoffarmer Lebensraum. Heute besteht der Store Mosse Nationalpark aus mehreren Hochmooren und Niedermooren, die von Sanddünen getrennt werden.

Mit Schneeschuhen

Bald verlassen wir den Kiefernwald und kommen ins Moor, doch noch geht es bequem **über Bohlenwege**. Am Ufer des Svartgölen Sees endet dann aber der Bohlenweg an einem schönen Picknickplatz. Ab hier kommen die Schneeschuhe zum Einsatz. Noch etwas zögerlich springen wir einer nach dem anderen auf den **feuchten, federnden Moosboden** und sind überrascht, kaum einzusinken. Anfangs ist das Gehen mit den XXL-Füßen etwas ungewohnt, doch wenn man etwas breitbeinig läuft und bei jedem Schritt das Knie etwas höher hebt, klappt es ganz gut.

Karge Pflanzenwelt

Auf der weiten Moorfläche haben es Pflanzen schwer, denn die Böden sind sehr nährstoffarm, nur Spezialisten können sich hier halten. Auf den höchsten Bulten wachsen Heide, Glockenheide und Zwergbirke auf dem braunen und roten Untergrund des Torfmooses. Auf den niedrigeren Bulten können sich nur Torfmoose halten; nur hin und wieder findet man auch Moosbeeren und Wollgras. Früher wurde im Store Mosse **Torf abgebaut**, wovon heute aber kaum noch etwas zu sehen ist. In den mäßig nassen Schlenken wachsen gelbgrüne und grüne Torfmoose sowie der **fleischfressende Sonnentau**. Er kann sich dank seiner klebrigen Blätter, die Verdauungsenzyme ausscheiden, einen Teil seiner Nährstoffe auch aus kleinen Insekten beschaffen. Die richtig nassen Schlenken hingegen bieten höheren Pflanzen kaum eine Nahrungsgrundlage. Die Krüppelkiefern auf dem Moor werden wegen des Nahrstoffmangels zwar nur mannshoch, können aber trotzdem **einige hundert Jahre alt** sein. In ihren Stämmen liegen die Jahresringe so dicht beieinander, dass man ihr Alter oft nur mit einem Mikroskop bestimmen kann.

Baden und Picknicken

Vom Svartgölen See laufen wir zum Vitgölen, nehmen in seinem tiefschwarzen Wasser ein Bad, machen an seinem Ufer Picknick, das in Schweden zu einem richtigen Ausflug einfach dazugehört und machen uns dann auf den Rückweg zum Ausgangspunkt. Am Ende der Tour ist dank der Schneeschuhe zwar keiner im Morast versunken, aber die **Schuhe sind völlig durchnässt** und riechen noch tagelang nach Moor. Außerdem hat es auch sonst niemand geschafft, trocken zu bleiben. Denn bei jedem Schritt bleibt Wasser an den Schneeschuhen hängen, das unweigerlich die gesamte Hinterseite durchnässt. Von uns hat keiner eine Gehtechnik gefunden, die das verhindert, was an einem sonnigen, warmen Sommertag aber niemanden wirklich stört.

Übernachten

Im Nationalpark gibt es drei einfache, ganzjährig geöffnete Übernachtungsmöglichkeiten: In Kittlakull mitten im Nationalpark wohnte einst der Verwalter des inzwischen stillgelegten Torfabbaus. Svänö und Lövö liegen auf Moränenhügeln im Moor, die Häuser gehörten früher zu Bauern höfen. Buchung der Unterkünfte über Värnamo Turism, Tel. 0370 1 88 00, www.visit-varnamo.com.

Infos

Naturum Store Mosse Nationalpark
33033 Hillestorp, Tel. 0370 2 37 92, www.storemosse.se

Das Naturum liegt an der Str. 151 **nordwestlich von Värnamo**. Ca. 40 km Wanderwege im Nationalpark: Lilla Lövö Runde 6 km, Kittlakull-Lövö 12 km, Kävsjö Rundweg 14 km, außerdem mehrere Türme zur Vogelbeobachtung. Von Juni bis August jeden Mittwoch ca. 6 km lange, geführte Wanderung auf der Lilla Lövö Runde. Zur **Schneeschuhwanderung am Donnerstag und Samstag** einen Tag im Voraus anmelden.

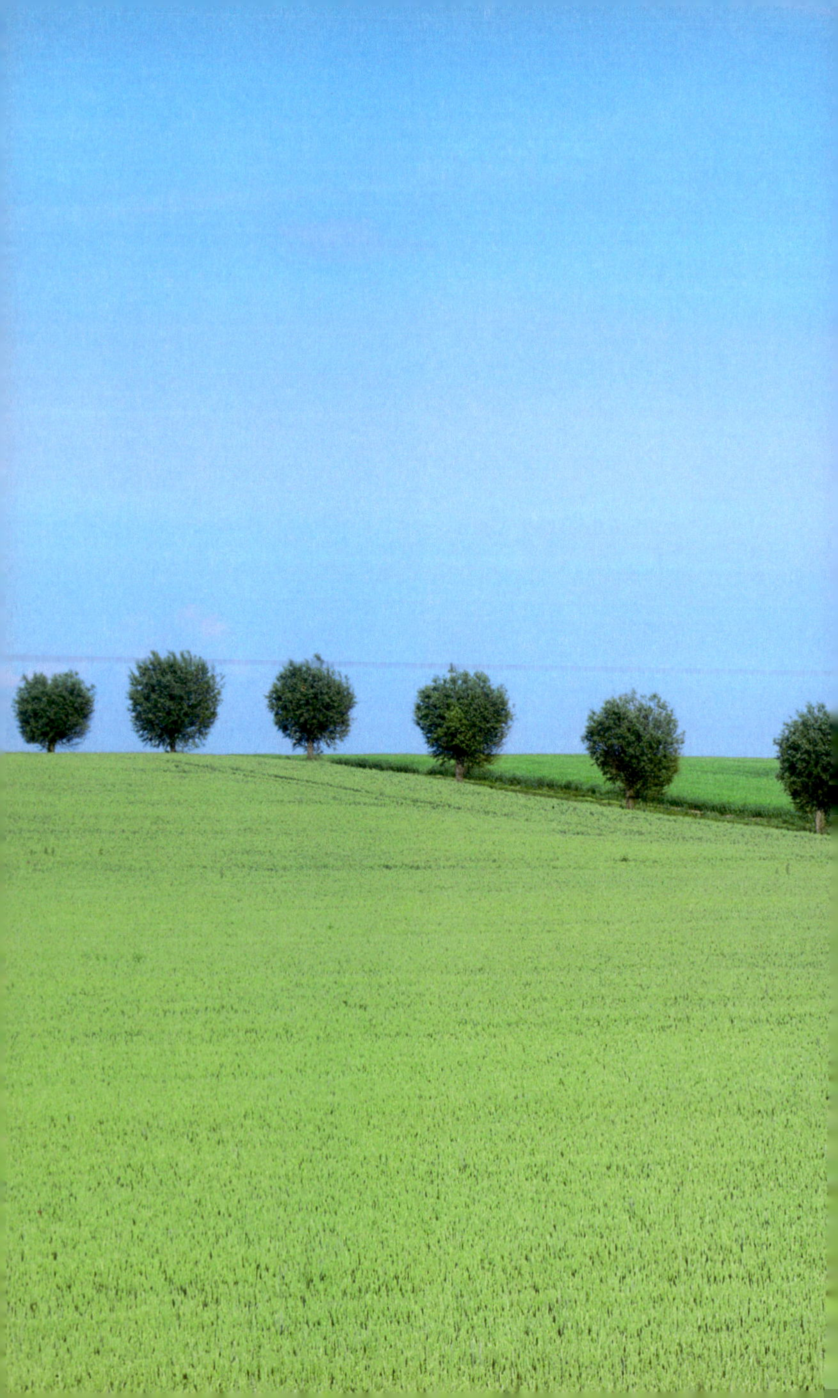

TOUREN

Schweden ist voll lohnender Ziele: Stockholm und die großen Seen, malerische Küsten, raue Fjälls und liebliche Landschaften. Wohin also die Schritte lenken? Wir verraten Ihnen, wo Schweden am schönsten ist!

Touren durch Schweden

Diese vier ausgewählten Touren führen durch die schönsten Regionen des Landes, zu Badestränden und Sonneninseln, durch Schwedens Bilderbuchlandschaften und in seine Städte. Für die kürzeste Tour benötigen Sie rund drei Tage, für die längste zwei Wochen. Aber egal, für welche Route Sie sich entscheiden: Planen Sie ruhig ein paar Tage mehr ein als angegeben – es lohnt sich.

Tour 1 Zur Badewanne Schwedens
Die Westküste ist bekannt für ihre schönen Strände und wird deshalb auch die »Badewanne Schwedens« genannt. Mittendrin sorgt Göteborg für Abwechslung und städtisches Flair.
  Seite 108

Tour 2 Nach Stockholm und Gotland
Vom äußersten Süden führt diese Route durchs Landesinnere zur Hauptstadt Stockholm, übers Meer zur Insel Gotland und schließlich entlang der Küste zurück zum Ausgangspunkt Malmö.
  Seite 111

Tour 3 Rund um den Mälarsee
Die Runde um den Mälarsee ist eine Fahrt durch eine der ältesten Kulturlandschaften Schwedens. Einige der schönsten Schlösser und ältesten Städte des Landes sowie die Hauptstadt Stockholm mit ihren zahllosen Sehenswürdigkeiten liegen direkt am Wegesrand.
  Seite 113

Tour 4 Die große Nordlandfahrt
Stadt, Land, Wildnis: Dieser Dreiklang durchzieht die zweiwöchige Tour von Stockholm gen Norden bis hinauf zur finnischen Grenze und zurück. Man überquert den Polarkreis, badet an den letzten Sonnenstränden und kann zu Fuß oder per Kanu die endlosen Wälder Mittel- und Nordschwedens erkunden.
  Seite 115

Überblick • TOUREN 105

100 km
© BAEDEKER

ATLANTISCHER OZEAN

Abisko
* Kiruna
* Gällivare
* Arvidsjaur
Polarkreis
* Luleå
Storuman
Piteå
** Umeå
** Östersund
TOUR 4
Sveg
Sundsvall
FINNLAND
NORWEGEN
Mora
Ostsee
* Gävle
Borlänge
** Uppsala
TOUR 3
Enköping
* Eskilstuna
* Sigtuna
Strängnäs
**STOCKHOLM
Strömstad
Nynäshamn
Tanumshede
Norrköping
Mariefred
ESTLAND
Uddevalla
Ödeshög
Nordsee
TOUR 1
* Göteborg
** Jönköping
** Visby
* Varberg
Oskarshamn
* Falkenberg
TOUR 2
Halmstad
** Kalmar
LETTLAND
Ängelholm
Hässleholm
** Helsingborg
** Lund
** Karlskrona
DÄNE-
** Lund
MARK
** Malmö
* Ystad
LITAUEN
Trelleborg

Unterwegs in Schweden

Der Süden   Der Süden, und ganz besonders Skåne, gilt als **Schlemmerprovinz**, denn dort, wo die Böden fruchtbarer und die Weiden saftiger sind, leben die Genießer des Landes. Hier fühlt man sich fast wie in Dänemark, wegen der goldgelben Äcker, die in der sanften Meeresbrise wogen, und der Menschen, die leicht an ihrem breiten Dialekt zu erkennen sind. Der Südzipfel hat aber noch mehr zu bieten: die drittgrößte Stadt des Landes, das sympathische **Malmö**, von dem es nur ein Katzensprung hinüber ins dänische Kopenhagen ist, und eine Vielzahl schöner Strände. **Småland** ist dann schon typisch schwedisch: ein Landstrich mit viel Wald und zahllosen Seen – eine **Bilderbuchlandschaft**, die an die Romanwelt Astrid Lindgrens erinnert.

Der Westen   Die gesamte Westküste gilt als Badewanne der Nation und erfreut sich schon seit dem 19. Jh. großer Beliebtheit. Die Küstenprovinz **Halland** profitiert von sonnigen Sommern, dann kommen die Touristen in Scharen an die **kilometerlangen Sandstrände**. Doch großes Gedränge ist hier selbst während der Hauptferienmonate Juli und August ein Fremdwort. Mittelpunkt der Westküste ist **Göteborg**, Schwedens zweitgrößte Stadt, in Traumlage am Meer. Hier warten erstklassige Museen, ein reichhaltiges Unterhaltungsangebot und in den Restaurants fangfrische, maritime Gaumenfreuden, die auch den Gourmet zufrieden stellen. Nördlich von Göteborg erstreckt sich die Küstenprovinz **Bohuslän** mit ihren pittoresken Fischerdörfern. Zwar gibt es hier weniger Sandstrände, aber auch die verwinkelten Schären bieten Wassersportlern ein hervorragendes Revier.

Die Mitte   Fast ganz Mittelschweden ist von dichten Nadelwäldern bedeckt, in denen sich **unzählige Seen** verstecken. Hier haben viele Schweden ihr Ferienhaus, oft eine kleine Hütte direkt am See, fernab jeder Hektik. Rund um den **Mälarsee** zeugen zahlreiche historische Städte und prächtige Schlösser von der langen Geschichte dieser Region. **Stockholm** lohnt zu jeder Jahreszeit einen Besuch. In Värmland bieten die Flüsse und Seen viel Abwechslung für Kanu- oder Floßtouren. Die Provinz Dalarna ist vor allem wegen ihres wunderschön gelegenen **Siljansees** bekannt. Hier, in der Heimat des Dalapferdchens, dem bekanntesten Souvenir Schwedens, haben sich schon immer Künstler und Kunsthandwerker wohl gefühlt. Nirgendwo wird Mittsommer schöner als am Siljansee gefeiert, mit Musik und Tanz um den Maibaum und einem opulenten Essen im Kreis der Familie.

Der Norden   Nordschweden, das ist natürlich **die unendliche Weite Lapplands**, mit wild schäumenden Lachsflüssen, kristallklarer Luft und majestätischen Bergmassiven. Tagelang kann man durch diese imposante

Natur wandern, ohne auf Ansiedlungen oder Straßen zu treffen. Eine erstklassige Wanderroute ist der Kungsleden, **Schwedens bekanntester Wanderweg**, der auf 450 km Länge die grandiose Bergwelt durchquert. Nicht weniger interessant ist auch ein Besuch der Hohen Küste in Medelpad und Ångermanland, die sich steil aus dem Meer erhebt. Weiter im Norden liegen Västerbotten und Norrbotten, oft als Riviera des Nordens gepriesen, was vielleicht ein wenig übertrieben wirken mag, aber hier lässt sich die Sonne doch recht häufig am Himmel blicken und heizt die flachen Küstengewässer auf angenehme Badetemperatur auf. Der Norden ist die **Heimat der Sami**, die seit Menschengedenken mit ihren Rentieren als Nomaden umhergezogen sind. Mittlerweile sind fast alle sesshaft geworden, und man muss schon genau hinschauen, um von dieser uralten Kultur noch etwas zu entdecken.

Natürlich kann man Schweden auch **mit öffentlichen Verkehrsmitteln** erkunden. Im Süden bietet das relativ dichte Eisenbahnnetz eine bequeme und mit dem Scan-Rail-Pass auch recht preisgünstige Mög-

Das richtige Verkehrsmittel

Auch mit der Bahn kann man Schweden bereisen, doch Abstecher ins Hinterland sind dann schwieriger.

lichkeit, alle größeren Städte zu entdecken. Durch die mittlerweile etablierten Billigflüge von verschiedenen Städten Deutschlands nach Stockholm erlebt die schwedische Hauptstadt vor allem in der wärmeren Jahreszeit einen regelrechten Besucheransturm. Im Norden ist das Eisenbahnnetz allerdings weitmaschiger. Im Sommer bietet sich die Inlandsbahn als »Sightseeing-Strecke« an, die von Mora in den hohen Norden führt. Wen es eher in die Natur und speziell nach Nordschweden zieht, dem eröffnet **der eigene Wagen** erheblich mehr Möglichkeiten. Der Zustand der Straßen ist bis hinauf nach Lappland gut und auch die kleineren Nebenstraßen sind in der Regel asphaltiert. Autobahnen und autobahnähnliche Schnellstraßen verbinden alle Zentren Südschwedens, die meisten Straßen sind ungewohnt leer und so fährt man relativ stressfrei, denn die meisten Schweden steuern ihre Autos sehr rücksichtsvoll und halten auch Geschwindigkeitsbegrenzungen penibel ein. Hin und wieder sollte man aussteigen und die Wanderschuhe anziehen, denn nur so kann man die grandiose Natur richtig erleben. **Wandermöglichkeiten** bieten sich eigentlich überall, auch Kanu- und Radtouren erfreuen sich großer Beliebtheit. In Südschweden kann man hervorragend abseits der Hauptstraßen radeln und die vielen Flüsse, Seen sowie der Götakanal eignen sich bestens für einen Urlaub auf dem Wasser.

Tour 1 Zur Badewanne Schwedens

Länge der Tour: 513 km
Start und Ziel: Trelleborg, Strömstad
Dauer: ca. 6 Tage

Von Trelleborg bis ganz hinauf zur norwegischen Grenze ist das Badevergnügen grenzenlos. Ob Sandstrände oder Schärenküste, hier findet jeder das passende Fleckchen. Die Küste ist nicht zersiedelt und frei von Hochhäusern und Bettenburgen. Göteborg, Lund und Malmö zählen zu den kulturellen Highlights der Strecke.

Palmen und Meer

Ausgangspunkt der Tour ist ❶**Trelleborg**, der südlichste Fährhafen Schwedens. Dieser ist für die meisten nur Durchgangsstation. Doch etwas Zeit sollte man sich nehmen und einen Blick auf die Palmen an der Hauptstraße werfen, danach dem Stortorget – dem Zentrum der kleinen Altstadt – einen Besuch abstatten und schließlich noch die rekonstruierte Wikingerburg »Trelleborgen« anschauen. Auf dem Weg nach ❷****Malmö** bietet sich ein Abstecher nach Skanör und Falsterbo an, denn die Halbinsel zählt dank ihrer Sandstrände zu den beliebtesten Badeorten. Malmö besitzt eine sehenswerte Altstadt. Im

Tour 1 • TOUREN

TOUREN • **Tour 1**

Sommer kann man in einem der zahlreichen Freiluftrestaurants und auf einer Stadtrundfahrt durch die Kanäle das Flair der Stadt genießen oder die Museen in der Festung besuchen.

Vom Doman den Strand

Die nächste Station ist die Universitätsstadt ❸**Lund**. Ihre größte Sehenswürdigkeit ist der stattliche Dom. Von Lund führt die Straße am Öresund entlang weiter in Richtung Norden nach ❹**Helsingborg**, das an der engsten Stelle des Sundes gegenüber des dänischen Helsingør liegt und seit jeher ein wichtiger Fährhafen ist. Dies hat sich auch nicht durch den Bau der Öresundbrücke geändert. Helsingborg hat zwar nur eine kleine, aber durchaus sehenswerte Altstadt. Das nahe Schloss Sofiero ist ebenfalls einen Besuch wert. Auf der E 6 und E 20, die als Autobahnen ausgebaut sind, gelangt man schnell nach ❺**Ängelholm**, das zwischen den Halbinseln Kullen und Bjäre liegt. Ängelholm bildet den Anfang einer ganzen Kette von bekannten Badeorten, die sich die gesamte Westküste entlangziehen. Unterwegs nach ❻**Halmstad** lohnt noch ein Stopp in Melbystrand an der sanft geschwungenen Laholmsbukt, die wegen ihres langen Sandstrandes berühmt ist. Halmstad, ❼**Falkenberg** und ❽**Varberg** sind nette Kleinstädte und der langen Sandstrände wegen sehr beliebt. Der schönste ist übrigens der Tylösand in der Nähe von Halmstad.

> **!** *Nicht versäumen*
>
> ▪ Dom zu Lund
> ▪ Altstadt von Helsingborg
> ▪ Strand Tylösand bei Halmstad
> ▪ Göteborg
> ▪ Felsritzungen in Tanumshede
>
> **BAEDEKER TIPP**

Schärenküste von Bohuslän

Über Kungsbacka führt die Autobahn direkt nach ❾**Göteborg**, der zweitgrößten Stadt Schwedens mit dem größten Hafen des Landes. Göteborg ist eine äußerst lebendige Stadt mit einem reichhaltigen kulturellen Angebot und guten Restaurants und lohnt also einen längeren Aufenthalt. Auch der Abstecher ins nur 20 km nördlich gelegene Marstrand ist reizvoll, denn nirgendwo sonst findet man solch kunstvoll verzierte Holzhäuser. Nördlich von Göteborg erstreckt sich die Landschaft Bohuslän. Auf dem Weg nach ❿**Uddevalla** gibt es keine größeren Sandstrände mehr, aber die stark zergliederte Küste mit den vielen Schären ist nicht minder attraktiv. Besonders diejenigen, die dieses Labyrinth mit dem Boot erkunden, werden von der Schärenküste begeistert sein. Mit dem Auto kann man einen Abstecher zu kleinen Küstenorten wie Smögen oder Fjällbacka einplanen, bevor man nach ⓫**Tanum** kommt, in dessen Nähe zahlreiche Felsritzungen aus der Bronzezeit zu bewundern sind. ⓬**Strömstad** ist die letzte schwedische Stadt vor der norwegischen Grenze und wurde wegen seiner Heilquelle schon 1784 (und zehn Jahre nach Gustafsberg) zweiter Kur- und Badeort an der schwedischen Westküste.

Nach Stockholm und Gotland   Tour 2

Länge der Tour: 1093 km
Start und Ziel: Malmö
Dauer: ca. 10 Tage

Diese Rundtour beginnt tief im Süden, in Schonen. Anfangs führt sie durch fruchtbares Ackerland, in Småland, dem Land der Seen und Wälder, sieht es dann hingegen typisch schwedisch aus. Danach geht es am Vätternsee entlang in die Hauptstadt Stockholm. Sehr entspannend: die mehrstündige Fahrt mit der Fähre auf die Sonneninsel Gotland.

Seit der Eröffnung der Brücke über den Öresund im Jahr 2000 sind das schwedische ❶****Malmö** und die dänische Hauptstadt Kopenhagen noch ein gutes Stück näher zusammengerückt. Und dennoch ist Malmö eine gemütliche Stadt geblieben, mit sehenswerten historischen Bauten, einigen interessanten Museen und gemütlichen Restaurants und Kneipen. Von hier sind es nur wenige Kilometer bis zur alten Universitätsstadt ❷****Lund**, deren größte Sehenswürdigkeit der imposante Dom ist. Von Lund folgt man der E 22 anfangs in nordöstlicher Richtung, bis links die Str. 23 abzweigt, die zwischen den Seen Västra Ringsjön und Östra Ringsjön verläuft.

Auftakt in Schonen

Über Höör gelangt man nach ❸ **Hässleholm** und folgt ab jetzt der Str. 117, die bei Markaryd auf die E 4 trifft. Durch das wald- und seenreiche Småland führt die Straße schnurgerade in Richtung Norden. Bei dem kleinen Ort Ljungby kann man entweder einen Abstecher nach Westen zum See Bolmen machen, dessen Ufer nur dünn besiedelt sind, oder man biegt in Richtung Växjö ab, das die westliche Grenze des Glasreiches bildet. Wieder zurück auf der E 4 erreicht man schließlich ❹****Jönköping** am südlichen Ende des Vätternsees. Seit Mitte des 19. Jh.s war die Stadt einer der wichtigsten Streichholzproduzenten weltweit, heute erinnert das sehenswerte Tändsticksmuseet an diese Zeit. Von Jönköping folgt man der E 4, die am Ostufer des Vättern

Am Vätternsee

> **BAEDEKER TIPP**
>
> *Nicht versäumen*
>
> - Malmös schmucke Marktplätze
> - Visbys mittelalterliche Stadtmauer
> - Schloss von Kalmar
> - Fachwerkhäuser in Ystad

verläuft, weiter in Richtung Norden. In Gränna sollte man das Markenzeichen der Stadt, die rot-weißen Pfefferminzstangen, die sog. »Polkagrisar«, probieren und einen Abstecher zur Insel Visingö machen, der größten Insel im Vätternsee. Bis ❺**Ödeshög** führt die

TOUREN • **Tour 2**

Straße noch am Seeufer entlang, biegt dort nach Linköping ab, dessen größte Sehenswürdigkeit das Freilichtmuseum Gamla Linköping ist und erreicht schließlich ❻***Norrköping**. Von hier ist es nicht mehr weit bis zur Hauptstadt ❼****Stockholm**, die natürlich einen längeren Aufenthalt wert ist.

Nach dem Besuch von Stockholm fährt man bis ❽**Nynäshamn** und besteigt die Fähre nach ❾**Visby**, der Hauptstadt Gotlands, die mit einer fast vollständig erhaltenen, mittelalterlichen Stadtmauer beeindruckt. Gotland ist eine Sonneninsel inmitten der Ostsee mit fast mediterranem Flair. Die Westküste Gotlands ist überwiegend von Kalksteinklippen geprägt, die Ostküste dagegen ist flacher, hier dominieren die Sandstrände. Neben dem mittelalterlichen Visby sind die sogenannten Raukar, bizarr erodierte Kalksteinnadeln, Gotlands größte Sehenswürdigkeit. Mit der Fähre verlässt man Gotland wieder, landet in ❿**Oskarshamn** und folgt der Küstenstraße bis nach ⓫****Kalmar**, dessen wuchtiges Renaissanceschloss schon von weitem auszumachen ist. Die nächste sehenswerte Stadt an der Ostküste ist ⓬****Karlskrona**, das auf eine 300-jährige Geschichte als Flottenhauptquartier zurückblickt. ⓭***Ystad** liegt schon an der Südküste Schonens, ein kleines Städtchen mit alten Fachwerkhäusern, engen Gassen und verwinkelten Innenhöfen. In der Umgebung gibt es auch einige schöne Strände, berühmt wurde der Ort aber durch Henning Mankells Kriminalromane, in denen Kommissar Wallander so manchen Mord in der Gegend von Ystad aufzuklären hat. Von Ystad gelangt man entweder auf der E 65 zurück zum Ausgangspunkt Malmö oder man fährt entlang der sehenswerten Küste über Smygehamn und Trelleborg nach Malmö.

Stippvisite auf Gotland

Rund um den Mälarsee   Tour 3

Länge der Tour: 317 km
Start und Ziel: Stockholm
Dauer: ca. 3 Tage

Früher war der Mälarsee eine Bucht der Ostsee, erst die Landhebung machte ihn zum drittgrößten See Schwedens, heute ein Labyrinth aus Inseln, Halbinseln, Buchten und Landzungen. Historische Städte und prächtige Schlösser an seinen Ufern geben immer wieder interessante Einblicke in die schwedische Geschichte.

Start für die Umrundung des Mälarsees ist ❶****Stockholm**. Dessen Zentrum verlässt man in westlicher Richtung auf der E 4 und E 20,

Heimat der Wikinger

passiert die Vororte der Hauptstadt und gelangt praktisch nahtlos nach Södertälje. Hier spalten sich die beiden Europastraßen auf, die E 4 führt nach Süden, die E 20 verläuft weiter in westlicher Richtung und trifft in der Nähe von ❷ **Mariefred** auf den Mälarsee. Rund um diesen See hat sich schwedische Geschichte abgespielt: hier siedelten die Wikinger, hier entstanden die ersten Städte und fasste das Christentum Fuß. Mariefred ist wegen der schönen alten Häuser und wegen Schloss Gripsholm der meistbesuchte Ort am Mälarsee. Das große, rote Märchenschloss wurde in Deutschland vor allem durch Kurt Tucholsky bekannt.

Auch die nächste Station, das kleine Städtchen ❸ **Strängnäs**, liegt am Ufer des Mälaren, der mit seinen vielen Inseln und Buchten ein Labyrinth aus Wasser und Land bildet. In Strängnäs ist es viel ruhiger als in Mariefred, und auch die nächste größere Stadt ❹ *****Eskilstuna** lockt lange nicht so viele Touristen an. Die größten Sehenswürdigkeiten der ansonsten modernen Stadt sind die historischen Schmieden, die in ein Handwerks- und Kunstgewerbezentrum umgewandelt wurden. Kurz hinter Eskilstuna zweigt die Str. 53 ab, die über Kvicksund nach Sigtuna, zur E 18 und weiter ins nahe Västerås führt, das an einer Bucht des Mälarsees liegt.

Bei Västerås verlässt man den See und gelangt über ❺ **Enköping** in die alte Universitätsstadt ❻ ****Uppsala**. Dass die Stadt auch eine gewichtige Rolle als religiöses Zentrum gespielt hat, lässt sich leicht an dem mächtigen Dom ablesen. Uppsala ist aber auch die Stadt Carl von Linnés, dem Begründer der biologischen Systematik. Von Uppsala aus fährt man, anfangs auf der Str. 255, in südlicher Richtung weiter nach ❼ ***Sigtuna**, das hübsch am Sigtunafjärden, einer Verzweigung des Mälarsees, liegt. Der als Fußgängerzone gestaltete Ortskern mit den niedrigen Holzhäusern lockt viele Besucher an. Von Sigtuna lohnt ein Abstecher zum nordwestlich gelegenen Schloss Skokloster, einem weithin sichtbaren weißen Vierflügelbau. Auf dem Weg zurück nach Stockholm lohnt ein Stopp beim prächtigen Schloss Drottningholm, das wunderschön auf einer Insel im Mälarsee liegt.

Über Uppsala nach Stockholm

> ! BAEDEKER TIPP
> *Nicht versäumen*
>
> - Vasa-Museum in Stockholm
> - Schloss Gripsholm
> - Dom von Uppsala
> - Holzhäuser von Sigtuna
> - Schloss Drottningholm auf einer Insel im Mälarsee

Die große Nordlandfahrt   Tour 4

Länge der Tour: 2878 km
Start und Ziel: Stockholm
Dauer: ca. 14 Tage

Die Kontraste können kaum größer sein: Von der turbulenten Hauptstadt Stockholm führt die Reise hinein in die Weite Lapplands. Die Heimat der Sami ist ebenso faszinierend wie die Vielzahl einsamer Wälder. Wildnis kann man hier hautnah erleben – zu Fuß, per Fahrrad und auch mit dem Kanu.

Die große Nordlandtour beginnt in ❶ ****Stockholm**. Erste Zwischenstation ist ❷ ****Uppsala**, Universitätsstadt, religiöses Zentrum und eine der ältesten Städte des Landes mit einem sehenswerten Dom. Von Uppsala führt die E 4 in Richtung Nordwesten durchs Landesinnere nach ❸ ***Gävle**, wo man dann erstmals wieder den Duft des Meeres spürt. Diese älteste Stadt Norrlands besitzt in der Altstadt einige schön restaurierte Holzhäuser. Auch die nördlichste Festung der Wasakönige ist hier zu besichtigen. Ganz anders präsentiert sich ❹ **Sundsvall**, Nordschwedens größte Stadt, mit einem der wichtigsten Häfen. Nach dem Brand von 1888 wurden die Häuser feuersicher aus Stein wiederaufgebaut, und rund um den Marktplatz findet man ein sehenswertes Ensemble stattlicher Bauten.

Durch Mittelschweden

TOUREN • Tour 4

Im weiteren Verlauf der Reise kommt man nach Härnösand, das den Beginn der landschaftlich reizvollen Hohen Küste markiert. Bei Gallsäter sollte man von der E 4 abbiegen und auf kurvigen, teilweise bergigen Straßen zu den Fischerdörfern an der Küste fahren. Zurück auf der Hauptstraße geht es weiter nach Örnsköldsvik, wo die Küste wieder flacher wird, und nach ❺**Umeå**, das nach einem Brand modern und architektonisch nüchtern aufgebaut wurde. ❻**Piteå** lohnt einen längeren Aufenthalt wegen der Kirchenstadt Gamelstad, deren 400 rote Holzhäuser auf der Unesco-Weltkulturerbeliste stehen. In Pite Havsbad locken ein schöner Sandstrand und durchaus erträgliche Wassertemperaturen. Nicht umsonst nennen die Schweden diesen Küstenabschnitt »Norrlands Riviera«. ❼*Luleå, eine nüchterne Kleinstadt, lebt in erster Linie von seinem Eisenwerk und dem Hafen, von dem das Erz in Richtung Süden verschifft wird.

An Norrlands Riviera

Nach Luleå folgt man der E 4 noch bis Töre und biegt dort auf die E 10 ab, die sich von der Küste entfernt und eine Panoramatour durch die Einsamkeit und die Weite Schwedisch-Lapplands bietet. Auf dem Weg nach ❽*Gällivare, das mit Malmberget einen Doppelort bildet, passiert man den Polarkreis. Ebenso wie ❾*Kiruna verdankt Gällivare seine Existenz riesigen Erzvorkommen. Schon aus der Ferne sind die Spuren des Erzabbaus von Kiruna zu sehen, die

Sprung über den Polarkreis

Uppsala: junge Menschen, alte Universität

> **BAEDEKER TIPP**
>
> ### Nicht versäumen
>
> - Kirchenstadt Gamelstad bei Piteå
> - Blick auf den Erzabbau in Kiruna
> - Samen-Dorf Jukkasjärvi
> - Mora am Siljansee, besonders zu Mittsommer

umliegenden Berge wurden regelrecht geköpft und ausgehöhlt und neue Berge aus Abraumgestein aufgeschüttet. Unbedingt lohnend ist ein Abstecher von Kiruna ins Samen-Dorf Jukkasjärvi, und das selbst im Winter, denn dann ist das berühmte Eishotel geöffnet. Auf der Fahrt von Kiruna nach ❿ **Abisko** werden die Berge immer höher und kahler, hier zeigt sich der Norden von seiner schönsten Seite. Abisko, eine kleine Ansiedlung am See Torneträsk, ist ein guter Ausgangspunkt für eine Wanderung auf dem berühmten Kungsleden.

Bei den Samen
Jetzt beginnt der Rückweg, anfangs auf der gleichen Strecke bis zur Erzstadt Gällivare und dann kanpp 100 km weiter bis zur Samensiedlung ⓫ ** **Jokkmokk**, die wegen ihrer alten Kirche, dem Museum Ajtte und den vielfältigen Aktivitätsangeboten einen längeren Aufenthalt lohnt. Eine kleine Nebenstraße führt von Jokkmokk nach Kvikkjokk zum Wanderweg Kungsleden und in die Nähe des Sarek-Nationalparks, der wegen der fehlenden Infrastruktur immer noch eine Herausforderung für Wanderer darstellt. Auch das nächste Ziel ⓬ ** **Arvidsjaur** ist eine alte Samensiedlung und bietet die Möglichkeit, auf der Str. 95 einen Abstecher nach Arjeplog und weiter ins Gebirge und zum Nationalpark Pieljekaise zu machen. Bei Jäkkvik kreuzt der Kungsleden die Straße und lädt zu Erkundungen zu Fuß ein. ⓭ **Storuman** liegt am gleichnamigen See.

Siljansee und Dalapferdchen
Auf schnurgeraden, asphaltierten Straßen geht es über Strömsund, Dorotea und Vilhelmina nach ⓮ ** **Östersund**, der einzigen größeren Stadt der Landschaft Jämtland. Die bedeutendste Sehenswürdigkeit Östersunds ist das Freilichtmuseum Jamtli. Der kleine Ort ⓯ **Sveg** ist Zwischenstation auf dem Weg nach ⓰ **Mora**, dem wichtigsten Touristenzentrum am Siljansee. Für Mora sollte man sich etwas Zeit nehmen, um das Zornmuseum und das Wasalaufmuseum zu besuchen, aber auch um Abstecher in die Nachbarorte zu unternehmen. Nicht versäumen sollte man das nahe Nusnäs, das für seine Dalapferdchen berühmt ist. Zum nächsten Ziel, ⓱ **Borlänge**, gibt es zwei Routen, entweder auf direktem Weg auf der Str. 70 über Leksand und Rättvik oder mit einem kleinen Umweg über Falun, das wegen seines aufgelassenen Kupferbergwerks einen Besuch lohnt. Über die Stadt Enköping und die zur Autobahn ausgebaute E 18 erreicht man schließlich wieder Stockholm.

Der Sarek-Nationalpark zählt zu den großartigsten Landschaften Schwedens.

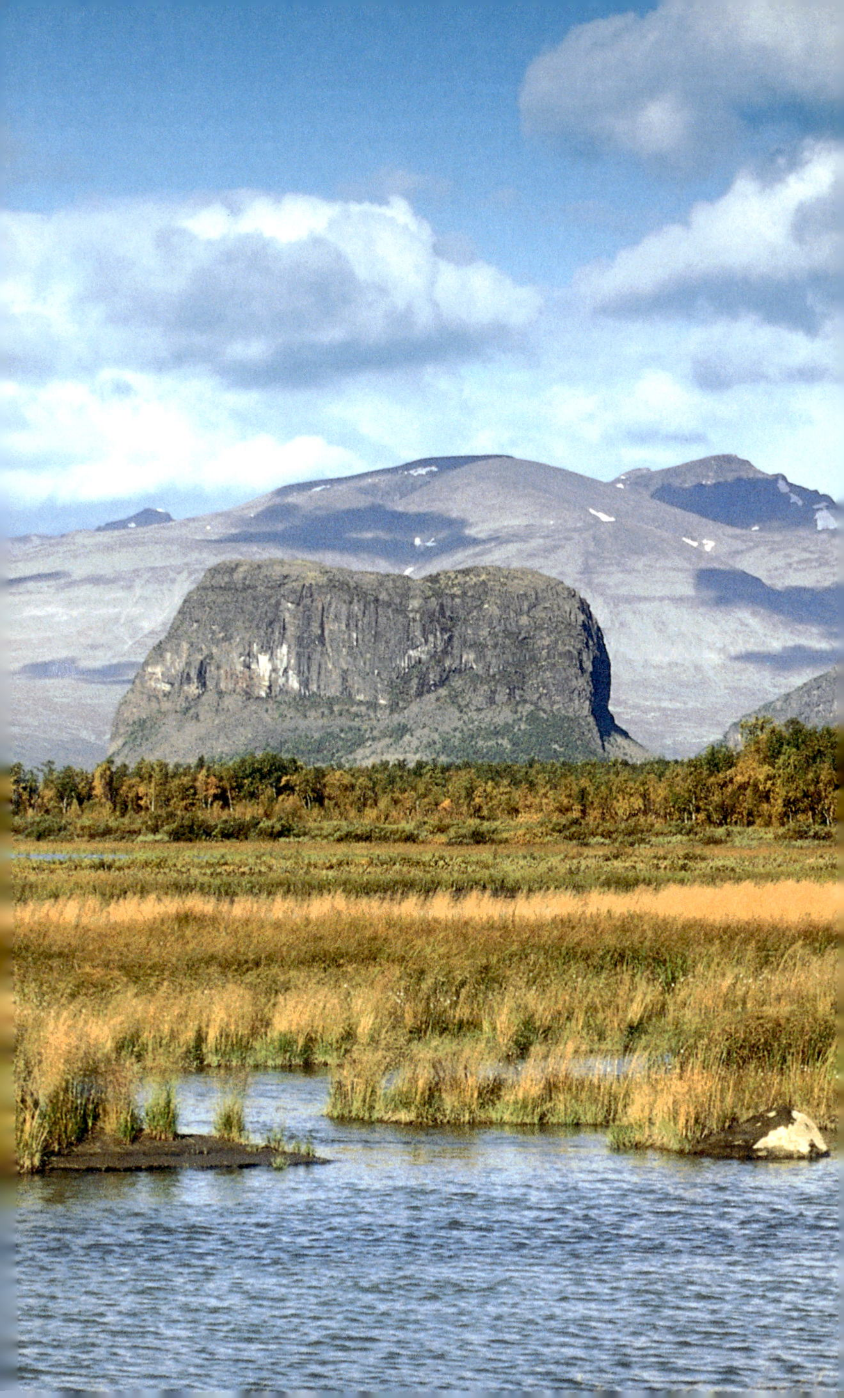

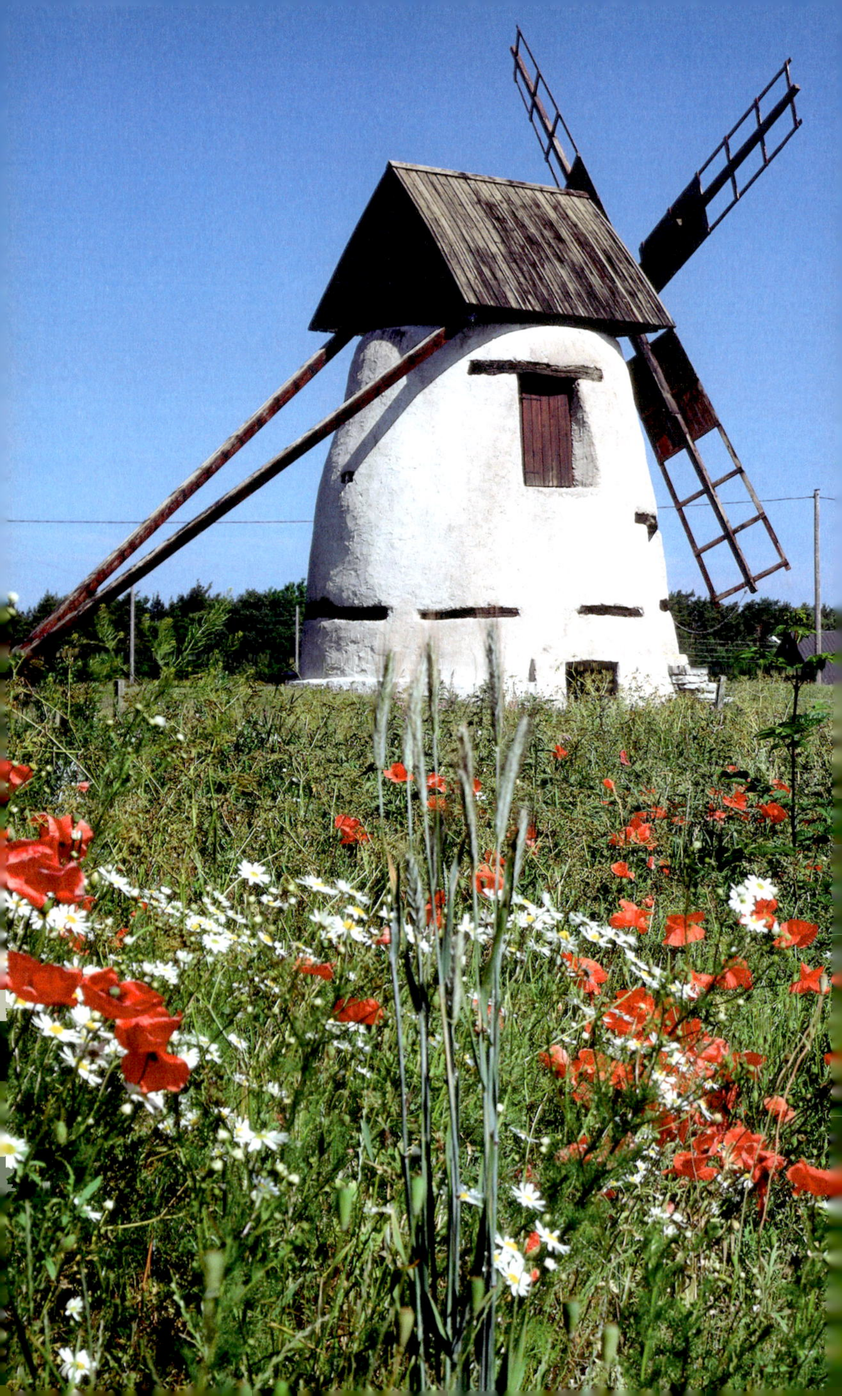

REISEZIELE VON A BIS Z

Von den Sandstränden im Süden zu den großen Wäldern im Landesinneren und hinauf ins wilde Lappland – in Schweden gibt es so viel zu entdecken!

Ängelholm

✦ C 2

Landschaft: Skåne (Schonen)
Provinz: Skåne Län
Einwohnerzahl: 39 600
Höhe: 4 m ü.d.M.

Die Herstellung von Töpferwaren hat in Ängelholm und Umgebung eine lange Tradition. Neben kunstvoller Keramik lockt im Sommer der kilometerlange Sandstrand die Gäste an. Auf der Insel Hallands Väderö kann man sogar Robben beobachten.

Ängelholm, nördlich von Helsingborg an der Rönneå und der Skälderviken genannten Bucht des Skagerrak gelegen, wurde 1516 vom dänischen König Christian II. gegründet und war bis ins 18. Jh. Schauplatz vieler Auseinandersetzungen zwischen Dänen und Schweden. Schon im 17. Jh. standen Ängelholms Töpfer in hohem Ansehen, und die gesamte Umgebung gilt noch heute als **»Sveriges Keramikbygd«** (Töpferland Schwedens). Viele der Manufakturen können besichtigt werden.

> **BAEDEKER TIPP** !
>
> *Lichtes Hotel direkt am Meer*
>
> Komfortables Hotel (14 Zi.) direkt am Sandstrand von Ängelholms Havsbad. Wunderbar sind vor allem die hellen Zimmer mit Holzboden und Meerblick, sowie die exzellente Küche und die sonnige Terrasse.
> Klitterhus Havsbadshotell & Restaurang ❸❸❸
> Havsbaden
> Tel. 0431 1 35 30
> www.klitterhus.com

Durch die engen Gassen wirkt das Stadtzentrum noch immer recht altertümlich. Am Stortorg (Marktplatz) stehen das alte Rathaus (1775) und die 1516 errichtete, im 19. Jh. umgebaute Kirche. Südöstlich an der Rönneå befinden sich das neue Rathaus (1975) und der Anleger der Ausflugsboote, die auf der Rönneå und entlang der Küste verkehren. Nordwestlich vom Zentrum liegt der Hembygdspark, ein kleines **Freilichtmuseum** mit technischem Museum und Tiergehege (Thorslundsgatan). Der schöne Sandstrand, der sich kilometerlang an der **Skälderviken-bucht** erstreckt, bietet viele Bademöglichkeiten.

❶ Mai–Ende Aug. Di.–So 13.00–17.00 Uhr, Eintritt frei,
Tel. 0431 41 12 20, www.engelholmshembygdspark.se

Familienhof und UFO–Denkmal Der Familienhof Heagården in Munka-Ljungby präsentiert ein kleines Heimatmuseum und ein Feuerwehrmuseum. Auf einer Waldlichtung bei Kronoskogen erinnert das **UFO-Denkmal Ängelholm** an eine vermeintliche UFO-Landung, die der Eishockeyspieler Gös-

Ängelholm erleben

AUSKUNFT
Ängelholm Turistbyrå
Stortorget
26232 Ängelholm
Tel. 0431 821 30
www.turist.engelholm.se

Båstad Turism
Torget/Köpmansgatan
126921 Båstad
Tel. 0431 7 50 45
www.bastad.com

AUSFLÜGE
Inselfahrt
Von Torekov (35 km von Ängelholm entfernt) fährt Mitte Juni bis Mitte August von 9.00 bis 16.00 Uhr stdl. ein Fischerboot zur Robben-Insel Hallands Väderö
Tel. 0431 36 34 94

EINKAUFEN
Keramik
In Höganäs gibt es neben der großen Manufaktur Höganäs Saltglaserat kleine Künstlerateliers, wo man vom schlichten Tonpott bis zur exquisiten Keramik alles finden kann.

ESSEN
Rusthållargården ●●●●
Storavägan 26
Arild
geöffnet Mo.–Do. 18.00–21.00,
Fr./Sa. 18.00–22.00 Uhr, So geschl.
Tel. 042 346530
www.rusthallargarden.se
Der Rusthållargården liegt inmitten des idyllischen Arild. Die Küche zählt zu den besten Schwedens.

Margetetorp Gästgifvaregården ●●●
Hjärnarp
tgl. geöffnet
Tel. 0431 45 44 50
www.margretetorp.se
Dieses traditionelle Restaurant nördlich von Ängelholm liegt sehr schön am Rande eines Parks.

ÜBERNACHTEN
Grand Hotel Mölle ●●●●
Bökebolsvägen 11
Tel. 042 3622 30
www.grand-molle.se
65 Zi. Der weiße Holzpalast liegt etwas oberhalb des Dorfes mit malerischem Blick über den Hafen. Angeschlossen ist das Gourmetrestaurant Maritime mit einem erlesenen Weinkeller.

ta Carlsson 1946 hier beobachtet haben will (ausgeschilderter Weg vom Parkplatz). Das größte Flugmuseum der Region dokumentiert die Aktivitäten des Schonischen Geschwaders F 10.
Heimat- und Feuerwehrmuseum Heagården: Ängelholmsvägen 208, ganzjährig geöffnet, Tel. 0431 43 00 35;
UFO-Denkmal Ängelholm: Sept.–Mai Sa., So. 10.00–17.00, Juni–Aug. Di.–So. 10.00–17.00 Uhr
Flugmuseum: Tel. 0431 1 48 10, Eintritt: 60 SEK, erm. 30 SEK, www.engelholmsflygmuseum.se

ZIELE • Ängelholm

Eisenbahnmuseum — Ängelholm ist einer der beiden Standorte des Schwedischen Eisenbahnmuseums (Banskolevägen 11).
Di., Mi., Fr., Sa., So. 10.00 – 17.00, Do. bis 20.00 Uhr, Juni – Aug. auch Mo., Eintritt: 50 SEK, erm. 30 SEK, Tour mit der Minibahn 10 SEK, Tel. 0431 8 78 40, www.trafikverket.se/museer

★ HALBINSEL KULLEN

Künstlerort Arild — Südwestlich von Ängelholm schiebt sich die Kullenhalbinsel spitz zwischen Öresund und Skäldervikenbucht in die Ostsee. Folgt man der Straße von Ängelholm **nach Mölle**, durchquert man eine hügelige Kulturlandschaft und kann immer wieder einen Blick aufs Meer werfen. Ein ganz besonderes dörfliches Idyll ist der Künstlerort Arild mit seinem kleinen Hafen und den **bunten Holzhäusern**, die terrassenförmig am Hang liegen. Gepflegte, üppig blühende Gärten, nette Restaurants und Übernachtungsmöglichkeiten machen Arild zu einem beliebten Ferienort.

Küste von Kullaberg — An Arild schließt sich die unter Naturschutz stehende Küste von Kullaberg an, eine für Südschweden **einmalige Geländeformation**. Hierbei handelt es sich um eine 15 km lange Gneisscholle, die stehen blieb, als sich das umliegende Land senkte. Entstanden ist ein wildes Szenario: Die roten Gneisfelsen, in die die Brandung Grotten und Schluchten gefressen hat, fallen mitunter bis zu **50 Meter senkrecht zum Meer** ab. Auf verschlungenen Wegen kann man entlang der Kullabergküste wandern und die Aussicht genießen. Weiter im Landesinnern stößt man auf Laub- und Nadelwälder, Wiesen und Moore. Die höchste Erhebung ist der 187 m hohe Berg Håkull. Auf der Spitze der Halbinsel blinkt ein **Leuchtturm**, der zwar nur 15 m hoch ist, dafür aber von allen schwedischen Leuchttürmen am hellsten leuchtet. Literarisch wurde der Kullaberg bekannt durch Selma Lagerlöf, deren berühmte Romanfigur **Nils Holgersson** hier das alljährliche Treffen der Tiere erlebte.

> **? BAEDEKER WISSEN**
>
> *Die »Ängelholm-Okarina«*
>
> Seit Mitte des 19. Jh.s werden in Ängelholm Okarinen hergestellt. Das sind **tönerne Flöten**, die in allen alten Hochkulturen zu finden waren. Die »Ängelholm-Okarina« ist aus Lehm, hat einen eingerollten Schnabel und ist ein beliebtes Souvenir. Wer sie klingen hören möchte: Im Juli spielt jeden Samstag das Okarinenorchester auf dem Marktplatz.

Mölle — An der Südküste liegt mit Mölle ein weiteres hübsches Dorf, das schon um 1900 ein **beliebtes Seebad** war und über dem der weiße Holzpalast des Grand Hotels thront. Von Mölle führt eine schmale und bis 12 % steile Straße durch eine herrliche, dicht bewaldete

Die Kullenhalbinsel ist auch für ihre schönen Wälder bekannt.

Landschaft zum Kullen. Einige Kilometer südlich lohnt ein Halt beim **Schloss Krapperup** (1570). Der Park ist jederzeit zugänglich, im Schloss finden im Sommer häufig Ausstellungen zeitgenössischer Kunst statt. Tagsüber kann man im Schlosscafé selbst gemachten Kuchen genießen (www.krapperup.se).

Über die kleinen Fischerdörfer Lerhamn und Nyhamnsläge gelangt man schließlich nach Höganäs, **ein wichtiges schwedisches Keramikzentrum** (Polhemsgatan 1). Auch das Höganäs Museum verfügt über eine schöne Keramikausstellung.

Höganäs

❶ Di.–So. 13.00–17.00 Uhr, Eintritt: 50 SEK, erm. 25 SEK, Tel. 0423 4 13 35, www.hoganasmuseum.se

* BÄRENHALBINSEL

Nordwestlich von Ängelholm erstreckt sich die Bärenhalbinsel (**Bjärehalvön**). Folgt man der Straße von Ängelholm aus immer an

Torekov

der Küste entlang, passiert man einige schöne Badeplätze und erreicht schließlich Torekov am Ende der Bärenhalbinsel. Es ist ein netter Fischerort und Seebad mit malerischen Holzhäuschen. Herrlich entspannen kann man sich in dem kleinen, sanierten **Warmbadehaus von 1876** (Hamnplanen).

Warmbadehaus: Mi.–Sa., Tel. 0431 36 36 32, genaue Zeiten unter www.torekovswarmbadhus.com

Hallands Väderö
Vor der Küste liegt die Insel Hallands Väderö mit einem Vogelschutzgebiet und einer der wenigen **Robbenkolonien** Schwedens. Die Insel besitzt zwar nur wenige kleine Sandstrände, dafür ist hier aber das **Wasser besonders klar**.

Norrvikens Trädgårdar
Auf dem »Italienischen Weg« schlängelt sich die Straße zum südöstlich gelegenen Norrvikens Trädgårdar. Herz des im 19. Jh. angelegten Parks ist der **monumentale Barockgarten**, auch der japanische Garten und die Königsschlucht sind sehenswert. Angeschlossen ist das Café/Restaurant Villa Abelin.

❶ Mai–Aug. tgl. 10.00–16.00 Uhr, Eintritt: 60 SEK, bis 21 Jahren frei, www.norrvikenstradgardar.se

---

! BAEDEKER TIPP

Bei den Leinenwebern

Kurz bevor man nach Båstad kommt, lohnt noch ein Besuch beim »Vävaren i Båstad« in Boarp. Hier können Sie bei der **Herstellung von Leinenprodukten** zuschauen und hochwertige Tischtücher oder Bettwäsche erstehen. (Geöffnet: Mo.–Fr. 10.00–18.00, Sa. 10.00–14.00, So. 11.00–15.00 Uhr; Führungen Di. u. Do. 10.00 Uhr); Tel. 0431 7 31 08, www.vavarenibastad.se

---

Båstad ist das Herz der Bärenhalbinsel und ein international bekanntes Golf- und Tenniszentrum. Im Tennisstadion, das direkt am Meer liegt und Teil einer modernen Hotel- und Kuranlage ist, finden regelmäßig die schwedischen Sandplatzmeisterschaften statt. Neben anderen Künstlern hat sich auch Richard Rackham in Båstad niedergelassen und zeigt in seinem **Glasstudio Eldoluft** viele seiner faszinierenden Kreationen.

Glasstudio: Juli–Mitte Aug. Mo.–Fr. 10.00–17.00, Sa. 11.00–14.00 Uhr, Stationshuset, Tel. 0431 7 91 79, www.eldoluft.se

Birgit-Nilsson-Museum
Zwischen Båstad und Torekov liegt ein Muss für alle Fans des schwedischen Opernstars Birgit Nilsson: In dem alten Familienhof, wo sie ihre Kindheit und Jugend verbrachte, ist heute das **Birgit-Nilsson-Museum** eingerichtet (Birgit Nilssons väg 27).

❶ 20. Mai–9. Sept. Mi.–So. 11.00–17.00 Uhr, Di. und außerhalb der Saison angemeldete Gruppenführungen, Eintritt: 50 SEK, Tel. 0431 31 18 60, www.birgitnilsson.com

Bergslagen • ZIELE   **127**

Bergslagen

✦ E/F 5/6

Landschaft: Dalarnas
Provinzen: Dalarna Län, Öebro Län, Värmlands Län

Jahrhundertelang war Schweden einer der größten Eisen- und Kupferproduzenten der Welt. Der Bergbau hat die Region Bergslagen besonders geprägt, die zahlreichen Gruben, Hütten und Schmieden legten den Grundstein für ihren Wohlstand. Nachdem es aber im Bergbau kriselt, setzt man auch hier verstärkt auf Tourismus.

Zwischen Falun und Örebro erstreckt sich die mittelschwedische Region Bergslagen. Ursprünglich galt als »Bergslag« ein Gebiet, in dem »Bergets Lag«, das **Gesetz des Berges** herrschte. Hier wurde das Gesetz durch die Privilegien geregelt, die die Bergleute zugeteilt bekamen. Schon im 12. Jh. begann man Erz zu brechen. Dazu erhitzten die Bergleute Felsen, bis sie porös waren und abgebaut werden konnten. In Öfen wurde dann das Erz aus dem Gestein geschmolzen. Die später gegründeten Hütten und Werke lagen natürlich nahe der Erzvorkommen und stets auch nahe an Wald und Wasser: Die Wäl-

Wechselhaftes Schicksal

Bergslagen erleben

AUSKUNFT
Borlänge Turistbyrå
Sveagatan 1
78433 Borlänge
Tel. 0243 25 74 90
www.borlange.se

*Filipstad
Turistbyrå*
Stora Torget 3 D
68227 Filipstad
Tel. 0590 6 13 54
www.filipstad.se

Nora Turistbyrå
Järnvägsgatan 1
71380 Nora
Tel. 0587 8 11 20
www.nora.se

AUSFLÜGE
Die Dampflok von Nora
fährt im Sommer auf der ersten Normalspur-Eisenbahnstrecke Schwedens (Nora – Pershyttan sowie Nora – Järle). Der alte Bahnhof dient als Museum.

WASA-KNÄCKEBROT
Zwar gehört Wasa seit 1999 zum Barilla-Konzern, doch Knäckebrot wird in Filipstad immer noch produziert. Neu ist das Knäckebrotmuseum im Konsul Lundströmsväg 11, das über die 90-jährige Wasa-Geschichte informiert.
Tel. 0590 1 82 82

MARKT
Jährlich im September findet in Filipstad der Jahrmarkt »Oxhälja« statt. An

1500 Marktbuden werden Würstchen, Schnürsenkel, Kleidung und Krimskrams aller Art angeboten.
www.oxhalja.se

ESSEN
Dössbergets Värdshus ⓔⓔ–ⓔⓔⓔ
Bjursås
(nordöstlich von Falun)
Mo.–Fr. 11.30–14.00,
Sa./So. 12.00–16.00 Uhr
Tel. 023 5 07 37
www.dossberget.se
Restaurant und Kaffeestube mit sonniger Südterrasse. Vor allem das selbst gebackene Brot und die Konditoreiwaren überzeugen. 2004 zum besten Restaurant Dalarnas gekürt.

S2 ⓔⓔ
Borlänge
Stationsgatan 2
So. geschl.
Tel. 0243 8 02 70
www.bolanche.se
Restaurant mit sehr günstigen Tagesgerichten. Am Wochenende verwandelt sich das S2 ab zirka 22.00 Uhr zum Club, oft mit Livemusik – dann wird die Musik schon mal lauter aufgedreht.

ÜBERNACHTEN
Munkebergs Camping ⓔ
68233 Filipstad
Ganzjährig geöffnet
Tel. 0590 5 01 00
www.munkeberg.com
Der Campingplatz ist schön gelegen, außerhalb von Filipstad auf einer Halbinsel des Lersjön. Neben genügend Platz für Wohnwagen und Wohnmobile gibt es auch einfache Hütten für Selbstversorger und einige Zimmer im Vandrarhem. Es gibt einen Verleih von Fahrrädern und Kanus.

Hennickehammars Herrgård
ⓔⓔ–ⓔⓔⓔ
Tel. 0590 60 85 00
www.hennickehammar.se
51 7i Der Gutsherrenhof liegt am Hemtjärnsee 4 km südlich von Filipstad, pflegt schwedische Traditionen, besitzt eine ausgezeichnete Küche und geschmackvoll eingerichtete Zimmer. Das Hotel profitiert nicht nur von den traumhaften Wäldern und Seen in seiner Umgebung, sondern setzt sich auch für deren Erhalt ein. Dafür wurde es bereits mit dem »Svenska Mötens Umweltdiplom« ausgezeichnet.

der lieferten Feuerholz und Holzkohle, die Stromschnellen trieben die Wasserräder der Hütten und Hammerschmieden an. Anfangs stellten die Bergmänner nur Roheisenbarren her, die lange den wichtigste Exportartikel waren. Später wurden die Barren zu geschmiedetem Stangeneisen veredelt. Zu den **größten industriellen Zentren** stiegen Falun, Borlänge, Norberg, Filipstad, Lindesberg, Nora, Karlskoga, Kopparberg und Norberg auf. Doch Ende der 1990er-Jahre war der Traum vorbei, die Globalisierung traf auch Bergslagen mit voller Wucht: Fast alle Minen mussten geschlossen werden, zehntausende Arbeiter standen ohne Perspektive auf der Straße. Heute versucht man, der Gegend auch mit Geld von der EU wieder aufzuhelfen. Vor allem in die Sektoren Tourismus und Fachhandwerk wird viel investiert; zahlreiche stillgelegte Gruben beherbergen heute Museen.

SEHENSWERTES IN BERGSLAGEN

Wer hier ein Museum im üblichen Sinne erwartet mit Dach, vier Wänden und der typischen Ansammlung von Fundstücken, der wird überrascht sein. Denn das Ökomuseum Bergslagen umfasst ein riesiges Gebiet, das sich von den weiten Ebenen des Mälartals entlang der Wasserläufe des Strömsholmskanals und Kolbäcksån erstreckt und **bis in die dunklen norrländischen Finnwälder** reicht. In diesem Museum blieben alle Sehenswürdigkeiten an ihrem Platz. **Über 60 Monumente** wie Gruben, Hütten, Schmieden, Kraftwerke, Dörfer finnischer Siedler und Arbeiterwohnungen können besichtigt werden. Ein Karte mit allen »Objekten« und ihren Öffnungszeiten halten die Touristenbüros bereit, auch die umfangreiche Homepage informiert hierüber (www.ekomuseum.se).

Ekomuseum Bergslagen

> **! BAEDEKER TIPP**
>
> *Schlittschuh-Marathon*
>
> Bei guten Witterungsverhältnissen wird auf dem **Bergslagskanal** im Winter eine 50 km lange Strecke für Schlittschuhläufer präpariert. Wenn Sie wollen, können Sie auch Ende Februar auf dem zugefrorenen Kanal am Jonny-Nilsson-Marathon teilnehmen.

Der 64 km lange Bergslagskanal verbindet Karlskoga im Süden mit Filipstad im Norden. Auf der historischen Wasserstraße wurden früher Erz und Eisen zum Vänersee transportiert. Heute wird sie ausschließlich für touristische Boots- und Kanufahrten genutzt. Der Kanal führt **über 16 Seen, vier Flüsse und fünf Kanäle**. Der Höhenunterschied wird mit Hilfe von sechs Schleusen bewältigt (www.bergslagskanal.de).

Bergslagskanal

Auch Borlänge verdankt seine Entstehung der Eisenindustrie und ist heute ein bedeutendes Zentrum der Metall verarbeitenden Industrie. Hier lohnen drei Museen einen Besuch: Das **Geologiska Museet** beherbergt eine der größten Mineraliensammlungen des ganzen Landes (Hantverksbyn 13). Im **Zukunftsmuseum** kann jeder seine eigenen Experimente machen, sowie sich im Planetarium bequem zurücklehnen und vom Sternenhimmel verzaubern lassen (Jussi Björlings väg 25). Ihrem berühmten Sohn, dem großen Tenor Jussi Björling, hat die Stadt ebenfalls ein Museum eingerichtet: **Jussi Björlingmuseet** (Borganäsvägen 25).

Borlänge

Geologiska Museet: Juni – Aug. Mo. – Fr. 10.00 – 17.00,
Sa. 11.00 – 15.00, sonst Mo./Di./Do./Fr. 10.00 – 17.00, Sa. 13.00 – 15.00 Uhr,
Eintritt: 30 SEK, erm. 10 SEK, www.geologiskamuseet.se
Zukunftsmuseum: Mo. 13.00 – 17.00, Di. – Fr. 10.00 – 17.00, Sa./So.
12.00 – 17.00 Uhr, Eintritt: 60 SEK, erm. 40 SEK, www.framtidsmuseet.se
Jussi Björlingmuseet: Sept. – Mai Di. – Fr. 12.00 – 17.00, Juni – Aug. Mo. – Fr.
11.00 – 18.00, Sa. 10.00 – 14.00, So. 12.00 – 17.00 Uhr, Eintritt
40 SEK, erm. 20 SEK, Tel. 0243 7 42 40, www.borlange.se/jussibjorling

Filipstad liegt malerisch am See Daglösen.

Lindesberg Fährt man auf der Str. Nr. 60 Richtung Süden, erreicht man Lindesberg. Dies ist das **historische Zentrum von Bergslagen**. Strandpromenade, Kirche und schöne alte Holzhäuser verbreiten eine gemütliche Kleinstadtidylle. Das **Museum im Tellandska Gården** gibt Einblicke in die Stadt- und Kulturgeschichte der Umgebung.
Museum im Tellandska Gården: Di., Do., Sa. 12.00–16.00 Uhr

Frövi Gleich neben der modernen Papierfabrik Assi Domän in Frövi, ca. 20 km südöstl. von Lindesberg, steht die **alte Papierfabrik**, heute Museum. Hier kann man sich auf eine Reise durch **500 Jahre Industriegeschichte** begeben und die älteste Papiermaschine des Landes sehen.
Alte Papierfabrik/Museum: Mo.–Fr. 11.00–17.00 Uhr, Eintritt: 50 SEK, www.froviforsmuseet.com

Nora Die **ruhige Kleinstadt** Nora, 30 km nördlich von Örebro, besitzt dank ihrer bunten, rund **200 Jahre alten Holzhäuser** und der kopfsteingepflasterten Straßen viel Charme. Einen Einblick in die Zeit, als der Bergbau noch florierte, gibt der **Göthlinska Gården**, in den die betuchte Familie Göthlin 1885 einzog und der heute Museum ist. Zu dem 1793 erbauten Bürgerhaus gehört ein schöner Garten mit Aussicht auf den Norasee und die Insel Alntorp. Auch eine in Schweden viel gelesene Autorin stammt aus Nora: Maria Lang war viele

Jahre die **Krimikönigin Schwedens** und hat in ihren Büchern ihre Heimatstadt oft verewigt.
Göthlinska Gården: Führungen: Juli, Aug. tgl. 14.00; Mai–Sept. nur Sa., So. 13.00 Uhr

In Pershyttan, 3 km südwestlich von Nora, sind die älteste erhaltene Holzkohleneisenhütte und das größte Wasserrad Schwedens zu besichtigen. Der **Åkerby Skulpturenpark** liegt neun Kilometer nördlich von Nora, mit wunderschöner Aussicht auf den See Fåsjön und die bewaldeten Bergrücken. Mit mehr als 130 Objekten ist er einer der größten Skulpturenparks des Landes.

Pershyttan

Filipstad liegt im Westen von Bergslagen an der Kreuzung der Str. Nr. 63 und 64. Die Stadt am kleinen See Daglösen ist eingebettet in eine waldreiche, hügelige Landschaft. Man kann dort hervorragend wandern, auf **Elch-Safari** gehen, fischen oder im klaren Wasser des Sees schwimmen. Der Bergbau ist längst passé, heute zählt die »Wasabröd AB« zu den wichtigsten Arbeitgebern. Das bedeutendste Sommerereignis ist die **»Fili-Bjur-Woche«** Ende Juli mit Musik und Tanz. Am Skillerälv, dem Flüsschen der Stadt, steht die originelle Plastik, die den in Filipstad geborenen Lyriker Nils Ferlin (1898–1961) in Denkerpose darstellt. Auf dem Östra Kyrkogården (Friedhof) befindet sich das bombastische Mausoleum des Erfinders **John Ericsson** (1803–1889), dem bekanntesten Ingenieur seiner Zeit. Er entwickelte für die US-Navy ein Tiefenmessgerät (Vorläufer des Echolotes) und gilt als Pionier in der Nutzung von Solarenergie.

Filipstad

✱✱ Bohuslän

B 3/4

Landschaft: Bohuslän
Provinz: Västra Götalands Län

Der stark zergliederte Küstenstrich mit seinen unzähligen, von Wind und Wasser glatt polierten Schären ist eine beliebte Urlaubsregion. Die Badeorte an der Küste sind rustikal bis mondän, die Möglichkeiten für einen Urlaub am Meer vielfältig. Wer das Geheimnisvolle liebt, findet in Tanum Figuren, Schiffe und längst vergessene Symbole – in hunderte Felsen geritzt.

Die Landschaft Bohuslän erstreckt sich nördlich von Göteborg entlang der Küste des Skagerraks **bis zur norwegischen Grenze**. Erst seit dem Frieden von Roskilde (1658) gehört sie zu Schweden. Neben dem Fischfang, der früher fast die einzige Einnahmequelle bildete, ist der Tourismus heute ein wichtiger Wirtschaftszweig.

Entlang des Skagerraks

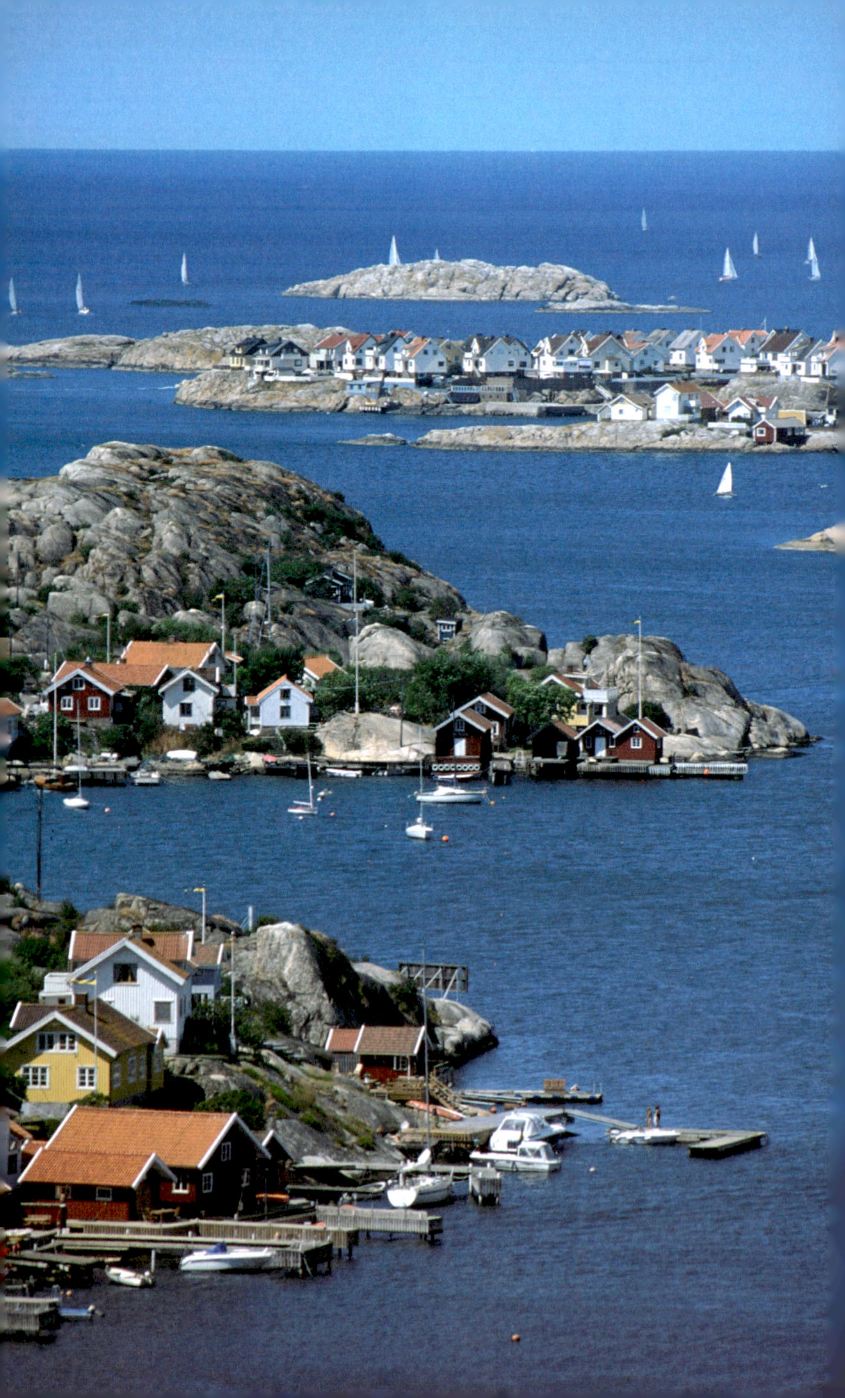

Bohuslän • ZIELE

SEHENSWERTES IN BOHUSLÄN

Hauptverkehrsader der Region ist die von Göteborg über Uddevalla zur schwedisch-norwegischen Grenze führende E 6. Wer etwas Zeit mitbringt, wird viel Vergnügen an Abstechern über kleine Nebenstraßen hin **zu Meer, Inseln und bekannten Seebädern** haben.

Romantische Nebenstrecke

Rund 20 km nördlich von Göteborg liegt Kungälv direkt an der E 6. Das recht idyllische Städtchen in schöner Lage am Fluss Nordre Älv blickt auf eine über tausendjährige Geschichte zurück. Der alte Marktplatz sowie die Straßen Östra Gatan und Vestra Gatan mit ihrer historischen Holzhausbebauung bilden den Kern der gut erhaltenen **Altstadt**. Auch die Kirche am Gamla Torg (17. Jh.) ist sehenswert – ein Holzbau auf kreuzförmigem Grundriss und mit hölzernen Deckengewölben, die mit barocken Malereien bedeckt sind.

Kungälv

Die Ruinen der Festung Bohus oberhalb von Kungälv gaben der ganzen Landschaft den Namen. Von den oberen Mauern bietet sich ein schöner Blick auf den Nordre Älv, in den hier der Göta Älv mündet, und auf die umliegende Landschaft. Politisch und strategisch bedeutend war die Festung Bohus, weil bis 1658 der Göta Älv die **Grenze zwischen Schweden und Norwegen** bildete. Zu ihrer Verteidigung wurde 1308 die Burg errichtet und nach dem Nordischen Krieg im Renaissancestil neu gebaut. Im Fars Hatt genannten mächtigen **Hauptturm** befinden sich ein Modell der Festung, das sie im Jahr 1658 zeigt, sowie eine Dokumentation zur Baugeschichte.

*Bohus Fästning

❶ Mitte Juni–Mitte Aug. tgl. 10.00–20.00, Mitte Aug.–9. Sept. 11.00–19.00, 10. Sept.–30. Sept. Fr.–So. 11.00–17.00, Okt. Sa, So. 11.00–17.00 Uhr, engl. Führungen: Juni–Mitte Aug. tgl. 16.00, Mitte Aug.–9. Sept. 15.00 Uhr, Eintritt: 70 SEK, erm. 35 SEK inkl. Führung

Unmittelbar südlich von Kungälv lohnt die stillgelegte **Glashütte** von Surte einen Besuch, in der ein Glasmuseum eingerichtet ist. Hier findet man eine Ausstellung über Alexander Samuelson, den **Erfinder der Coca-Cola-Flasche**.

Surte

Glasmuseum: Mitte Juni–Mitte Aug. Di.–Fr., So. 10.00–16.00, sonst Di.–Fr., So. 11.00–15.00 Uhr, www.glasbruksmuseet.nu

Die kleine **autofreie Insel** Marstrand wird von der Festung Carlsten überragt, die 1667 erbaut wurde und lange als Gefängnis diente. 1781 flammte auf dem Festungsturm das erste Leuchtfeuer Bohusläns auf. Einst war der Ort eine Hochburg der Heringsfischerei, bis im 19. Jh. der Tourismus das idyllische Fleckchen für sich entdeckte. Marstrand avancierte zum exklusiven Ferienort vor den Toren Göteborgs und ist **beliebt bei Seglern;** im Sommer findet vor Marstrand die Segelregatta »Matchcup Sweden« statt. Tagesausflügler setzen mit der

*Marstrand

Bohuslän ist ein Traum für alle, die gerne am Wasser Urlaub machen, etwa auf der kleinen Insel Tjörn.

ZIELE • **Bohuslän**

Bohuslän erleben

AUSKUNFT
Lysekil Turistbyrå
Södra Hamngatan 6
45323 Lysekil
Tel. 0523 1 30 50
www.lysekil.se

Marstrand Turistbyrå
Hamngatan 25
www.marstrand.se
Nur im Juli und August geöffnet.

Södra Bohuslän Turism
Kulturhuset Fregatten
Fregatten 2
44430 Stenungsund
Tel. 0303 8 15 50
Ganzjährig geöffnet.

Strömstad Tourist
Ångbåtskajen 2
Gamla Tullhuset
45230 Strömstad
Tel. 0526 6 23 30
www.stromstad.se

Tanums Hamn & Turism
Apoteksvägen 5
45781 Tanumshede
Tel. 0525 1 83 80
www.tanum.se

Uddevalla
Södra Hamnen 2
45181 Uddevalla
Tel. 0522 69 84 70
www.uddevalla.com

MARKT / FESTE
Fischmarkt in Smögen
Sehr Spannend, äußerst unterhaltsam und wirklich interessant: die täglichen Fischauktionen um 8.00, 17.00 und 20.00 Uhr

Mittelaltertage in Kungälv
Um den 20. Juli finden auf der Bohus Fästning Mittelaltertage statt.

SPORT
Fernwanderweg Bohusleden
Der Fernwanderweg ist relativ einfach, gut markiert und 360 km lang. Er beginnt in Lindome (Mölnlycke) südlich von Göteborg und führt bis Strömstad. Der Radwanderweg Cykelspåret (290 km) verläuft meistens auf kleinen Wegen. Routenbeschreibungen gibt es in den Touristenbüros.

ESSEN
Gustafsbergs Badrestaurang ©©
Uddevalla
Gustafsberg 465
Tel. 0522 3 20 60
im Sommer Mo. – Fr. 11.00 – 15.00,
So. 13.00 – 18.00 Uhr, Sa. geschl.
3 km südlich von Uddevalla schön am Wasser gelegen. Gemütlich und mit sehr guter Küche

Mortens Krog & Nattclub ©©
Uddevalla
Kungsgatan 17
Mo., Di. geschl.
Tel. 0522 66 53 00
www.mortenskrog.se
Günstige Tagesgerichte, abends oft Livemusik

Storm-Kök & Nattclub ©©
Fjällbacka
Allegatan 1
Tel. 0525 3 24 25

Bohuslän • ZIELE

Thailändische Küche und viel Stimmung ist das Motto im Storm. Hierher kommt vor allem junges Publikum, das nicht nur gut essen will, sondern danach noch Lust auf Party hat.

ÜBERNACHTEN
Grand Hotel Marstrand ●●●●
Marstrand
Rådhusgatan 2
Tel. 0303 6 03 22
www.grandmarstrand.se
22 Zi. Das romantische Holzhotel von 1892 – einst Sommerresidenz von König Oscar II. – bietet alles, was das Urlauberherz begehrt: kunstvoll eingerichtete Zimmer, eine einladende Gartenterrasse und Suiten mit schönen Blick auf den nahen Hafen.

Smögens Havsbad ●●●●
Smögen
Hotellgatan 26
Tel. 0523 66 8 50
www.smogenshavsbad.se
73 Zi. Das historische Gebäude von 1900 wurde 2001 umgebaut und renoviert. Die Räume sind hell und im skandinavischen Design eingerichtet, bemerkenswert ist die attraktive Spa-Abteilung des Hauses.

Leuchtturminsel Pater Noster ●●●–●●●●
Smögen
Hotellgatan 26
Tel. 0702 69 93 39
www.paternosterlighthouse.com
10 Zi. Kleine Konferenzen abhalten, aber auch ungewöhnlich übernachten kann man auf der Leuchtturminsel Pater Noster, gut 5 km vor Marstrand, dazu Hummer speisen und eine Führung auf den Leuchtturm genießen.

Stora Hotellet –
Im Bett um die Welt ●●●–●●●●
Fjällbacka, Galärbacken
Tel. 0525 3 10 03
www.storahotellet-fjallbacka.se
24 Zi. 24 Nächte muss man im Stora Hotellet bleiben, dann hat man einmal alle Zimmer gesehen, die Kapitän Charles Klassen, der Gründer des Hotels, in seeliger Erinnerung an Hafenstädte und Mädchen, an Eroberer und den »Rest der Welt« benannt und individuell eingerichtet hat – und ist so selbst einmal um die Welt gereist.

Tanums Gestgifveri ●●●
Tanum
Apoteksvägen 7
Tel. 0525 2 90 10
www.tanumsgestgifveri.com
19 Zi. Historisches Gasthaus von 1663, seit den 1920er-Jahren Hotel mit hervorragender Küche. Sparpreis für das romantische Wochenende.

Strand Vandrarhem & Kunsthotell ●●
Strandvägen 1
Lysekil
Tel 0523 7 97 51
www.strandflickorna.se
Wenige Schritte vom Meer entfernt, bieten 20 Zimmer im Küstenhotel und der Jugendherberge Strandflickorna guten Standard. Komfortabler wohnt man in 15 nostalgisch eingerichteten Räumen der dazugehörigen alten Villa des Havshotel.

Jugendherberge ●
Uddevalla
Gustafsberg 408
Tel 0522 1 52 00
Ca. 6 km vom Bahnhof entfernt liegt die Jugendherberge direkt am Meer.

Fähre von Köon aus in wenigen Minuten über, um zwischen den bunten Holzhäusern zu bummeln. Nirgendwo sonst findet man so **kunstvolle Verzierungen** an Geländern, Balkonen und Fenstersimsen. Ein besonders schöner Holzbau ist das **Societetshus** im nördlichen Teil der Insel, das 1887 gebaut wurde, um den schwedisch-norwegischen König Oscar II. nach Marstrand zu locken (Långgatan 1). Heute sind hier zwei Restaurants, diverse Bars, ein Kasino und ein Nachtclub untergebracht. Von der Terrasse aus sieht man sehr romantisch den Sonnenuntergang. Erinnert wird hier auch an die Popgruppe ABBA, die 1980 in Marstrand das Video zu ihrem Hit »The Winner Takes It All« drehte.
Societestshus: Tel. 0303 6 06 00

Tjörn Wer Schwedens viertgrößte Insel besuchen will, fährt von Stenungsund aus über den 5 km langen Tjörnleden, dessen Herzstück drei imposante Brücken bilden. Am westlichen Ende befindet sich, über eine kleine Straßenschleife zu erreichen, ein Rastplatz mit schöner Aussicht auf Askeröfjord und Hakefjord. Fährt man ganz in den Westen von Tjörn, gelangt man zum Hauptort **Skärhamn**, in dessen verwinkelten Gassen Freizeitkapitäne gerne ihren Landausflug absolvieren. Unbedingt sehenswert ist das **Nordische Aquarellmuseum**, das sich architektonisch gelungen in die Schärenlandschaft einpasst und wechselnde Ausstellungen internationaler Aquarellmaler zeigt. Das Museumscafé besitzt eine Terrasse direkt am Wasser. Vor **Rönnäng**, dem südlichsten Ort der Insel, liegt die kleine Insel Dyrön, ein idyllisches Eiland mit malerischen Dörfchen und Schären.

> **!** **BAEDEKER TIPP**
>
> *Ausflug nach Fiskebäckskil*
>
> Mit einer kleinen Fähre überquert man von Lysekil aus den Gullmarenfjord und ist schon mitten im malerischen Ort Fiskebäckskil. Hier schlendern Sie zwischen **weißen Villen** und pastellfarbenen Wohnhäusern, können in einem der Restaurants ausgezeichnete Fischgerichte genießen oder eines der zahlreichen Ferienhäuser mieten.

Nordisches Aquarellmuseum: Di.–So. 12.00–17.00 Uhr, Eintritt: im Sommer: 45 SEK, im Winter: 70 SEK, bis 25 Jahre frei, www.akvarellmuseet.org

Orust Die Insel Orust erreicht man von Süden und Norden über die Str. Nr. 160. Auch hier gibt es viele sehenswerte Städtchen, wie Nösund, Mollösund, Käringön oder Gullholmen, die alle auf der Westseite der Insel inmitten einer **schönen Schärenlandschaft** liegen.

Uddevalla Uddevalla ist eine lebhafte, **moderne Industriestadt** nördlich von Göteborg am Kattegatt bzw. am Byfjord. Die noch in den 1980er-Jahren bedeutende Werftindustrie ist inzwischen zum Erliegen gekommen. Am östlichen Stadtrand liegen die Skålgrusbänkar, die

Bohuslän • ZIELE

größten fossilen Muschelbänke der Erde. Die bis zu 13 m hohen Halden enthalten die Überreste von mehr als hundert Tierarten, die hier vor rund 10 000 Jahren gelebt haben. Am Südufer des Byfjords schließt sich an das Stadtgebiet von Uddevalla mit **Gustafsberg einer der ältesten Badeorte** Schwedens an. Die wichtigste Sehenswürdigkeit ist das **Bohusläns Museum** am nördlichen Ufer der Bäveån. Gezeigt werden Wasserfahrzeuge und die Schiffsbautechnik, ferner wird über die Natur Bohusläns informiert.
Bohusläns Museum: Mo. 10.00–16.00, Di.–Do. 10.00–20.00, Fr.–So. 10.00–16.00 Uhr, Eintritt frei, www.bohuslansmuseum.se

Über die Str. Nr. 160, die schnurgerade in südwestlicher Richtung verläuft, gelangt man ins 61 km entfernte Lysekil. Der Ort liegt am Eingang des Gullmaren, einem weit ins Land reichenden Fjordarm. Der Hafen und die Ölraffinerien bilden das Rückgrat der Stadt, aber auch der Tourismus spielt in dem Seebad eine wichtige Rolle, das zudem das Zentrum der schwedischen Meeresforschung ist. An die **lange Tradition als nobler Badeort** erinnern die beiden prächtigen altnordischen Villen »Storstugan« und »Lillstugan« an der Strandpromenade, die sich der Badearzt Carl Curman Ende des 19. Jh.s errichten ließ. Im **Havets Hus** bekommt man alle Fische und Pflanzen der Gegend zu sehen. Die größten Attraktionen sind das **Tunnelaquarium**, in dem die Besucher durch Unterwasserröhren laufen und ringsumher Haie und Seesterne schwimmen, sowie das **Streichelaquarium**. Im benachbarten **Vikarvets Museum** wird die industrielle Geschichte der Region dargestellt und eine große Sammlung von Schiffsmodellen gezeigt. Vom Aussichtsturm bei der Kirche

Lysekil

Einfach nett: die farbenfrohen Holzhäuser und urigen Holzstege in Smögen

von Lysekil (1901) genießt man eine fantastische Aussicht über die Schärenlandschaft. In Gamla Stan, dem **ältesten Stadtteil** von Lysekil, sind noch viele der kleinen und flachen Häuser erhalten geblieben, die aus der Zeit stammen, als der Fischfang die Haupteinnahmequelle des Ortes bildete.

Havets Hus: Tgl. 10.00 – 16.00, Mitte Juni – Mitte Aug. tgl. 14.00 – 18.00 Uhr, Eintritt: 110 SEK, erm. 70/50 SEK, www.havetshus.se

Vikarvets Museum: So. 14.00 – 16.00, Mitte Juni – Aug. tgl. 14.00 – 16.00 Uhr

Smögen Manche mögen's voll: Smögen, am Ende der Sotenäs-Halbinsel, platzt während der Saison fast aus allen Nähten. Über die kilometerlangen Holzstege schieben sich die Touristen im Schneckentempo vorwärts und in den ehemaligen Bootsschuppen warten Dutzende von Läden mit ihrem reichhaltigen Angebot auf Käufer. Am längsten Holzpier der Welt, so die Eigenwerbung, liegen teure Segelschiffe und Yachten dicht an dicht, und man fühlt sich fast wie am Mittelmeer. Dass Smögen **noch ein richtiger Fischerort** ist, bekommt man erst zu spüren, wenn man zu einer der Fischauktionen geht, die um 8.00, 12.00 und 17.00 Uhr stattfinden. Wer Ruhe sucht, sollte am Beginn oder Ende der Saison kommen, aber auch nicht zu früh oder zu spät, denn im Winter ist Smögen wie ausgestorben.

*Nordens Ark Bei Hunnbeostrand, 20 km östlich, bietet die »Arche des Nordens« ein einzigartiges Reservat für vom Aussterben bedrohte Tierarten. Die private Stiftung versucht, ihnen durch Aufzucht und Wiedereingliederungsprogramme eine Zukunft zu geben. Hier findet man **alte skandinavische Haustierrassen**, Tiere aus Nordeuropa, aber auch einige Exoten, darunter Pandas, **Schneeleoparden**, Uhus, Mähnenwölfe oder tadschikische Wildschafe. Unbedingt ein Fernglas mitbringen.

❶ Im Sommer tgl. 10.00 – 19.00, Frühjahr und Herbst bis 17.00, im Winter bis 16.00 Uhr, www.nordensark.se

Fjällbacka Fjällbacka ist einer der schönsten Orte an der gesamten Westküste, denn die steilen Wände des Vetteberg ragen fast senkrecht unmittelbar hinter den letzten Häusern auf und lassen den bunten Holzhäusern nur wenig Platz. **Ingrid Bergman** hat in dem Ort regelmäßig ihren Urlaub verbracht, ihr zu Ehren bekam der Hauptplatz ihren Namen. Sehenswert ist die **Kungsklyftan**, ein schmaler Spalt im Vetteberg, in dem ein dicker Felsbrocken eingeklemmt ist. Hier wurden Teile des Filmes »Ronja Räubertochter« nach dem Buch von Astrid Lindgren gedreht. Vom Aussichtsberg hat man einen weiten Blick über den Schärengarten, der aus unzähligen Inselchen besteht. Bei guter Sicht sind sogar die weit draußen liegenden Väderöarna zu erkennen. Auf der 2 km südlich von Fjällbacka gelegenen unbewohnten **Insel Stensholm** befindet sich das Grab des in der Skagerrakschlacht gefallenen Dichters Gorch Fock, der eigentlich Hans Kinau hieß (1880 – 1916).

Strömstad ist die letzte größere schwedische Stadt vor der norwegischen Grenze, die rund 20 km weiter nördlich durch den Svinesund gebildet wird. Ihn überspannt eine 420 Meter lange Brücke, von der man eine grandiose Aussicht genießt. Einst ein kleines Fischerdorf, begann auch in Strömstad im 19. Jh. das Kur- und Badeleben. Sehenswert sind das im Jugendstil erbaute Stadshus, die alte Badeanstalt, das Societätshaus und das Freilichtmuseum Fiskatorpet. Ein beliebtes Ausflugsziel sind die **Koster-Inseln** 10 km vor der Küste. Es sind die westlichsten bewohnten Inseln Schwedens, die beiden Hauptinseln, Norrkoster und Sörkoster, sind autofrei und stehen unter Naturschutz. Vom Norra Hamn in Strömstad gibt es mehrmals täglich Boote zu den Koster-Inseln.

Strömstad

** FELSBILDER BEI TANUM

Die Menschen der Bronzezeit (1800 – 400 v.Chr.) haben rings um Tanum eindrucksvolle Spuren hinterlassen: die berühmten Felsbilder, schwed. **Hällristningar**, die heute auf der UNESCO-Weltkulturerbe-Liste stehen (▶Baedeker Wissen, S. 140). Es existieren vier große Fundstellen: **Vitlycke, Aspeberget, Fossum und Litlesby**. In einiger Entfernung sind noch die Felsritzungen von Torsbo bemerkenswert.

> **BAEDEKER TIPP !**
>
> *Hummerbier zum Schalentier*
>
> Jedes Jahr am **dritten Montag im September** um Punkt 7.00 Uhr beginnt man an der Küste Bohusläns zu feiern. Man fährt hinaus aufs Meer zu **Hummersafaris**, und an Land werden nach Lust und Geldbeutel in Restaurants und Fischbuden Schalentiere en masse verspeist. Experimentierfreudige probieren dann auch schon mal dazu das Hummerbier der Brauerei Grebbestad.

Der Felsen von Vitlycke, nur einige Meter von der Straße den Hang hinauf, ist die meistbesuchte Fundstelle und mit 170 Schalengruben und **fast 300 Figuren** eine der größten. Hier sind fast alle Ritzungen mit roter Farbe ausgemalt. Das bekannteste Motiv auf der Felsplatte ist **das Brautpaar**, das höchstwahrscheinlich eine heilige Hochzeit vollzieht, die in den meisten vorchristlichen Religionen als Motiv zu finden ist. Sie sollte die Fruchtbarkeit von Mensch, Tier und Saat fördern. Manchmal, wie hier in Vitlycke, steht neben dem Brautpaar ein Mann mit erhobener Axt. Die Axt, bei den Wikingern war es der Hammer, spielte offenbar in der Mythologie der Bronzezeitmenschen eine wichtige Rolle. Links von einem langen Schiff ist höchstwahrscheinlich ein Blauwal abgebildet. Das ist ungewöhnlich, denn obwohl fast alle Felsritzungen in unmittelbarer Nähe des Wassers zu

Vitlycke

Felsritzungen

Botschaften aus der Vorzeit

Die beeindruckendsten Zeugnisse der Bronzezeit in Südschweden sind die »Hällristningar« genannten Bilder: Die Menschen, die in dieser Periode der Ur- und Frühgeschichte lebten, haben sie an vielen Stellen in die von der letzten Eiszeit glatt gehobelten Felsen geschlagen. Ihre Bedeutung ist bisher nicht bekannt.

Die ersten Hällristningar hat der Norweger Peder Alfsön schon im 17. Jh. entdeckt, doch er glaubte noch, dass Steinmetzlehrlinge sie womöglich aus Langeweile in den Fels geschlagen hätten. Erst im 18. Jh. erkannte man, dass die Bilder viel älter sein müssen. Rund **40 000 Felsbilder** sind bekannt, die meisten entstanden zwischen 1000 und 500 v. Chr. Die häufigsten Motive sind Boote, von denen mittlerweile mehr als 10 000 in allen Formen und Größen entdeckt worden sind.

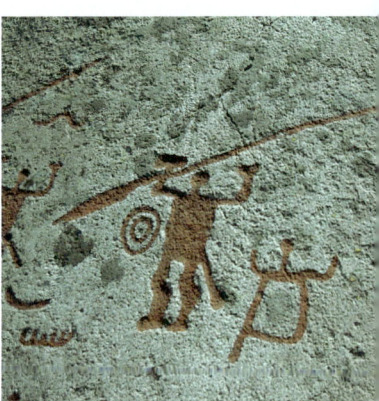

Rund 40 000 Felsenbilder sind aus Schweden bekannt.

Das Rätsel der Bilder

Die Felsritzungen sind zwar keine filigranen Kunstwerke, aber doch erstaunlich vielfältig – und zum Großteil noch völlig rätselhaft. Nur rund 100 Generationen vor uns haben die Künstler von Bohuslän gelebt, aber welche Sprache sie gesprochen haben und warum sie unter Mühen so viele Kunstwerke geschaffen haben, wissen wir bis heute nicht. So sind die Hällristningar wie ein Bilderbuch, zu dem der Text verloren gegangen ist. In Stein gehauene Bilder wurden weltweit gefunden und die Motive ähneln sich teilweise ganz erstaunlich. Ist dies ein Beweis dafür, dass die Menschen in der **Bronzezeit schon weitreichende Kontakte** hatten? Warum stemmt ein Mann ganz alleine ein Schiff? Warum haben die Menschen auf den Felsbildern oft so **auffällig dicke Waden**? Ist es nur ein Zufall, dass man diese Form der Unterschenkel auch auf Bildern in Afrika und Spanien, sowie auf griechischen Vasen und Bildern aus Italien findet, die zur selben Zeit entstanden sind?

Aus einer anderen Welt

Die häufigsten Motive sind Krieger, Schiffe, Wagen und Tiere. Bilder von arbeitenden Menschen, Häusern oder Kindern gibt es nahezu nicht. Deshalb wird vermutet, dass die Hällristningar keine Alltagsszenen darstellen, sondern eine **mystische oder rituelle Bedeutung** haben. Vielleicht waren sie Ausdruck einer der ersten Religionen der Menschheit. Dafür spricht auch, dass die häufig abgebildeten Äxte zum Kampf völlig ungeeignet waren, denn aus archäologischen Funden wissen wir, dass diese Äxte einen Kern aus Ton besaßen und nur mit einer dünnen Schicht Bronze überzogen waren – und somit als Streitaxt völlig unbrauchbar waren. Dass manche Körperteile überdimensional groß sind oder einzelne Figuren Flügel tragen, bringen die Archäologen mit der Einnahme **halluzinogener Pflanzen**, wie z. B. Pilzen, in Verbindung. Die Ritzungen würden dann aus einer anderen Welt berichten, die nur im erweiterten Bewusstseinszustand zu schauen ist.

Vergänglicher Zauber

Viele Hällristningar sind heute mit roter Farbe ausgemalt, damit sie besser zu erkennen sind. Ob sie ursprünglich tatsächlich farbig waren, ist nicht bekannt. Obwohl die Felsen aus hartem Granit bestehen, setzt der **saure Regen** auch ihnen zu und lässt die nur wenige Millimeter tiefen Konturen zunehmend unschärfer werden. Zu ihrem Schutz wurden deshalb mittlerweile einige Hällristningar wieder mit Erde bedeckt.

Ein Felsbild aus Aspeberget

finden sind, waren Meerestiere nie ein Motiv. Das nahe **Vitlycke-Museum** vermittelt sehr anschaulich Deutungen und Interpretationen zu den Felszeichnungen. Ein Highlight sind die **nächtlichen Führungen** im Spätfrühling und Frühherbst mit Taschenlampen als einziger Lichtquelle. Durch die spärliche Beleuchtung wirken die Felsbilder besonders plastisch und mystisch. Weiter gibt es auf dem Museumsgelände einen rekonstruierten Bronzezeithof. Hier kann man zeittypische Kleidung anprobieren, seine Geschicklichkeit mit Werkzeugen aus der Bronzezeit testen, mit Pfeil und Bogen schießen oder auch Linderöd-Schweine und Fjordfä-Ochsen bestaunen. Örtliche Delikatessen serviert das Museumsrestaurant Skålgropen.

❶ Mai – Aug. tgl. 10.00 – 18.00, Sept. tgl. 10.00 – 16.00, Okt. – 4. Nov. Di. – So. 14.00 – 16.00 Uhr, Eintritt frei, www.vitlyckemuseum.se

Aspeberget Aspeberget, der »Heilige Berg«, ist mit Felsbildern übersät, doch einige Bilder sind so schwer beschädigt, dass sie abgedeckt werden mussten und nur in der Hauptsaison gezeigt werden. Hier ist das **schönste Sonnensymbol** zu sehen, das von Frauen mit langen Zöpfen getragen wird. Die bekanntesten Figuren sind einige kraftvolle Stiere, die mehr als einen Zentimeter tief in den Felsen geschlagen wurden. Unterhalb der Stiere befindet sich ein Mann mit einem Pflug, eines der wenigen Bilder, auf denen arbeitende Menschen zu sehen sind. Die Fußsohlen gehören zu den ältesten Motiven und stammen **teils noch aus der Steinzeit**. Eine der Figuren lässt

Eine der beeindruckendsten Schiffsdarstellungen ist die von Torsbo.

29 Schalengruben über ihrer riesigen Hand schweben. Die Bedeutung ist unklar, vielleicht ist es ein **Kalender**.

Bei Fossum hat sich ein umfangreiches Felsenbild mit 130 Figuren erhalten, vielleicht eine **Kampf- oder Jagdszene**. Bemerkenswert sind auch das Bild einer Frau mit einer Schalengrube zwischen den Beinen und das von zwei Männern, die mit dem Rücken aneinander lehnen und einen rituellen Tanz ausführen.

Fossum

In Litlesby ist **der 2,30 m große Speergott** die dominierende Gestalt. Hier haben die Künstler über einen Zeitraum von mehr als 1000 Jahren ihre Kunstwerke in den Fels geschlagen. Die ältesten Bilder stammen aus der Zeit um 1200 v. Chr. Das Bild von dem Riesengott mit Speer in Litlesby könnte **ein Vorgänger Odins** sein.

Litlesby

Beim Abstecher nach Torsbo in der Nähe von Hamburgsund stößt man auf **fast 1000 Felsritzungen**, verteilt auf zehn Felsen, darunter mehr als 100 Schiffe. Das größte hat eine Länge von 4,5 m und 124 Passagiere an Bord. Die Menschen werden nur durch Striche angedeutet, die hakenförmigen Gestalten sind Lurenbläser. Mit der Handwerkstechnik der Bronzezeit war es kaum möglich, solch große Schiffe zu bauen. Das Riesenschiff von Torsbo hat deshalb wahrscheinlich eine rituelle Bedeutung als Symbol für die **Fahrt ins Totenreich**. Das einzige Schiff, das Archäologen aus dieser Zeit gefunden haben, stammt aus Dänemark. Es hatte Platz für gut 20 Passagiere und sieht denen auf den Felsritzungen verblüffend ähnlich.

Torsbo

✷✷ Falun

F 6

Landschaft: Dalarna
Provinz: Dalarnas Län
Einwohnerzahl: 56 100
Höhe: 113 m ü.d.M.

»Das größte Wunder Schwedens, aber auch schrecklich wie die Hölle« nannte der Botaniker Carl von Linné das Kupferbergwerk von Falun. Heute ist die Grube stillgelegt, doch kann man in den Besucherstollen einfahren, um einen Eindruck von den einst schrecklichen Arbeitsbedingungen unter Tage zu bekommen.

Die alte Bergwerksstadt Falun liegt in Mittelschweden am nördlichen Ufer des kleinen Runnsees. Wegen der schon vor rund tausend Jahren entdeckten, großen Kupfererzvorkommen war sie für viele Jahr-

Kupfer um jeden Preis

ZIELE • **Falun**

Falun erleben

AUSKUNFT
Turistinformation Dalarna
Trotzgatan 10-12
79183 Falun
Tel. 023 83 05 0
www.visitfalun.se

ESSEN
❶ *Bagarstugan Café & Bageri*
€–€€
Berghauptmannsg 54
79161 Falun
Tel. 073 8 76 03 63
www.cafebagarstugan.se
Hier werden Brot und Kuchen selbst gebacken. Bei schönem Wetter kann man gut draußen sitzen. Nach umfangreicher Renovierung wird es neue Öffnungszeiten geben, bitte erfragen.

ÜBERNACHTEN
❶ *Scandic Lugnet* €€€–€€€€
Svärdsjögatan 51
Tel. 023 6 69 22 00
www.scandic-hotels.se
161 Zi. Architektonisch beeindruckendes Hotel im Zentrum mit Pub, Sauna, Fitnesscenter und Kegelbahn. Wer die einzigartige Sicht über die Stadt und die Skischanzen genießen will, muss etwas tiefer in die Tasche greifen.

❷ *First Hotel Grand* €€€
Trotzgatan 9-11
Tel. 023 79 48 80
www.firsthotels.com/grand falun
151 Zi. Stadthotel in zentraler Lage mit modernen Zimmern, Fitness- und Spa-Abteilung sowie Restaurant.

❸ *Falu Fängelse Vandrarhem* €€
Villavägen 17
Tel. 023 79 55 75
www.falufangelse.se
In dieser Jugendherberge übernachtet man in einem ehemaligen Gefängnis und kann zwischen 2- und 4-»Bettzellen« wählen. Ideale Lage, nur wenige Minuten Fußweg zum Zentrum und zu den Sportanlagen. Ganzjährig geöffnet.

hunderte von größter wirtschaftlicher Bedeutung für Schweden und im 17. Jh. die zweitgrößte Stadt nach Stockholm. Rund 1200 Arbeiter waren in der damals **größten Kupfergrube der Welt** beschäftigt. Noch im 18. Jh. scheint Falun von der Industrie schwer gezeichnet gewesen zu sein, denn zahlreiche zeitgenössische Reiseberichte belegen, dass damals Tag für Tag dunkler Rauch über der Stadt hing. Im modernen Falun spielt der Bergbau keine Rolle mehr, selbst die Erinnerungen an diese Zeit sind im Wandel begriffen: Die einst ärmlichen, rußgeschwärzten Unterkünfte der Arbeiter in den Stadtteilen Östanfors, Gamla Herrgården und Elsborg – sie gehörten zu den wenigen, die die großen Brände von 1761 unbeschadet überstanden, als zwei Drittel der Stadt zerstört wurden – haben sich in mustergültige Siedlungen aus bunt gestrichenen Einfamilienhäusern verwandelt, die als **»Holzstadt Falun«** (Trästaden Falun) zusammen mit den Bergwerken seit 2001 von der UNESCO als Weltkulturerbe geführt werden.

Falun · ZIELE

SEHENSWERTES IN FALUN

An der Ostseite des Stortorg erhebt sich die **Kristine Kyrka** (erbaut 1642 – 1655), einer der prächtigsten Renaissancebauten Schwedens. Das Kircheninnere ziert eine prachtvolle Barock- und Renaissanceausstattung, bei der die Farben Karolinerblau und Sandsteinrot vorherrschen. Auf dem Stortorg selbst steht eine Bronzestatue des Bauernführers und Freiheitshelden Engelbrekt Engelbrektsson (1390 – 1436). Das Rathaus an der Nordseite wurde 1746 erbaut.
ⓘ Juli – Mitte Aug. tgl. 10.00 – 18.00, sonst bis 16.00 Uhr

Stadtzentrum

Eine weitere bedeutende Kirche ist die Stora Kopparbergskyrka aus dem 14./15. Jh. nahe dem Nordbahnhof. Sie ist das **älteste Gebäude der Stadt**. Das Innere wird von Rippengewölben überspannt, die mit ornamentaler Malerei verziert sind.
ⓘ Juli – Mitte Aug. tgl. 10.00 – 18.00, sonst Mo. – Sa. 10.00 – 16.00 Uhr

Stora Kopparbergskyrka

Auf dem Friedhof liegt ein Bergarbeiter begraben, der als **»Fette Mats«** in Erinnerung blieb (▶ S. 146). In unmittelbarer Nähe der Kirche stehen einige alte Bergmannshäuser.

Friedhof

Das Volkskunstmuseum der Region Dalarna steht unweit vom Stortorg am westlichen Ufer der Faluå. Hier findet man eine der größten Sammlungen von »Dal-Malerei« – bemalte Kästchen, Schränke, ganze Interieurs und Wandpartien, die zwischen 1780 und 1860 entstanden sind. Sehenswert sind außerdem die Grafikgalerie, die Sammlung typischer Trachten und Textilien, eine Kupfergalerie sowie archäologische Funde aus der Region. Publikumsmagnet sind **Selma Lagerlöfs Arbeitszimmer** und ihre Bibliothek. Die Schrift-

***Dalarnas Museum**

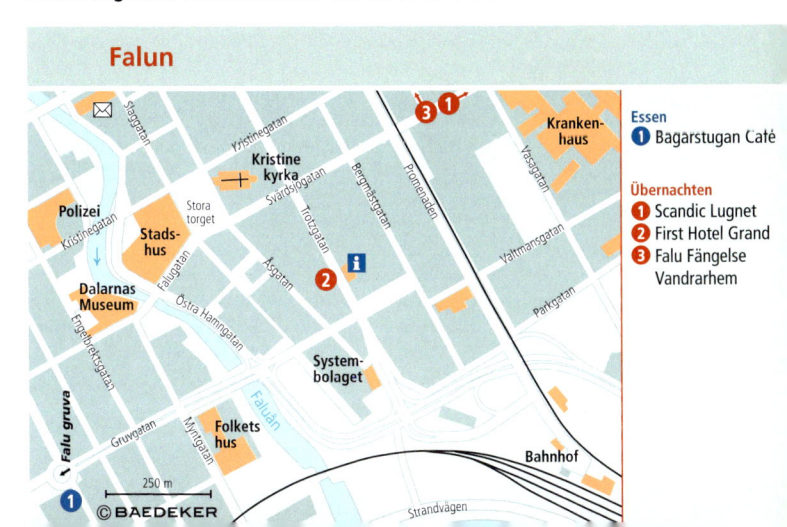

Falun

Essen
❶ Bagarstugan Café

Übernachten
❶ Scandic Lugnet
❷ First Hotel Grand
❸ Falu Fängelse Vandrarhem

BAEDEKER WISSEN

❓ Im Stollen konserviert

Viele Bergleute verloren bei Grubenunglücken in Falun ihr Leben. Der berühmteste unter ihnen ist **Mats Israelsson**, der 1677 verschüttet wurde. Erst vierzig Jahre später konnte seine Leiche geborgen und von seiner einstigen, alt gewordenen Verlobten identifiziert werden, denn der Körper des jungen Mannes blieb durch das Kupfervitriol in den Stollen vollständig konserviert. Johann Peter Hebel lieferte diese anrührende Geschichte den Stoff für seine Kalendergeschichte **»Unverhofftes Wiedersehen«** (1811).

stellerin kam 1897 im Anschluss an zehn Jahre Schuldienst an einer Mädchenschule nach Falun, um sich ganz dem Schreiben zu widmen. Hier verfasste sie u.a. ihren **weltberühmten Roman** »Die wundersame Reise des kleinen Nils Holgersson mit den Wildgänsen«.
❶ Di.–Sa. 10.00–17.00,
So., Mo. 12.00–17.00 Uhr, Eintritt frei,
www.dalarnasmuseum.se

Nordöstlich der Stadt erstreckt sich das große Sport- und Freizeitgebiet Lugnet, weithin sichtbar durch die **Skisprungschanzen**. Hier werden 2015 zum vierten Mal die Nordischen Skiweltmeisterschaften ausgetragen; dafür werden die Schanzen derzeit renoviert. Das Dalarnas **Idrottsmuseum** wurde 1993 eröffnet, als in Falun zum dritten Mal die Ski-Weltmeisterschaften stattfanden. Es zeigt, wie sich der Sport in Dalarna entwickelt hat.
Lugnet: Mitte Mai–Ende Aug. Mo.–Do., So. 10.00–18.00,
Fr., Sa. bis 23.00 Uhr, Aufzug vorhanden. Eintrittspreise erfragen (Tel. 023 8 35 00), www.lugnet.se
Idrottsmuseum: Juni–Sept. Mo.–Fr. 10.00–16.00, Sa. 12.00–15.00 Uhr, Eintritt frei, www.dalarnasidrottsmuseum.se

*Kupferbergwerk Südwestlich vom Zentrum liegt das ausgedehnte Werksgelände des Kupferbergwerks (Falu Koppargruva), dessen Erzvorkommen schon von den Wikingern ausgebeutet wurden. Heute ist Schwedens **ältestes und bedeutendstes Bergwerk** auch Faluns größte Attraktion und zählt zum Weltkulturerbe der UNESCO. Im 17. und 18. Jh. war es die größte Kupfergrube der Welt, zudem Schwedens bedeutendste Goldgrube und, nach Sala, die ergiebigste Silbergrube. Zu Hochzeiten haben mehr als 1000 Bergleute unter zum Teil erbärmlichen Bedingungen unter Tage geschuftet, von denen viele bei Einstürzen ihr Leben verloren. Nicht zuletzt das planlose Graben war für die Grubenunglücke verantwortlich. 1687 kam es zu einem furchtbaren Unglück: Trennwände und Sohlen von drei früheren Tagebauten stürzten ein und bildeten einen einzigen, riesigen Krater, die **Pinge Stora Stöten**. Der Stöten, dessen Schlund sich gleich gegenüber dem Bergwerksmuseum auftut, wurde seither durch fortgesetzten Abbau erweitert und ist heute 95 m tief und 350 m breit. Rings umher stehen mehrere Grubengebäude und Förderanlagen, die am Wochenende besichtigt werden können. Das Bergwerksmuseum

Falun • ZIELE

(Gruvmuseet) dokumentiert die Geschichte des Erzbergbaus in Falun und bietet interessante Einblicke in die Geologie der Gegend und die Firmengeschichte des Großkonzerns Stora, der die Grube betreibt. Sehenswert ist auch das Münzkabinett. Wer die historische Bergbaukultur der Region intensiv erleben möchte, sollte sich Zeit nehmen und der etwa 30 km langen **Wanderroute »Vattnets Väg«** (Weg des Wassers) folgen. Er führt ab der Grube Falun entlang historischer Kanäle, Gräben und Dämme durch die ehemalige Bergbauregion, die heute ein reiches Vogelleben, seltene Pflanzen und eine fantastische Natur zu bieten hat (www.varldsarvetfalun.se). Gegenüber vom Museum steht ein kleines Holzgebäude, über dessen Tür im Halbkreis die **Alchemistensymbole** der Elemente zu sehen sind. Hier befindet sich der Zugang zum **Besucherstollen**, der bis in eine Tiefe von 55 m durch das dunkle Labyrinth alter Abbaustellen führt. Warme Kleidung und wasserdichtes Schuhwerk empfohlen!

Bergwerksmuseum:
im Sommer tgl. 10.00 – 17.00, im Juli bis 18.00 Uhr,
im Winter Mo. – Fr. 12.00 – 16.30, Sa., So. bis 16.00 Uhr,
Eintritt: Erw. 60 SEK, Minenführungen 210 SEK, erm. 80 SEK,
www.falugruva.se
Besucherstollen: gleiche Öffnungszeiten wie Bergwerksmuseum

Direkt neben dem »Kåre«, einer Holzskulptur in Form eines Ziegenbocks, befindet sich die Fertigungsanlage für die charakteristische **ochsenblutrote Farbe**, die Falun im ganzen Land bekannt gemacht hat. »Schwedens Nationalfarbe« und der Anstrich unzähliger schwedischer Holzhäuser wurden bereits um 1530 bei Kopparberget aus nicht verwertbaren Mineralien des Kupferbergwerks, dem Abraum also, hergestellt. Anfangs bekamen nur Herrenhäuser und Kirchen den roten Anstrich. Erst als die Farbe immer billiger wurde, konnte sich jeder Falu Rödfärg leisten. Als das Falunrot schließlich von fast jeder Hauswand leuchtete, mussten sich die Wohlhabenden etwas Neues einfallen lassen, um sich wieder von der Masse abzuheben. Deshalb haben sie ihre Häuser zunehmend Gelb oder Weiß streichen lassen. Während einer **Fabrikführung** erfährt man alles Wissenswerte über das berühmte Falunrot.

Falu Rödfärg

> **? BAEDEKER WISSEN**
>
> *Falukorv – die Stollenwurst*
>
> Auch Schwedens beliebteste Wurstsorte, die Falukorv, verdankt ihre Entstehung der Kupfergrube von Falun. Denn für den Transport des Kupfers aus der Grube wurden Seile benötigt, die einst aus Ochsenhaut gefertigt wurden. **Bergleute aus Deutschland** zeigten den Schweden, was man aus dem übrig gebliebenen Fleisch des Ochsen am besten machen könnte: haltbare Wurst.

❶ Ende Juni – Mitte Aug. wochentags 11.00 – 15.00 Uhr,
Eintritt erfragen unter Tel. 023 78 23 25, www.falurodfarg.com

Nicht schön, aber interessant: die Kupfergrube von Falun

SEHENSWERTES IN DER UMGEBUNG

Bjursås, Stadigsstugan Einer der **bekanntesten Dal-Maler** war Mats Persson Stadig aus Bjursås, ca. 15 km nordwestlich von Falun. Er hinterließ eine einzigartige Sammlung von Wand- und Deckenmalereien sowie Möbel und Truhen. Eine Auswahl seiner Werke ist im **Stadig-Haus** neben dem Heimatmuseum von Bjursås zu sehen.
❶ Mitte Juni – Mitte Aug. tgl. 11.00 – 17.00 Uhr

Sundborn Rund 4 km nordöstlich von Falun liegt am kleinen Tofta-See der idyllische Ort Sundborn, in dem der schwedische **Maler Carl Larsson** (1853 – 1919) von 1901 an mit seiner Frau Karin, die ebenfalls Künstlerin war, lebte. 1888 richteten sie sich den Hof Lilla Hyttnäs ganz nach ihren Vorstellungen ein: mit roten Stühlen, weißen Tischen, Dielen in hellem Holz und mit Gemälden an Wänden und Decken. Damit wurden sie zu **Trendsettern**, die sich von dem seinerzeit herrschenden, dunklen Einrichtungsstil deutlich abhoben.

Carl Larssons Gården ist heute ein beliebtes Museum. Zwischen 1905 und 1912 portraitierte Carl Larsson einige Dorfbewohner und schenkte diese Gemälde später der Gemeinde Sundborn. Heute ist **Carl Larssons Portraitsammlung im Gemeindehaus neben der Kirche zu sehen. In der Kirche am See sind ebenfalls Gemälde von Carl Larsson zu sehen, das Schönste ist das Gewölbebild über dem Altar.
Carl Larssons Gården: Mai – Ende Sept. tgl. 10.00 – 17.00, Okt. – Dez. Führungen Mo. – Fr. 11.00 Uhr, Eintritt: 145 SEK, Kinder (6 – 16 Jahre) 50 SEK, www.clg.se.
Portraitsammlung: Juli tgl. 11.00 – 16.00 Uhr, Eintritt frei

* Gävle

→ H 6

Landschaft: Gästrikland
Provinz: Gävleborgs Län
Einwohnerzahl: 95 000
Höhe: Meereshöhe

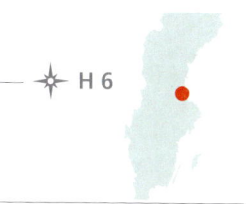

Recht lebhaft geht es in der ältesten Stadt Norrlands am Bottnischen Meerbusen zu: breite Einkaufsstraßen voller Menschen, dazu ein riesiger Hafen, von dem aus Holz und Erz verschifft werden. In ganz Schweden ist Gävle allerdings vor allem wegen seines »Julbocks« bekannt, dem mitunter nur ein kurzes Dasein beschieden ist.

Seit 1966 stellt man mitten in Gävle auf dem Slottstorg am 1. Dezember einen **Ziegenbock aus Stroh** auf. Der erste seiner Art war beachtlich, immerhin 13 m hoch, 7 m lang und 3 t schwer. Doch lange sollte die Freude am neuen Wahrzeichen nicht währen, denn schon am Neujahrstag ging der Bock in Flammen auf. Zwar wurde der Brandstifter gefasst und bestraft. Doch er fand Nachahmer, denn von nun an konnte man jedes Jahr Wetten darauf abschließen, wie lange der Bock aus Stroh vor Zündlern beschützt werden kann. Nicht lange, wie die Erfahrung zeigt. Einer brannte schon, bevor er überhaupt aufgestellt werden konnte, einigen waren nur wenige Stunden Vorweihnachtsfreude beschert, doch manchmal wurde der Strohbock auch

Der Julbock und die Zündler

Gävle erleben

AUSKUNFT
Gävle Turistbyrå
Drottninggatan 22
(Gallerian Nian)
80135 Gävle
Tel. 026 17 71 17
www.gastrikland.com

EINKAUFEN
Von der Nobelboutique bis zum gewöhnlichen Kaufhaus findet man in Gävle so ziemlich alles, was das Käuferherz begehrt, zumeist im Gebiet von Norra Kungsgatan, Drottninggatan und Nygatan.

ESSEN
Forsbacka Wärdshus €€
Forsbacka
Värdshusvägen 22
Tel. 026 35 170
www.forsbackawardshus.se
15 km von Gävle liegt dieses Restaurant am Rande eines englischen Parks (tgl.).

Sommerrestaurant Engeltofta
€–€€
Bönavägen 118
Sa., So. geschl.
Tel. 026 9 96 60
www.engeltofta.se

ZIELE • **Gävle**

Das Engeltofta, in einer alten Kaufmannsvilla untergebracht, ist Gävles beliebtestes Ausflugsziel. Es liegt 10 km vom Zentrum entfernt, und an Sommerwochenenden trifft sich hier die ganze Stadt am Strand.

Café Mamsell €
Kyrkogatan 14
Tel. 026 12 3 01
Nettes Café im historischen Berggrenska Gården.

ÜBERNACHTEN
Scandic Hotel CH €€€–€€€€
Nygatan 45
Tel. 026 4 95 84 00
www.scandichotels.se
186 Zi. In zentraler Lage, nur 100 Meter vom Bahnhof und dem Busterminal entfernt, mit dem gewohnten Scandic-Hotelketten-Komfort.

STF Vandrarhem Engeltofta €€
Bönavägen 118
Tel. 026 9 61 60
Knapp 10 km entfernt vom Stadtzentrum, dafür aber in Strandnähe und in unmittelbarer Nachbarschaft des Sommerrestaurants Engeltofta liegt diese Jugendherberge. Der ideale Ort für einen Urlaub am Meer.

verschont – oder so gut bewacht, dass Übeltäter keine Chance hatten. 2006 schaffte es der Bock dank **Imprägnierung mit Brandschutzmittel** heil ins neue Jahr. Auch 2010 hatten die Zündler keinen Erfolg (www.merjuligavle.se/Bocken).

SEHENSWERTES IN GÄVLE

Innenstadt   Mittelpunkt der Innenstadt, die durch den Brand von 1869 und den darauf folgenden Wiederaufbau ein neuzeitliches Aussehen bekommen hat, ist der **Rådhustorg**. Die Flaniermeilen Norra Kungsgatan und Norra Rådmansgatan führen nach Norden zum Gävle Teater, einem der stattlichsten Theatergebäude des Landes im Stil der Neorenaissance. Westlich vom Rathaus (19. Jh., mit Glockenspiel) steht die **Trefaldighetskyrka** (Dreifaltigkeitskirche, 18. Jh.). Das sehenswerte Kircheninnere ist im Stil des Barock gehalten.

! BAEDEKER TIPP
Schwedischer Whisky

Im 400 Jahre alten Anwesen Mackmyra, einige Kilometer westlich von Gävle, wird seit 1999 echter Malt Whisky aus schwedischen Rohstoffen und nach eigenen Rezepten gebrannt. **Eine Rarität!** Von Mo. bis Sa. können Sie sich nach Anmeldung bei einer Führung selbst von der Qualität des Malt überzeugen (Bruksgatan 4 Valbo, Tel. 026 54 18 80, www. mackmyra.se).

Überquert man den Fluss Gävleån, sieht man südlich vom Rathaus eine große Bronzeskulptur von **Henry Moore**, die auf einer Verkehrsinsel

steht. Ins Auge fallen auch das gelb-weiße **Schloss** aus dem 16. Jh., die nördlichste Festung der Wasa-Könige und das **Provinzmuseum** von Gästrikland. Dies zeigt in erster Linie kulturgeschichtliche Sammlungen und schwedische Kunst aus mehreren Jahrhunderten (Södra Strandgatan 20). Gamla Gefle, nur wenige Schritte vom Provinzmuseum entfernt, ist der Teil der Altstadt, der vom Brand von 1869 verschont geblieben ist. In den alten, schön restaurierten Holzhäusern sind heute viele Kunstgewerbeläden untergebracht, so auch die **Galerie von Gunnar Cyrén**, einem der bekanntesten Glaskünstler Schwedens (Nedre Bergsgatan 11).
Museum: Di.–So 10.00–16.00, Mi.bis 20.00 Uhr,
Eintritt frei, www.lansmuseetgavleborg.se

Südöstlich vom Zentrum liegt in der Rälsgatan 1 das Schwedische Eisenbahnmuseum (Järnvägsmuseum), das über eine der größten und **beeindruckendsten Sammlungen von Dampfloks** und alten Eisenbahnwaggons weltweit verfügt. Auf dem riesigen Gelände werden 150 Jahre schwedische Eisenbahngeschichte gezeigt. *Eisenbahnmuseum
❶ Di.–So. 10.00–16.00 Uhr, Eintritt: 50 SEK, erm. 30 SEK

UMGEBUNG VON GÄVLE

An der Gävlebucht, südlich der Stadt im Seebad Furuvik liegt dieser große **Tier- und Vergnügungspark** mit vielen Aktivitätsangeboten. Furuvikspark
Mitte Mai.–Mitte Aug., Eintritt: 195 SEK, Kinder (3–12 Jahre) 165 SEK

Die Straße Nr. 80 führt von Gävle über Valbo weiter zum südwestlich gelegenen Industrieort **Sandviken** am Nordufer des Storsjön. Zusammen mit den drei Gemeinden Gävle, Hofors und Ockelbo bildet Sandviken **das Eisenreich** (»Järnriket«), in dem Relikte von der Wikingerzeit bis zum frühen Industriezeitalter zu finden sind. Eingebettet in die wasserreiche Landschaft Gästriklands warten rund **30 kulturhistorische Ziele** wie Jädraås, Axmar Bruk, Forsbacka Järnverk, Stålstaden Hofors, Ockelbo oder Gysinge auf Besucher. Nähere Informationen bekommt man im Museum von Gävle oder im Touristenbüro.

Bronzeplastik von Henry Moore, feuerfest

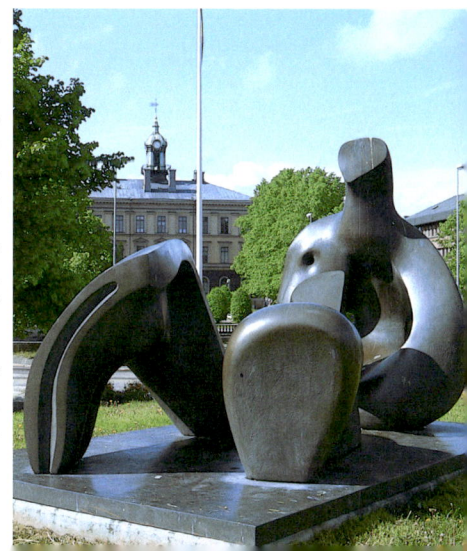

Göteborg

✧ B/C 3

Landschaft: Bohuslän
Provinz: Västra Götalands Län
Einwohnerzahl: 516 500
Höhe: Meereshöhe

Göteborg ist die zweitgrößte Stadt Schwedens, besitzt aber – auch mit ihrer Lage an der Westküste – den wichtigsten Hafen des Landes. Als typische Hafenmetropole ist sie weltoffen und pflegt ein lebhaftes Kultur- und Nachtleben. Flaniermeilen wie die Kungsportsavenyn sowie die Fisch- und Markthallen machen den Aufenthalt überaus kurzweilig.

Geschichte   Göteborg (sprich: Jöteborj) liegt zu beiden Seiten des ins Kattegatt mündenden Göta Älvs. Großen Einfluss auf die Stadtentwicklung hatten die Niederländer, die man im 17. Jh. nach Schweden geholt hatte, und auch im ersten Göteborger Magistrat saßen zehn Holländer, sieben Schweden und ein Schotte. So war es nicht verwunderlich, dass der Grundriss der Stadt **nach holländischem Vorbild mit Kanälen** und Befestigungen angelegt wurde. Zu dieser Zeit war Göteborg eine der am besten gesicherten Städte mit breiten Wallgräben, Stadtmauer und den drei Festungen Nya Älvborgs, Skansen

Göteborg erleben

AUSKUNFT
Göteborgs Turistbyrå
Kungsportsplatsen 2
41110 Göteborg
Tel. 031 3 68 42 00
www.goteborg.com

Borås Turistbyrå
Österlånggatan 1-3
50315 Borås
Tel. 033 35 70 90, www.boras.se

GÖTEBORG PASS
Der Göteborg Pass gewährt ermäßigten oder freien Eintritt zu vielen Sehenswürdigkeiten und Freizeiteinrichtungen, Stadtrundfahrten und Schiffsexkursionen sowie kostenlose Fahrten mit öffentlichen Verkehrsmitteln (erhältlich bei Tourismusbüros, Hotelrezeptionen, Campingplätzen, Zeitungskiosken).
24 Std. 285 SEK, erm. 175 SEK;
48 Stunden. 395 SEK, erm.275 SEK).

RUNDFAHRTEN
Stadtrundfahrten
Rund 50-minütige Bustouren
(auch in deutscher Sprache) beginnen
am Stora Teatern.
Abfahrtszeiten siehe www.stromma.se.,
Tickets 150 SEK, erm. 75 SEK im Bus

Hafenrundfahrten
Die Hafen- und Kanalrundfahrten (rund

Göteborg • ZIELE

50 min.) mit flachen Paddan-Booten starten am Kungsportsplats.
Mai – Sept. 10.00 – 21.00 Uhr

Besichtigungstouren
Nostalgische Touren durchs Zentrum mit bis zu 100 Jahre alten Trambahnen (Vintage Tram Ringlinien); die Waggons können auch gemietet werden.
20 SEK, erm. 10 SEK, www.ringlinien.org
Hipper: Segway-Touren am Wochenende.
geführte Tour 30 Min. 195 SEK, 60 Min. 350 SEK, www.segwayadventure.se

EINKAUFEN
Nordstan
Schwedens größtes Einkaufszentrum, direkt neben dem Hauptbahnhof.
www.nordstan.se.

Kungsportsavenyn
Auf der Kungsportsavenyn und in den kleinen Nebenstraßen liegen unzählige Geschäfte und Kunstgalerien.

An der Kungsgatan
Eine 3 km lange Shoppingmeile bilden Kungsgatan, Korsgatan, mehreren Einkaufsgalerien und -passagen. Auch ein Bummel über die Linnégatan und deren Nebenstraßen lohnt sich.

Antikhallarna
Antiquitäten finden sich in der Västra Hamngatan auf drei Etagen.
www.antikhallarna.se

GÖTEBORG INTERNATIONAL FILMFESTIVAL
Jedes Jahr Ende Januar/Anfang Februar zieht Nordeuropas bedeutendstes Filmfestival mehr als 200 000 Besucher an. Hauptpreis ist der »Goldene Drache«.
www.giff.se

ESSEN
❶ *Fiskekrogen* €€€
Lilla Torget 1
So. geschlossen
Tel. 031 10 10 05
www.fiskekrogen.com.
Preisgekröntes Restaurant für Fischliebhaber. Auch die Weinkarte mit mehr als 300 feinen Tropfen ist mit Umsicht zusammengestellt. Wer sich relativ preisgünstig von der Qualität der Küche überzeugen möchte, kommt mittags.

❷ *A Hereford Beefstouw* €€€
Linnégatan 5
täglich geöffnet
Tel. 031 7 75 04 41
Seit Jahren ein Klassiker für Fleischliebhaber. Hier wählt jeder sein Steak selber aus, das dann nach Wunsch gegrillt wird. Ein reichliches Salatbuffet rundet das Angebot ab.

❸ *Linnea Art Restaurant* €€€
Södra Vägen 32
So., Mo. geschl.
Tel. 031 16 11 83
www.linneaartrestaurant.se
Modernes Restaurant und Bistro mit exzellenter Küche; in Zusammenarbeit mit einigen der besten Glaskünstler Schwedens eingerichtet.

❹ *Sjömagasinet* €€€
Klippans Kulturreservat
Adolf Edelsvärds gata 5
So. geschl.
Tel. 031 7 75 59 20
www.sjomagasinet.se
Gourmetrestaurant im alten Gebäude der Ostindischen Kompanie von 1775, ausgezeichnete Fischspeisen. An der Hafeneinfahrt gelegen, im Sommer sitzt man hier direkt am Wasser.

ZIELE • Göteborg

❺ *Restaurang Gabriel* ❻❻
Fisktorget, Feskekörka
So., Mo. geschl.
Tel. 031 13 90 51
www.restauranggabriel.se
Bekanntestes Fischrestaurant Göteborgs in der Fischkirche. Frischere Zutaten findet man nirgendwo. Besonders empfehlenswert ist das Bohusbuffén.

❻ *Joe Farelli's* ❻❻
Kungsportsavenyn 12
täglich geöffnet
Tel. 031 10 58 26
www.joefarelli.com
Populäres Restaurant im Zentrum mit italienisch-amerikanischem Essen. Besser einen Tisch bestellen, denn der Andrang ist groß. Viele behaupten, dass es hier die beste Pizza Göteborgs gibt.

❼ *Saluhallen* ❻-❻❻
Kungstorget
So. geschl.
Viele kleine Restaurants – anschauen und das Auge entscheiden lassen. Das Essen ist gut und relativ preiswert. Deshalb ist es hier auch immer recht voll.

❽ *Café Kringlan* ❻
Haga Nygata 13
So. geschl.
Tel. 031 13 09 08
Kuscheliges Café im alten Stadtteil Haga mit guter Auswahl an Kaffee und Kuchen. Bei schönem Wetter kann man vor der Tür auch gut frühstücken.

ÜBERNACHTEN
❶ *Clarion Hotel Post* ❻❻❻❻
Drottningtorget 10
Tel. 031 619000
www.clarionpost.com
500 Zi. Im Zentrum gleich neben dem Hauptbahnhof ist der neoklassizistische Bau der Hauptpost architektonisch überzeugend und spektakulär zum Nobelhotel umgebaut worden.

❷ *Best Western Hotel Eggers* ❻❻❻❻
Drottningtorget
Tel. 031 333 44 40
www.hoteleggers.se
70 Zi. Individuell eingerichtete Zimmer im Stil der Jahrhundertwende in einem unter Denkmalschutz stehenden Haus. Prunkvolles Restaurant mit Kristallkronleuchter. Zentrale Lage.

Best Western Hotell Borås
❻❻❻-❻❻❻❻
Borås, Sandgärdsgatan 25
Tel. 033 7990100
www.hotellboras.se
97 Zi. Charmantes Hotel im Zentrum von Borås. Generös und originell eingerichtete Zimmer im Stil der goldenen Zeit Schwedens. Am Abend trifft man sich im urigen Weinkeller oder im englischen Pub.

❸ *Novotel Göteborg* ❻❻❻-❻❻❻❻
Klippan 1
Tel. 031 7 20 22 00, www.novotel.se
148 Zi. Das mächtige, rote Backsteingebäude am Göta Älv war früher eine Brauerei. Maritimes Ambiente im historischen Miljö und große, moderne Zimmer. Atemberaubende Sicht vom Restaurant auf die Älvsborg-Brücke.

❹ *Barken Viking* ❻❻❻
Gullbergskajen
Tel. 031 635800
www.liseberg.com
29 Zi. Historisches Viermast-Segelschiff, das zum Hotel mit viel maritimem Flair ausgebaut wurde. Das Schiff liegt im

Göteborger Gästehafen in der Nähe der neuen Oper vor Anker. Verschiedene Kajüten von einfach bis luxuriös.

❺ *Spar Hotel Garda* ⓔⓔ
Norra Kustbanegatan 15-17
Tel. 031 7 52 03 00, www.sparhotel.se
170 Zi. Hotel im westlichen Teil von Göteborg mit guter Verkehrsanbindung zum Zentrum. Modern, erst kürzlich renoviert, mit fairen Preisen.

❻ *Göteborgs Vandrarhem* ⓔ
Mölndalsvägen 23
Tel. 031 40 10 50
www.goteborgsvandrarhem.se
Von Einzelzimmern über Familienzimmer alles praktisch, sauber und preisgünstig.

Highlights Göteborg

▶ **Liseberg Vergnügungspark**
Hully-Gully rund um Riesen-Achterbahn, Karussells und Showbühnen.
Seite 162

▶ **Kunstmuseum**
Stattliche Sammlung skandinavischer Malerei, außerdem Rembrandt, Rubens und Co.
Seite 161

▶ **Röhsska Museum**
Schwedens erstes Design-Museum zeigt Möbel, Glas und viele andere schöne Dinge.
Seite 161

▶ **Universeum**
Hier hopst das giftigste Tier der Welt, Regenwälder dampfen, Haie und Rochen gleiten still durch Unterwasser-Welten.
Seite 162

▶ **Fischhalle**
Die berühmte »Feskekörka« ist ein Muss für alle Liebhaber von Meeresfrüchten.
Seite 161

▶ **Botanischer Garten**
Lustwandeln im Tal der Anemonen.
Seite 163

Kronan und Skansen Lejonet. Dank des ganzjährig eisfreien Hafens entwickelte sich die Stadt rasch und wurde zum Umschlagplatz für Holz und Eisen. Die 1731 gegründete **Schwedische Ostindische Kompanie** unterhielt hier einen der wichtigsten europäischen Umschlagplätze für Möbel, Porzellan, Tee und Seide.

Während der von Napoleon verhängten **Kontinentalsperre** (1806) war Göteborg Hauptlagerplatz für den britischen Handel mit Nordeuropa. Die Gewinne aus dem florierenden Handel flossen auch in die Industrialisierung, Werften und Industriebetriebe wie Esab, SKF, Hasselblad und Volvo siedelten sich an. Neue Stadtteile wie Haga oder Majorna entstanden, in der Innenstadt spiegeln die **Prachtbauten** z.B. entlang der Kungsportsaveny den Wohlstand der damaligen Zeit. Die Blütezeit als Welthafen begann für Göteborg zu

Größter schwedischer Hafen

ZIELE • Göteborg

Beginn des 20. Jh.s mit der Aufnahme des Schiffsverkehrs nach Übersee. Heute ist der Göteborger Hafen der größte Schwedens und einer der größten in Skandinavien; da er auch im Winter – anders als der Hafen in Stockholm – eisfrei bleibt, ist er eine wichtige Station auf den Routen von Passagier- und Frachtschiffen. Dennoch hat in jüngster Zeit seine Bedeutung abgenommen.

Göteborg

Essen
1. Fiskekrogen
2. Hereford
3. Linnea Art Restaurant
4. Sjömagasinet
5. Gabriel
6. Joe Farelli's
7. Saluhallen
8. Café Kringlan

Übernachten
1. Clarion Hotel Post
2. Best Western Hotel Eggers
3. Novotel Göteborg
4. Barken Viking
5. Spar Hotel Garda
6. Göteborgs Vandrarhem

Göteborg • ZIELE

SEHENSWERTES IM ZENTRUM

Ursprünglich wurden – wie in vielen holländischen Städten – die Hauptverkehrswege Göteborgs von Kanälen gebildet. Die meisten sind allerdings inzwischen längst zugeschüttet und durch Straßen ersetzt, so z.B. die Östra Hamngatan und die Västra Hamngatan. Nur

Altstadt

Wahrzeichen Göteborgs und bester Ausguck:
das Hochhaus Utkiken am Hafen.

der **Stora Hamnkanal** (einst der zentrale Hafen) und der einstige Wallgraben, der die Altstadt im Süden begrenzt, existieren noch.

Gustav Adolfs Torg Der weite, rechteckige Gustav Adolfs Torg an der Nordseite des Stora Hamnkanal bildet den repräsentativen Kern der Altstadt. Im Jahr 1854 wurde mitten auf dem Platz das von Bengt Erland Fogelberg entworfene und in München gegossene **Bronzestandbild** von Gustav Adolf, dem Regenten und Stadtgründer, aufgestellt. Allerdings ist es ein Zweitguss: Der erste wurde nach Bremen gebracht, weil das Transportschiff gestrandet war und die Göteborger das von den Helgoländern geforderte Bergegeld nicht bezahlen wollten. Die Nordseite des Platzes begrenzt das stattliche Gebäude der **Börse**, an der Westseite steht das 1672 von Nicodemus Tessin d.Ä. erbaute Rådhus, das einen hübschen Innenhof besitzt.

Medizinhistorisches Museum Nördlich vom Gustav Adolfs Torg, in der Östra Hamngatan 11, im so genannten Oterdahl Haus des Sahlgrenska Krankenhauses, befindet sich das Medizinhistorische Museum (Medicinhistoriska Museet), das anschaulich die Geschichte der schwedischen Medizin seit 1800 dokumentiert.

❶ Di., Mi., Fr. 12.00 – 16.00, Do. bis 20.00 Uhr, Eintritt: 40 SEK, erm. 20 SEK, www.sahlgrenska.se/museum

Göteborg • ZIELE

Westlich vom Rathaus erhebt sich am Kanal bzw. der Norra Hamngatan die nach einem Brand 1748–1783 neu errichtete Kristine Kyrka, die auch Tyska Kyrka **(Deutsche Kirche)** genannt wird, war sie doch 1623 für die deutschen Einwohner Göteborgs gebaut worden. — Kristine Kyrka

Etwas weiter (Norra Hamngatan 12) steht das prächtige, palastähnliche, 1750 errichtete ehemalige Gebäude der Ostindischen Kompanie, in dessen prunkvollen Hallen heute das Göteborgs Stadsmuseum untergebracht ist. Es informiert über Archäologie, Kulturgeschichte und Stadtentwicklung Göteborgs und beherbergt vom Ritterschwert bis zum chinesischem Luxusporzellan allerhand Bekanntes wie Kurioses, übrigens auch die Überreste des einzigen in Schweden gefundenen **Wikingerschiffs**. — Stadtmuseum
❶ Di.–So. 10.00–17.00, Mi. bis 20.00 Uhr, Eintritt: 40 SEK, bis 25 Jahre frei, www.stadsmuseum.goteborg.se

An der Kreuzung Västra Hamngatan/Kungsgatan erhebt sich die klassizistische Domkirche, die 1815 auf den Resten zweier niedergebrannter Vorgängerbauten errichtet wurde. — Dom

Etwas nördlich vom Stadsmuseum steht an der Kronhusgatan das 1643–1653 erbaute Kronhus (ehem. Zeughaus), Göteborgs ältestes erhaltenes Haus. Im sehenswerten **Reichssaal** wurde 1660 der fünfjährige Karl XI. zum König ausgerufen. Rund ums Kronhus steht eine Reihe niedriger Häuser, in denen sich heute die Läden mehrerer Kunsthandwerker befinden. — Kronhus

Geht man vom Kronhus zum Ufer des Göta Älv, sieht man schon bald die am Kai vor Anker liegenden Schiffe des Maritima Centrums. Hier können das U-Boot »Nordkaparen«, ein Kanonenboot und einige andere Schiffe besichtigt werden. Ein weiteres hier vertäutes Schiff dient als **Jugendherberge.** — Maritima Centrum
❶ April und Okt. Fr.–So. 11.00–16.00,
Mai–Sept. tgl. 11.00–18.00 Uhr, www.goteborgsmaritimacentrum.com

Folgt man dem Flussufer in nördlicher Richtung, kommt man bald zum neuen Göteborger Opernhaus. Als Opernhaus der Superlative war es geplant – und hat die Erwartungen noch übertroffen. Nach aufwändigen Bauarbeiten wurde es schließlich 1994 eröffnet. **Architekt Jan Izkowitz** ließ sich bei dem Entwurf des 160 m langen und 85 m breiten Gebäudes vom Meer und der umliegenden Landschaft inspirieren – ein Teil des Hauses mit seinen mehr als 1100 Räumen und zwei Bühnen erinnert an einen **Schiffsbug**. Ein gewaltiges Auditorium und ausgefeilte Akustik kennzeichnen das Innere des Opernhauses. Bei Dunkelheit spiegelt sich die bunt-spektakuläre Beleuchtung des Gebäudes recht stimmungsvoll im Wasser. — *Oper

> ❶ im Sommer tgl. Führungen um 13.00 und 15.00 Uhr, Eintritt: 50 SEK, erm. 25 SEK, Kinder bis 6 Jahre frei, Anmeldungen: Tel. 031 131300, www.opera.se; Ticket-Office Mo.–Sa.12.00 und 18.00 Uhr bzw. bis Vorstellungsbeginn

Utkiken

Von der Promenade am Opernhaus hat man einen guten Blick auf das am jenseitigen Rand des Hafenbeckens stehende, rot-weiß gestreifte Hochhaus Utkiken, das von den Einheimischen **»Lippenstift«** genannt wird. Von dessen 86 m hoch gelegener Aussichtsplattform bietet sich **der beste Rundblick** über das Hafengebiet Lilla Bommen, die restliche Stadt und das Kattegat. Vor dem Hochhaus liegt die Viermastbark »Viking« vor Anker, die als schwimmendes Hotel dient.

❶ Sept.–Juni Mo.–Fr. 11.00–15.00, Juli–Aug. Mo.–So. 11.00–16.00 Uhr, Eintritt: 30 SEK, erm. 15 SEK. Der Aufzug fährt nur einmal stündlich.

ENTLANG DER KUNGSPORTSAVENY

Kungsportsaveny

Der **Kungsportsplats** mit dem Reiterstandbild Karls IX. ist ein belebter Verkehrsknotenpunkt, an dem viele Busrundfahrten starten, die Paddan-Boote auf Kundschaft warten und die Straßenbahnen im Minutentakt halten. Hier beginnt die Kungsportsaveny. »Avenyen« nennen die Göteborger stolz ihre beliebteste Flaniermeile. Die Prachtpromenade wird von schönen Häusern und unzähligen Cafés,

Fremde Länder, interessante Speisen: die Auswahl in der »Feskekörka« ist groß.

Göteborg • ZIELE

Restaurants und Kneipen gesäumt, in denen bis spät in die Nacht Hochbetrieb herrscht. Überquert man den Wallgraben, steht rechter Hand das Stora Teatern (**Großes Theater**, 1859).

Trädgårdsföreningens Park

Der 1842 eingeweihte Trädgårdsföreningens Park mit seinen großen Rasenflächen, dem Duftgarten mit Kräutern und Gewürzen, den Cafés und schönen alten Holzvillen gleicht einer grünen Oase mitten in der Stadt. Sehenswert sind das historische **Palmenhaus**, das **Schmetterlingshaus** und das **Rosarium**. Der gesamte Park steht unter Denkmalschutz. Im Trädgårdsföreningen werden unter anderem Konzerte, Kindertheater und Mittsommerfeste veranstaltet.
❶ Mai – Aug. tgl. 7.00 – 20.00, sonst Mo. – Fr. 7.00 – 18.00, Sa., So. 9.00 – 18.00 Uhr, Eintritt frei, www.tradgardsforeningen.se

> **BAEDEKER TIPP**
>
> ! *Alles frisch!*
>
> Nur wenige Schritte westlich vom Kungsportsplats, am Kungstorg, liegt die Ende des 19. Jh.s erbaute »Saluhall«. In der traditionsreichen Markthalle gibt es eine Vielzahl von Spezialitätengeschäften mit frischen Lebensmitteln. Auch für den kleinen Hunger zwischendurch ist hier bestens gesorgt. Mo. – Do. 9.00 – 18.00, Fr. ab 8.00, Sa. 8.00 – 15.00 Uhr

*Röhsska Museum

Das nach seinen Gründern, den Brüdern August und Wilhelm Röhss, benannte Museum befindet sich ungefähr in der Mitte der Kungsportsaveny. Wilhelm Röhss war Stadtrat in Göteborg, Konsul von Hamburg und Mäzen. Das 1916 eröffnete Haus zeigt europäisches Design und Kunsthandwerk seit dem 17. Jh. Parallel zu den Dauerausstellungen werden mehrmals im Jahr Einzelausstellungen präsentiert. Die Kungsportsavenyn endet am Götaplats, in dessen Zentrum der riesige **Poseidon-Brunnen** (1931) von Carl Milles als eines der Wahrzeichen der Stadt steht. Um den Platz gruppieren sich das Konzerthaus, das Kunstmuseum und das Staatstheater.
❶ Di. 12.00 – 20.00, Mi. – Fr. 12.00 – 17.00, Sa./So. 11.00 – 17.00 Uhr, Eintritt: 40 SEK, bis 25 Jahre frei, www.designmuseum.se

Kunstmuseum

Das mächtige **Kunstmuseum** (Konstmuscct) ist das zweitgrößte des Landes: Es verfügt über eine beeindruckende Sammlung und widmet sich in erster Linie dem Schaffen skandinavischer Künstler (Edvard Munch, Carl Larsson, Anders Zorn) vom 15. Jh. bis zu Gegenwart. Aber auch die internationale Maler-Elite von Rembrandt über Rubens, Van Gogh, Cézanne und Picasso bis zu Chagall ist vertreten. Mittlerweile ist auch das **Hasselblad Center** im Kunstmuseum untergebracht. Es zeigt wegweisende Beispiele moderner, kreativer Fotografie und sehr gute Wechselausstellungen.
❶ Di. und Do. 11.00 – 18.00, Mi. 11.00 – 21.00, Fr. – So. bis 17.00 Uhr, Eintritt: 40 SEK, bis 25 Jahre frei,
www.konstmuseum.goteborg.se, www.hasselbladcenter.se

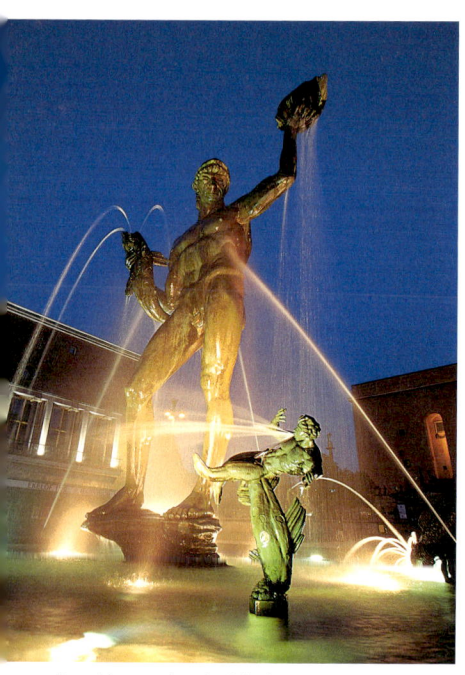

ÖSTLICHE INNENSTADT

Östlich der Kungsportsavenyn erstreckt sich die »Eventmeile« der Stadt, die jedes Jahr rund sechs Millionen Besucher anzieht. Hier liegen nicht nur der Vergnügungspark Liseberg und Skandinaviens führendes Messe- und Kongresszentrum Svenska Mässan, sondern mit **Ullevi und Scandinavium** auch zwei der bekanntesten europäischen Sport- und Musikarenen.

Der **Liseberg-Vergnügungs-Park** ist der größte seiner Art in ganz Skandinavien und eine gigantische Mischung aus Kirmes und Kultur mit Achterbahnen, Fahrgeschäften, Theater-, Kleinkunst- und Konzertbühnen sowie Hotels, Cafés und Restaurants. Überragt wird die Anlage vom 146 m hohen Liseberg-Turm, von dem man einen **hervorragenden Blick** über die ganze Stadt hat.

Poseidon posiert in Göteborg.

❶ Tgl. Mai – Aug., Mitte Nov. – 23. Dez.; genaue Zeiten siehe www.liseberg.se

Universeum Im Wissenschaftszentrum Universeum wandert man durch einen üppigen Regenwald, der sich über mehrere Stockwerke ausdehnt, beobachtet exotische Tiere wie Rochen und Haie, untersucht Galaxien und Mondfahrzeuge und nicht nur Kinder können hier vor allem **viel experimentieren**.
❶ Ende Juni – Mitte Aug. tgl. 9.00 – 21.00, sonst 10.00 – 18.00 Uhr, Eintritt: Erw. 165 SEK, erm. 110 SEK, Södra Vägen 50, www.universeum.se

Museum für Weltkultur Das Ende Dezember 2004 eröffnete Museum für Weltkultur (Värlsdskulturmuseet) bietet eine Entdeckungsreise durch die multikulturelle Welt. Themen sind Globalisierung und **Dialog zwischen den Völkern**, aber etwa auch die weltweit verbreitete Immunschwäche Aids. Zentrales Anliegen der Macher: »Jeder Mensch soll sich überall auf der Welt zuhause fühlen.« Sehr eindrucksvoll ist auch das Gebäude von den Londoner Architekten Cecile Brisac und Edgar Gonzales
❶ Di., Do., Fr. 12.00 – 17.00, Mi. 12.00 – 20.00, Sa./So. 11.00 – 17.00 Uhr, Eintritt: 40 SEK, Kinder bis 18 Jahre frei, www.varldskulturmuseet.se

Göteborg • ZIELE

ANGRENZENDE STADTTEILE

Folgt man der **Linnégatan** (westlich der Innenstadt), die mit ihren vielen Restaurants, Cafés und kleinen Läden die zweite Aveny Göteborgs ist, vom Järntorg in südlicher Richtung bis zum Linnéplats, erreicht man den Slottsskog. Dabei handelt es sich um **Göteborgs größten Park**, der mit seinen alten Laub- und Nadelbäumen ein beliebtes Naherholungsgebiet ist. In den weitläufigen Gehegen leben die Tiere Skandinaviens. Weitere Sehenswürdigkeiten im Slottsskog sind die alten landschaftstypischen Holzhäuser, das Observatorium und das hübsche Vogelhaus.

*Slottsskog

Die südöstliche Fortsetzung des Slottsskog bildet der Botanische Garten (Botaniska Trädgård). Mit seinen 16 000 Pflanzenarten ist er **Schwedens größter botanischer Garten**. Bereits 1923 angelegt, wurde er 2003 zu Schwedens schönstem Park gekürt.
❶ Tgl. 9.00 Uhr bis Sonnenuntergang

*Botanischer Garten

Das schon 1833 gegründete Naturhistorische Museum (Naturhistoriska Museet) liegt schön am Nordrand des weiten Slottsskog. Es zeigt eine stattliche Zahl präparierter Tiere, darunter auch einen ausgestopften Blauwal und einen afrikanischen Elefanten.
❶ Öffnungszeiten wechselnd, www.gnm.se

Naturhistorisches Museum

Westlich vom Järntorg am Ufer des Göta Älv befinden sich das **Schifffahrtsmuseum** (Sjöfartsmuseet) und das **Aquarium** (Akvariet). Ersteres informiert über die Entwicklung der schwedischen Seefahrtsgeschichte vom 16. Jh. bis zur Gegenwart. Das Aquarium zeigt das reiche Leben in den skandinavischen Gewässern. Wenn die nostalgischen Gefühle nur bis zu den 1950er- und 1960er-Jahren zurückreichen sollen, vermittelt das **Nostalgicum** im Stadtteil Gamlestan einen stimmigen Einblick: Bei einem Glas Himbeerlimonade und Klängen aus der Jukebox lässt sich die Ausstellung der Scheußlichkeiten und schönen Erinnerungen vom Telefon mit Wählscheibe bis zu orangefarbenem Keramikgeschirr genießen (Byfogdegatan 3).

> **BAEDEKER TIPP**
>
> *Auf den Spuren der Arbeiter*
>
> Der Stadtteil Haga ist einer der ältesten und liegt südlich der Innenstadt. Im 18. und 19. Jh. war Haga ein typisches Arbeiterviertel, heute leben hier **viele Künstler**. Die Haga Nygata ist Fußgängerzone und gesäumt von alten, restaurierten Häusern, in denen viele Cafés und Antiquitätenläden untergebracht sind.

Aquarium: Di.–So. tgl. 10.00–17.00, Mi. bis 20.00 Uhr,
Eintritt: (inkl. Schifffahrtsmuseum) 40 SEK, bis 25 Jahre frei
Nostalgicum: Di.–Fr. 10.00–18.00, Sa. 12.00–15.00 Uhr, Eintritt 50 SEK,
Tel. 031 19 77 22, www.nostalgicum.se

Festung Älvsborg Weiter westlich, am Eingang zum Hafen, liegt die **Festung Älvsborg** (Elvsborg Fästning) aus dem 17. Jh. Die Kirche auf dem Gelände ist ein beliebter Ort für Trauungen, das Restaurant hat einen guten Ruf.
• www.stromma.se/sv/Alvsborgs-fastning

Eriksberg Der moderne Stadtteil am nördlichen Ufer des Göta Älv ist auf dem **Gelände einer ehemaligen Werft** entstanden. Blå Hallen und Eriksbergshallen sind ehemalige Maschinenhallen, die in eine große Hotelanlage umgewandelt wurden. Auf dem Gelände befinden sich mehrere Restaurants und Cafés. In einer Werfthalle wurde der Ostindienfahrer »Gotheborg« originalgetreu nachgebaut, der 2003 vom Stapel gelaufen ist. Wenn das stolze Segelschiff nicht gerade auf großer Fahrt ist, kann man es am Pier 4 in Augenschein nehmen. Eriksberg erreicht man am besten mit der Stadtfähre »Älvsnabben«.

Das **Volvo-Museum** nördlich vom Zentrum erzählt die Geschichte der schwedischen Automarke von den Anfängen 1927 und dem ersten Modell ÖV4 bis heute.
• Mo.–Fr. 10.00–17.00, Sa., So. 11.00–16.00 Uhr, 60 SEK, erm. 25 SEK, www.volvo.com

UMGEBUNG VON GÖTEBORG

Vor Göteborg liegt ein ausgedehnter **Schärengarten mit größeren Inseln** wie Öckerö und unzähligen kleinen Felsbuckeln, die alle beliebte Ausflugsziele sind. Im Sommer werden Ausflugsfahrten ab Lilla Bommen, Stenpiren und Packhuskajen angeboten. Die nördlichen Schären (Öckerö, Hönö, Björkö, Fotö u.a.) erreicht man mit der Autofähre von Hjuvik auf der Insel Hisingen. Die kleineren Inseln sind nur mit Personenfähren zu erreichen. In die südlichen Schären (Asperö, Brännö, Styrsö, Vrångö, Vargö, Vinga) kommt man auch gut mit öffentlichen Verkehrsmitteln: Man nimmt

---

BAEDEKER WISSEN ?

Kulinarische Meisterschaften

Göteborg ist zur Kulinarischen Hauptstadt Schwedens 2012 gewählt worden. Die kulinarische Szene hat in den vergangenen Jahren ein fantastisches Wachstum verzeichnet. Die Stadt beherbergt **vier mit einem Michelinstern ausgezeichnete Restaurants**. Außerdem gibt es eine Vielzahl hervorragender Fischrestaurants. Die meisten schwedischen Austern wachsen an der Küste nördlich von Göteborg. Viele von ihnen werden in der Nähe von Grebbestad handverlesen – Anlass für eine Meisterschaft der skurrilen Art: Jedes Jahr im Frühling steht Grebbestad im Zeichen der **nordischen Meisterschaften im Austernöffnen**. Dieser Wettbewerb findet seit 2005 in dem kleinen Fischerdorf statt. Köche aus ganz Skandinavien kämpfen um den begehrten Titel. Es werden auch Austernöffnen, Austernpflücken, Bootstouren und Tauchaktivitäten angeboten. Mehr Informationen: www.westschweden.com

Sehr prachtvoll präsentiert sich die Front von Schloss Tjolöholm.

die Tram Nr. 11 nach Saltholmen und steigt dort auf den Schärendampfer um. Sämtliche **Schären im Süden sind autofrei**. Die Schiffe verkehren das ganze Jahr über täglich, ausführliche Fahrpläne gibt es im Touristenbüro.

Mölndal

Folgt man der E 20 nach Süden, erreicht man nach 7 km die mit Göteborg zusammengewachsene Industriestadt Mölndal. Etwa 2 km östlich liegt das 1796 erbaute **Schloss Gunnebo**. Wegen seines wunderschönen englischen Parks, dem Café und Restaurant, dem Kräutergarten und vielen Spazierwegen ist Gunnebo ein beliebtes Ausflugsziel.
❶ Führungen im Sommer tgl. 12.00, 13.00, 14.00 Uhr,
Eintritt/Führung: 80 SEK, bis 15 Jahre frei, www.gunneboslott.se

Schloss Tjolöholm

Weiter südlich bei Kungsbacka (E 6 Ausfahrt Fjärås) lohnt ein Abstecher nach Westen zum Schloss Tjolöholm. Das Schloss, ein massiger, mittelalterlichen Vorbildern nachempfundener Bau aus rotem Granit, wurde 1898–1904 **im englischen Tudorstil** erbaut. Bauherr James Frederik Dickson, ein Göteborger Kaufmann, scheute keine Kosten, sein Domizil mit allen damals machbaren technischen Raffinessen auszustatten, u.a. einem **Monstrum von Staubsauger**, der älteste Schwedens, der im Wagenmuseum zu sehen ist. Zusammen mit Ökonomiegebäude und Cafeteria liegt dieses am Fuße des Schlosshügels.
❶ genaue Öffnungszeiten und Führungen: siehe www.tjoloholm.se

BAEDEKER WISSEN

Götakanal

Immer langsam voran

Der nahezu 400 km lange Göta-Kanal bildet zwischen Mem (südwestlich von Stockholm) und Göteborg eine Verbindung zwischen Ost- und Nordsee. Das Mammutprojekt sollte vor allem dem Transport von Waren dienen, ohne den Wegzoll an die Dänen im Kattegatt zu bezahlen. Wie so oft, kam alles ganz anders.

Nur die Schleusen sorgen für gemäßigte Aufregung auf dem Götakanal.

Schon Gustav Wasa hat mit dem Gedanken gespielt, zwischen Göteborg und Stockholm eine Wasserstraße zu schaffen. Doch erst Karl II. nahm 1716 das Projekt in Angriff. Die **Wasserfälle** von Trollhättan bildeten einen der vielen Knackpunkte. Die Ingenieure Swedenborg und Polhern versuchten, sie durch Schleusen zu umgehen. Als der Schutzdamm 1755 aber durch Treibholz zerstört wurde, ruhte die Arbeit, bis Freiherr **Baltasar Bogislaus von Platen** mit Hilfe der besten Kanalbauer, derer er habhaft werden konnte, 1810 erneut einen Anlauf nahm. Bis 1852 gruben und sprengten sich rund 58 000 Soldaten durch Schwedens Mitte, 7 Mio. Tagwerk lang, eine mühselige Arbeit, da der gesamte Abraum von Hand abtransportiert werden musste. 14 Flaschen Branntwein pro Woche sollten die **Arbeitsmoral** aufrechterhalten. Motala am Vättersee wurde Zentrum des Kanalbaus und Wiege der schwedischen Maschinenbauindustrie, da hier die Tore der Schleusen hergestellt wurden. 61,5 Kanalkilometer mit 21 Schleusen entstanden zwischen Väner- und Vättersee; zwischen Motala und der

Opfer der Konkurrenz

Nach seiner Eröffnung, die von Platen nicht mehr erlebte, boomte der Verkehr auf dem Kanal wie geplant. Doch im 20. Jh. liefen Eisenbahn und Lkws dem langsamen Wasserweg den Rang ab. Längst ist der Kanal eine Attraktion für Schwedenreisende, die mehr zur Ruhe tendieren. Die Fahrt auf einem der schmalen, historischen Passagierboote dauert je nach Programm **zwei bis sechs Tage**, bei ca. 10 km/h. Diese Kreuzfahrt der entspannenden Art sollte man rechtzeitig im Voraus buchen, denn sie ist sehr beliebt und wegen des Wetters nur in den Sommermonaten möglich (Buchung: AB Göta Kanalbolag, Pusterviksgatan 13, Göteborg, Tel. 031 8063 15, www.stromma.se/de/Gota-Kanal).

An der alten Schleuse

In Forsvik am Westufer des Vättersees ist der Nachbau des Raddampfers »Eric Nordevall II« zu besichtigen; das Original aus dem 19. Jh. modert auf dem Grund des Sees. Auch die älteste Kanalschleuse kann man hier bewundern und den Schleusenbetrieb beim Kaffee in Forsviks Café & Mat beobachten. Übrigens kann man den Göta-Kanal in den Sommermonaten auch mit dem eigenen oder einem Mietboot befahren. Radfahrer kommen auf ihre Kosten auf dem etwa **190 km langen Fahrradweg** entlang des Kanals von Sjötorp am Väner-See bis zum Ostseestädtchen Mem im Osten; der Weg verläuft größtenteils durch ebenes, windgeschütztes Gelände.

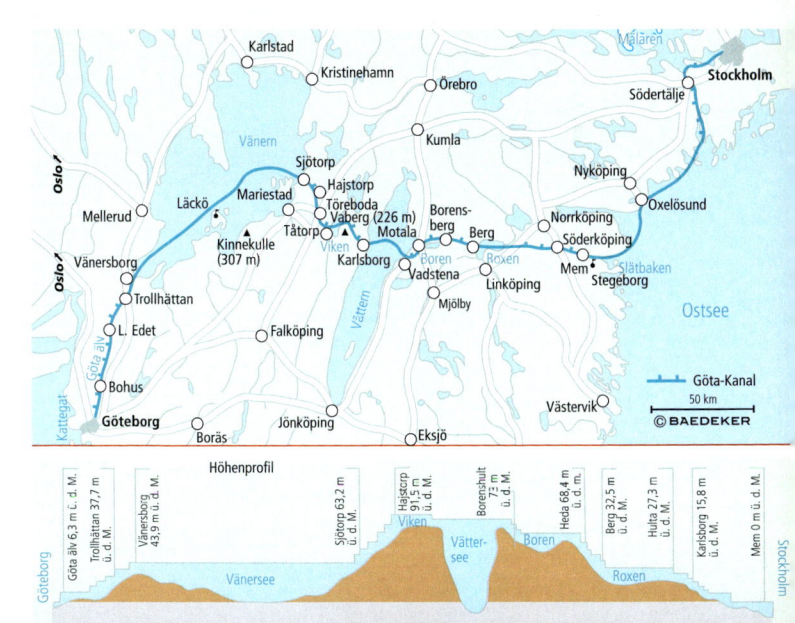

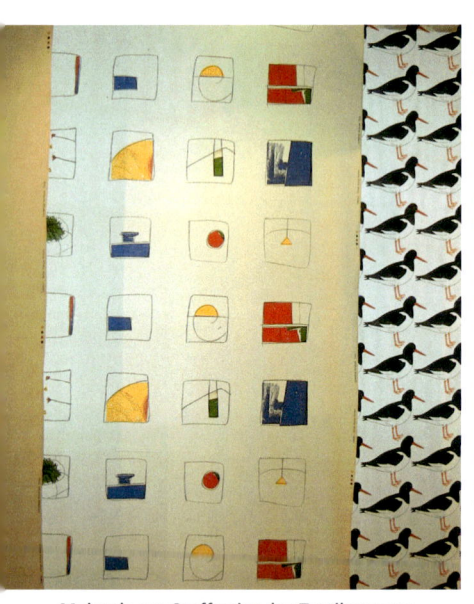

Mehr als nur Stoff zeigt das Textilmuseum.

Die südschwedische **Textilstadt Borås** liegt ca. 65 km östlich von Göteborg zu beiden Seiten der Viskan. Größere Bedeutung als Handelsstadt gewann sie erst, als Eisenbahn und Textilmaschinen hier Einzug hielten. Borås ist **reich an Skulpturen**, von denen man viele auf einem Spaziergang durch das Zentrum bewundern kann. Am Stortorg steht das um 1910 erbaute, wuchtige Rathaus mit einem Glockenspiel, davor der hübsche Sjuhäradsbrunnen (1941) von Nils Sjögren. Weiter östlich erreicht man das Kulturhus und das städtische Theater. Im **Kunstmuseum** gibt es neben Werken moderner schwedischer Künstler auch Videoboxen und Kunstwerkstätten (Schelegatan 4). Im westlichen Stadtteil Parkstaden liegt der Ramnapark mit dem **Borås Museum**, einem Freilichtmuseum mit historischen Holzhäusern und der um 1690 entstandenen Ramna-Kirche, deren Inneres mit Deckengemälden aus dem 18. Jh. geschmückt ist. Eine Baumwollspinnerei aus dem Jahre 1900 beherbergt das ***Textilmuseum.** Zu sehen sind Spinn-, Zwirn- und Webmaschinen. Im Shop des Museums kann man auch verschiedene Produkte kaufen, die auf hauseigenen Maschinen hergestellt worden sind (Druveforsvägen 8).

Kunstmuseum: Di., Mi., Fr. 11.00 – 17.00, Do. 11.00 – 20.00, Sa., So. 11.00 – 16.00 Uhr
Borås Museum: Apr. – Sept. tgl. 11.00 – 17.00 Uhr
Textilmuseum: in der Regel 11.00 – 17.00 bzw. 16.00 Uhr. Mo. geschl.

Hedared Folgt man von Borås nordwestlich der in Richtung Alingsås führenden Straße Nr. 180, erreicht man den Weiler Hedared, wo heute noch **die einzige Stabkirche Schwedens** steht. Der kleine, altersdunkle Holzbau aus dem 16. Jh. inmitten eines Friedhofs birgt sehenswerte naive Malerei aus dem 18. Jh.

Alingsås In Alingsås findet alljährlich Nordeuropas **größtes Event für experimentelle Lichtinstallationen** statt, das mittlerweile bis zu 80 000 Besucher anzieht. »Lights in Alingsås« ist erste Adresse für europäische und internationale Lichtdesigner (www.lightsinalingsas.se).

** Gotland

✦ J 2/3

Landschaft: Gotlands
Provinz: Gotland Län
Einwohnerzahl: 57 700

So warm und sonnig wie auf Gotland ist es nirgendwo sonst in Schweden. Mit der alten Hansestadt Visby und den Raukar, bizarren Kalksteinnadeln am Strand, besitzt die Ostseeinsel zwei weitere, außergewöhnliche Attraktionen. Und das Beste: Stadt, Stein und Strand kann man bequem auch mit dem Rad erreichen – an ihrer höchsten Stelle erhebt sich die Insel gerade mal 80 m über den Meeresspiegel.

Gotland ist mit 125 km Länge und bis zu 55 km Breite nach Seeland die zweitgrößte Insel der Ostsee. Sie wird von einem 20 – 30 m hohen **Kalksteinplateau** gebildet, wo es weder größere Binnenseen noch Wasserläufe oder Täler gibt, denn das Wasser versickert rasch im porösen Boden. Die Westküste ist überwiegend schroff und steil, wird aber immer wieder von kleinen Buchten und Stränden durchbrochen. Nach Osten wird die Insel immer flacher, hier findet man dann auch die schönsten Sandstrände, die häufig von kleinen Dünen und Kiefernwäldern flankiert werden. Das Markenzeichen Gotlands sind die **»Raukar«** (Singular »rauk«), Türme und Pfeiler aus teilweise bizarr erodiertem Stein, die man so ausgeprägt sonst nirgendwo im Ostseeraum findet. Man braucht nur wenig Fantasie, um in manchen von ihnen Gesichter zu erkennen. So wundert es nicht, dass viele Raukar Namen tragen und Mittelpunkt von Legenden und Mythen sind.

Zweitgrößte Insel der Ostsee

> **BAEDEKER TIPP**
>
> *Kulinariska Gotland*
>
> Kulinarisches Gotland – diesem Motto haben sich mehrere preisgekrönte Restaurants verschrieben, die aus lokalen Produkten gotländische Gerichte zaubern. **Nicht ganz billig, aber exzellent!** In Visby: Bakfickan (Stora Torget 1), Donners Brunn (Donners Plats 3), 50 KVADRAT (S:t Hansgatan 15), Gamla Masters (Södra Kyrogatan 10), Krakas Krog (Kräklings 223/Katthammarsvik), Wallers Krog (Wallérs Plats 2). Weitere auf Gotland: Konstnärsgården (Romakloster), Smakrike (Claudelins Väg 1/ Ljugarn).

Wegen des **angenehmen Klimas** ist die **Vegetation** artenreich und üppig, selbst Orchideen gedeihen hier, z.B. Knabenkräuter, Mücken-Händelwurz und Frauenschuh. Weideland und Felder prägen die Landschaft, knapp die Hälfte der Insel ist mit Wald bedeckt.

Gotland war mit seiner Hauptstadt Visby eine unentbehrliche Anlaufstation für Segelschiffe, die sich auf dem Weg durch die Ostsee

Wichtige Handelsstation

ZIELE • Gotland

Gotland erleben

AUSKUNFT
Gotland Turistbyrån
Donnersplats 1
62157 Visby
Tel. 0498 20 17 00
www.gotland.info

ANREISE
Mit den Fähren dauert die Überfahrt von Nynäshamn und Oskarshamn auf dem schwedischen Festland nach Gotland rund drei Stunden. Im Sommer verkehren auch Fähren zwischen Visby und Grankullavik (2 Std.) auf Öland.
www.destinationgotland.se

FERIENHÄUSER
Gotlands Resor Visby
Färjeleden 3
Tel. 0498 20 12 60
www.gotlandsresor.se

OUTDOOR
Kleinen und großen Pferdefreunden bietet der Gervide Gård im Zentrum der Insel zünftige Westernatmosphäre mit Reitmöglichkeiten und einem Saloon. Wer länger bleiben will, kann eines der unterschiedlich großen Ferienhäuser mieten (mit 4 bis 12 Betten).
62244 Romakloster
Tel. 0498 5 90 37
www.gervidegard.com

Rund 800 km Küstenlinie hat Gotland – ein Paradies für Sportfischer. Den Sport nach anerkannten ökologischen Standards zu betreiben ermöglicht der schwedenweite Anbieter FishYourDream. Zur Unterbringung gibt es Kooperationen mit Hotels, aber auch Hütten mit Selbstversorgung; sogar rollende Saunawagen können gemietet werden. Wer Forellen im Wildwasser beobachten möchte, kann einen erfahrenen Guide für kleine Gruppen buchen. Informationen über Angebote und Preise:
FishYourDream
Tel. 0733 76 18 97
www.fishyourdream.com.

KULINARISCHES
Nicht nur im italienischen Piemont, auch an der Ostsee gedeihen Trüffel, die auf dem kalkhaltigen Boden Gotlands und in dem milden Klima ausgezeichnete Bedingungen für ihr Wachstum vorfinden. Im Herbst lockt beispielsweise eine Trüffelsafari in Furillen oder Ljugarn. Gemeinsam mit Trüffelexperten und ausgebildeten Trüffelhunden begeben sich die Gäste dabei frühmorgens auf die Suche nach Bourgogne- und Bagnoli-Trüffeln. Informationen:
www.gotland-erleben.de

VERANSTALTUNGEN
Größtes Ereignis ist das alljährliche Mittelalterfestival Anfang August in Visby. Eine Woche lang wird gefeiert: mit Konzerten in den Kirchenruinen, Tanz, Ritterspielen und vielem mehr.
www.medeltidsveckan.se/de/

ESSEN
❶ *Munkkällaren* €€–€€€
Visby
St. Hansgatan 40
Tel. 0498 27 14 00
www.munkkallaren.se
So. und Mo. geschl.
Unter dem Dach des alten Hauses verbergen sich ein Restaurant, das einheimische Kost und internationale Gerichte

zu erschwinglichen Preisen anbietet, aber auch eine Bar, ein Jazzclub und ein Nachtklub. Als Live Acts treten vor allem gotländische Musiker, aber auch bisweilen Gast-Gruppen auf.

❷ *Packhuskällaren* €€
Visby
Strandgatan 16
täglich geöffnet
Tel. 0498 27 62 00
www.packhuskallaren.net
Restaurant in einem alten Speicherhaus aus dem Mittelalter. Hier wird gute Hausmannskost serviert. Im Sommer auch mit Terrasse.

❸ *Rosas* €
Visby
Sankt Hansgatan 22
Tel. 0498 21 35 14
www.rosaspensionat.se
Gemütliches Café mit Innenhof.

ÜBERNACHTEN
❶ *Clarion Hotel Wisby* €€€€
Visby, Strandgatan 6
Tel. 0498 25 75 00
www.wisbyhotell.se
134 Zi. Das beste Hotel der Stadt bezaubert durch gediegene, mittelalterliche Atmosphäre und bietet dennoch alle modernen Annehmlichkeiten.

❷ *Best Western Strand Hotel* €€€
Visby, Strandgatan 34
Tel. 0498 25 88 00
www.strandhotel.net
110 Zi. Modernes, komfortables Hotel in zentraler Lage der Altstadt, eingebaut in die Stadtmauer von Visby. Geschmackvoll eingerichtete Zimmer. Viele historische Sehenswürdigkeiten und das Meer ganz in der Nähe.

❸ *Hotel 1* €€€
Visby
Strandgatan 13
Tel. 0498 21 00 10
www.hotel1.nu
42 Zi. Vorzügliches Designhotel mit individuell und edel eingerichteten Zimmern und Restaurant in einem alten Gemäuer von 1880. In der Vinothek gibt es Weinverkostungen.

Pensionat Fridhem €€
Fridhem
Västerheje (6 km südlich von Visby)
Tel. 0498 29 60 18
www.fridhemspensionat.se
Pension mit 18 Zimmern in der früheren Sommerresidenz von Prinzessin Eugenie. Park und schöner Blick aufs Meer. Auch günstige Hütten und Unterkünfte für Gruppen.

STF Vandrarhem Bunge/Fårösund €–€€
Ånge, Fårösund
Tel. 0498 22 14 90
www.bungevandrarhem.com
116 Betten in 1-, 2- und Vierbettzimmern. Der Schwedische Tourismusverband hat dem Hostel 2010 die Auszeichnung »Kissen des Jahres« (»Årets kudde«) zugesprochen, die an die jeweils bei den Gästen beliebteste Jugendherberge vergeben wird. 2011 belegte die Herberge Platz 2.

Vandrarhem Visby Fängelse €
Visby
Skeppsbron 1
Tel. 0498 20 60 50
Jugendherberge in einem alten Gefängnis, in dem die Zellen beinahe im Original erhalten sind, sogar die Gitter sind noch vor den Fenstern.

ins Baltikum und über die Flüsse bis tief hinein nach Russland und zurück befanden. Bis zum Beginn des 12. Jh.s hatten die Inselbewohner selbst den Warenverkehr unter Kontrolle, doch mit wachsender Bedeutung wurde der Handel immer mehr von Russen und Deutschen beherrscht. 1161 erhielten die Gotländer eine Handelslizenz für die deutschen Länder, 1280 trat die Inselhauptstadt Visby der **Hanse** bei und schloss mit Lübeck ein Schutzbündnis gegen die Seeräuber. Die strategisch wichtige und ökonomisch vielversprechende Lage sollte die Insel in der Folgezeit zum Zankapfel der Mächtigen machen. 1361 eroberte der Dänenkönig Waldemar Atterdag Gotland. Vier Jahre später fiel Gotland in die Hände von Piraten, die aber 1398 vom Deutschen Ritterorden wieder vertrieben wurden. Der Orden verkaufte seine Beute 1408 an Erich von Pommern, den Regenten der vereinigten skandinavischen Königreiche. Ab 1449 stand die Insel wieder unter **dänischer Oberhoheit** und kam erst 1645 im Frieden von Brömsebro wieder an Schweden. Noch zweimal stand Visby unter Fremdherrschaft: von 1676 bis 1679 regierten die Dänen und 1808 für 23 Tage die Russen in Visby. 1995 wurde Visby von der UNESCO zum Weltkulturerbe erklärt. Heute ist der **Tourismus** die wichtigste Einnahmequelle.

!
BAEDEKER TIPP

Insel der Radfahrer

Gotland ist die ideale Insel für Radtouren. Wenig Autoverkehr, **kaum Steigungen** und viele Campingplätze machen das Radfahren zum Vergnügen. Nur der Wind kann manchmal etwas stören. Nicht mal sein eigenes Fahrrad muss man mitbringen, das kann man samt Anhänger und Campingausrüstung bei Gotlands Resor mieten.
▶ S.169, Ferienhäuser.

94 Kirchen gibt es auf der Insel, für die relativ kleine Bevölkerung eine erstaunliche Zahl und ein Hinweis auf den Wohlstand, der zur Zeit ihrer Erbauung herrschte. Die mittelalterlichen Steinkirchen entstanden alle vom späten 12. Jh. bis ca. 1350. Viele sind mit kunstvollen Steinmetzarbeiten an Portalen und Giebelfriesen verziert. Die ersten gotländischen Kirchen wurden im romanischen Stil errichtet, später baute man dann im gotischen Stil mit Spitzbögen. Mit der Eroberung durch die Dänen 1361 war der Bauboom schlagartig zu Ende, Gotland verarmte. Nur das Innere der Kirchen wurde noch mit **Wandmalereien** verschönert.

** VISBY

Rosen und Ruinen

Stadt der Rosen und Ruinen wird Visby, die Inselhauptstadt an der Westküste, gerne genannt. Beides ist richtig, denn Rosen blühen hier dank des milden Klimas recht üppig. Von den einst 17 Kirchen hingegen stehen bis auf eine Ausnahme nur Ruinen, hatten doch 1525

Gotland • ZIELE

die Lübecker fast die ganze Stadt in Brand gesteckt. Rund 150 Häuser blieben von der Katastrophe verschont, sodass man sich durchaus noch ein Bild von einer mittelalterlichen **Hansestadt** machen kann. Visby ist heute Sitz des Landeshauptmanns sowie eines Bischofs und soll sich angeblich der größten **Kneipendichte** Schwedens erfreuen.

Der größte Schatz von Visby ist die 3,5 km lange Stadtmauer, die gegen Ende des 13. Jh.s angelegt wurde (Bild S. 41) und als eine der besterhaltensten in Europa gilt. Sie sollte vor Eindringlingen schützen, allerdings weniger vor ausländischen Feinden, sondern vielmehr vor der restlichen gotländischen Bevölkerung, mit der die Stadt im Dauerstreit lag. Noch heute umgibt der stattliche Ring nahezu vollständig die Altstadt und ist durch 44 zwischen 15 und 20 m hohe Türme verstärkt. An zwei Stellen allerdings zeigt sie Lücken: Die an der Ostseite entstand vermutlich 1524 beim Ansturm der Schweden und die an der Westseite ein Jahr später beim Angriff der Lübecker. An der Seeseite ist der Kruttornet (Pulverturm) in den Mauerring integriert, nahe der Nordecke der Jungfrutornet (Jungfrauenturm), in den der Sage nach die Goldschmiedstochter eingemauert wurde, die aus Liebe zum Dänenkönig Atterdag die Stadt verraten hatte.

**Stadtmauer

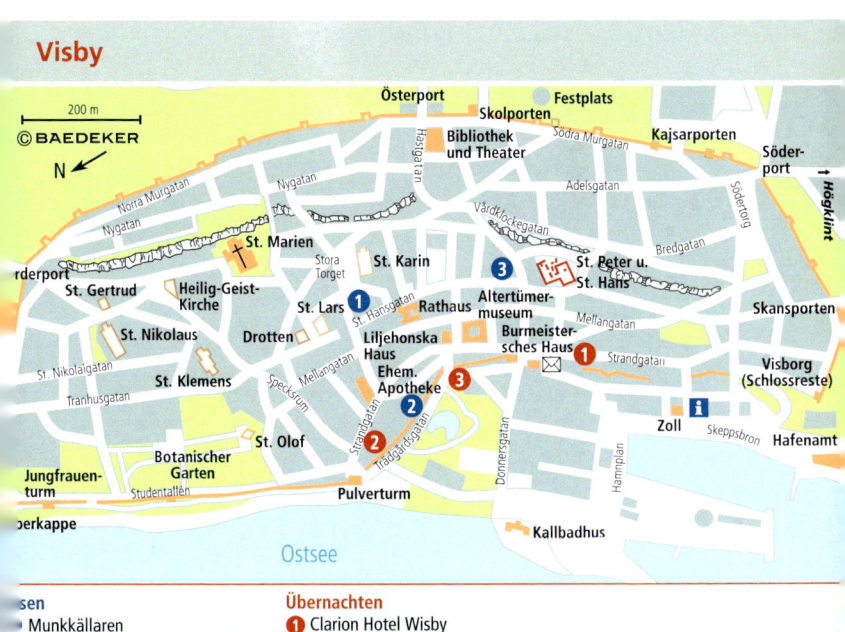

Visby

[Karte von Visby mit folgenden eingezeichneten Orten: Österport, Skolporten, Festplats, Bibliothek und Theater, Södra Murgatan, Kajsarporten, Söderport, Högklint, Nygatan, Vårdklockegatan, Adelsgatan, Norra Murgatan, Hästgatan, Bredgatan, rderport, St. Marien, Stora Torget, St. Karin, St. Peter u. St. Hans, St. Gertrud, Heilig-Geist-Kirche, St. Lars ❶, Rathaus, Altertümermuseum, Skansporten, St. Nikolaus, Drotten, Liljehonska Haus, Burmeistersches Haus ❶, Strandgatan, Visborg (Schlossreste), St. Nikolaigatan, St. Klemens, Ehem. Apotheke ❸, Mellangatan, Tranhusgatan, Speckrum, ❷, Zoll, Skeppsbron, Hafenamt, Jungfrauenturm, Botanischer Garten, St. Olof ❷, Trädgårdgatan, Donnergatan, Hamnplan, Studentallen, Pulverturm, Kallbadhus, erkappe, Ostsee]

sen
- Munkkällaren
- Packhuskällaren
- Rosas

Übernachten
❶ Clarion Hotel Wisby
❷ Best Western Strand Hotel
❸ Hotel 1

Vom Hafen aus gelangt man durch die Hamngatan zum Donnersplats, an dem das 1652 von dem Lübecker Kaufmann Hans Burmeister errichtete **Burmeisterska huset** steht.

Mitten in Visby liegt an der Strandgatan das Museum **Gotlands Fornsal** (Altertümermuseum), dessen hervorragende Sammlungen rund 8000 Jahre Inselgeschichte präsentieren. Neben den Runensteinen, die zwischen 400 und 1100 n. Chr. geschaffen wurden und die einzigartig in der nordischen Kunst sind, stellen die Gold- und Silbergegenstände sowie die römischen Münzfunde besondere Schätze dar. Im **Fenomenalen**, der technisch-naturwissenschaftlichen Abteilung des Museums, kann man auch selbst experimentieren. Das ebenfalls dazugehörige **Kunstmuseum** umfasst Werke der gotländischen bildenden Kunst seit dem 19. Jh.; der Schwerpunkt liegt auf den Werken zeitgenössischer Künstler (St. Hansgatan 21, Öffnungszeiten wie Fornsal). Neben dem Museumsgebäude steht das Liljehornska Hus, ein Speicherhaus aus dem 13. Jh., in dem heute ein beliebtes Restaurant, der »Packhuskällaren«, untergebracht ist. Über den Packhusplan hinweg gelangt man zum Clematishus und zur Gamla Apotek, einem Staffelgiebelhaus, das eine Gold- und Silberschmiede beherbergt.

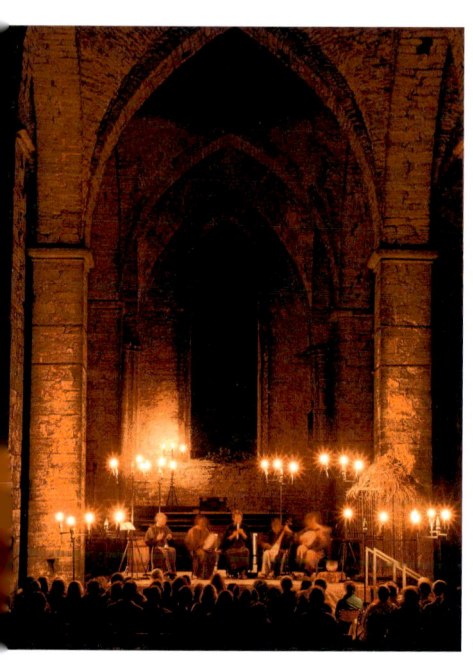

Konzert beim Mittelalterfestival in Visby

❶ unterschiedliche Öffnungszeiten der einzelnen Museumsabteilungen; Informationen unter www.gotlandsmuseum.se

St. Karin Dann folgt man der Lybska Gränd, die zum Marktplatz (Stortorg) führt. An der Südseite des Platzes steht die Ruine der gotischen Kirche **St. Karin (Katharinenkirche)** (1250 eingeweiht), die einst Teil eines Franziskanerklosters war und als die schönste Ruine von Visby gilt. In den Häusern am Marktplatz geht es dank der vielen Kneipen und Restaurants lebhaft zu und im Sommer sind die Freiluftterrassen immer gut besucht. Nördlich vom Marktplatz befinden sich an der St. Hansgatan die **Ruinen der Kirchen Drotten und St. Lars** (13. Jh.), deren mächtige Türme einst auch der Verteidigung dienten.

Dom St. Maria

Östlich ragt der dreitürmige Dom St. Maria auf, der ursprünglich Gotteshaus der deutschen Kaufleute war und 1225 geweiht wurde. Man hat ihn mehrmals umgebaut und zwischen 1899 und 1907 restauriert. Heute ist er die einzige Kirche in Visby, in der **noch Gottesdienste** abgehalten werden. Beachtenswert sind die in Lübeck aus Walnuss- und Ebenholz gearbeitete **Barockkanzel** (1684) und ein Taufstein aus rotem Gotlandmarmor (13. Jh.).

*St. Nicolai

Durch eine Seitenstraße gelangt man von der Heiliggeistkirche, vorüber an den Resten der kleinen St.-Gertrud-Kapelle, zur Ruine von St. Nicolai. Mit dem Bau der **einstigen Dominikanerklosterkirche** wurde um 1230 begonnen, 1525 wurde auch sie von den Lübeckern zerstört. Heute dient sie im Sommer als Kulisse für sehr **stimmungsvolle Singspiele** (Infos und Karten bei der Touristeninformation).

*Galgenberg

Sehr schön ist ein halbstündiger Spaziergang durch die Norderport, vorbei an der Ruine der Kirche St. Göran (13. Jh.) hinauf auf den Galgenberg. Von dieser mittelalterlichen Hinrichtungsstätte stehen noch die drei Steinpfeiler des Galgens. Das mag makaber sein, der **Blick auf die Stadt und das Meer** ist jedoch herrlich.

UMGEBUNG VON VISBY

Roma

Man verlässt Visby durch die Söderport und folgt der Straße Nr. 143 nach Roma. 2 km südöstlich des Ortes liegt die Ruine der Zisterzienserabtei Romakloster, die 1164 gegründet und nach der Reformation zerstört wurde. In der Ruine der romanischen Kirche werden im Sommer regelmäßig Shakespeare-Stücke aufgeführt.

Die eindrucksvolle Ruine St. Karin

7 km östlich von Roma liegt der kleine Ort **Dalhem**. Die um 1250 erbaute Kirche zählt wegen ihrer Wand- und Glasmalereien sowie u.a. der Darstellung einer Sphinx und von Zentauren zu den interessantesten auf Gotland. Im südlich gelegenen, stillgelegten Bahnhof hat das **Eisenbahnmuseum** seinen Sitz. Mit der Schmalspurbahn kann man kurze Fahrten nach Hesselby unternehmen. An verkehrsfreien Tagen kann man zwischen 11.00 und 15.00 Uhr auch eine Draisine mieten und

Gotlands Raukar zählen zu den ungewöhnlichsten Strandnachbarn.

auf eigene Faust losfahren. Im Eisenbahncafé wird u. a. auch selbstgebackenes Brot angeboten.
Eisenbahnmuseum: Juni So., Juli–Mitte Aug. tgl. 11.00–16.00, Café bis 16.30 Uhr, www.gotlandstaget.se

Valdemarskreuz Das Valdemarskreuz erinnert an einen schwarzen Tag in der gotländischen Geschichte. Es steht südöstlich von Visby in den Ruinen von Kloster Solaberga und erinnert ans Jahr 1361, als das Bauernheer durch Dänenkönig Valdemar Atterdags Truppen vollkommen aufgerieben wurde. Damals hatten sich die Einwohner von Visby hinter ihren starken Mauern verschanzt, die Tore verrammelt und die kämpfenden Gotländer **ihrem Schicksal überlassen**.

Snäckgårdsbad Verlässt man Visby auf der Nr. 149 nördlich durch die Norderport, zweigt nach 4 km westlich eine Straße zum Seebad Snäckgårdsbad ab. Nach 6 km gelangt man zum **Heilkräutergarten**, in dem Hunderte Arten von Heilpflanzen wachsen.
❶ Juni–Aug. tgl. 10.00–18.00, im Juli bis 20.00 Uhr, Eintritt frei, www.krusmynta.se

*Lummelundagrottan An der Straße Nr. 149 folgt nach 4 km die Gemeinde Lummelunda mit einem sehenswerten **Tropfsteinhöhlensystem**. Neben normalen Führungen gibt es nach Voranmeldung noch abenteuerlichere Besichtigungen mit Helm und Grubenlampe.
❶ www.lummelundagrottan.se

Als nächstes kommt man zum Fischerhafen Lickershamn. Ein 600 m langer, schmaler Weg führt auf dem Klint entlang zu einem der schönsten und größten **Raukar**, der »Jomfru« (Jungfrau), von wo sich ein herrlicher Blick bietet. *Lickershamn*

GOTLANDS NORDEN

Gotlands Norden kann man auf einer 60 km langen Fahrt von Visby aus erkunden. Durch die Norderport fährt man auf der ins Inselinnere führenden Straße Nr. 148 in Richtung Flughafen und weiter zu dem kleinen Ort Bro. Die romanisch-gotische Kirche aus dem 13. Jh. mit **barocker Innenausstattung** zählt zu den schönsten Gotlands. An der Außenfassade der Kirche befinden sich Steine mit Tierdarstellungen und Symbolen, die von einer älteren Kirche stammen. *Bro*

Über die Straße Nr. 148 erreicht man den Ort Lärbro. Die dortige Kirche besitzt einen **einzigartigen achtkantigen Turm** (14. Jh.), Reste von Wandmalereien aus dem 13. Jh. und viele Skulpturen. *Lärbro*

Von Lärbro geht es an der Kirche von Rute (um 1260) vorbei nach Bunge mit einer Wehrkirche aus dem 14. Jh., deren Südportal reich geschmückt ist und die im Innern zahlreiche, außerordentlich schöne **Wandmalereien aus dem 14. Jh.** besitzt, die wahrscheinlich von einem Meister aus Böhmen stammen. Das **Bungemuseum** ist eines der größten und ältesten Freilichtmuseen Schwedens: Die drei Bauernhöfe aus dem 17., 18. und 19. Jh. geben Einblick in das ländliche Leben auf Gotland. Außerdem sehenswert dort sind die beiden großen Runensteine. *Bunge*

Bungemuseum: Mitte Mai – Ende Juni tgl. 12.00 – 16.00, Juli – Mitte Aug. tgl. 11.00 – 18.00, Mitte Aug. – Anfang Sept. tgl. 12.00 – 16.00 Uhr, Eintritt: 100 SEK, erm. 50 SEK, www.bungemuseet.se

In 6 min. kann man von Fårösund aus zur nordöstlich vorgelagerten kleinen Insel Fårö (Schafsinsel) übersetzen. Sie ist wenig überlaufen und besitzt attraktive Sandstrände (Sudersandviken, Ekeviken, Norsta Auren). Ferner gibt es hier **die schönsten Raukar**: Im Naturreservat Digerhuvud stehen auf 3,5 km² mehrere Hundert der verwitterten Kalktürme, von denen die größten rund 8 m hoch sind. Im weiter nördlich gelegenen Langhammars ragen weitere 50 Raukar auf. *Insel Fårö*

Wer noch einen Sprung weiter möchte, kann von Fårö aus zur 40 km nördlich gelegenen kleinen Insel Gotska Sandön übersetzen. Sie ist als Nationalpark unter Schutz gestellt. Der größte Teil der Insel besteht aus Sanddünen und Kiefernwäldern, am Boden wachsen Rentierflechten und Heidekraut. Wer hierher kommt, sollte keinen *Gotska Sandön*

Wuchtige Reetdächer kennzeichnen diesen urigen Bauernhof auf der Insel Fårö.

Luxus erwarten. Für Gäste gibt es einen sehr einfach ausgestatteten Zeltplatz und einige Hütten. Lebensmittel muss man mitbringen.
❶ Fährzeiten unter Tel. 0498 24 04 50.

GOTLANDS SÜDEN

Kneippbyn Von Visby bis zur Südspitze Gotlands sind es ca. 80 km. 4 km südwestlich von Visby liegt die Villa Villekulla, die als **Villa Kunterbunt** durch die Verfilmung der Pippi-Langstrumpf-Geschichten von Astrid Lindgren weithin bekannt geworden ist. Sie ist die größte Attraktion des Kneippbyn-Vergnügungsparks mit Shows, Wasserrutsche und Fahrgeschäften. Während sich Kinder dafür begeistern, könnten sich ihre Eltern eher für Oldtimer interessieren – und für das **Veteranbilmuseum**: Von 1910 bis zu den 1970er-Jahren sind vom Rolls Royce bis zum Traktor Fahrzeuge aller Art ausgestellt; eine Go-Kart-Bahn sorgt hier für Abwechslung auch für die Kinder.
Villa Kunterbunt: Juni tgl. 10.00 – 17.00, Juli – Aug. tgl. 10.00 – 18.00 Uhr, Eintritt: Tagesticket je nach Saison 125 – 245 SEK, www.kneippbyn.se
Veteranbilmuseum: in der Sommersaison tgl. 11.00 – 20.00 Uhr, Eintritt: 50 SEK, erm. 25 SEK, 5 Min. Go-Kart-Vergnügen 50 SEK, www.bilmuseum.se

Tofta 13 km weiter erreicht man die Kirche von Tofta aus dem 13. Jh. und das **Tofta-Strandbad**. Im nachgebauten Wikingerdorf kann man

Gotland besitzt mit die schönsten Strände Schwedens, hier bei **Tofta**.

selber wie zu Wikingerzeiten weben, spinnen, bogenschießen, axtwerfen oder auch nur zuschauen.
Wikingerdorf: Ende Juni–Mitte Aug. Mo.–Sa. 11.00–17.00 Uhr, Eintritt: 120 SEK, erm. 60 SEK, www.vikingabyn.se

Vom Hafenort Klintehamn verkehren Boote zur Insel Stora Karlsö, die als **Vogelreservat** bekannt ist. Rund 250 verschiedene Arten leben hier, darunter Tordalke, Pilgrimsfalken, Eiderenten und Lummen. Zahlreiche Raukar und Grotten prägen die Landschaft. Die größte Höhle, Stora Förvar, diente in der Steinzeit als Wohnstätte. Stora Karlsö und die benachbarte Insel Lilla Karlsö, auf der nur Schafe leben, stehen unter Naturschutz. Auf Lilla Karlsö kann man im Juli dreistündige Touren mit einem Naturlehrpfad buchen; eine winzige Jugendherberge (ohne Verpflegung) bietet Platz für Übernachtungen.
ⓘ Informationen: 08 7 02 63 01

Insel Stora Karlsö

Über die Straße Nr. 142 gelangt man nach Burgsvik, einem am Südrand der gleichnamigen Bucht gelegenen **Hafen- und Badeort** mit vielen Steinmetzbetrieben. 2 km östlich steht die Kirche von Öja (13. Jh.) mit einem schönen Triumphkreuz.

Burgsvik

Eine Landstraße führt von Burgsvik zur Südspitze von Gotland. Auf der 37 m hohen Anhöhe Hoburgen steht ein **Leuchtturm**, ringsum

Hoburgen

gibt es eigenartige Klintformationen mit dem 4,50 m hohen eindrucksvollen Rauk Hoburgsgubben.

Holmhällar Hoburgen kann man auch auf einem anderen Weg erreichen: Knapp 10 km südlich von Burgsvik zweigt rechts eine Landstraße nach Gervalds ab und führt weiter durch die karge Klintlandschaft unmittelbar an der Küste entlang. Etwa 13 km südöstlich von Burgsvik liegt Holmhällar mit imposanten Raukar. Vor der Küste liegt die Insel Heligholmen mit einer **sagenumwobenen Silbergrotte**.

Ljugarn An der gotländischen Ostküste liegt der viel besuchte Hafen- und Badeort Ljugarn mit hübschen Sommerhäusern am Strandweg. Ungefähr 2,5 km nordöstlich erstrecken sich die Raukarfelder von Folhammar. Nördlich von Ljugarn ist in einem Waldgebiet die **Torsburg** (ca. 5. Jh.) zu sehen, die älteste prähistorische Befestigungsanlage der Insel. Sie zieht sich um einen steil abfallenden Kalkhügel, an der Südseite gibt es eine 1,5 km lange und 4 bis 7 m hohe Mauer mit Aussichtsturm.

*Steinsetzungen 6 km südlich von Ljugarn kann man bei Guffriede sieben große schiffsförmige Steinsetzungen aus der Bronzezeit ansehen.

Halmstad

✳ C 2

Landschaft: Halland
Provinz: Hallands Län
Einwohnerzahl: 92 000
Höhe: Meereshöhe

Schwedens längster Sandstrand erstreckt sich 12 km lang ganz in der Nähe von Halmstad. Der beliebte Badeort an der Westküste bekam von Dänenkönig Christian IV. wichtige Stempel aufgedrückt: Er ließ das Schloss bauen und rechtwinklige Straßenzüge im Renaissance-Stil anlegen.

Dänische Vergangenheit Die südwestschwedische Provinzhauptstadt Halmstad liegt an der Mündung des Flusses Nissan in den Kattegatt. Einst gehörte Halmstad zu Dänemark. Da Halland eine **Grenzprovinz** war und es immer wieder Konflikte mit den Schweden gab, ließ Dänenkönig Christian IV. Halmstad Ende des 16. Jh.s befestigen und zu Beginn des 17. Jh.s einen Schutzwall aus Erde und Steinen errichten. Nachdem im August 1619 ein Feuer fast den gesamten Ort zerstörte, baute ihn Christian IV. als **Renaissancestadt** mit geraden Straßen und regelmäßigen Vierteln wieder auf. Einige Fachwerkhäuser in der Storga-

Halmstad • ZIELE

tan stammen noch aus dieser Zeit. Auch der Stadtteil westlich vom Stortorg zeigt zum Großteil noch die Bebauung aus dem 17. und 18. Jahrhundert. Erst seit 1645 ist Halmstad schwedisch.

Halmstad erleben

AUSKUNFT
Turistbyrå
Lilla torg
30232 Halmstad
Tel. 035 12 02 00
www.destinationhalmstad.se

FREIZEIT UND SPORT
Die Halmstad Arena (Växjövägen 22) ist ein architektonisch ansprechendes Bad mit Rutschbahn, Kinderbecken und Whirlpool.
Sommer Mo.–Fr. 7.00–21.00, Sa. u. So. 7.00–18.00 Uhr, www.halmstadarena.se

VERANSTALTUNGEN
An einem Sonntag Mitte August werden südlich von Halmstad beim Tag des Wasserfalls sämtliche Tore der Staudämme geöffnet. Dann darf der Lagan, der sonst seine Kraft fast vollständig in den Dienst der Stromgewinnung stellt, wieder ungehindert zu Tal strömen.

ESSEN
Pio & Company €€€
Halmstad, Storgatan 37
geöffnet Mo–Sa. ab 18.00,
So. ab 17.00 Uhr
Tel. 035 21 06 69
www.pio.se
Moderne, mehrfach preisgekrönte Küche, umfangreiche, ausgezeichnete Weinkarte.

Fridolfs Krog €€–€€€
Halmstad
Brogatan 26
Tel. 035 21 16 66
www.fridolfs.se
Schwedisch-französisch-italienische Küche. Typischer Landgasthof, in dem man ohne Anmeldung oft keinen Platz bekommt (Mo.–Sa. 18.00–24.00, So. 17.00–23.00 Uhr).

Laxbutiken €€
Heberg
E 6 zw. Halmstad und Falkenberg
geöffnet tgl. 10.00–19.00 Uhr
Tel. 0346 5 11 10
Der Name ist Programm: Lachsgerichte in allen Variationen, sowohl in Selbstbedienung als auch im A-la-Carte-Restaurant. Für die gebotene Qualität preisgünstig. Angeschlossen ist ein Delikatessengeschäft.

Lizzies Café €
Holm
geöffnet Mai–Aug. Di.–So. von 13.00–18.00 Uhr, sonst nach Absprache
Tel. 035 3 81 18
Leckere Käsehörnchen und Waffeln sind ein Grund, bei Lizzies Café in Holm, wenige Kilometer nördlich von Halmstad, eine Rast einzulegen. Ein weiterer Grund ist die kleine Galerie eine Treppe höher mit Kunst und Kunsthandwerk einheimischer Künstler.

ÜBERNACHTEN
Hotel Tylösand €€€€
Tel. 035 3 05 00
www.tylosand.se
230 Zi. Großes, luxuriöses Wellnesshotel,

wunderschön gelegen an einem der besten Strände Hallands.

Clarion Collection Hotel Norre Park ❸❸❸
Halmstad
Norra Vägen 7
Tel. 035 21 85 55
www.norrepark.se
45 Zi., 7 App. Charmantes Hotel, entstanden zur Jahrhundertwende, in ebenso charmanter Umgebung – zahlreiche Geschäfte, Restaurants und Pubs liegen in unmittelbarer Nähe.

Vallåsens Värdshus – Gasthof ❸❸❸
Våxtorp
Rössjöholmsvägen
Tel. 0430 3 00 87
www.vallasensvardshus.se
23 Zi. Konferenz- und Wildnishotel am Fuße der Hügellandschaft Hallandsås. Die Zimmer sind mit Designklassikern eingerichtet. Der Speisesaal befindet sich in einer alten Jagdvilla, von der man einen herrlichen Ausblick auf Wald und Lichtung genießt.

Krusbärets Hostel ❸❸
Halmstad
Malcusgatan 3
Tel. 035 18 81 82
www.patrikshill.se
Jugendherberge in zentraler Lage

SEHENSWERTES IN HALMSTAD UND UMGEBUNG

Marktplatz Das Zentrum der Stadt bildet das weite Karree des Marktplatzes (Stortorg). In der Mitte befindet sich die eindrucksvolle Brunnenskulptur **»Europa mit dem Stier«** (1926) von Carl Milles. An der südlichen Ecke steht das Rathaus, ein 1938 errichteter Klinkerbau mit einem Glockenspiel. Rechts neben dem Rathaus zieht das stattliche Fachwerkhaus Tre Hjärtan (Drei Herzen) aus dem 15. Jh. den Blick auf sich. Es ist das älteste erhaltene Gebäude der Stadt. Auch in der Kyrkogatan steht eine Anzahl hübscher und gut restaurierter Fachwerkhäuser.

Nikolaikirche Die Nikolaikirche (14. Jh.) am Südrand des Stortorg ist ein dreischiffiger Backsteinbau, in dem die **modernen Glasfenster** von Erik Olson und Einar Forseth sowie der Taufstein und die Kanzel (1634) einen Blick verdienen.

Schloss Südlich vom Stortorg steht das rot gestrichene Schloss aus dem 17. Jh., das heute die Residenz des Landeshauptmanns ist und nicht zu besichtigen ist. Davor liegt das einstige Segelschulschiff »Najaden« vor Anker, das heute ein Museum ist und in das man einen Blick werfen kann. Am jenseitigen Ufer des Flusses Nissan befindet sich ein kleiner Park mit der Bronzeskulptur »Laxen går upp« (Aufsteigender Lachs, 1958) von Walter Bengtsson und der hohen Betonplastik »Kvinnohuvud« (Frauenkopf) von **Pablo Picasso**, der als Wahrzeichen von Halmstad gilt.

Halmstad • ZIELE

Norre Katts Park

Vom Stortorg geht man durch die von stattlichen Häusern gesäumte Storgatan zur Norre Port (1605). Jenseits des Stadttors breitet sich der große Norre Katts Park aus, an dessen nördlichem Ende das neu gestaltete **Hallands Konstmuseum** steht, das kunst- und kulturhistorische Sammlungen mit den Schwerpunkten Archäologie, Seefahrt und moderne Kunst zeigt (Tollsgatan).
❶ Di.–So. 12.00–16.00, Mi. bis 20.00 Uhr, Eintritt frei, www.hallandskonstmuseum.se

Hallandsgård

Am nördlichen Stadtrand liegt an der dicht von Birken bestandenen Flanke des Galgenbergs (Galgbjerget; mit Aussichtsturm) das Freilichtmuseum Hallandsgård, das historische Holzhäuser aus der Region, eine alte Windmühle, Flachsanbau und einen Kräutergarten zeigt. Dazu gehört auch eine Café.
❶ Mitte Juni–Mitte Aug. tgl. 11.00–17.00 Uhr, www.hallandskonstmuseum.se/hallandsgarden/

Ca. 8 km westlich von Halmstad liegt der bekannte Badeort Tylösand. Auf dem Weg dorthin kommt man auf dem Tylösandsvägen am **Freizeitpark Miniland** vorbei, in dem Plastik-Dinosaurier, Karussells und Rutschbahnen warten sowie mehr als 80 Modelle von bekannten schwedischen Sehenswürdigkeiten im Maßstab 1:25.
❶ Anf. Juni–Ende Aug. tgl. 10.00–18.00 Uhr, Tageskarte 150 SEK, www.aventyrslandet.se

Der meist gut besuchte Strand von **Tylösand** ist **der schönste Strand** in der Nähe von Halmstad. Mondäne Sommervillen von Prominenten und ein exklusiver Golfclub mit zwei Weltklasseplätzen prägen die »Schwedische Riviera«. Draußen auf der Landzunge liegen weitere Sandstrände. Etwas mehr Platz hat man weiter nördlich in Frösakull oder Ringenäs an Stränden, die auch gerne von Familien besucht werden. Auch zwischen Vilshärad und Haverdal lässt es sich gut baden. Wer es ruhiger mag, sollte nach Lynga gehen, hier muss man allerdings erst

Lachsangler zieht es nach Laholm.

Kilometerlange Strände wie Tylösand finden sich nahe bei Halmstad.

zu Fuß ein Naturschutzgebiet durchqueren, bevor man ans Wasser kommt. Richtung Süden gibt es mehrere Strände wie den Östra Strand, ca. 5 km von Halmstads Zentrum. **Mellbystrand** an der Laholmbucht ist mit 12 km **der längste Sandstrand Schwedens**. Die ganze, leicht geschwungene Bucht ist im Sommer ein einziges Badeparadies, das auch bei **Windsurfern** sehr beliebt ist.

Laholm 27 km südöstlich von Halmstad liegt Laholm. In den verwinkelten Gassen des Ortes stehen z. T. vorbildlich renovierte alte Häuser. Als Teil des Hallands Konstmuseum ist das **Teckningsmuseum** das einzige Museum Skandinaviens, das sich ganz der Kunst des Zeichnens widmet (Sankt Knuts gränd 1). Nicht umsonst schmücken drei Lachse das Stadtwappen, denn der Lagan, der durch die Stadt fließt, ist **einer der besten Lachsflüsse** Schwedens. In einem guten Jahr ziehen die Angler bis zu 2000 der edlen Fische aus dem Wasser.
❶ Mi.–So. 12.00–16.00, Anf. Juli–Mitte Aug. bis 17.00 Uhr, im Sommer freier Eintritt, www.teckningsmuseet.se

Hallandsåsen Südlich von Laholm erhebt sich der Höhenzug Hallandsåsen. Hier befindet sich **Schwedens südlichstes Skigebiet, das auch einen Blick aufs Meer bietet.** Zwar sind die Verhältnisse nicht alpin, doch den Schwung von 145 m Höhenunterschied kann man auf insgesamt 1260 Pistenmetern auskosten.

… Härjedalen • ZIELE

Härjedalen

✳ C–E 8

Landschaft: Härjedalen
Provinz: Jämtlands Län
Einwohnerzahl: 12 000

Birken und Kiefern, so weit das Auge reicht, Seen, Flüsse und kahle Hochgebirgsflächen prägen Härjedalen. Die mittelschwedische Region ist sehr dünn besiedelt und Wanderer, Kanufahrer und Wintersportler finden hier ideale Voraussetzungen für ihren Lieblingssport.

Von Sveg, dem Tor zum Härjedalen, bis zur norwegischen Grenze erschließt die Str. Nr. 84 diese einsame Bergwelt. Der Fluss Ljusnan, der auf seinem Weg in Richtung Osten mehrere Seen bildet, fließt über weite Strecken parallel zur Straße. Mit einem Einwohner pro Quadratkilometer zählt die Region zu den am **dünnsten besie-** *Einsame Wildnis*

Härjedalen erleben

AUSKUNFT
Funäsdalen Turistbyrå
Rörosvägen 30
84095 Funäsdalen
Tel. 0684 1 55 80
www.funasdalsfjall.se

Sveg Turistbyrå
Folkets Hus
Ljusnegatan 1
84232 Sveg
Tel. 0680 1 07 75
www.herjedalsporten.se

ESSEN
Restaurang Vålkojan €–€€
Vålkojan
(an der Str. 514,
8 km südl. von Vemdalen)
Tel. 0684 3 20 41
www.valkojan.se
Täglich wechselnde schwedische Hausmannskost (auch Waffeln und selbstgebackenes Brot) zum fairen Preis. Vermietung von Kanus und Angelausrüstung.

ÜBERNACHTEN
Storhogna Mountain Spa Resort €€€€
Vemdalen
Tel. 0682 41 30 30
www.storhogna.com
53 Zi. Spa-Hotel mitten in der Bergwelt Härjedalens. Ideale Kombination von Aktiv- und Verwöhnurlaub. Der Wintergarten mit Café, Bar und Restaurant macht besonders im Winter Freude.

Hotell Funäsdalen €€€
Funäsdalen
Tel. 0684 2 14 30
www.hotell-funasdalen.se
49 Zi. Hotel mit Seeblick. Ideal für jede Art von Aktivurlaub. Angeboten werden komfortable Zimmer und preisgünstige Unterkunft im Vandrarhem.

delten des Landes. Früher lebten die Bewohner Härjedalens in erster Linie von der Land- und Forstwirtschaft, heute spielt auch der Tourismus eine wichtige Rolle. Unbedingt einplanen sollte man den kurzen Abstecher über die norwegische Grenze zur **Bergbaustadt Røros**, deren Altstadt zum UNESCO-Weltkulturerbe zählt.

SEHENSWERTES IN HÄRJEDALEN

Sveg Der kleine Ort Sveg ist der Verkehrsknotenpunkt im östlichen Härjedalen, denn hier trifft der Inlandsvägen (Str. Nr. 45) auf die Str. Nr. 84, die in Richtung Westen bis zur norwegischen Grenze führt. Das Ortsbild zeigt wenig Bemerkenswertes. Wer einen Abstecher ins 16 km östlich gelegene Älvros macht, findet dagegen noch einige alte Häuser und eine schöne Kirche aus dem 16. Jh. Dem weltbekannten Krimiautor **Henning Mankell**, der in den 1950er-Jahren in Sveg aufwuchs, ist in einem neuen Anbau an das **Folkets Hus** ein Kulturzentrum gewidmet, das über sein Werk und sein Engagement in Afrika informiert und regelmäßig wechselnde Ausstellungen zeigt.
❶ Mo.–Fr. 9.00–15.30 Uhr, Eintritt 40 SEK, www.kulturcentrummankell.se

> **BAEDEKER TIPP ❗**
>
> *Auf Bärensafari*
>
> Wer sich einer vom Touristenbüro in Hede regelmäßig angebotenen Bärensafari anschließt, erhält zwar keine Garantie, eines der imposanten Tiere zu Gesicht zu bekommen, spannend sind die Touren aber allemal. Wenn's mit **echten Bären** nicht klappt, kann man in Sveg den mit 13 m Höhe größten Holzbären der Welt bewundern.

Hedeviken liegt ca. 60 km nördlich von Sveg an der Str. Nr. 84. Knapp 20 km südlich von Hedeviken erstreckt sich das Sånfjäll, ein bis zu 1277 m Höhe erreichender, isolierter Gebirgsstock, der sich weithin sichtbar aus dem weiten Waldland erhebt. Ein Gebiet von gut 10 000 ha, größtenteils oberhalb der Baumgrenze, ist als **Sånfjellet Nationalpark** geschützt, in erster Linie wegen der Bären, von denen es hier noch rund 35 unter Schutz stehende Exemplare gibt.

Vemdalen Das östlich von Hede gelegene Vemdalen ist ein beliebter Wintersportort für Alpinskifahrer und Langläufer. Das Vemdalsfjäll umfasst die Skigebiete Björnrike, Klövsjö, Storhogda und Vemdalsskalet, die von November bis Mai tief verschneit sind. Im Sommer stehen hier rund 180 km markierte Wanderwege zur Verfügung, Angler können ihr Petri Heil in den Flüssen und Seen voller Forellen, Saiblingen und Äschen suchen. Im Talort Vemdalen ist die kunstvoll ausgeschmückte, achteckige, hölzerne **Rokokokirche** von 1763 mit ihrem freistehenden Glockenturm sehenswert.

Die mächtigen Moschusochsen ernähren sich vor allem von Gräsern, Kräutern, Flechten und Pilzen.

Die Str. Nr. 84 folgt von Hedeviken weiter dem bewaldeten Tal der Ljusnan. Nach 46 km erreicht man **Tännäs, das höchstgelegene Kirchdorf** Schwedens. Von hier führt eine Stichstraße bis nach Käringsjövalle, das an der Grenze des **Naturschutzgebietes Rogen** liegt. Die höchsten Berge dieser einmaligen Wildnis sind bis zu 1200 m hoch, Moränenrücken, uralte Kiefern und ein großer See prägen das Gebiet. Hier leben noch Bär, Vielfraß und Luchs. Im Winter kommt regelmäßig ein kleiner Stamm **Moschusochsen** aus der Femundsmarka ins Rogengebiet. Diesen sollte man fernbleiben, wenn man auf markierten Wegen den Rogen durchwandert.

Bär, Vielfraß und Luchs

Auf der Str. Nr. 84 fährt man weiter in nordwestlicher Richtung und gelangt nach 15 km nach Funäsdalen, Hauptort des westlichen Härjedalen und wichtiger Anlaufpunkt vor allem für Wintersportler, die die **erstklassigen Loipen** der Gegend genießen wollen. Rund 25 km nordöstlich von Funäsdalen sind in Messlingen eindrucksvolle, zwischen 4000 und 6000 Jahre alte Felszeichnungen zu bewundern. In einem ansprechenden Gebäude am Fuß des Funäsdalsberges befindet sich das Härjedalen **Fjällmuseum**, das über das Leben der hiesigen Samen, Bauern und Grubenarbeiter erzählt (Rörösvägen 30).

Funäsdalen

❶ 5.–21. Juni Di.–Fr. 11.00–17.00, 23. Juni–23. Sept.tgl. 10.00–17.00 Uhr, Eintritt 80 SEK, erm. 40 SEK, www.fjallmuseet.se

ZIELE • **Helsingborg**

Fjällnäs — Über die Str. 84 erreicht man nach ca. 25 km in Richtung Nordwesten Fjällnäs, einen herrlich am Ostufer des Malmagensjön gelegenen **Luftkurort**, der auch als Wintersportziel viel besucht wird. Umrahmt wird er von über 1000 m hohen Bergen, deren Gipfel man zum Teil auch ersteigen kann.

Grenze zu Norwegen — Nach weiteren 8 km erreicht man die die schwedisch-norwegische Grenze. Von hier sind es noch ca. 40 km bis in die sehenswerte norwegische Bergbaustadt **Røros**.

** Helsingborg

✦ C 2

Landschaft: Skåne (Schonen)
Provinz: Skåne Län
Einwohnerzahl: 130 000
Höhe: Meereshöhe

An der schmalsten Stelle des Öresundes, mit Blick auf das dänische Helsingør, ist Helsingborg einer der wichtigsten Fährhäfen Schwedens. Die relativ kleine Altstadt zählt zu den schönsten des Landes.

Geschichte — Wegen der strategisch wichtigen Lage war Helsingborg ständig von Dänen und Schweden umkämpft. Heute ist es eine lebhafte Hafen- und Industriestadt sowie auch die bedeutendste Anlaufstelle für den **schwedisch-dänischen Waren- und Personenverkehr**. 1085 wurde die Stadt erstmals schriftlich erwähnt. Im Mittelalter war sie ein bedeutendes administratives Zentrum für das nördliche Skåne und militärischer Stützpunkt. Insgesamt sechs Mal eroberten die Schweden Helsingborg, um es ebenso oft wieder an die Dänen zu verlieren. Während der Schonischen Kriege (1675 – 1679) wurde die Stadt **fast vollständig zerstört**. Nur die Marienkirche und das Jacob Hansen Haus blieben damals verschont. Erst Magnus Stenbock schlug die Dänen 1710 entscheidend in einer der blutigsten Schlachten, die je auf schwedischem Boden stattgefunden haben. Im 18. Jh. lebten nur rund 700 Menschen hier, und es dauerte bis zur Mitte des 19. Jh.s, bis sich Helsingborg von den Kriegsschäden erholt hatte und allmählich zum Zentrum der nördlichen Öresundregion wurde.

SEHENSWERTES IN HELSINGBORG

Hamntorg — An der Nordseite des inneren Hafens zieht sich der Hamntorg hin. Hier steht das Seefahrtsmonument, eine **Merkur-Plastik** von Carl

Helsingborg • ZIELE

Helsingborg erleben

AUSKUNFT
Helsingborgs Turistbyrå
Tel. 042 104350
www.helsingborg.se

Dunkers Kulturhus
Kungsgatan 11
25221 Helsingborg

FÄHREN
Alle 20 min. und rund um die Uhr verkehren die Fähren über den Öresund ins dänische Helsingør.

EINKAUFEN
Das recht vielfältige Angebot in Helsingborg ist in erster Linie auf die Kurzurlauber aus Dänemark abgestimmt. Beliebte Shoppingmeilen sind: Kullagågatan (Schwedens erste Fußgängerzone, mit zahlreichen Mode- und Geschenkboutiquen), Bruksgatan und Gustav Adolf Torg (im südlichen Teil von Helsingborg).

ESSEN
❶ *Gastro* €€€
Södra Storgatan 11-13
geöffnet Mi. – Sa. 18.00 – 24.00 Uhr
So. geschl.; Mo., Di. Kochkurse
Tel. 042 243470
www.gastro.nu
Das Gastro gehört zu den besten Restaurants des Landes. In edler Designumgebung wird hier vor allem französische Küche serviert. Für schwedische Verhältnisse ist die Weinkarte ausgezeichnet.

❷ *Dunker Bar & Matsalar* €–€€
Kungsgatan 11 (Dunkers Kulturhus)
geöffnet Mo. – Mi. und So. 11.00 – 18.00,
Do. – Sa. 11.00 – 20.00 Uhr
Tel. 042 322995
www.dunkermatsalar.com
Europäische Küche (Quiche, Entrecôte, Fisch) mit Blick auf den Öresund, bunt gemischtes Publikum, nette Atmosphäre

ÜBERNACHTEN
❶ *Clarion Grand Hotel* €€€
Stortorget 8-12
Tel. 042 380400
www.nordicchoicehotels.no
164 Zi. In einem eindrucksvollen Backsteingebäude von 1926 residiert das Luxushotel mit eigener Kaffeebar und japanischem Spa in zentraler Lage.

❷ *Elite Hotel Mollberg* €€€
Stortorget 18
Tel. 042 373700
www.elite.se
104 Zi. Das älteste Hotel Schwedens blickt auf über 700 Jahre zurück und hat schon viele Berühmtheiten beherbergt. Traditionsbewusstsein, ein Wellnessbereich mit Blick auf die Marienkirche und »Mollbergs Blend« und eine eigene Kaffeemarke sind die Aushängeschilder des Hauses.

❸ *Hotell Viking* €€€
Fågelsångsgatan 1
Tel. 042 144420
www.hotellviking.se
40 Zi. Kleines, gemütliches Hotel mit familiärer Atmosphäre im Zentrum.

❹ *Cityvandrarhemmet* €–€€
Järnvägsgatan 39
Tel. 042 145850
www.cityvandrarhemmet.com
29 Zi. (Einzelzimmer- bis 8-Bett-Raum). Recht günstig gelegene Jugendherberge mit modernisierten Räumen.

ZIELE • Helsingborg

Helsingborg

Freilichtmuseum · Ishall · Olympiahallen · Idrottens hus · Gotlandsgatan · Köpingevägen · Filbornavägen · Skånegatan · Stenbocksgatan · Södra Stenbocksgatan · Rektorsgatan · St. Peders gata · Magnus Eriksson's gata · Krankenhaus · Nya kyrkogården · Kopparmöllegatan · Berga Liden · Medizinhistorisches Museum · Pilen · Kristians gata · Krabbegatan · Slottshagen · Villatomtsvägen · Nedre Långvinkelsg. · Slottshagsg. · Kärnan · Stadthaus · Södergatan · Öresundsparken · St. Clemens gata · Södra Storgatan · Mariakyrkan · Bibliothek · Kunstmuseum · Fågelsångsgatan · Norra Storgatan · Jacob Hansens Hus · Kullagatan · Stortorget · Bruksgatan · Järnvägsgatan · Knutpunkten · Kullen · Theater · Konzerthaus · Drottninggatan · Sundstorget · Stadtmuseum · Rathaus · Hamntorget · Terminalgatan · Kungsgatan · Kajpromenaden · Dunkers Kulturhus · Färjestationen · Södra hamnen · Norra hamnen · Centralhamnen · Parapeten · Ocean hamnen

500 m
© BAEDEKER
N

Essen
1. Gastro
2. Dunker Bar & Matsalar

Übernachten
1. Clarion Hotel Grand
2. Elite Hotel Mollberg
3. Hotell Viking
4. Cityvandrarhemmet

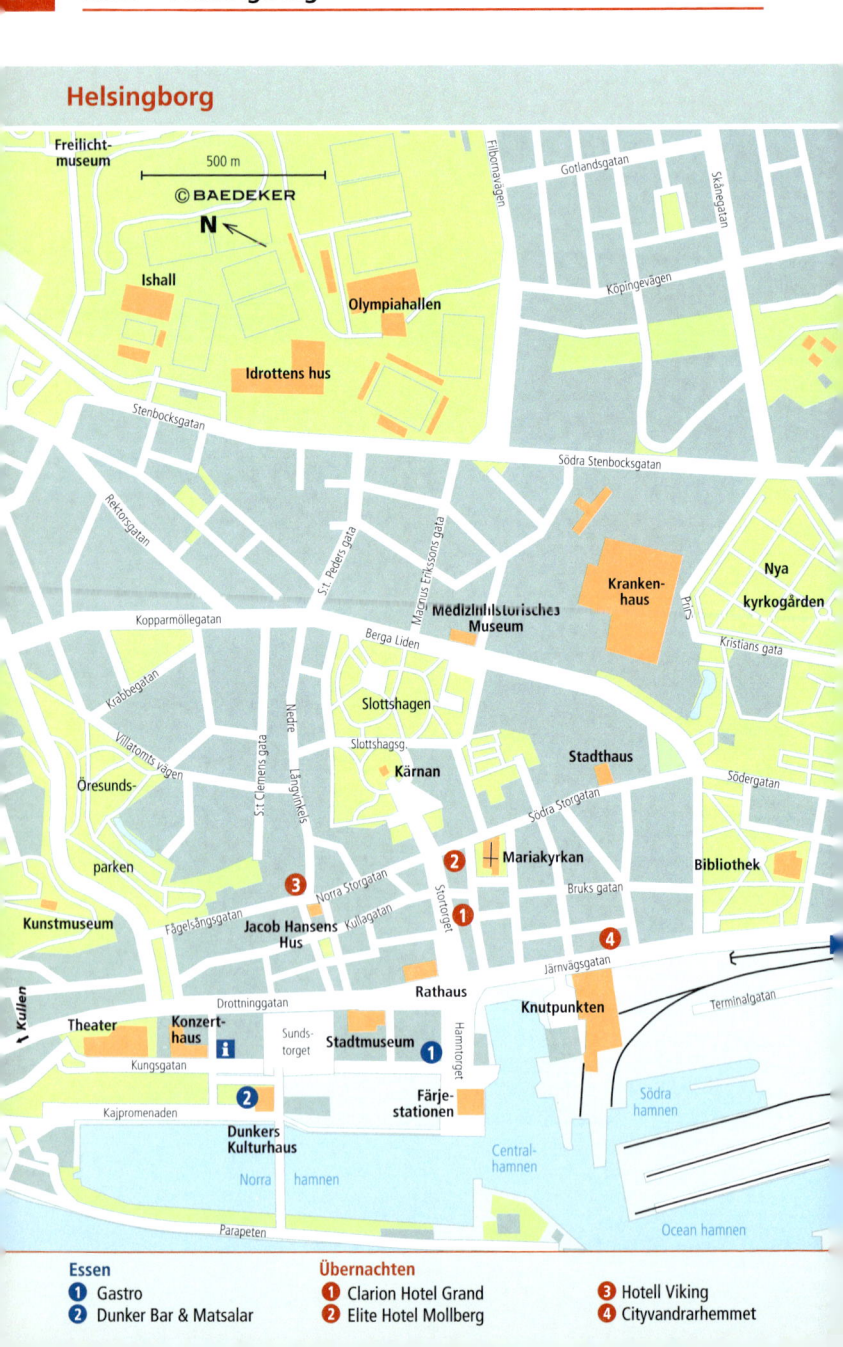

Milles auf hoher Säule, daneben ein weiteres Denkmal, das an die Ankunft des französischen Marschalls Jean Baptiste Bernadotte in Helsingborg nach seiner Ernennung zum schwedischen König Karl XIV. Johann (1810) erinnert.

In unmittelbarer Nähe des Fährhafens liegt der lang gestreckte **Stortorg**, der Hauptplatz der Innenstadt. Bemerkenswert ist das schöne Jugendstilgebäude, in dem ehemals die Bank von Schonen saß und heute ein Hotel untergebracht ist. An der Kreuzung mit der Strandgatan erhebt sich das neugotische Rathaus, ein mächtiger roter Klinkerbau mit Türmchen und Zinnen und einem 65 m hohen Turm aus dem Jahr 1897. Im Innern zeigen farbige Glasfenster **Episoden aus der Stadtgeschichte**. Die vor dem Gebäude stehende Reiterstatue stellt den Feldmarschall Magnus Stenbock (1665–1717) dar, der 1710 in der Schlacht bei Helsingborg den endgültigen Sieg der Schweden über die Dänen erfochten hat.

Marktplatz

> **BAEDEKER TIPP !**
>
> *Schlemmen auf See*
>
> Das Restaurant auf der Scandlines-Fähre ist bei den Helsingborgern bekannt für seine gute Küche. Während eines Abendessens fährt man über den Öresund, ohne auf der dänischen Seite an Land zu gehen, und genießt dabei abwechselnd die Aussicht auf Helsingør und Helsingborg. Besonders empfehlenswert und viel billiger als an Land ist die Meeresfrüchteplatte (Scandlines Helsingborg, Tel. 042 18 60 00).

Hinter dem Rathaus liegt die großteils als Fußgängerzone gestaltete **Altstadt**, die mit ihren repräsentativen Häusern **zu den schönsten Schwedens** gehört. An der Norra Storgatan Nr. 21 steht das aufwendig restaurierte Jacob Hansens Hus von 1641, auf dem kleinen Platz davor ein Brunnendenkmal (1927) für den dänischen Adligen **Tycho Brahe** (1546–1601), der ein führender Astronom seiner Zeit war. Er wurde weithin bekannt, nachdem er eine Supernova beobachtet hatte. Der Forscher konstruierte eigene Geräte und hinterließ astronomische Schriften.

Über dem lang gestreckten Stortorg ragt das Wahrzeichen der Stadt auf: der Kärnan (spr. tchärnan), ein 35 m hoher vierkantiger Backsteinturm. Vom Platz führt eine breite, von zwei Türmen flankierte Freitreppe hinauf zur König-Oscar-II.-Terrasse, wo sich der alte Verteidigungsturm mit seinen dicken Mauern erhebt. Um 1400 bildete er den Mittelpunkt einer von Valdemar Atterdag errichteten Festung, die 1680 zerstört wurde. Im Turm gibt es ein **Museum** mit einem Modell der Festung mit der Burgkapelle. Von der Dachplattform bietet sich ein weiter Blick auf die Stadt und den Sund.

*Kärnan

❶ Juni–Aug. tgl. 10.00–18.00, April/Mai/Sept. Di.–Fr. 9.00–16.00, Sa./So. ab 11.00; sonst Di.–So. 11.00–15.00 Uhr, Eintritt: 50 SEK, bis 18 Jahre frei

ZIELE • Helsingborg

Marienkirche An der Södra Storgatan, die vom Stortorg nach Süden führt, steht die gotische Marienkirche (Maria Kyrka). Sie wurde ursprünglich im 13. Jh. errichtet und im 15. Jh. umgebaut.
❶ Mitte Juni – Mitte Aug. Mo. – Fr. 8.00 – 18.00 Uhr, Sa., So. 9.00 – 18.00, sonst Mo. – Fr. 8.00 – 16.00, Sa., So. ab 9.00 Uhr

Dunkers Kulturhus Dunkers Kulturhus ist ein architektonisch gelungener Bau am Ufer des Öresundes, den der **dänische Architekt Kim Utzon** entworfen hat. Das 2002 eröffnete Gebäude wird für Musik- und Theatervorstellungen genutzt, außerdem finden wechselnde Ausstellungen statt. Finanziert wurde das Kulturhaus von der **Henry-Dunker-Stiftung**, die ihr Vermögen aus dem Nachlass des ehemaligen Direktors der Helsingborger Gummifabrik bezieht. Um das Kulturhaus ist ein komplett **neuer Stadtteil direkt am Wasser** entstanden, der architektonisch durchaus sehenswert ist.
❶ Di. – Mi. Fr. 10.00 – 18.00, Do. 10.00 – 20.00, Sa., So. 10.00 – 17.00 Uhr, Eintritt: 70 SEK, erm. 35 SEK, www.dunkerskulturhus.se

Museen Durch die Stenbocksgatan, die die Innenstadt im Osten begrenzt, kommt man zum **Freilichtmuseum Fredriksdal**. In der prachtvollen Parkanlage stehen das klassizistische Haupthaus Fredriksdals Herregård von 1787 und einige altschonische Bauernhäuser. In weiteren historischen Gebäuden befinden sich **Friseursalon, Zahnarztpraxis,** Uhrmacherwerkstatt und Krämerladen. Bemerkenswert ist das 1995 eröffnete Druckereimuseum, das größte Skandinaviens.
Freilichtmuseum: Mai, Sept. tgl. 10.00 – 17.00,
Juni – Aug. tgl. 10.00 – 19.00, Okt. – April tgl. 11.00 – 16.00 Uhr,
Eintritt: 80 SEK, bis 18 Jahre frei, www.fredriksdal.se
Druckereimuseum: Mai – Sept. tgl. 11.00 – 16.00, sonst Mo. – Fr. 11.00 – 16.00 Uhr, Eintritt: 80 SEK, www.grafiskamuseet.se

UMGEBUNG VON HELSINGBORG

Strände Wie kaum eine andere Stadt in Schweden hat Helsingborg stadtnahe Strände zu bieten: insgesamt rund 25 km. Der **»Tropical Beach«** mit Palmen verbreitet an Hochsommertagen sogar Karibik-Feeling. Die meisten Strände und Badeplätze sind vom Zentrum aus leicht und oft auch zu Fuß zu erreichen. Familien schätzen die Strände südlich von Helsingborg, weil es hier flach ins Wasser geht.

*Sofiero Schloss Sofiero, 5 km nördlich von Helsingborg, wurde 1864 von dem späteren König Oskar II. für seine Frau Sofia gebaut und diente beiden als Sommerresidenz. 1905 schenkte der König seinem Enkel

> Schloss Sofiero ist besonders für seinen Park berühmt, wo im Frühsommer rund 10 000 Rhododendren blühen.

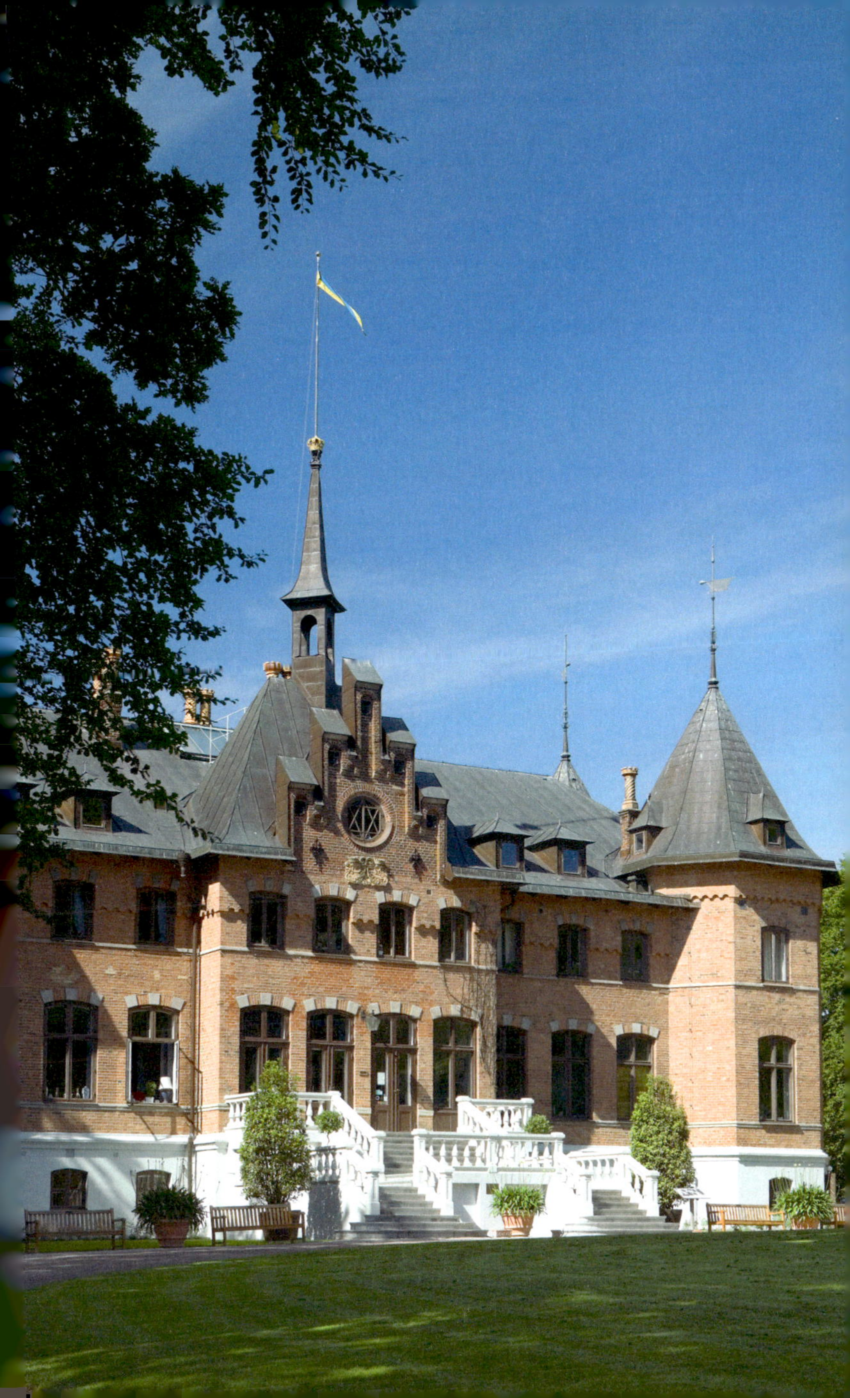

Von Helsingborgs Rathaus geht der Blick übers Meer nach Dänemark.

Prinz Gustav Adolf das Schloss großzügig zur Hochzeit, dieser wiederum vermachte es 1973 der Stadt Helsingborg. Das hervorragende Restaurant im ersten Stock zählt zu den zehn besten Schwedens. Die gepflegte Parkanlage mit alten Bäumen, 2010 zum **»besten Park Europas«** gewählt, ist ein beliebtes Ausflugsziel. Berühmt sind vor allem die stattlichen Rhododendren, deren Zucht König Gustav VI. besonders am Herzen lag. Interessant sind auch die zahlreichen Themengärten mit Duftpflanzen und Obstbäumen.
Schloss: Mai–Sept. tgl. 11.00–18.00, Park ab 10.00 Uhr, Eintritt: 80 SEK, erm. 60 SEK, bis 18 Jahre frei, www.sofiero.se
Restaurant: So. geschl., Tel. 042 14 04 40, www.sofieroslottsrestaurang.se

Ramlösa Brunn Rund 4 km südlich von Helsingborgs Zentrum liegt der Mineralquellenort Ramlösa Brunn, der u. a. ein im ganzen Land geschätztes Tafelwasser hervorbringt. Im Brunnspark wurde 1993 der Wasserpavillon eröffnet, der die über 300-jährige Kurtradition fortführt.

∗ Höga Kusten

H/J 8/9

Landschaft: Ångermanland
Provinz: Västernorrlands Län
Einwohnerzahl: ca. 133 000

Zwischen den Küstenstädten Härnösand und Örnsköldsvik erstreckt sich die Höga Kusten, ein am Bottnischen Meerbusen gelegener hochinteressanter Küstenabschnitt. Außergewöhnlich ist auch die Spezialität dieser Region: saurer Hering mit recht strengem Aroma.

Höga Kusten • ZIELE

Um die Region rund um die Höga Kusten zu erkunden, bietet sich Härnösand als idealer Ausgangspunkt an. Die alte Hafenstadt, die schon 1585 die Stadtrechte erhielt, breitet sich zu beiden Seiten des Härnösundes aus.

Höga Kusten erleben

AUSKUNFT
Härnösands Turistbyrå
Stora Torget 2
87130 Härnösand
Tel. 0611 2 04 50
www.harnosand.se

Örnsköldsvik Turistbyrå
Lasarettsgatan 24
89133 Örnsköldsvik
Tel. 0660 8 81 00
www.ornskoldsvik.se/turism

OUTDOOR
Neben Wandern gehören Angeln und Kajakfahren zu den beliebtesten Aktivitäten. Das Outdoorcenter Lappuden in Nordingrå ist der perfekte Ausgangspunkt für Wanderungen und Kajaktouren von einem bis zu mehreren Tagen, für Fahrrad- und Angeltouren. Passionierte Angler gehen auf Raubfische wie Hecht und Zander.
AGMA Forntid & Äventyr AB.
www.hogakustenleden.se

ESSEN
Spjutegården ❸–❸❸
Härnösand, Murberget
geöffnet im Sommer
tgl. 11.00 – 17.00 Uhr
Tel. 0611 51 10 90
www.spjute.se
Schönes historisches Hofgebäude aus dem nördlichen Ångermanland. Sehr gute Hausmannskost; günstiges »Dagens Rätt«.

Café Folkets Hus i Rö ❸
Tel. 0611 6 41 53
Das Sommercafé befindet sich 6 km nördlich vom Härnösand in Rö in einem typischen roten Schwedenhaus.

Restaurang Kajen ❸
Köpmanholmen
Köpmanholmsvägen 2
Tel. 0660 22 34 96
www.restaurangkajen.se
30 km südl. von Örnsköldsvik direkt am Wasser. Es gehört zu einer Jugendherberge und serviert Hausmannskost, darunter vor allem Fischgerichte.

ÜBERNACHTEN
First Hotel Härnösand ❸❸
Härnösand, Skeppsbron 9
Tel. 0611 55 44 40
www.firsthotels.com
95 Zi. Nettes Hotel mit Blick über den Hafen, 500 m östlich des Bahnhofs.

Hotell Royal ❸❸
Härnösand, Strandgatan 12
Tel. 0611 2 04 55
www.hotelroyal.se
24 Zi. Die Räume in diesem schönen Holzgebäude sind relativ klein, in warmen Farben gehalten und wurden erst kürzlich renoviert. Das Restaurant bietet zudem auch ordentliche und preisgünstige Mittagsgerichte an.

ZIELE • Höga Kusten

HÄRNÖSAND

Das Stadtbild wird geprägt von pastellfarbenen Holzhäusern und eleganten Steinhäusern. Vom Festland führt die Nybrogatan auf die Insel Härnö, auf der die **Altstadt** liegt. Das 1791 erbaute **Rathaus** mit seinem runden Kolonnadenportal ist einer der prächtigsten Bauten der Stadt. Die klassizistische weiße **Domkirche** von 1846 steht auf einer Anhöhe, in ihrem weiträumigen, von einem Tonnengewölbe überspannten Innern gibt es eine große barocke Orgel.
In de **Härnösands Konsthall** am Marktplatz finden jährlich verschiedene Ausstellungen statt.
Domkirche: Tgl. 10.00–16.00 Uhr
Kunsthalle: Di.–Fr. 11.00–15.00, Sa. 12.00–15.00 Uhr, www.harnosand.se/konsthallen

Länsmuseum Västernorrland Nördlich der Nybro liegt, 1,3 km außerhalb der Stadt, das Länsmuseum Västernorrland, ein **Freilichtmuseum mit vielen alten Häusern** aus dem Ångermanland sowie ein wegen seiner gelungenen Ausstellungen **preisgekröntes** Provinzmuseum. Auch Härnösands altes Rathaus und einige weitere historische Holzhäuser werden hier gezeigt. Zu sehen sind Exponate aus vor- und truhgeschichtlicher Zeit, ein Modell der Stadt Härnösand, Gebrauchskeramik, zahlreiche Schifferklaviere und eine große Waffensammlung. Teilweise kurios sind die **Nachlässe von Kapitänen**, die um die halbe Welt gereist sind, darunter Vogeleier und Mineralien, nautische Gerätschaften und Puppenstuben – ein kunterbuntes Sammelsurium, das sich sehr originell ausnimmt.
❶ Di.–So. 11.00–16.00 Uhr.
Das Freilichtmuseum ist nur im Sommer geöffnet, Eintritt frei, www.murberget.se

Klassizistische Kathedrale von Härnösand

Auf der Ostseite der **Insel Härnön** und damit nur 5 km östlich des Zentrums von Härosand, liegt das Meeresbad Smitingen. Nach einem Bad an diesem herrlichen Sandstrand kann man sich im Café Smitingen stärken und einen Lunch einnehmen.

Höga Kusten • ZIELE

AN DER HÖGA KUSTEN

20 km nördlich von Härnösand kommt man zu der imposanten Högakustenbron, mit 1800 m **eine der längsten Hängebrücken der Welt**. Sie überspannt das Mündungsdelta des Ångerman Älv. An ihrer Nordseite gibt es eine moderne Hotelanlage, eine Touristeninformation und Kinderspielplätze. Dieses Gebiet eignet sich gut als Ausgangspunkt für Wanderungen, hier beginnt auch der Högakustenleden, der u.a. auf der Steilküste verläuft.

Högakustenbrücke

Zu Fuß lässt sich die Höga Kusten natürlich sehr viel unmittelbarer erleben als vom Auto aus. Der Högakustenleden ist ein 130 km langer **Wanderweg**, der im Süden an der Högakustenbrücke beginnt und bis zur Anhöhe Varvsberg an seinem Nordende führt. Er ist markiert und in 13 Etappen unterteilt. An vielen Etappenzielen gibt es Übernachtungsmöglichkeiten und unterwegs liegen geschützte Rastplätze. Karten und eine detaillierte Beschreibung des Weges sind in den Touristenbüros von Härnösand, Kramfors und Örnsköldsvik erhältlich.

Högakustenleden

> **BAEDEKER TIPP**
>
> ### Urlaub am Leuchtturm
>
> Im Sommer macht sich das kleine Boot »Högbonden« mehrmals täglich von Barsta und Bönhamn auf den Weg zur gleichnamigen **Insel vor der Hohen Küste**. An Bord sind Tagestouristen, die das kleine Eiland in Augenschein nehmen wollen – und einige, die nicht wieder zurückfahren. Sie nächtigen im rund 100 Jahre alten, liebevoll renovierten Leuchtturmwärterhäuschen. Högbondens Vandrarhem, Tel. 0613 2 30 05

Weiter nördlich liegt nun die **Höga Kusten**, die Hohe Küste, die im Jahre 2000 von der UNESCO in die **Liste des Weltnaturerbes** aufgenommen wurde. In diesem Gebiet hat die weltweit größte Landhebung nach der letzten Eiszeit stattgefunden. Bis heute hat sich das Land um 286 m gehoben; jedes Jahr kommen weitere 8 mm hinzu. Auch das **Naturschutzgebiet Norrfällsviken** ist von diesem geologischen Phänomen geprägt, denn hier stößt man auf große Kieselfelder mit Strandwällen, die im Zuge der Landhebung trocken fielen. Die Einheimischen nennen sie »Teufelsloch-Äcker«, da sich hier kaum etwas anbauen lässt. Nirgendwo sonst am Bottnischen Meerbusen findet man **so dicht am Wasser so hohe Berge**, Grotten und Geröllfelder. Mehrere
Naturreservate und ein kleiner Nationalpark schützen die artenreiche Flora und Fauna der Höga Kusten.

Um die Höga Kusten zu erkunden, sollte man bei Gallsäter von der E 4 abbiegen und der ausgeschilderten Route folgen. Auf kurvigen Straßen gelangt man zu **kleinen Fischerdörfern** wie Fällsvik, Barsta,

Bönhamn

Bönhamn oder Norrfällsviken. Besonders Bönhamn ist eine Idylle wie aus dem Bilderbuch. Kleine Holzhäuser direkt am Wasser in kräftigen Farben, ein Gästehafen, eine Galerie und mehrere gemütliche Privatunterkünfte machen Bönhamn zu einem der beliebtesten Ausflugsziele an der Hohen Küste. Die Insel Trysunda erreicht man von Köpmanholmen aus mit der Fähre.

In Nordingrå, dem zentralen Ort der Gegend, sollte man sich etwas Zeit für das **Wärdshus Mannaminne** nehmen, das 1980 als kleines Café und Galerie für lokale Künstler begonnen hat. Mittlerweile stehen auf dem Gelände rund 50 Gebäude, von der norwegischen Stabkirche bis zum ungarischen Farmhaus. Verschiedene Kunstausstellungen, ein bekanntes Jazz-Festival Ende Juli, ein Restaurant und ein Bed & Breakfast locken mittlerweile knapp 200 000 Besucher jährlich an.
● Juni–Aug. tgl., sonst nur am Wochenende, Eintritt: 50 SEK, www. mannaminne.se

BAEDEKER TIPP

Kulinarische Mutprobe

Schon mal **Surströmming** probiert? An dieser Spezialität der Region scheiden sich die Geister: Für die einen ist der vergorene Hering eine Delikatesse, für die anderen ein Gräuel. Durch die Gärung sind die Dosen aufgetrieben und stehen kurz vor dem Platzen, beim Öffnen entweichen übel riechende Dämpfe. Und der Geschmack? Unbeschreiblich und sehr gewöhnungsbedürftig. Doch das **Surströmmingfest** am Ende des Sommers ist aus dem Festkalender der Nordländer nicht wegzudenken – vielleicht, weil der vergorene Fisch das beste Alibi für so manchen Aquavit ist.

Skuleberg Im Hinterland der Hohen Küste erhebt sich bei Docksta der Skuleberg (293 m ü.d.M.), der unter Naturschutz steht und von dessen Gipfel man einen **herrlichen Blick** über die von der Eiszeit und der anschließenden Landhebung geprägte Landschaft und das Meer hat. Den Gipfel erreicht man bequem mit einer Seilbahn oder auf zwei unterschiedlich schweren Klettersteigen. Das im Jahr 2007 eingerichtete Naturum Höga Kusten an der E 4 zwischen Härnösand und Örnsköldsvik am Fuß des Skuleberg informiert über den Nationalpark Skuleskog, vermittelt geführte Touren und zeigt Ausstellungen, außerdem gibt es ein Café.
● Fahrzeiten im Juli 10.00 – 19.00, im Aug. bis 17 Uhr, Fahrpreis 100 SEK, erm. 50 SEK für Hin- und Rückfahrt, www.naturanhogakusten.se

Skuleskog Nationalpark Eine hügelige, von Schluchten durchzogene Landschaft mit uralten unberührten Wäldern prägt den Skuleskog Nationalpark. Er liegt nordöstlich des Skulebergs. Größte Sehenswürdigkeit ist die 40 m tiefe **Schlucht Slåttdalskrevan**.

Örnsköldsvik Die Stadt am Meer bekam ihren Namen vom Reichsverweser Per Abraham Örnsköld, der im 18. Jh. viel zur Entwicklung dieser Re-

Die Insel Trysunda zählt zu den vielen netten Fleckchen an der Höga Kusten.

gion beigetragen hat. Architektonisch gelungen sind die modernen Glasbauten am Hafen. Wer tropische Wasserfreuden genießen möchte, kann das **Paradies-Bad** nahe des Zentrums aufsuchen. Besonders amüsant: die Wasserrutschbahn »Magic Eye« (Lasarettsgatan 15). Das **Regionalmuseum** zeigt kulturhistorische Ausstellungen aus Ångermanland, die Geschichte der Stadt und das Atelier des Bildhauers Bror Marklund. Das Museumscafé ist im Stil der 1950er-Jahre eingerichtet (Läroverksgatan 1). Im **Hans Hedberg Museum** sind die eigenwilligen Kreationen des berühmten Keramikkünstlers zu sehen, der mit übergroßen Früchten bekannt wurde.

Paradies-Bad: Winter Mo.–Fr. 10.00–20.30, Sa., So. bis 18.00 Uhr, Sommer siehe www.paradisbadet.se

Örnsköldsvik Museum og Konsthall: Di., Mi. 14.00–20.00, Do.–Sa. 11.00–16.00 Uhr, www.museumkonsthall.se

Hans Hedberg Museum: Strandgatan 21, Mo.–Fr. 8.00–17.00 Uhr, Eintritt frei

Hudiksvall

H 7

Landschaft: Hälsingland
Provinz: Gävleborgs Län
Einwohnerzahl: 37 000
Höhe: Meereshöhe

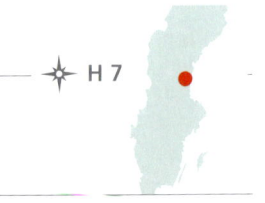

Im weiten Hinterland dieser mittelschwedischen Hafenstadt erstrecken sich riesige Wälder, einst Quelle des Wohlstands für Hudiksvall. Die Stadt entwickelte sich zu einem Zentrum des Holzhandels und hat bis heute viele schöne Holzhäuser aus alten Zeiten bewahrt. Im Süden zieht sich an der Küste ein wunderschöner Schärengürtel dahin.

Im Reich der Holzbarone

Hudiksvall ist Hauptort der Landschaft Hälsingland und liegt am Hudiksvallsfjärden. 1582 mit Stadtrechten versehen, ist sie nebst Gävle die **älteste Stadt in Norrland** und die früheste Stadtgründung der Wasa-Könige. 1861 wurde die »Vestra Helsinglands Trävaru Aktiebolag« gegründet und fortan prägte die Holzindustrie das Wirtschaftsleben. Im 19. Jh. entstand der Begriff »Fröhliches Hudik«, der noch heute gerne als Werbung für die Stadt eingesetzt wird, als Anspielung auf das feucht-fröhliche Leben der Holzbarone, die mit dem Holzhandel gutes Geld verdienten. 1792 verwüstete ein Feuer große Teile der Stadt. Die anschließend errichteten Häuser stehen teils noch heute und bilden **einen der besterhaltenen Stadtkerne** mit Holzbebauung in Schweden. Echte Krimifans kennen Hudiksvall außerdem auch als den Geburtsort der Schauspielerin Noomi Rapace, die in der spannenden schwedischen Verfilmung der Stieg-Larsson-Trilogie die Hauptrolle spielte.

> **BAEDEKER TIPP**
>
> *Luxus auf dem Bauernhof*
>
> **Hälsingland** ist für seine alten, teils prächtig ausgeschmückten und verzierten Bauernhöfe bekannt. Viele sind zu besichtigen – in einigen kann man auch vorzüglich übernachten. Informationen und Buchungen in den Touristenbüros von Hudiksvall, Söderhamn, Bollnäs und Ljusdal. Nähere Informationen unter www.halsingegardar.com.

SEHENSWERTES IN HUDIKSVALL UND UMGEBUNG

Malerischer Hafenbereich

Am Hafen liegt der Stadtteil **Fiskarstaden**, wo früher viele Fischer und Handwerker lebten und dem die zahlreichen rustikalen Holzhäuser, die alten Bootsschuppen und Speicher ein altertümliches,

Hudiksvall erleben

AUSKUNFT
Hudiksvalls Turistbyrå
Storgatan 33
82480 Hudiksvall
Tel. 0650 1 91 00
www.hudiksvall.se

SPORT
Neben Kajak-, Angel- und Wandertouren sind über das Hölick Havsresort auch Höhlenerkundungen zu buchen. Mit 1133 m Länge und zehn Hallen eines der größten Höhlensysteme Europas, sind die Hölick Caves auch für Kinder und ältere Besucher leicht zugänglich.
www.holick.se

VERANSTALTUNGEN
Der Sommer ist immer die Zeit der Spielmannstreffen in Hälsingland, Termine erfährt man in den Touristenbüros. Am dritten Wochenende im August findet in Söderhamn das Heringsfest »Strömmingsleken« statt, eine gute Gelegenheit, sich auch einmal an den »Surströmming« zu wagen.

ESSEN
Restaurang Borka Brygga €€
Borkavägen
82595 Enånger
geöffnet tgl. ab 11.00 Uhr
von Ende Mai – Ende Aug
Tel. 0650 55 00 41
www.borkabrygga.se
Vom »White Guide« zu den 200 besten Restaurants Schwedens gewählt, bietet das Borka Brygga in Enånger, ca. 18 km südlich von Hudiksvall, unkomplizierte Küche in frischem Schwedendesign.

Bangkok Kajen €–€€
Västra Tvärkajen
tgl. geöffnet
Tel. 0650 9 66 00
In dem Restaurant mit Dachterrasse und Blick aufs Meer werden asiatische Gerichte serviert.

ÜBERNACHTEN
Best Western Hotell Hudik €€€
Norra Kyrkogatan 11
Tel. 0650 54 10 00
www.hotellhudik.se
53 Zi. Kleines Hotel im Zentrum von Hudiksvall, nur 500 m vom Bahnhof entfernt, Wellnessbereich mit Sauna, Whirlpool und Swimmingpool.

Hölick Havsresort €€–€€€
Arnöviken 84
Tel. 0650 56 50 32
www.holick.se
An der Südspitze der Halbinsel Hornslandet, rund 30 km südöstlich von Hudiksvall gelegen, bietet das Resort mit unterschiedlichen, gut ausgestatteten Hütten, Designer-Luxuschalets (mit und ohne Jacuzzi) und Stellplätzen für Caravans Möglichkeiten für Kurzurlaub und längere Aufenthalte inmitten großartiger Natur.

aber durchaus charmantes Flair verleihen. Sie alle stammen aus der Zeit nach dem verheerenden Brand vom Jahr 1792. Sehenswert ist besonders das Hantverksgårdens Hus, das mit seiner reich geschmückten Fassade ein frühes Beispiel für die Gestaltung einer Ladenfront bildet.

ZIELE • Hudiksvall

Hälsinglands Museum
Das 1860 von einer Gruppe begeisterter Laienhistoriker und Fachleute gegründete Provinzmuseum ist in einem ehemaligen Bankhaus im Zentrum untergebracht. Gezeigt werden Fundstücke aus der Eisenzeit, mittelalterliche Kirchenkunst, eine Textilausstellung und der **Nachlass des Künstlers John Sten**.
❶ Mo. 12.00–16.00, Di.–Fr. 10.00–16.00, Sa. 12.00–16.00 Uhr, Tel. 0650 19601, www.halsinglandsmuseum.se

Iggesund
Etwa 12 km südlich von Hudiksvall steht in Iggesund eine alte Eisenhütte, die heute als **Industriemuseum** eingerichtet ist und über die Frühzeit der industriellen Eisenverarbeitung unterrichtet.
❶ Juni–Aug. tgl. 12.00–17.00 Uhr, Tel. 0650 28565, www.bruksminnen.com

Jungfrauenküste
Der Küstenstrich bei Hudiksvall wird nach Storjungfrun, der größten Insel der Gegend, Jungfrukusten (Jungfrauenküste) genannt. Viele der Schären sind mit kleinen **malerischen Fischerhäusern** bebaut.

Iggesunds Industriemuseum ist stilsicher in einer alten Eisenhütte untergebracht.

Hudiksvall • ZIELE

Von den Seebädern sind vor allem die nördlich gelegenen Stocka und Mellanfjärden sowie die südlich gelegenen Skärså, Stenö und Ljusne einen Besuch wert.

Söderhamn

Auf der von Hudiksvall nach Süden führenden E 4 liegt 56 km entfernt die Stadt Söderhamn, die 1620 von König Gustav II. Stadtrechte verliehen bekam. Grund für die Entstehung der Stadt war die bedeutende und schnell wachsende Waffenschmiede, die das schwedische Kriegsheer mit Musketen versorgte. Ein sehr guter Blick bietet sich vom **Aussichtsturm Oscarsborg** auf dem Östra Berg. Vor der Stadt liegt ein Schärengarten mit ca. 500 Inseln, ein gern genutztes Naherholungsgebiet. Nördlich von Söderhamn lohnt der Fischerort **Skärså** mit hübschen Kaihäusern, Bootsschuppen, Fischrestaurant und Glashütte einen Abstecher.

> **BAEDEKER TIPP !**
>
> *Die Riviera Hälsinglands*
>
> Orbaden südlich von Järvsö ist ein Kurort am Ufer des Orsjön. Einmalig schön zum Baden und Spazieren ist der kilometerlange, von dichtem Wald gesäumte Sandstrand, dessen Zungen weit in den See hineinreichen.

Bollnäs

Über die Str. Nr. 301 erreicht man ca. 15 km vor Bollnäs die **Västerby-Bauernhöfe** in Rengsjö, Hälsingland. Die etwa 30 historischen Häuser stammen zum Teil noch aus dem 17. Jahrhundert. Interessant ist auch das Museum zur bäuerlichen Kultur.
❶ Mitte Juni–Mitte Aug. tgl. 10.00–17.00 Uhr, Tel. 0278 66 55 10, www.vasterby.com

Växbo

13 km nordöstlich von Bollnäs kann man in der Växbo Kvarn die einstige Wohnung eines Müllers besuchen, die heute ein gemütliches Gasthaus ist. Nebenan lernt man bei Führungen einiges über die alte **Flachsverarbeitung** (Trolladen). Ein kurzer Spaziergang führt zur Weberei des Unternehmens Växbo Lin, wo schöne Leinenerzeugnisse hergestellt und auch verkauft werden.

Järvsö

Sehenswert in Järvsö ist der als Kulturdenkmal geschützte **Hof Stenegård**, der heute als vielfältiges Kulturzentrum mit Galerie, Kunsthandwerksausstellungen und Restaurant dient. Im **Järvzoo** kann man auf einem 3 km langen Bohlenweg die nordischen Tiere in ihrer natürlichen Umgebung beobachten; er ist so angelegt, dass Besucher oft aus einer erhöhten Warte in die Gehege schauen können. Eine besondere Attraktion sind neben Elchen, Bären und Blaufüchsen die Wölfe. Für Kinder gibt es einen Mini-Zoo.
Hof Stenegård: Tel. 0651 34 00 21, www.stenegard.com
Järvzoo: Ende Juni–Anf. Aug. tgl. 10.00–17.00, sonst 10.00–15.00 Uhr, Eintritt: 180 SEK, Kinder 5–15 Jahre 80 SEK, Tel. 0651 41 1 25, www.jarvzoo.se

BAEDEKER WISSEN

Kungsleden

Königspfad durch die Wildnis

Der Königspfad (Kungsleden) ist der bekannteste Fernwander- und Skitourenweg Skandinaviens. Über 425 km führt er von Abisko im Norden Schwedens bis nach Hemavan im Süden. Es gibt kaum eine bessere Möglichkeit, die grandiose Landschaft Nordschwedens kennen zu lernen. Man begegnet Samen und ihren Rentieren, sieht vielleicht aus der Ferne sogar Bär, Wolf oder Luchs. Die Infrastruktur ist hervorragend, sodass diesen Weg nicht nur Outdoor-Asse gehen können.

Der Kungsleden lässt sich in vier Abschnitte unterteilen, die jeweils gut in rund einer Woche zu bewältigen sind. Die Anfangs- und Endpunkte der Teilstrecken sind problemlos mit dem Auto oder öffentlichen Verkehrsmitteln zu erreichen. Zwischen Kvikkjokk und Ammarnäs ist der Weg zwar auch markiert, doch auf diesem Abschnitt gibt es keine Hütten, in denen man übernachten kann. Wer dieses Verbindungsstück zwischen nördlichem und südlichem Kungsleden gerne gehen möchte, braucht Zelt und Zeit.

Abisko – Kebnekaise

Dies ist der bekannteste und damit auch meistbegangene Abschnitt des Kungsleden, der durch mächtige Trogtäler verläuft und fantastische Ausblicke auf einige der höchsten Berge und Gletscher Schwedens bietet. Auf dieser Etappe passiert man auch **den höchsten Punkt** des gesamten Fernwanderweges, den Tjäktjapass auf 1150 m, von dem man eine hervorragende Aussicht auf die Talsenke und das umliegende Hochgebirge genießt. Lohnend ist der Abstecher von **Sälka** hinauf zum gleichnamigen Gipfel (1865 m ü.d.M.) oder aber zur Nallohütte, die tief unten in einem Tal eingebettet liegt, das von hohen Bergen umgeben ist. Von der **Fjällstation Kebnekaise** bietet sich die Besteigung des höchsten Berges Schwedens, des 2117 m hohen Kebnekaise, an. Vom Endpunkt der Wanderung, der Kebnekaise Fjällstation, muss man noch 19 km bis nach Nikkaluokta zu Fuß einplanen, bevor man dort wieder die Straße erreicht (Dauer 7–8 Tage).

Kebnekaise – Saltoluokta

Steigt man in Kebnekaise in den Kungsleden ein, beginnt dieser Abschnitt mit der 19 km langen Wanderung von Nikkaluokta zur Kebnekaise Fjällstation, bevor man dann auf dem eigentlichen Kungsleden weiterwandert. Die Strecke führt **über Fjällplateaus** und durch die scharf eingeschnittenen Täler bei Teusajaure und Kaitumjaure. Unterwegs passiert man den **Nationalpark Stora Sjöfallet,** der nahe der norwegischen Grenze verläuft, und genießt schöne Ausblicke auf die markanten Gipfel im Nationalpark **Sarek.** Von der Fjällstation Vakkotavare, die auch Bushaltestelle ist, nimmt man bis zum Anleger Kebnatsbryggen den Bus, bevor man dann mit dem Boot (Gebühr) zur Fjällstation Saltoluokta übersetzt (Dauer 5–7 Tage).

Saltoluokta – Kvikkjokk

Dies ist ein **besonders abwechslungsreicher Abschnitt**, der durch Urwald, Kultur- und Heidelandschaft und an den Ufern mehrerer kristallklarer Seen entlangführt. Nachdem man den See Sitojaure (hier gibt es auch eine Berghütte) passiert hat und schließlich am höchsten Punkt des darauf folgenden Anstiegs angelangt ist, sollte man auf jeden Fall einen Abstecher zum Skiefeklippen machen, um von dort oben den sagenhaften Blick ins **Rapadalen**, über Gipfel und Gletscher des Sarek sowie das Pårtetjåkko-Massiv zu genießen (Dauer 4–7 Tage).

Ammarnäs – Hemavan

Der südliche Abschnitt des Kungsleden führt durch das Naturreservat Vindelfjällen. Diese Strecke ist relativ einfach und durchquert überwiegend flache Gebirgsregionen und Fjällheiden, wobei auch zahlreiche große Seen passiert werden (Dauer 5–7 Tage).

Reiseinfos

Der gesamte Kungsleden ist sommers wie winters gut markiert und am Ende jeder Tagesetappe findet man eine der 22 STF-Fjällhütten zur Übernachtung. Adressen: über die Broschüre »Kungsleden« des STF (▶ Erleben und Genießen S. 99) oder www.svenskaturistforeningen.se. Die **Hütten** sind einfach eingerichtet und nicht im Voraus buchbar. Während der Saison werden sie von einem Hüttenwirt bewirtschaftet. Die Hütten sind für Selbstversorger ausgelegt, d. h. neben Karte und Kompass, guten Wanderstiefeln, sturmsicherem Zelt (das man bei den Hütten aufstellen darf), zweckmäßiger, robuster Ausrüstung, die auch heftige Regenschauer übersteht, muss im Rucksack auch noch Platz für Verpflegung sein. Es gibt Etappen, auf denen man mutterseelenallein unterwegs ist. Andere, vor allem solche, die Tagesetappen rund um die Einstiege bilden, sind besonders während der schwedischen Sommerferien fast schon überlaufen zu nennen. **Wanderzeiten** sind Anfang Juli bis Ende Sept. und für Wintertouren Ende Feb. bis Ende April. Im Juli sind die meisten Wanderer unterwegs, und auf den Hütten kann es eng werden. Für Wintertouren ist der April der schönste Monat mit langen und in der Regel sonnigen Tagen, an denen der Schnee wunderbar glitzert.

Zelten ist auf dem Kungsleden eine beliebte Alternative zur Wanderhütte.

ZIELE • Inlandsvägen

Inlandsvägen

✴ G–K 10–13

Landschaft: Jämtland, Lappland
Provinz: Jämtlands Län, Norrbottens Län, Västerbottens Län, Västernorrlands Län

Lappland lässt sich recht gut entlang des »Inlandsvägen«, der »Inlandsstraße«, erkunden, wie der Riksväg 45 auch genannt wird. Er erstreckt sich über insgesamt 1680 km von Göteborg bis nach Lappland. Der hier beschriebene nördliche Teil führt durch die endlosen Wälder Mittel- und Nordschwedens und bietet viele Möglichkeiten für Abstecher in die Fjälls und Nationalparks des hohen Nordens.

Der Riksväg 45 ist mit 1680 km die längste Straße Schwedens. Von Göteborg bis nach Karesuando im äußersten Norden geht die Fahrt immer durchs Landesinnere – deshalb der Name Inlandsvägen.

VON DOROTEA BIS ARVIDSJAUR

Dorotea
Das kleine Städtchen Dorotea bildet auf dem Inlandsvägen das **südliche Tor nach Lappland**. Gegründet wurde die Pfarrei 1799 und nach der schwedischen Königin Dorotea Vilhelmina (s.u.) benannt.

Vilhelmina
Der ansehnliche Marktort Vilhelmina liegt mitten im südlichen Lappland. Seinen Namen erhielt der Ort im Jahr 1799 von Frederika Dorotea Vilhelmina V. von Baden, Gemahlin Gustavs IV. Adolf. Vilhelmina ist der **Sitz der offiziellen Samenvertretung**. An der steilen Hauptstraße des alten Ortskerns befindet sich das kleine Museum mit Sammlungen zur Heimatkunde, Steinzeit und Samenkultur. Die nahe gelegene, 1792 gegründete Kirchstadt bestand früher aus 75 Häusern und war damit eine der größten im Norden, doch ein verheerender Brand, der im Jahr 1921 große Teile Vilhelminas fast völlig zerstörte, ließ nur 27 der kleinen Holzhäuser weitgehend unbeschädigt.

Saxnäs
Ein lohnender Ausflug führt von Vilhelmina nordwestlich über Laxbäcken und dann streckenweise auf dem Sagaväg zu dem Dorf Saxnäs (95 km), das in großartiger Gebirgslandschaft am Südufer des **Kultsjön** liegt und Zentrum eines schönen Wander- und Wintersportgebiets ist. 25 km weiter in nordwestlicher Richtung kommt man nach **Fatmomakke**, einer alten Kirchstadt der Samen, wo Hunderte der »Kåten« stehen, die zeltähnlichen Hütten der Samen. Hier finden jährlich Anfang Juni und Anfang September Kirchenfeste

Inlandsvägen erleben

AUSKUNFT

Arvidsjaur Turistbyrå
Östra Skolgatan 18c, 93381 Arvidsjaur
Tel. 0960 1 75 00, www.arvidsjaur.se

Gällivare Turistbyrå
Storgatan 16, Centralskolan
98236 Gällivare
Tel. 0970 1 66 60, www.gellivare.se

Turistbyrå Jokkmokk
Tel. 0971 2 22 50, www.jokkmokk.se

Vilhelmina Turistbyrå
Storgatan 9, 91232 Vilhelmina
Tel. 0940 3 98 86
www.lapplandturism.se

SPORT

Die »Jokkmokkguiderna« bieten das ganze Jahr über Aktivitäten an. Wer nicht allein in die Wildnis aufbrechen möchte, ist hier in guten Händen. Wanderungen entlang des Muddus-Flusses bis zum 42 m hohen Wasserfall. Tagestouren mit dem Kanu oder etwa zum Sommertraining der Schlittenhunde.
Tel. 09 71/ 122 20,
www. jokkmokkguiderna.com

MITTERNACHTSSONNE

In Gällivare geht vom 2. Juni bis zum 12. Juli die Sonne nicht unter.

WINTERMARKT

1605 wurde erstmals Markt in Jokkmokk abgehalten. Ins Leben gerufen hatte ihn König Karl IX., um leichter Steuern eintreiben zu können. Seither findet der Markt immer Anfang Februar statt. Zwar wird viel Krimskrams angeboten, aber auch samisches Kunsthandwerk.

ESSEN

Sleddogkennel Wildact ❸❸❸
Tel. 0960 1 60 52
www.wildact.ch
Ein besonderes Erlebnis im Winter verspricht ein Besuch zum Dinner auf einer Huskyfarm. Sleddogkennel Wildact liegt etwa 23 km von Arvidsjaur entfernt. Über dem offenen Feuer wird Lachs gegart, dazu gibt es spannende Erzählungen über und Einblicke in das Leben mit Huskys. Abholung für 50 SEK in Arvidsjaur. Kosten etwa 400 SEK p. P., Kinder bis 12 J. frei.

Kittelparkens Wärdhus ❸❸
Kittelfjäll (130 km von Vilhelmina)
täglich geöffnet
Tel. 0940 8 10 88
www.kittelparken.se
Dieses Wirtshaus bietet gute Hausmannskost in schöner Natur. Im Winter der ideale Ort für eine Stärkung zwischen den Skiabfahrten.

Restaurang Ájtte ❸❸
Jokkmokk, Kyrkogatan 3
Sa., So. geschl.
Tel. 0971 1 70 91
www.ajtte.com
Solides Restaurant im samischen Museum mit lappländischen Spezialitäten.

Restaurang Opera ❸❸
Jokkmokk, Storgatan 36
täglich geöffnet
Tel 0971 1 05 05
Ein Opernrestaurant mitten in Lappland? Der Name mag etwas hoch gegriffen sein, das Essen ist aber durchaus schmackhaft.

Kaffestugan ❸
Arvidsjaur, Storgatan 21
Tel. 0960 2 14 89
Günstige Tagesgerichte und lappländische Spezialitäten. Abends geschl.

ÜBERNACHTEN
Hotell Dorotea ❸❸❸
Dorotea, Bergsvägen 2
Tel. 0942 477 80
29 Zi. Direkt am See und trotzdem mitten in der Stadt. Ausgezeichnete Küche mit Wildspezialitäten.

Hotel Jokkmokk ❸❸❸
Jokkmokk, Solgatan 45
Tel. 0971 7 77 00
www.hoteljokkmokk.se
85 Zi. Komfortables Hotel am Talvatis-See. Restaurant mit Aussicht, kulinarische Leckereien wie geräucherte Rentiersteaks oder Elchfilets. Für das Wildnisfeeling sorgen Torfhütte und Sauna direkt am See.

Tärnaby Fjällhotell ❸❸❸
Tärnaby, Östra Strandvägen 16
Tel. 0954 1 04 20
www.tarnabyfjallhotell.com
Das kleine, charmante Hotel in der Nähe der Skiloipen überzeugt mit einer schönen Aussicht. Massagen und eine Panorama-Sauna im Obergeschoss.

Grand Hotel Lapland ❸❸–❸❸❸
Gällivare, Lasarettsgatan 1
Tel. 0970 77 22 90, www.ghl.se
117 Zi. Im Zentrum von Gällivare mit fantastischer Sicht auf die Berge. Gartenveranda, englischer Pub und Golfen rund um die Uhr unter der schwedischen Mitternachtssonne sorgen für Abwechslung.

Hotell Laponia ❸❸
Arvidsjaur, Storgatan 45
Tel. 0960 5 55 00, www.hotell-laponia.se
200 Zi. Eine der größten Hotelanlagen für Tourismus und Konferenzen im Zentrum Lapplands. Neben Pool, Sauna, Fitnessraum und Spa-Abteilung hat das Hotel auch etwas Besonderes zu bieten: uriges Abendessen in einer Samenhütte.

Hotell Wilhelmina ❸❸
Vilhelmina, Volgsjövägen 16
Tel. 0940 5 54 20, www.hotellwilhelmina.se
64 Zi. Mittelklassehotel in malerischer Lage am Volgsee, am Rande von Vilhelmina. Über das Hotel kann man Ferienhäuser in der denkmalgeschützten Kirchstadt mieten. Besonders preisgünstig lässt es sich hier im Vandrarhem wohnen.

Åsgård Vandrarhem ❸–❸❸
Jokkmokk, Åsgatan 20
Tel. 0971 5 59 77
www.jokkmokkhostel.com
STF, die schwedische Touristenvereinigung, ist bekannt für Jugendherbergen an ungewöhnlichen Orten, in diesem Fall ein früheres Forsthaus aus den 1930er-Jahren.

Campingplatz Kraja
Eine ungewöhnliche Übernachtungsmöglichkeit bietet mit drei Flößen auf dem See Hornovan der Campingplatz Kraja in Arjeplog. Die schwimmenden Stellplätze für Wohnwagen oder Zelte messen jeweils 4 x 12 m und sind mit einem Außenbordmotor, Gartenmöbeln und einem Badesteg ausgestattet. Kosten ca. 995 SEK pro Nacht.
Weitere Informationen:
www.camping.se.

Der Sarek, eine unberührte Wildnis ohne Weg und Steg

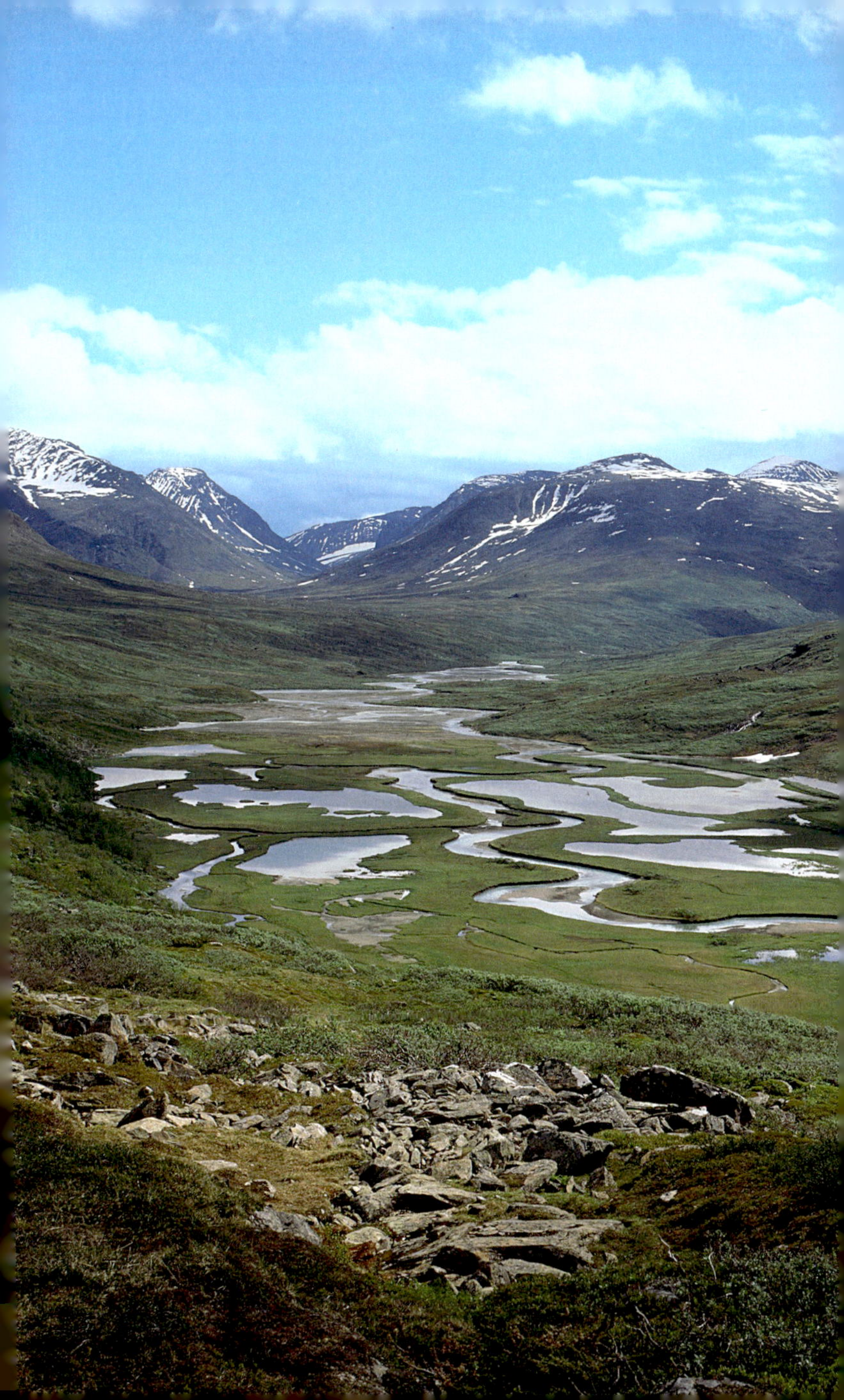

Eisklare Luft, flirrender Schnee, Gebell der Schlittenhunde – auch das ist Lappland, hier bei Vilhelmina.

statt. Von Mitte Juni bis Mitte August gibt es geführte Wanderungen durch die Kirchstadt, die am Länsmansstuga am See starten. Der Parkplatz ist Ausgangspunkt für mehrere Wanderwege ins **Naturreservat Marsgebirge**. Vom 1587 m hohen Gipfel hat man einen fantastischen Ausblick. Auf der Nordroute nach Kittelfjäll gibt es zwei Hütten mit Übernachtungsmöglichkeiten. Auf der Westroute zum Dorf Marsliden kann man in der Marsfjällskate übernachten.
Wanderungen: tgl. 11.00, 13.30 und 15.30 Uhr, www.fatmokakke.se

Arvidsjaur Arvidsjaur ist einer der bedeutendsten Orte der südlichen Lappmark und wichtiger Verkehrsknotenpunkt an den Str. Nr. 45 und Nr. 95. Wirtschaftlich sind die Holzverarbeitung und die Rentierzucht von Bedeutung. Der Ort ist ein **traditioneller Versammlungsplatz der Samen. Im Gamla Prästgård, dem alten Pfarrhof am nordwestlichen Ortsausgang, ist das Heimatmuseum untergebracht, das über die

Inlandsvägen • ZIELE

Kultur der Waldsamen informiert. Die bedeutendste Attraktion und ein Muss für jeden Besucher ist die **Lappenstadt** (»Lappstaden«) im Zentrum von Arvidsjaur. Es ist Schwedens älteste noch erhaltende Samensiedlung und umfasst etwa 80 Holzhäuser aus dem 17. Jh.. Am Eingang liegt das »Arvasgården«, hier kann man Ausflüge buchen, Souvenirs kaufen und die samische Küche genießen.
Heimatmuseum: Ende Juni – Ende Aug. Mo. – Fr. 10.00 – 16.30,
Sa. 10.00 – 14.00 Uhr
Lappstaden: Führungen Mitte Juni – Mitte Aug. tgl. 17.00 Uhr

Von Arvidsjaur aus kann man verschiedene Touren mit einer Dampflok auf den Schienen der Inlandsbahn unternehmen. Die Züge führen einen Restaurantwagen mit Bier- und Weinausschank mit. Je nach Strecke ist ein Badeaufenthalt bzw. Grillen oder der Besuch des Eisenbahnmuseums möglich. Ein ungewöhnliches Abenteuer verspricht ein Ausflug mit einer **Draisine** auf den alten Bahnstrecken, etwa die 75 km lange Tour von Arvidsjaur nach Jörn. Abfahrt von der Eisenbahnstation. ~ Inselbahn
❶ Tagesticket ca. 160 SEK

Westlich von Arvidsjaur führt die Str. Nr. 95 durch eine wald- und wasserreiche Landschaft zu dem knapp 90 km entfernten Kirchdorf Arjeplog, das traumhaft schön am Südende des 64 km langen Sees Hornavan liegt. Weltruf genießt das **Silbermuseum**, das die Kultur der Samen wie auch der Neusiedler widerspiegelt und die wohl größte Sammlung samischer Silberarbeiten besitzt. Der Arzt Einar Wallquist, der 1922 aus Stockholm hierher in die Wildnis kam, hat den Grundstock für die Sammlung geliefert: Viele seiner Patienten, die er in weit abgelegenen Gegenden betreute, bezahlten ihn in Naturalien aller Art. ~ **Arjeplog
❶ Mitte Juni – Mitte Aug.
tgl. 9.00 – 18.00, sonst Mo. – Fr.
10.00 – 12.00 und 13.00 – 16.00, Sa.
10.00 – 14.00 Uhr, Eintritt: 60 SEK,
Tel. 0961 14500,
www.silvermuseet.arjeplog.se

> **? Kälterekord**
>
> BAEDEKER WISSEN
>
> Der schwedische Kälterekord ist bereits 70 Jahre alt. In dem kleinen Dorf Malgovik, 20 km nördlich von Vilhelmina, ist er gemessen worden. Am 13. Dezember 1943 – dem Tag des Luciafestes – fiel dort das Thermometer auf ungemütliche -53 °C!

Fährt man von Arjeplog auf der Str. Nr. 95 weiter in nordwestlicher Richtung, erreicht man bei Jäkkvik den Pieljekaise-Nationalpark. Seit 1909 ist der **Birkenurwald** im Pieljekaise geschützt, 1913 wurde er auf die heutige Größe von 15 km² erweitert. Zwei Wanderwege erschließen den Park: der 22 km lange Weg zwischen Jäkkvik und Veiejnäs und der 27 km lange Abschnitt des Kungsleden zwischen Jäkkvik und Adolfström. ~ Pieljekaise-Nationalpark

Himmlische Lichter

Ein ganz besonderes Schauspiel

In nördlichen Breiten – jenseits des Polarkreises – werden die Besucher je nach Jahreszeit Zeuge von zwei beeindruckenden Himmelsschauspielen: Im Sommer ist dies die Mitternachtssonne, in der dunklen Jahreshälfte und in vielen anderen Nächten beeindruckt das Polarlicht (▶Baedeker Wissen S. 28).

Mit jedem Kilometer, den man im Sommer in Richtung Norden fährt, werden die Nächte kürzer – bis man die magische Linie des Polarkreises auf 66,5° nördlicher Breite erreicht hat und ins Reich der Mitternachtssonne gelangt. Am Polarkreis scheint diese allerdings nur einen Tag lang – zur Sommersonnenwende am 21. Juni. Doch je weiter man nach Norden kommt, desto länger wird auch die Periode der 24 Stunden-Tage, die am Nordkap von Mitte Mai bis Ende Juli dauert. Für die Menschen im hohen Norden ist diese wochenlange Lichtdusche die beste Kur gegen Winterdepressionen und zugleich der gerechte Ausgleich für das Ausharren während der Polarnacht im Winter, denn die dauert genauso lange wie die **Mitternachtssonne**. Für Mitteleuropäer, die nur einen Urlaub im Norden verbringen, ist die Mitternachtssonne ein ungewohnter Luxus, an den wir uns erst gewöhnen müssen, denn nicht jeder schläft gut bei Tageslicht. Lichtdichte Vorhänge täuschen gerade für Urlauber

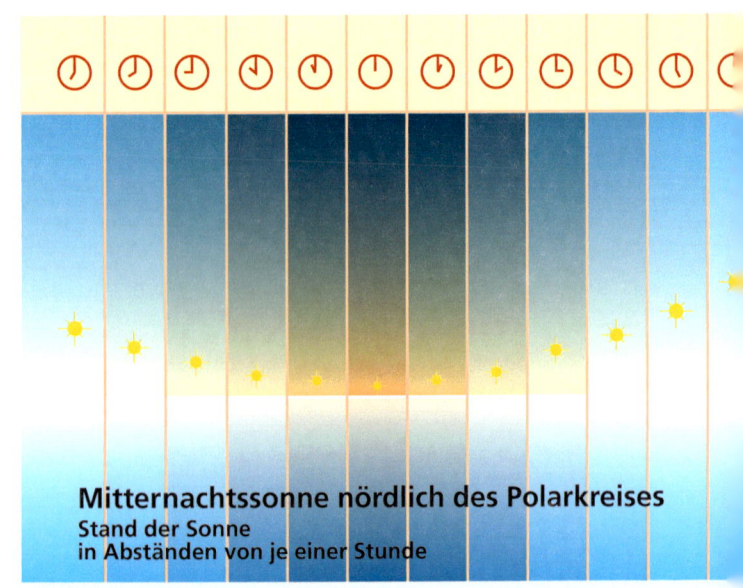

Mitternachtssonne nördlich des Polarkreises
Stand der Sonne
in Abständen von je einer Stunde

dann die gewohnte Finsternis der Nacht vor. Aber dieses Übermaß an Licht setzt auch ungewohnte Energien frei. Wenn Tag und Nacht keine Bedeutung mehr haben, reduziert der Körper automatisch sein Schlafbedürfnis und es eröffnen sich ganz neue Freiheiten. Für die Skandinavier ist es in dieser Zeit ganz normal, erst spätabends zu einer Wanderung aufzubrechen, das Haus nachts um 1.00 Uhr zu streichen oder sich spontan zu einem Picknick am Strand zu verabreden. Wenn die Sonne stundenlang in der Nähe des Horizonts verweilt, können **die faszinierendsten Lichtstimmungen** entstehen. Während einiger magischer Momente leuchtet die Landschaft in kräftigem Rot, als ob plötzlich alles von innen glühen würde, aber das sind seltene Augenblicke des Glücks, denn auch zu Mitternacht ist die Sonne so launisch wie am Tag. Oft verschwindet sie hinter einem feinen Dunstschleier, der über dem Horizont lauert, und dann wird das Licht nur fahl. Ein anderes Mal wirkt sie zwar kräftig, aber die Luft scheint ihre Strahlen nicht weiterzuleiten und es gibt keine glühenden Gesichter. Viele, die eine Weile ohne Dunkelheit gelebt haben, trennen sich nur schweren Herzens von diesen langen 24-Stunden-Tagen, die einem ungeahnte Vitalität schenken. Vielleicht ist das der Grund, warum sie immer wieder nach Norden aufbrechen, denn die Sehnsucht danach und dieses diffuse Gefühl, etwas Kostbares verloren zu haben, kommen meist schon auf dem Rückweg, in der ersten dunklen Nacht.

© Baedeker

** JOKKMOKK

Tor zur Wildnis

155 km fährt man auf dem Inlandsvägen von Arvidsjaur aus nach Norden, dann erreicht man den Polarkreis und damit auch Jokkmokk, **kulturelles Zentrum der schwedischen Samen**. Die angenehme, sehr großzügig angelegte Stadt mit ihren rund 2800 Einwohnern fügt sich gut in die einsame und fast menschenleere Landschaft mit ihren Birken- und Nadelgehölzen ein. Westlich des Hauptortes erstrecken sich die großen Nationalparks des Nordens: Padjelanta, Stora Sjöfallet und Sarek sowie nördlich der kleinere Muddus-Nationalpark. Zusammen mit mehreren kleineren Naturschutzgebieten bilden sie das insgesamt 9400 km² umfassende Gebiet von »**Lapponia**«, das 1996 von der UNESCO zum Weltkulturerbe erklärt wurde. Jokkmokk ist einer der besten Ausgangspunkte für verschiedenste Unternehmungen in dieser riesigen Wildnis.

🌐 http://whc.unesco.org/en/list/774

BAEDEKER TIPP !

Samisches Kunsthandwerk

Einer der besten Orte, um qualitativ hochwertiges, samisches Kunsthandwerk zu erwerben, ist Jokkmokk. In Jokkmokks Tenn (Järnvägsgatan 19) können Sie den Künstlern bei der Arbeit zuschauen. In Jokkmokks Stencenter am Talvatissee wird eine große **Auswahl an Silberschmuck** und Gebrauchsgegenständen aus Stein und Halbedelsteinen angeboten.

Am nordwestlichen Ortsrand steht die schlichte, rot gestrichene hölzerne **Samenkirche** aus dem Jahr 1753. Nachdem sie 1972 völlig niedergebrannt war, wurde sie rekonstruiert und 1976 eingeweiht. Der Innenraum ist in den Farben Blau, Rot und Gelb gehalten und entspricht damit den traditionellen Farben der samischen Jokkmokktracht.

**Ajtte-Museum

An der Kyrkogatan liegt die Hauptsehenswürdigkeit der Stadt: das Ajtte-Museum, das sehr eindrücklich die **Kultur der Samen** veranschaulicht. Alltags- und Festkleidung aus Leder, Kunsthandwerk aus Silber, das traditionsreiche Leben der Nomaden und die Rentierzucht werden ebenso thematisiert wie ihre Religion und ihre Mythen. Beeindruckend ist auch der Raum des »Noajdden«: Der samische **Schamane** war früher das wichtigste Mitglied der Gemeinschaft, denn mit seiner magischen Trommel (»Trolltrumma«), fand er alle Antworten auf die Fragen des Lebens.

🕐 Mitte Juni – Mitte Aug. tgl. 9.00 – 18.00, sonst Di. – Fr. 10.00 – 16.00, Sa. 10.00 – 14.00 Uhr, Tageskarte 70 SEK, Tel. 0971 1 70 70, www.ajtte.com

Botanischer Garten

Einige Minuten Fußweg vom Museum entfernt befindet sich am Mühlbach Kvarnbäcken der Fjällträdgård (Botanische Garten). Hier wachsen **viele Pflanzen auf engem Raum**, die sonst verstreut im schwedischen Gebirge vorkommen. Man erfährt Interessantes über ihre **Heilwirkungen**; im Informationsgebäude wird außerdem eine Diashow des bekannten Naturfotografen Edvin Nilsson gezeigt.

Lars Pirak aus Jokkmokk war der bekannteste samische Maler, Künstler und Poet. Seine Bilder in kräftigen Farben zeigen häufig Szenen aus dem samischen Alltag (**Die Galerie** in der Jarregatan 4).
Lars Pirak
❶ Besuch nach telefonischer Voranmeldung, Tel. 0971 1 09 41

UMGEBUNG VON JOKKMOKK

Knapp 50 km südöstlich (Str. Nr. 97) liegt am Lule Älv der Ort Vuollerim mit einem äußerst sehenswerten Museum, das die **Vor- und Frühgeschichte Lapplands** anschaulich dokumentiert. Einige Kilometer vom Museum entfernt hat man 1983 Überreste einer rund 6000 Jahre alten Siedlung entdeckt. Das vage Puzzle aus Hüttenteilen, behauenen Steinwerkzeugen und anderen Funden aus der Zeit der Fischer, Jäger und Sammler fügten die Archäologen zu einem Bild des steinzeitlichen Lebens im Norden Schwedens zusammen. Wer will, kann selbst in **Kleidung aus Rentierfell** schlüpfen und sich wie ein Steinzeitjäger fühlen.
Vuollerim
❶ Juni–Aug. Mo.–Fr 10.00–16.00, Sa., So. 11.00–16.00 Uhr,
Tel. 0976 1 01 65, geführte Besichtigungen: 100 SEK, www.vuollerim6000.se

Einige Kilometer nördlich von Jokkmokk biegt man von der Str. Nr. 45 links nach Kvikkjokk ab. Die landschaftlich schöne Strecke
Kvikkjokk

Die samische Alternative zum Zelt sind Holzhütten wie hier in Arvidsjaur.

führt ca. 130 km lang an Seen und kleinen Samendörfer vorbei. In Kvikkjokk, am Ende zweier großer Gebirgstäler, endet die Straße. Die komfortable und viel genutzte Gebirgsstation ist Ausgangspunkt vieler Wandertouren in den angrenzenden Nationalpark. Von hier aus ist auch der Einstieg in den **Kungsleden** (▶ Baedeker Wissen, S. 204) problemlos.

Der Padjelantaleden ist ein rund 150 km langer, gut markierter **Sommerwanderweg**, an dem im Abstand von 10 bis 20 km Selbstversorgerhütten eingerichtet sind. Man kann ihn in Kvikkjokk (Kreuzung mit dem Kungsleden), Vaisaluokta oder bei den Akkahütten am anderen Ende des Akkajauresees beginnen. In der Regel benötigt man 10 bis 15 Tage für die ganze Wanderung. Da nur der Anfangs- und Endpunkt gut zu erreichen sind, der restliche Weg aber fernab jeglicher Straße verläuft, kann man die Wanderung kaum abkürzen. **Bohlenwege über mooriges Terrain** und Brücken über Bachläufe erleichtern hier das Wandern.

Hübsche samische Messer vom Markt

*Sarek-Nationalpark
Der Sarek-Nationalpark ist zwar nicht weit von Kvikkjokk entfernt, doch Touren in diese vollkommen unberührte Wildnis wollen gut geplant sein. Denn im Gegensatz zu den anderen Nationalparks gibt es im Sarek **keinerlei touristische Infrastruktur**: keine markierten Wege, keine Brücken über die teils reißenden Flüsse und auch keine Hütten. Wer eine Wanderung im Sarek plant, ist in dem 197 000 ha großen Gebiet auf sich allein gestellt. Zum Schnuppern gibt es aber einige relativ einfache Tagestouren, bei denen man von Kvikkjokk aus die grandiose Bergwelt erleben kann: Die Wanderung auf den **Berg Snjerak** ist rund 7 km lang und markiert. Anfangs geht es durch Birkenwälder, später ins Kahlfjäll. Von oben bietet sich ein guter Blick auf das Delta von Kvikkjokk und die Gipfel des Sarek. Ein weiterer schöner Aussichtsberg ist der Namatj, **der heilige Berg der Samen**. Er liegt mitten im Delta und ist auf einem markierten Weg relativ einfach von Kvikkjokk aus zu besteigen.

VON JOKKMOKK NACH MALMBERGET

Porjus

Setzt man von Jokkmokk aus die Fahrt wieder auf dem Inlandsvägen (Str. Nr. 45) fort, erreicht man nach 46 km das Dorf Porjus. Es entstand zu Beginn des 20. Jh.s beim Bau des ersten schwedischen Wasserkraftwerks. Mit dem Strom, den die Wasserkraft des Lule Älv lieferte, sollte die Erzbahn elektrifiziert werden. Mittlerweile wurde der gesamte Fluss in den Dienst der Stromerzeugung gestellt. Die alte Turbinenhalle des ersten Kraftwerks kann besichtigt werden. Im alten Bahnhof von Porjus betreibt die Fotografin **Patricia Cowern** eine Galerie, die Arctic Image/Arctic Colors Galleri. Faszinierende Nordlichtfotografien gehören zu den ständigen Ausstellungsstücken, die durch wechselnde Sonderschauen ergänzt werden.

Kraftwerk: Mitte Juni – Mitte Aug.
tgl. Führungen, Tel. 0973 7 76 00
Galerie: 0973 1 03 06,
www.arctic-color.com

> **BAEDEKER TIPP !**
>
> *Lappland ganz in Ruhe*
>
> Die Inlandsbahn fährt von Kristinehamn am Nordende des Vänersees bis ins lappländische Gällivare. Diese 1300 km durchs Landesinnere zählen zu den landschaftlich **schönsten Bahnstrecken Schwedens**. Von Mitte Juni bis Mitte September kann man auf eigene Faust oder pauschal mit Schienenbussen oder mit nostalgischen Dampflokomotiven in gemütlichem Tempo reisen. Genießer kaufen sich die Inlandsbahnkarte und können dann **14 Tage lang** für 1595 SEK nach Herzenslust touren. Weitere Infos bekommen Sie unter Tel. 063 19 44 00 oder im Netz. www.inlandsbanan.se

Nordwestlich von Porjus bietet sich für Wanderfreudige ein Abstecher zum **Stora Sjöfallet Nationalpark** an. Zunächst folgt man wenige Kilometer der Str. Nr. 45, zweigt dann links in Richtung Stora Sjöfallet ab. Nach 80 km erreicht man den Parkplatz bei Kebnats. Von hier verkehrt mehrmals täglich ein Boot nach **Saltoluokta**. Eine beeindruckende **Tagestour** beginnt mit einer Bootsfahrt von Saltoluokta nach Sjöfallsbryggan, von wo aus man durch leichtes Terrain zum **Hermelinwasserfall** wandert. Dies ist der einzige Fall, der noch erahnen lässt, wie es hier aussah, bevor der Fluss komplett für die Stromgewinnung genutzt wurde.

*Gällivare

Wer von Porjus direkt auf der Str. Nr. 45 weiterfährt, erreicht nach 42 km Gällivare. Das Zentrum einer Großgemeinde liegt in einem reichen Eisenerzgebiet, in dem überwiegend Magnetit abgebaut wird. Im Stadtbereich ist ein **Kulturpfad** ausgeschildert, ein Heimatmuseum ergänzt das kulturelle Angebot. Der Bahnhof ist ein bemerkenswerter, denkmalgeschützter Holzbau von 1894. Am Südrand von Gällivare steht zwischen der Eisenbahnlinie und dem Vassara Älv die **Lappenkirche** (Lappkyrkan), die ursprünglich im Jahr 1747

Rentierherden ziehen zwar frei umher, doch hat jede einen Besitzer, der sie jährlich wieder zusammentreibt.

zur Missionierung der Samen erbaut wurde. Ihren Beinamen »Ettöreskyrka« (Ein-Öre-Kirche) bekam sie, weil zur Finanzierung des schlichten Baus jeder schwedische Haushalt vier Jahre lang eine Öre jährlich beisteuern musste. Die wichtigste Sehenswürdigkeit der Stadt ist der 823 m hohe Berg **Dundret**, ca. 5 km entfernt. Der Vorgipfel trägt das stattliche Hotel Dundret, welches das Zentrum des großen Wintersport- und Freizeitgebiets Dundrets Fritidsby bildet. Auf den mit niedriger, tundraartiger Vegetation bedeckten Hauptgipfel führt eine von der Str. Nr. 45 abzweigende steile Nebenstrecke. Bei Gällivare liegt die Kupfermine Aitik, **Europas größter Kupfererztagebau**.
Dundrets Fritidsby: www.dundret.se

Artic Balloon Adventure Gällivare

Im Februar 2012 sind **Heißluftballon**-Fans aus ganz Europa in Gällivare zusammen gekommen, um die Fahrt in absoluter Stille über die unberührte Schneelandschaft zu genießen und ein besonderes Gefühl von Abenteuer und Freiheit zu erleben. Das »Artic Balloon Adventure Gällivare« wird auch im Februar 2013 stattfinden. Passagiertickets können im Voraus bestellt oder vor Ort erworben werden. Auch andere Aktivitäten wie Übernachtungen im Eishotel oder Schlittenfahrten mit Huskies sind möglich.

ⓘ Infos unter www.hot-air-balloon-adventure.com

Malmberget

Der Grubenort Malmberget ist eine im Zentrum ziemlich gesichtslose moderne Stadt. Sie schließt nördlich an Gällivare an. Weiter oben am Berghang zieht sich zwischen lichten Birkenwäldern der ältere Siedlungsteil mit seinen stattlichen Holzhäusern hin. Außerhalb des Ortes erreicht man das **Grubenmuseum**.
❶ Besichtigung über das Touristenbüro Galliväre (s. Inlandsvägen erleben)

Der **Wanderpfad Rallarstig** zwischen Gällivare und Porjus wurde bereits im 18. Jh. von den Samen und den ersten schwedischen Siedlern als Handelsweg benutzt. Mitte des 19. Jh.s kamen die ersten Touristen, um sich Porjus, Harsprånget und Stora Sjöfall anzusehen. Der Rallarstig ist benannt nach den »Rallare«, den Eisenbahnarbeitern, die unter härtesten Bedingungen die Erzbahn nach Kiruna gebaut haben. 1994 wurde der 44 km lange Pfad durch das **Urwaldgebiet Stubba** und den Nationalpark Muddus nach gründlicher Sanierung wieder als Wanderweg eröffnet.

✱✱ Jämtland

C/D 9

Landschaft: Jämtland
Provinz: Jämtlands Län

Die gebirgige mittelschwedische Landschaft Jämtland ist noch weitgehend unberührt. Weite Wiesen, klare Seen und schneebedeckte Berggipfel prägen dieses äußerst dünn besiedelte Gebiet. Die Besucherströme konzentrieren sich vor allem auf die berühmte Wintersportregion rund um Åre.

Gut erschlossen

Nur etwas mehr als ein Prozent der Fläche von Jämtland ist kultiviert, der Rest meist von Wald bedeckt. Das westliche Jämtland ist durch die **von Östersund nach Åre**, Duved, Storlien und weiter ins norwegische Trondheim führende E 14 hervorragend erschlossen.

SEHENSWERTES IN JÄMTLAND

Åre

Schon im Jahr 1954 richtete Schwedens Wintersportort Nummer 1 die Ski-Weltmeisterschaft aus, **2007** war Åre wieder **Schauplatz der alpinen Ski-WM**. Alte und neue Nobelhotels prägen das Gesicht des an sich winzigen Ortes mit nur 1000 Einwohnern. Interessant ist die **Steinkirche** aus dem 12. Jh., umgebaut 1736. Im Innern sind einige Holzskulpturen des Heiligen Olav erhalten. Bei ihnen wurde die Königskrone auf Anordnung von König Karl XI. durch einen Karoliner Hut aus der Großmachtzeit ersetzt. Karl wollte damit seinem

ZIELE • Jämtland

Jämtland erleben

AUSKUNFT
Åre Turistbyrå
St: Olavsväg 33
83013 Åre
Tel. 0647 1 77 20
www.visitare.se

FREIZEIT
Hundeschlitten
Das Touristenbüro in Åre vermittelt auch verschiedene Fahrten mit dem Hundeschlitten.

ESSEN
Villa Tottebo €€€
Åre, Parkvägen 1
Tel. 0647 5 06 20
info@villatottebo.se
Solide Küche mit regionalen Zutaten in einer Villa von 1897.

ÜBERNACHTEN
Hotell Fjällgården €€–€€€
Åre, Fjällgårdsvägen 35
Tel. 0647 1 45 00
www.fjallgarden.se
58 Zi. Das Hotel liegt einzigartig am Berghang mit Blick auf das Skigebiet. Idealer Ausgangspunkt für diverse Outdoor-Aktivitäten.

Björknäsgårdens Hotell €€–€€€
Bräcke
Tel. 0693 1 60 20
www.bjorknasgarden.com
Die ehemalige Soldatenkate unweit der E 14 ist heute ein Hotel in ansprechender Lage mit Blick auf den See. Fünf Minuten Fußweg zum Bahnhof.

Storulvåns Fjällstation €€
Duved
Tel. 0647 7 22 00
Guter Ausgangspunkt für Wanderer, die in die Bergwelt an der Grenze zu Norwegen aufbrechen wollen. Es gibt ein Restaurant mit erschwinglichen Preisen.

allen verordneten, anspruchslosen Lebensstil Nachdruck verleihen. Der Weg in die **Skigebiete** ist kurz: Unmittelbar bei Åre erhebt sich 1420 m hoch der **Åreskutan**, einer der bekanntesten Berge Schwedens – und er ist leicht zu erreichen. Denn bis auf 1274 m fährt eine **Kabinenbahn**, der Weg bis zu Schwedens höchstgelegener Gastwirtschaft, der »Toppstugan«, ist dann nicht mehr weit. Im Sommer bietet sich die Bergstation der Kabinenbahn als Ausgangspunkt für Wanderungen an. Im Winter ist sie das Zentrum eines Alpingebietes der Spitzenklasse. Insgesamt gibt es 46 Lifte und mehr als 100 km Pisten, einige enden mitten im Ort. Die längste Abfahrt ist 6,5 km lang bei einem Höhenunterschied von knapp 900 m. Kinder und Anfänger erreichen mit einem Verbindungslift problemlos das Skigebiet **Åre Björnen** mit leichten Abfahrten. Auch das Après-Ski-Angebot ist in Åre ausgezeichnet. Wer noch mehr Abwechslung und rasantere Pisten sucht, kann sich in den rund 10 km entfernten Skigebieten **Duved** und **Tegefjäll** austoben. Zwischen den drei Skigebieten pendelt ein Skibus.

Jämtland • ZIELE

Unweit westlich von Duved zweigt rechts die Straße zum Tännfors, **Schwedens breitestem Wasserfall** ab, der in einem Naturschutzgebiet liegt. Hier stürzt der Indalsälv recht spektakulär auf 60 m Breite 32 m tief in den Nornsjö (▶Bild S. 36). Rund 400 m³ Wasser donnern hier pro Sekunde in die Tiefe – ein grandioses Schauspiel! Die Touristenstation Tännforsen bietet köstlich-knusprige Tännfors-Waffeln. Wer noch kein Mitbringsel hat: Im Souvenirladen wird Sami-Kunsthandwerk angeboten.
❶ Mai – Sept. Mi. – So. 11.00 – 17.00 Uhr, www.tannforsen.com

> **! BAEDEKER TIPP**
>
> *Süße Versuchung*
>
> Lust auf Schokolade? Auf etwas ganz Besonderes? Dann sollten Sie der »Åre Chokladfabrik« in Björnänge einen Besuch abstatten. Seit 1901 werden hier edle **Pralinen in Handarbeit** gefertigt – nicht ganz billig, aber ein großer Genuss.
> www.arechokladfabrik.se
> Mo. – Sa. 10.00 – 17.00

Storlien — Der Ort Storlien (592 m ü.d.M.) mit Schwedens höchstgelegener Eisenbahnstation liegt gleichfalls in einem von mehreren Liften erschlossenen **Wintersportgebiet**. 4 km westlich verläuft die schwedisch-norwegische Grenze.

Sylarna — Die Sylarna, südlich der E 14 gelegen, ist der **hochalpine Teil Jämtlands** mit Gletschern und Überresten aus der Eiszeit. Vom höchsten Gipfel, dem 1766 m hohen Syltoppen, hat man bei klarem Wetter

Typisch Jämtland: Fahrt auf dem Hundeschlitten

Åre zählt zu den bekanntesten Wintersportorten der Welt.

eine fantastische Aussicht. Von Undersåker, östlich von Åre, führt eine Straße bis zur komfortablen Turiststation Vålådalen. Von Enafors, zwischen Duved und Storlien, geht eine Straße zur Fjällstation Storulvån. Von diesen beiden Punkten kann man auf markierten Wegen **die gesamte Sylarna durchwandern**. Von der Fjällstation Storulvån erreicht man in einer Tagesetappe die Fjällstation Sylarna, von hier sind es noch 6 km und 700 m Aufstieg zum Syltoppen-Gipfel. Die östlichen Teile des Massivs tragen Namen wie Slottet (»das Schloss«) und Templet (»der Tempel«) und sind bei Kletterern bekannt und beliebt.

** Kalmar

G 2

Landschaft: Småland
Provinz: Kalmar Län
Einwohnerzahl: 63 000
Höhe: Meereshöhe

Heute ist Kalmar eine bildhübsche Kleinstadt, einst war sie drittgrößte Stadt Schwedens und Schauplatz der Vereinigung von Dänemark, Schweden und Norwegen. Das mächtige Wasserschloss bewahrt bis heute den Glanz großer Zeiten.

Kalmar • ZIELE

Wie ein riesiger Schutzwall wölbt sich die **Insel Öland** vor Kalmar auf. Wegen ihrer strategisch günstigen Lage stieg die heutige Provinzhauptstadt schon in der Wikingerzeit zu einem bedeutenden Handelsplatz auf. Im 11. Jh. baute Schweden die Stadt schließlich als Seefestung gegen Dänemark aus, Kalmar wurde auch Mitglied der **Hanse**. Im Jahr 1397 besiegelten hier Dänemark, Schweden und Norwegen unter Erich von Pommern die **Kalmarer Union**, ein gemeinsames Königreich, das bis 1523 bestand. 1647 ging das mittelalterliche Kalmar, das nahe beim Schloss lag, bei einem **Brand** fast vollständig in Flammen auf. Die Stadt wurde nun auf der Insel Kvarnholmen wieder aufgebaut, jetzt, typisch für die Barockzeit, mit sich rechtwinklig kreuzenden Straßen. Begeistert waren die Kalmarer über den neuen Standort nicht, viele siedelten nur unter Zwang auf die Insel über.

Geschichte

SEHENSWERTES IN KALMAR

An dem weiten Marktplatz (Stortorg) fallen der **Dom** und das Rathaus auf, beide in der zweiten Hälfte des 17. Jh.s nach Plänen von Nicodemus Tessin d. Ä. errichtet. Der Dom, eine Kreuzkirche mit vier Ecktürmen, wirkt mit seiner klassizistischen, zweigeschossigen Fassade eher wie ein Palast denn ein Gotteshaus. Im Inneren steht ein prachtvoller Barockaltar (1709/10). Auch einige Abschnitte der alten **Stadtmauer** sind erhalten geblieben. Im Bereich zwischen Stortorg und dem »Kavaljeren« genannten südlichen Stadttor verläuft die Södra Långgatan. An ihr steht das Haus des Bürgermeisters Rosenlund (Nr. 40), das älteste Steinhaus auf Kvarnholmen. In dieser Straße liegt auch das **Seefahrtsmuseum** (Sjöfartsmuseum), in dem Schiffsmodelle, Navigationsinstrumente und eine Ausstellung zur Seefahrtsgeschichte zu sehen sind. Südlich vom Stortorg kommt man zum **Lilla Torg**, um den sich der alte Bischofshof, der Bürgermeisterhof und die Provinzverwaltung gruppieren. Die vom Stortorg nach Südwesten ziehende Storgatan führt zum Larmtorg, auf dem ein Brunnendenkmal von 1928 steht. Es erinnert an Gustav Wasa, der am 31. Mai 1520 südwestlich von Kalmar bei Stensö landete. An der Westseite des Larmtorgs steht das Theater von 1863 mit seiner Neorenaissance-Fassade.

Altstadt auf Kvarnholmen

> **BAEDEKER TIPP**
>
> ! *Bei den Glaskünstlern*
>
> Die Brücke Västerport war früher die Zufahrt zur Stadt. Seit der Renovierung von 1997 beherbergt sie **Västerports Töpferei und Westholms Glasstudio**. Hier können Sie Töpfern und Glasbläsern bei der Arbeit zuschauen und auch Glaswaren kaufen.
> Mo.–Fr. 10.00–18.00, Sa. 10.00–15.00 Uhr

Seefahrtsmuseum: Mitte Juni–Mitte Sept. tgl. 11.00–16.00, sonst So. 12.00–16.00 Uhr, Eintritt: 30 SEK, erm. 20 SEK

Kalmar erleben

AUSKUNFT
Kalmar Turistbyrå
Ölandskajen 9
39120 Kalmar
Tel. 0480 41 77 00
www.kalmar.se

OUTDOOR
Abenteuerwochenenden für kleine Gruppen (8 Pers.) in der Umgebung von Kalmar – mit Kajak- und Mountainbiketour, Wanderung und Hochseilbahn – organisiert an einigen Terminen im Sommer Vilse Äventyr.
Geschlafen wird im Zelt, gekocht wird gemeinsam. Die notwendige Ausrüstung stellt der Veranstalter.
Tel. 0480 36 39 30, 0470 31 83 40
Preis 5895 SEK

FESTE
Remmidemmi im Schloss: Ende Juli/Anfang August Kalmarer Renaissancetage mit Markt und Ritterspielen.

ESSEN
❶ *Ernesto Salonger* ❸❸
Södra Långgatan 5
tgl. geöffnet
Tel. 0480 2 41 00
www.ernestokalmar.se
Italienische Küche und leckere Cocktails

❷ *Källaren Kronan* ❸❸
Ölandsgatan 7
Mo. geschl.
Tel. 0480 41 14 00
www.kallarenkronan.com
Hier speist man in einem der ältesten Steinhäuser der Stadt. Highlight ist das Menü aus den 1660er-Jahren, gut und günstig isst man zur Lunchzeit.

❸ *Restaurang Larmgatan 10* ❸❸
Södra Långgatan 6
täglich geöffnet
Tel. 0480 8 65 25
www.larmgatan10.se
Bekannt und beliebt für preisgünstige Sommermenüs

ÜBERNACHTEN
❶ *Slottshotellet Romantik Hotel* ❸❸❸
Slottsvägen 7
Tel. 0480 8 82 60
www.slottshotellet.se
71 Zi. Zentral neben Schloss und Park gelegenes Hotel im ältesten Stadtteil Kalmars. Größtenteils klassisch eingerichtete Zimmer mit antikem Mobiliar und Kristallkronleuchtern.

❷ *Törneby Herrgård* ❸❸❸
Flottiljvägen 9
39241 Kalmar
Tel. 0480 2 00 24
www.torneby.se
Etwa 6 km außerhalb von Kalmar, am Flughafen in einem alten Park gelegen, bietet das schön restaurierte Herrenhaus aus dem 18. Jh. zwölf individuell und geschmackvoll eingerichtete Zimmer mit modernstem Komfort.

❸ *Kalmar Lågprishotell Svanen* ❸❸
Rappegatan 1
Tel. 0480 2 55 60
www.hotellsvanen.se
42 Zi. Hotel und Jugendherberge in Ängo, im nördlichen Teil Kalmars, nur knappe 10 min. zu Fuß ins Zentrum. Einfache und saubere Zimmer.

Kalmar • ZIELE

Fast alles dreht sich im Provinzmuseum (Kalmar Läns Museum) östlich vom Stortorg um ein versunkenes Kriegsschiff und seinen Goldschatz: 1679 versank die **»Kronan«** vor Kalmar, doch erst mehr als 300 Jahre nach ihrem tragischen Untergang entdeckte Anders Franzén, der schon die »Vasa« im Stockholmer Hafen geborgen hatte, das Schiffswrack in 27 m Tiefe. Über 20 000 Gegenstände wurden seitdem aus der »Kronan« geborgen, eine stattliche Sammlung. Einen Teil davon zeigt das Museum, darunter Kanonen, kunstvoll gefertigte Musikinstrumente, Schmuck, Kleidung und persönliche Gegenstände der Besatzung sowie natürlich auch den 1982 geborgenen **Goldschatz** – mit 255 Dukaten der größte in ganz Schweden. In »Sahlins Kafé«, einem stimmungsvollen Jahrhundertwendecafé, kann man bei Kaffee und selbst gebackenem Kuchen die Vergangenheit wieder aufleben lassen.

Provinzmuseum

❶ Mitte Juni – Mitte Aug. tgl. 10.00 – 17.00, sonst Mo. – Fr. 10.00 – 16.00, Sa., So. ab 11.00 Uhr, Eintritt: 60 SEK, www.kalmarlansmuseum.se

Von Wassergräben umgeben ist das wuchtige, mittelalterliche Schloss von Kalmar. Die ersten Teile des fünftürmigen Baus sind bereits gegen Ende des 11. Jh.s entstanden. Als Festung konnte das Schloss am Kalmarsund von 1307 bis zum Beginn des Kriegs gegen Dänemark im Jahr 1611 insgesamt **24 Belagerungen** standhalten. Sein heutiges Aussehen mit den wuchtigen Ecktürmen erhielt es im 16. Jh., als die Wasakönige Gustav, Erik XIV. und Johan III. die mittelalterliche Burg zu einem Renaissancepalast umbauten. Nach 1677 verfiel das Schloss zusehends, war mal Schnapsbrennerei, mal Gefängnis, bis es Mitte des 19.Jh.s Stück für Stück restauriert wurde. Den Höhepunkt der

*Schloss

Kalmar

Essen
❶ Ernesto Salonger
❷ Källaren Kronan
❸ Restaurang Larmgatan 10

Übernachten
❶ Slottshotellet
❷ Törneby Herrgård
❸ Kalmar Lågprishotell Svanen

24 Mal belagerten fremde Heere das Schloss, doch Kalmars Schmuckstück hielt ihnen allen stand.

Schlossbesichtigung bildet das **Gemach König Eriks,** das reich mit exzellenter Intarsienvertäfelung und zahlreichen Wandgemälden ausgeschmückt ist. Sehenswert sind auch der Goldene Saal mit seiner Kassettendecke und der Grüne Saal. Im Südflügel befindet sich die **Schlosskirche** (1569), deren Wände mit ornamentaler Malerei und Bibelsprüchen bedeckt sind. Das Schloss gilt als besterhaltenster, nordeuropäischer Renaissance-Palast und ist auf jeden Fall eine Besichtigung wert.

❶ Jan.–März, Nov., Dez. 2. Wochenende im Monat 10.00–16.00, Apr., Okt. Sa., So. 10.00–16.00, Mai, Juni, Sept. tgl. 10.00–16.00, Juli bis 18.00, Aug. bis 17.00 Uhr, Eintritt: 90–100 SEK, www.kalmarslott.se

Kunstmuseum Das Kunstmuseum liegt in einem Park neben dem Schloss. Es zeigt schwedische Kunst aus dem 19. und 20. Jh. Neben Werken von Siri Derkert, Per Ekström, Axel Kargel, Carl Larsson, Evert Lundquist, Arthur Percy und **Anders Zorn** ist auch kontinentaleuropäische Kunst bis zur Gegenwart vertreten. Sehenswert ist auch die **Design-Galerie**, die die Geschichte des schwedischen Designs vom 20 Jh. bis heute anschaulich dokumentiert.

❶ Di., Do.–So. 12.00–17.00, Mi. 12.00–19.00 Uhr, Eintritt: 50 SEK, www.kalmarkonstmuseum.se

Krusenstierska Gården Dieses gut erhaltene und vollständig eingerichtete **Bürgerhaus aus dem 19 Jh.** liegt nur rund 200 m vom Schloss entfernt. Im Sommer werden Führungen durch das Anwesen angeboten, den schönen

Garten kann man auch ganz auf eigene Faust besichtigen oder auch das nette Café besuchen.
Garten: Mai–Aug. Mo.–Fr. 10.00–18.00, Sa., So. 12.00–17.00 Uhr
Museum: Mo.–Fr. 10.00–18.00 Uhr, Eintritt: 25 SEK

Die 1972 eröffnete Ölandbrücke, mit 6072 m eine der längsten Brücken Europas, verbindet den Stadtbereich mit der östlich vorgelagerten Insel Öland. Bei der Fahrt über die Brücke genießt man prachtvolle Ausblicke nach beiden Seiten. Radfahrer müssen den ebenfalls kostenlosen Cykelbuss nehmen, der jede halbe Stunde von Öland und jede volle Stunde von Kalmar fährt (7.00–19.00 Uhr). **Öland-brücke*

Rund 15 km südlich von Kalmar ist in Vassmolösa eine der wenigen erhaltenen Rundkirchen Schwedens zu besichtigen. Die **Kirche von Hagby** gilt als die am besten erhaltene des Landes. Die Schießscharten zeigen, dass die Kirche auch als Wehrburg diente. *Vassmolösa*
❶ Informationen und Öffnungszeiten beim Pfarramt Arby, Tel. 0480 77 04 00

** Karlskrona

F 2

Landschaft: Blekinge
Provinz: Blekinge Län
Einwohnerzahl: 64 000
Höhe: Meereshöhe

Ein ganzer Schwarm Schäreninseln bietet Karlskrona zur See hin hervorragend Schutz. Auch die südschwedische Hafenstadt selbst verteilt sich auf rund 30 Inseln, die durch Brücken miteinander verbunden sind. Hochinteressant ist das Marinemuseum mit einer einzigartigen Sammlung.

Karlskrona wurde im Jahr 1680 von Karl XI. als Flottenhauptquartier angelegt, da die schwedische Marine dringend einen eisfreien Hafen benötigte. Im 18. Jh. wuchs der Stützpunkt zu einer der bedeutendsten Städte Schwedens heran, doch während dieser Blütezeit zerstörte ein Brand 1790 große Teile der Stadt. Trotzdem zeugen noch heute viele Straßen und Gebäude von dieser Großmachtzeit Schwedens. Karlskrona ist bekannt als **Schwedens einzige Barockstadt**. Heute hat Karlskrona als Marinestützpunkt, Sitz einer Marineakademie, wegen seiner Lebensmittelproduktion und der IT-Betriebe politische und wirtschaftliche Bedeutung erlangt. Die einst so blühende Werftindustrie hingegen ist erheblich zurückgegangen. Ein Teil der Militäranlagen, die zu den besterhaltenen der Welt zählen, gehören zum **UNESCO-Weltkulturerbe**. *Marine-stützpunkt*

Karlskrona erleben

AUSKUNFT

Turistbyrå
Stortorget 2
37134 Karlskrona
Tel. 0455 303490
www.visitkarlskrona.se

AUSFLÜGE UND SPORT

Bootstouren
Vom Fisketorg (Fischmarkt) in Karlskrona starten Ausflugsboote in die östlichen Schären.

Radtouren
Blekinge eignet sich hervorragend für Radtouren, eine Zusammenstellung der schönsten Touren ist in den Touristenbüros erhältlich.

FESTE

Mitte Juli findet in Karlshamn das Ostseefestival Karlshamn Baltic Festival statt. Jährlich im August zieht die Sail Karlskrona mit einem umfangreichen Programm Segelfreunde aus dem weiten Umkreis an. Infos über das Turistbyrå.

ESSEN

1 ***Porslinan*** €€
Ö. Hamngatan 7c
Tel. 0455 16922
www.ungdomenshus.se
Hier trifft sich die Jugend der Stadt zum Essen, Trinken und Musikhören. Oft treten regionale Bands auf.

2 ***Café Greven*** €
Im Blekinge-Museum
Borgmästareg. 21
Tel. 0455 311823
www.cafegreven.com
Es werden kleine Gerichte, Kaffee und Kuchen angeboten.
Di.–So. 11.00–17.00 Uhr

ÜBERNACHTEN

1 ***First Hotel Statt*** €€€
Ronnebygatan 37–39
Tel. 0455 55550
www.firsthotels.com
107 Zi. Liebevoll renoviertes Traditionshaus im Stadtzentrum. Ausgezeichnetes Restaurant sowie Pub und Nachtclub.

2 ***A-Hotel Bed & Breakfast*** €€
Alamedan 10
Tel. 0455 300250
www.ahotel.se
50 Zi. Gemütliches Hotel nahe Marinemuseum und Bahnhof. Moderne Zimmer, auch größere Apartments und Familienzimmer sind vorhanden.

SEHENSWERTES IN KARLSKRONA

Marktplatz Der auf der Altstadtinsel Trossö gelegene **Stortorg** ist der monumentale Hauptplatz der Stadt. In der Mitte steht die Statue des Stadtgründers Karls XI. Begrenzt wird der Platz von der 1802 vollendeten **Dreifaltigkeitskirche** mit ihrer mächtigen Kuppel und von der barocken **Frederikskirche** (1744), beide nach Plänen von Nicodemus Tessin d.J. erbaut. Das Ensemble der repräsentativen Bauten vervollständigt das Rathaus (18. Jh.). Am Fischmarkt befindet sich das 1899 eröff-

Karlskrona • ZIELE

nete **Blekinge Museum** mit seinen kulturgeschichtlichen Sammlungen, Barockgarten und Café.
Blekinge Museum: Mitte Juni – Mitte Aug. tgl. 10.00 – 18.00,
sonst Di. – So. 12.00 – 17.00 Uhr, Eintritt frei, www.blekingemuseum.se

Weiter östlich, am Rand des Marinestützpunkts, steht die dunkelrote Admiralitetskyrka von 1685. Interessant ist ihr hoher Zentralraum mit offener Balkenkonstruktion und die in Blau und Grau gehaltene Kuppel. Vor der Kirche steht der **»Alte Rosenbohm«**, eine originelle, oft fotografierte Holzfigur, die **aus Selma Lagerlöfs Buch** »Die wunderbare Reise des kleinen Nils Holgersson mit den Wildgänsen« bekannt ist. Nach einer Legende erfror der arme ehemalige Gefreite Matts Rosenbohm in der Neujahrsnacht 1717 vor der Admiralitätskirche. Er wurde am Morgen mit ausgestreckter Hand, den Hut tief über die Ohren gezogen und mit dem Bettlersack auf dem Rücken gefunden. Im Gedenken an ihn hat die Holzfigur einen Hut, den man hochhebt, um eine **Münze in die Armenbüchse** zu werfen.

Admiralitets-kyrka

Das Marinemuseum existiert bereits seit 1752, das erklärt die umfangreiche Sammlung, die ihresgleichen sucht. 1997 zog das Museum **auf die Insel Stumholmen** in der Nähe des Stadtzentrums um. Auch architektonisch wird damit nun ein außergewöhnlicher Akzent gesetzt: Das 140 m lange, moderne Hauptgebäude steht teilweise auf

**Marine-museum

Karlskrona

Essen
❶ Porslinan
❷ Café Greven

Übernachten
❶ First Hotel Statt
❷ A-Hotel Bed & Breakfast

Pfählen im Wasser. In diesem Bau ist nun sogar Platz für die Rekonstruktion des Kanonendecks der »Dristigheten« im Maßstab 1:1. Auf dem Deck geht es turbulent zu, denn es werden **Szenen einer Seeschlacht** dargestellt. Außerdem zeigt das Museum Waffen und nautisches Gerät, Schiffsmodelle, Navigations- und Kommunikationstechnik, eine königliche Schaluppe (im Barkassenschuppen) sowie als Höhepunkt eine grandiose Sammlung von **Galionsfiguren**. Ein verglaster Unterwassertunnel gibt den Blick auf den Grund der Ostsee und ein Wrack aus dem 18. Jh. frei.

❶ Okt.–April Di.–So. 10.00–16.00, Mai u. Sept. tgl. 10.00–16.00 Uhr, Juni–Aug. tgl. 10.00–18.00 Uhr, Eintritt: 100 SEK, bis 18 Jahre frei, www.marinmuseum.se

Der Alte Rosenbohm

Kungsholm-Fort Das Kungsholm-Fort ist eine der alten Befestigungen an der südlichen Einfahrt nach Karlskrona, deren Anfänge bis ins Jahr 1680 zurückgehen. Da das Fort immer noch vom Militär genutzt wird, ist eine Besichtigung nur im Rahmen von **geführten Touren** möglich.

❶ Führungen in der Nebensaison Di., Do., Sa. um 10.00 Uhr, Mitte Juni–Mitte Aug. tgl. 10.00–14.00, im Juli zusätzlich tgl. 15.00–19.30 Uhr, Eintritt: 210 SEK, erm. 50 SEK, bis 11 Jahre frei, Start jeweils am Fisketorg

Museum Kulenovic Collection Eine umfangreiche Sammlung von Kunstwerken aller Epochen – Skulpturen, Keramiken, Glas, Gemälde, darunter Klassiker wie Rafael, Breughel, Rembrandt, van Gogh, Picasso – präsentiert das private **Museum Kulenovic Collection** (Stortorget 5).

❶ Mo.–Sa. 10.00–18.00, So. 11.00–18.00 Uhr, Tel. 0455 2 55 73, www.kuleноviccollection.se

UMGEBUNG VON KARLSKRONA

Blekinge Erst 1658 kam die Landschaft Blekinge zu Schweden, vorher gehörte sie zum dänischen Königreich und bildete daher oft genug den Schauplatz für die kriegerischen Auseinandersetzungen der beiden

Länder. Blekinge ist nur rund 100 km lang und erstreckt sich von Sölvesborg mit der Halbinsel Listerland im Westen bis Kristianopel im Osten. Trotz ihrer für schwedische Verhältnisse bescheidenen Größe ist sie landschaftlich abwechslungsreich. Vor der Küste liegt **Schwedens südlichster Schärengarten** mit seinen vielen verschiedenartigen Inseln: Teils sind es nur winzige kahle Felsen, teils aber auch bewohnte und von der Landwirtschaft geprägte, größere Inseln. Der westliche Schärengarten wird mit Linienbooten von Karlshamn erschlossen, die die Inseln Tärnö, Joggesö, Tjärö und Guövik ansteuern. Ausflüge in die östlichen Schären unternimmt man am besten mit den Booten, die vom Fisketorg in Karlskrona starten.

Der westliche Zweig der E 22 führt nach Ronneby. Eine 1705 entdeckte, eisenhaltige Quelle machte im 19. Jh. aus dem verschlafenen Dorf einen gefragten Kurort. Die **Heiligkreuzkirche** stammt aus dem 11. Jh., bei Renovierungsarbeiten wurden Wandgemälde aus dem 15./16. Jh. freigelegt. Ein makabres Andenken ist eine Türe mit Axthieben. Sie erinnert an die Zeit, als Ronneby noch dänisch war und schwedische Eroberer 1564 ein Blutbad unter den in die Kirche geflüchteten Einwohnern anrichteten. Unweit der Kirche liegt der **Stadtteil Bergslagen** mit seinen farbenfrohen Häusern und dem Heimatmuseum Möllebackgården.

Ronneby

> **BAEDEKER WISSEN**
>
> *Tabakland Schweden*
>
> In Schweden wurde einst auch Tabak angebaut und im 18. Jh. in der Stadt Karlshamn, die später wegen ihrer Punschfabrik als Sündenbabel verschrien war, in 40 Fabriken zu »snus«, also Kautabak, und Zigarren verarbeitet.

Das **größte Wildreservat Nordeuropas** befindet sich an der E 22 zwischen Karlshamn und Ronneby. In dem 10 km² großen Naturschutzgebiet steigen die Chancen beträchtlich, endlich ein Elchfoto zu schießen. Hier kann man heimische Wildtiere wie Damhirsche, Elche, Rotwild, Wildschweine, Mufflons, Wisente und Steinadler in ihrem natürlichen Lebensraum beobachten.

Wildreservat Eriksberg

❶ im Juni nur an den Wochenenden, Ende Juni–Ende Aug. tgl. 12.00–19.00 Uhr, Eintritt: 130 SEK, Tel. 0454 56 43 00, www.eriksberg.nu

Von Karlshamn aus stachen im 19. Jh. zahlreiche **schwedische Auswanderer** in See, auf dem Weg in eine ungewisse Zukunft in Amerika. Das Emigrantendenkmal im Hamnpark erinnert an diese Zeit. In der Altstadt stehen Holzhäuser aus dem 17. und 18. Jh., u. a. das 1682 als Rathaus errichtete Asschierska Huset und der Skottsbergska Gården, ein gut erhaltener Kaufmannshof. An der Drottninggatan liegt das Kulturkvarter mit einer historischen Druckerei und der Kunsthalle. Hier hat auch das **Punschmuseum** seinen Sitz. Es

Karlshamn

**Auf allen Fahrten einst immer vorneweg und die Nase im Wind:
Galionsfiguren, heute im Marinemuseum**

bewahrt die Original-Produktionsräume aus den wilden Zeiten auf, als Karlshamn noch eine Schnapsbrennermetropole war und viel Geld mit »Carlshamns Flaggpunsch« verdient wurde (Vinkelgatan 8). Im Entdeckerzentrum **Kreativum**, das in der ehemaligen Baumwollspinnerei Strömma untergebracht ist, können Jung und Alt Naturwissenschaften und Technik spielerisch-praktisch erleben. Es ist angelegt als ein fantasievoller Park mit mehr als 100 verschiedenen Entdeckerstationen. Wem das nicht genügt, der kann im »Kreanova« vorbeischauen, Südschwedens einzigem **Mega-Dome-Kino**.

Punschmuseum: Juni–Aug. Di.–So. 12.00–17.00,
sonst Mo.–Fr. 13.00–16.00 Uhr, www.karlshamnsmuseum.se
Kreativum: Mitte Juni–Mitte Aug. tgl. 10.00–17.00 Uhr,
Eintritt: Erw. 135 SEK, Kinder 100 SEK, www.kreativum.se

Sölvesborg Die kleinste Stadt in Blekinge ist das an der Grenze nach Skåne gelegene Sölvesborg, westlich von Karlshamn. Die östlich angrenzende Halbinsel ist völlig eben und wenig abwechslungsreich, doch das Städtchen hat sich mit schmalen Straßen und kleinen Häusern seinen altertümlichen Charme bewahrt. Sehenswert ist besonders die Stadtkirche St. Nicolai – wegen ihrer Backsteingotik aus dem 14. Jh., der **Kalkmalereien** (15. Jh.) und dem runenbedeckten Stentoftesten. Wanderer können die Landschaft Blekinge auf dem rund 240 km langen **Blekingeleden** erkunden, der in 15 Etappen von Sölvesborg nach Kristianopel führt.

*Kiruna

✧ L 13

Landschaft: Lappland
Provinz: Norrbottens Län
Einwohnerzahl: 23 000
Höhe: 506 m ü.d.M.

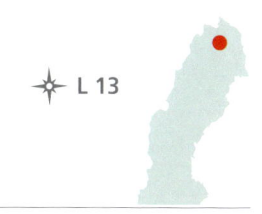

Erst durch den zunehmenden Eisenerzabbau entwickelte sich aus einer kleinen Samensiedlung die Stadt Kiruna. Eingebettet in riesige Wildmarkgebiete ist Kiruna der ideale Standort für Ausflüge mit dem Hundeschlitten, Wanderungen und Bergtouren, Rafting und Angeln.

Kiruna, die nördlichste Stadt Schwedens, liegt ungefähr auf demselben Breitengrad wie Mittelgrönland. Das Gemeindegebiet ist mit knapp 20 000 km² fast halb so groß wie die Schweiz und bildet flächenmäßig die größte Kommune des Landes. Das Wort Kiruna ist übrigens aus dem Samischen »Giron« entstanden und bedeutet **»Schneehuhn«**. — **Nördlichste Stadt in Schweden**

Die reichen Eisenerzvorkommen waren schon seit dem 17. Jh. bekannt, doch auf Grund der harten klimatischen Bedingungen und weil Transportmöglichkeiten fehlten, war der Abbau der Vorkommen bis zum Beginn des 20. Jh.s praktisch nicht möglich. 1890 wurde die Luosavaara & Kiirunavaara AB (LKAB) gegründet, die bis heute die Eisenerzgruben in Kiruna und Malmberget betreibt. Damit — **Herrscher Erz**

Kiruna erleben

AUSKUNFT
Kiruna Lappland Touristeninformation
Folkets Hus, Lars Janssongatan 17
98131 Kiruna
Tel. 0980 1 88 80
www.lappland.se

Föreningsgatan 4
Tel. 0980 1 99 99
Mo.–Fr. 10.00–18.00,
Sa. 10.00–15.00 Uhr
www.karinvasara.com).

EINKAUFEN
In Karin Vasaras Renskinnsatelje kann man exklusive Mode aus Rentierleder bewundern und kaufen. Hervorragende Qualität und stark von samischen Traditionen beeinflusst.

AUSFLÜGE
Mit der Bahn nach Narvik
Ein echtes Erlebnis ist die Fahrt von Abisko aus mit der Lapplandbahn zum norwegischen Erzhafen Narvik. Wegen der besseren Aussicht sollte man in Richtung Norwegen rechts sitzen.
Fahrtdauer: knapp 2 Std. einfach.

FESTE

Ende Januar/Anfang Februar findet im Järnvägspark das Schneefestival statt, u.a. mit Schneeskulpturen.
Am letzten Juniwochenende geben sich angesagte schwedische und andere Bands beim bekannten Kiruna-Festival die Klinke in die Hand.
www.kirunafestivalen.nu

FREIZEIT UND SPORT

Über das Touristenbüro können Wanderungen, Goldwaschen, Begegnungen mit der samischen Kultur, Ausritte mit Islandpferden, die Besteigung des Kebnekaise-Südgipfels, Hundeschlittentouren, Raftingtouren, Kanukurse, Angelausflüge und Schneemobiltouren gebucht werden. Abschlagen unter der Mitternachtssonne mit fantastischer Fernsicht ist auf einem spektakulären 18-Loch-Golfplatz von Mitte Juli bis Mitte September möglich.
Buchung über:
www.bjorkliden.com

MITTERNACHTSSONNE

Kiruna: 27. Mai bis 14. Juli
Gipfel des Njullá, nordwestlich von Abisko: 31. Mai bis 18. Juli

ESSEN

Skáidi €€–€€€
Nikkaluokta (60 km von Kiruna)
In der Saison tgl. geöffnet
Tel. 0980 5 50 15
www.nikkaluokta.com

Das Skáidi bietet neben einheimischer Kost wie Fisch, Elch- und Rentierfleisch auch dreigängige Luxusmenüs.

Arctic Thai & Grill €
Föraregatan 18 (im Hotel Arctic Eden)
geöffnet tgl. 10.00–21.00 Uhr
Tel. 0980 6 81 58
www.arcticthai.se

Zwei Restaurants hat das Hotel Arctic Eden, das in einem ehemaligen Schulgebäude untergebracht ist und dessen Einrichtung von der samischen Kultur inspiriert ist: Hier gibt es zum moderaten Preis asiatische und einheimische Küche.

ÜBERNACHTEN

Hotel Kebne €€
Konduktörsgatan 7
Tel. 0980 6 81 80
www.hotellkebne.com

63 Zi. Angenehmes, zentral gelegenes Stadthotel, nur einen Steinwurf vom Bahnhof und von Kirunas Nachtleben entfernt.

Nikkaluokta (s. auch Skáidi) €–€€
im gleichnamigen Dorf
geöffnet im Winter Ende Februar–Anf. Mai, im Sommer Mitte Juni–Ende Sept.
Tel. 0980 5 50 15
www.nikkaluokta.com

14 einfache Hütten für jeweils vier Personen. Das Gebäude mit Panoramaglasfront wurde nach dem Vorbild eines für diese Region typischen Samenzeltes errichtet.

---

begann die Ära des Erzabbaus. Aus der einstigen Samensiedlung entwickelte sich nun rasch eine größere Ortschaft, und nachdem die Einwohnerzahl auf 11 000 angestiegen war, erhielt Kiruna 1948 das Stadtrecht. Riesige Abraumhalden markieren den Ort, wo südlich der Stadt die Mine liegt. Die Eisenerzvorkommen befinden sich in einer geneigten Schicht, die **bis in zwei km Tiefe** reicht, die gesamte Ader ist etwa 4 km lang und 80 m breit. In den 1960er-Jahren waren die von der Oberfläche zugänglichen Vorkommen erschöpft, deshalb wurde das Erz fortan im Untertagebau gefördert. Mittlerweile reichen die Stollen 1350 m in die Tiefe. Da auch die direkt unter der Stadt liegenden Erzvorkommen abgebaut werden sollen, **muss Kiruna in den nächsten Jahren weichen**. Ansonsten wäre die Gefahr von Einstürzen im Stadtgebiet zu groß. 2010 hat der Stadtrat beschlossen, die Stadt rund fünf Kilometer weiter östlich komplett neu zu bauen. Die alten Holzhäuser, das Rathaus und andere charakteristische Gebäude sollen allerdings umziehen.

SEHENSWERTES IN KIRUNA UND UMGEBUNG

Mehrmals täglich bietet die Minen-Gesellschaft **Besichtigungstouren** zu einer Demonstrationsgrube an, die 540 m tief im Inneren des Berges liegt. Die Tunnel sind so groß, dass man mit dem Bus in die Erzmine fahren kann. Führungen bucht man im Touristenbüro. *Besucherstollen

Südöstlich vom Stadtzentrum steht auf einer Anhöhe die 1912 von Gustav Wickman errichtete Holzkirche, eine Stiftung der LKAB, die auf Hjalmar Lundbohm zurückgeht. Dessen ausdrücklicher Wunsch war es, das Gotteshaus **ähnlich einem Lappenzelt** zu gestalten. Das lichte Innere ist dank der nüchternen Ästhetik der offenen Holzkonstruktion ungemein wirkungsvoll. Das große Altarbild, das eine sonnendurchflutete Landschaft zeigt, wurde von Prinz Eugen von Schweden (1865–1947) gemalt. Im Jahr 2001 wurde die Kirche zu **Schwedens schönstem Gebäude** gewählt. *Kirche

Wenn man von der Kirche aus in westlicher Richtung geht, erreicht man das an seinem skelettartigen Uhrturm schon von weitem zu erkennende Rathaus, das von Artur von Schmalensee entworfen wurde. 1964 bekam es **Schwedens Architektur-Preis** als schönstes Gebäude des Landes. Trotzdem ist das Rathaus wegen seiner eigenwilligen Architektur immer auch umstritten gewesen. Stadhus

20 km östlich von Kiruna liegt abseits der nach Gällivare führenden Straße die kleine **Samensiedlung** Jukkasjärvi am gleichnamigen See und am **Torne Älv**, einem der schönsten Wildmarkflüsse Schwedens. Am Ende der Straße trifft man auf die kleine, rot gestrichene, einfache Kirche, deren Ursprünge bis ins Jahr 1600 zurückreichen. Der heutige Bau stammt von 1726 und ist damit **die älteste Kirche Lapplands**. Sehenswert ist das Altarbild von Bror Hjorth, einem bekannten schwedischen Bildhauer, Zeichner und Maler. Es zeigt in plakativen Farben den Prediger Lars Levi Laestadius, wie er zu seiner Gemeinde spricht. Der 1800 geborene, wortgewaltige Prediger wurde Jukkasjärvi

Die Samen

Trommel, Ren und Internet

Bereits vor vier Jahrtausenden sind die Samen aus dem Uralgebiet im heutigen Russland nach Nordskandinavien eingewandert. »Sámi«, Sumpfleute, wie sich die Urbevölkerung in Norwegen, Schweden und Finnland nennt, sind heute eine ethnische Minderheit in ihren Ländern und ringen um ihre kulturelle Identität.

Einst sprach man von den Ureinwohnern Nordskandinaviens als »Lappen«, doch das hören die Samen gar nicht gern, denn der Begriff gilt als Schimpfwort. Insgesamt wird die Zahl der Bevölkerung mit mehr oder minder starkem samischen Einschlag auf ca. 70 000 Personen geschätzt, von denen die meisten in Norwegen und 17 000 bis 20 000 in Schweden leben.

Jäger- und Hirtenvolk

Archäologisch nachweisbar leben die Samen schon seit mehr als 10 000 Jahren hoch oben im Norden. Als **Rentierzüchter**, Jäger und Schneeschuhläufer werden sie bereits im 1. Jh. n. Chr. in den Schriften von Tacitus erwähnt, und auch in den isländischen Sagas tauchen Samen auf. Ursprünglich waren sie ein Jäger- und Hirtenvolk mit einer Religion, die an eine belebte Natur voller Geister glaubte. Der **Schamane mit der Trommel**, der Noai'di, vermittelte zwischen Menschen und Geistern, indem er in Trance fiel und in Kontakt zu den Wesen aus anderen Welten trat.

Sámi in Bedrängnis

Ähnlich wie den Indianern erging es auch den Samen: Im Laufe der Zeit fand eine immer stärkere skandinavische Kolonisierung ihrer Gebiete statt. Das Land, das ihnen einst gehörte, dürfen sie heute bestenfalls nutzen. 1751 teilte man Lappland zwischen Schweden und Norwegen auf und betrieb in den folgenden Jahrhunderten die **Zwangschristianisierung** der Samen. Vorstöße der Siedler, Kahlschläge, Bergwerke, Überflutung weiter Gebiete durch den Bau von Staudämmen – dies alles führte zu einem gravierenden Verlust an Weideflächen. Die Samen und ihre vom Schamanismus geprägte Kultur und Lebensweise wurden immer weiter abgedrängt. In den 1970er-Jahren erwachte im Windschatten der Ökobewegung auch das samische Selbstbewusstsein neu. Im **Kampf um Mitbestimmung** wurde erreicht, dass seit 1993 alle vier Jahre ein samisches Parlament mit Sitz in Kiruna gewählt wird. Es muss in allen Fragen des samischen Lebens gehört werden und verteilt die staatlichen Fördermittel. Im Jahr 2000 wurde Samisch in Schweden als Minderheitensprache anerkannt. Damit verbunden ist das Recht jeden Kindes, in der Schule Samisch lernen zu können – sofern es Lehrer gibt, was nicht oft der Fall ist. **Samisch** gehört zur finno-ugrischen Sprachfamilie und ist höchst komplex. Allein für das Wort Schnee gibt es über 100 verschiedene Begriffe.

Um ihre kulturelle Identität zu stärken, tauschen sich die Samen auch übers Internet aus (www.same.net und www.samting.se) und unterhalten mit »Sameradio« einen Radiosender.

Wohnung statt Zelt

Heute leben die meisten Samen in Wohnsiedlungen wie alle anderen Schweden auch und gehen normalen Berufen nach. Nur noch rund 2500 Samen betreiben Rentierzucht, die heute allein der **Fleischproduktion** dient. Die Rentiere suchen sich selbst ihre Weidegründe, im Herbst werden sie zusammengetrieben und Schlachttiere ausgewählt. Freilich haben moderne Zeiten längst Einzug in den Samialltag gehalten: Helikopter und Motorschlitten ersetzen Hunde und Skier, Handy und GPS-Geräte sind selbstverständlich. Nur in den Sommermonaten leben die Samen oft noch in **Gammen** (kleine Holz- oder Erdhütten) oder in Zelten. Die nordischen »Sumpfleute« haben allerlei Kulturgut zu bieten, das bei Touristen sehr begehrt ist. Gerne gekauft werden Rentierfell- und Zinnarbeiten, bunte Bandwebereien, Teppiche, Schnitzereien aus Horn und Knochen sowie Birkenrindearbeiten. Die **Tracht** der Samen besteht aus einem knielangen Rock aus blauem oder braunem Tuch, der mit roten und gelben Borten besetzt ist, und eng anliegenden Tuchhosen. Die Schuhe aus weichem Leder haben aufgebogene Spitzen. In der kalten Jahreszeit tragen die Samen Pelzstiefel und einen Anzug aus Rentierfell. Neben der Tracht, Sagen und den Rentierschlitten ist der »**Joik**« ein wichtiges Element der samischen Tradition. Dieser monotone, aber rhythmische Obertongesang beschreibt lautmalerisch Personen und Landschaften. Seine Wurzeln gehen bis in die Steinzeit zurück.

Jährlich treiben die Sami ihre Rentiere zusammen und wählen Tiere zum Schlachten aus.

zum Begründer des Laestadianismus, der auch heute noch seine Anhänger hat. Wenige Schritte weiter am Seeufer befindet sich das **Freilichtmuseum** Jukkasjärvi Hembygdsgård mit Holzhäusern, Sammlungen zur Samenkultur und einem gut sortierten Souvenirladen.

Kebnekaise Innerhalb der Gemeindegrenze, ungefähr 90 km westlich vom Zentrum, erhebt sich der Kebnekaise, mit 2117 m **der höchste Berg Schwedens**. Wer den südlichen Gipfel erklimmen möchte, fährt auf einer einfachen Straße bis zu der Hüttensiedlung Nikkaluokta, von dort geht es zu Fuß über die Kebnekaise Turiststation hinauf zum Gipfel. Die anspruchsvolle Tour ist allerdings nur geübten und gut ausgerüsteten Bergsteigern zu empfehlen.

18 km jenseits von Jukkasjärvi liegt das 1965 eröffnete Raumfahrt-Observatorium **Esrange** (European Space and Sounding Rocket

Rund um Abisko und Kiruna breiten sich Lapplands Wälder, Seen und Berge aus.

Kiruna • ZIELE

Range), das hauptsächlich der Überwachung des Satellitenverkehrs und der Stratosphärenforschung dient. Auch das Sonnenteleskop Sunrise wurde von hier mit einem Heliumballon in die zweite Schichte der Erdatmosphäre gebracht, um Erkenntnisse über die Sonne zu gewinnen. **Besichtigungen** sind möglich und werden vom Touristenbüro in Kiruna organisiert.

Abisko, eine kleine Streusiedlung 96 km nordwestlich von Kiruna, liegt am südlichen Ufer des Torneträsk. Einen bequemeren Einstieg in die Wildnis Lapplands gibt es nicht, denn die Lapplandbahn und die gut ausgebaute E 10 führen nach Abisko. Hier beginnt der berühmte Wanderweg **Kungsleden** (▶Baedeker Wissen, S. 204) und hier lassen sich auch herrliche Tagestouren machen. Im **Naturum** bekommt man von den Bergführern Informationen zum Abisko-Nationalpark und zur lappländischen Flora und Fauna. Und auch, wer nur wenig Zeit hat, gewinnt auf relativ einfachen Tagestouren einen nachhaltigen Eindruck von der weiten Landschaft. So kann man – auch mit Bergführer – zu den **samischen Opferklippen Luopakte** oder auf dem alten Rallarweg entlang der Eisenerzbahn bis zum Rombakenfjord wandern. Der liegt bereits in Norwegen.

Naturum: Ende Feb.–Ende Sept.

> **BAEDEKER TIPP**
>
> ### Eiskalt schlafen
>
> Jedes Jahr wird das **Eishotel** Ende Oktober aus Tausenden Tonnen Eis und Schnee neu errichtet. Über 40 Künstler gestalten jedes der 60 Zimmer einzeln. Die Temperatur im Hotel beträgt konstant -5 °C, man schläft in Betten aus Eis, die **mit Tannenzweigen und Rentierfellen bedeckt** sind. Bar, Kapelle, Kino und Kunstgalerie sind für jedermann zugänglich. Jetzt gibt es auch im Sommer eine kleinere Version des coolsten Hotels der Welt, mit drei Design-Suiten und einer Bar (Art Center, Icehotel, Jukkasjärvi, Tel. 0980 6 68 00, www.icehotel.com).

Abisko-Nationalpark

Der nur 7700 ha große Abisko-Nationalpark wirkt **wie ein arktischer Kräutergarten** im nördlichen Lappland. Das Kernstück ist eine Talsenke, die im Süden und Westen von mächtigen Fjällmassiven und im Norden vom Torneträsk eingerahmt wird. Besonders schön ist der tiefe Cañon des Abiskojakka, in dem krautreicher Birkenwald und vereinzelte Kiefern wachsen.

Njullá

Auf den nordwestlich von Abisko gelegenen Berg Njullá (1163 m) führt ein markierter Weg sowie eine Seilbahn. Der **Blick über den Torneträsk** und die Berge mit der markanten »Lapporten« im Süden ist wunderschön. Die »Lappenpforte« ist ein Relikt der letzten Eiszeit und zeigt sich als ausgeprägtes, U-förmiges Tal zwischen den Bergen Tjuonatjåkka (1554 m) und Nissuntjårro (1738 m).

★ Kristianstad

E 2

Landschaft: Skåne (Schonen)
Provinz: Skåne Län
Einwohnerzahl: 80 000
Höhe: Meereshöhe

Kristianstad war die erste skandinavische Stadt, die nach den Idealen der Renaissance angelegt wurde. Das rechtwinklige Straßennetz mit diversen Prachtbauten prägt noch heute die Altstadt. Man kann hier gut einkaufen, den Strand besuchen oder die nahe Aalküste: Dort feiert man jährlich zu Ehren des Fisches ein großes kulinarisches Fest, und unterm Jahr schmeckt der Aal auch geräuchert.

Eine typische Renaissancestadt

Als Skåne (Schonen) noch Zankapfel zwischen Dänen und Schweden war, ließ Dänenkönig Christian IV. 1614 die Stadt, die seinen Namen tragen sollte, im Stil der Renaissance anlegen: gerade Straßen, gezackter Verlauf der Festungswälle, dazu einen Stortorg mit dem Charakter eines Paradeplatzes. Marktplatz im eigentlichen Sinne war der heutige Lilla Torg, wo ringsum vorwiegend Handwerker und Händler wohnten. Die **schwarzen Skulpturen**, die auf einigen der öffentlichen Plätze stehen, sind aus dem Diabas gefertigt, der nördlich der Stadt gebrochen wird.

Schloss Vitskövle gilt als das schönste Renaissancegebäude in Schonen.

SEHENSWERTES IN KRISTIANSTAD

Am Marktplatz (Stortorg), dem Hauptplatz der Stadt, steht das 1891 erbaute Rathaus, dessen mittlere Giebelwand eine Statue von Christians IV. ziert. Ferner befinden sich am Stortorg das **Freimaurerhaus** und das Bürgermeisterhaus, welches 1640 gebaut wurde und um 1800 seine jetzige Gestalt erhielt. Beachtung verdient auch das Stora Kronohuset, ein prächtiger, weißer Empire-Bau aus dem 19. Jh. Das einstige Zeughaus

Kristianstad erleben

AUSKUNFT
Kristianstad Turistbyrå
Stora Torg
29180 Kristianstad
Tel. 044 13 53 35
www.kristianstad.se

AUSFLÜGE
Im Sommer fährt vom Südbahnhof aus ein historischer Dampfzug zum Strand nach Åhus.

FESTE
Stadtfest
Im Juli werden jedes Jahr die »Christianstadttage« in Form eines zehntägigen Volksfestes gefeiert.

Aalfest
Im Herbst ist es an der Aalküste Zeit für »Ålagille«, ein Festival, bei dem sich in den Hütten am Strand, in Gasthäusern und Restaurants alles um den edlen Fisch dreht. Auf den Speisekarten steht dann natürlich auch nur – Aal: als Suppe, geräuchert, gekocht, gebraten und auf jede nur denkbare Art schmackhaft zubereitet.

ESSEN
Kippars Källare ©©–©©©
Östra Storgatan 9
geöffnet Di.–Sa. ab 18.00 Uhr
Tel. 044 10 62 00
www.kippers.se
Uriges Kellerrestaurant in einem Gewölbe aus dem 17. Jh.

Restaurang Patrick Tribo ©©
Västra Boulevarden 15
geöffnet Mo.–Sa. 18.00–22.00 Uhr
Tel. 044 10 91 91
Restaurant und Weinkeller im Hotel Christian IV. mit hervorragender Küche.

ÜBERNACHTEN
Tomarp Gårdshotell ©©©©
Helmershusvägen 218
Tel. 044 93 11 8
www.tomarp.gardshotell.com
15 Zi. Wunderschön gelegenes Anwesen am Westufer des Sees Råbellövssjö, 15 km nordöstlich von Kristianstad. Wer Ruhe und Frieden sucht, findet hier sein Paradies, denn Fernseher sind tabu!

First Hotel Christian IV. ©©©
Västra Boulevarden 15
Tel. 044 20 38 50
www.firsthotels.com
86 Zi. Das palastähnliche Hotel, 2001 zum schönsten Haus der Stadt gewählt, befindet sich in einem ehemaligen Gebäude der »New Savings Bank« von 1901. Sehenswert: der 6 m hohe Dinnersaal mit Kristallleuchtern.

beherbergt heute das **Stadtmuseum**, das Ausgrabungsfunde und eine Kunstsammlung zeigt.
Stadtmuseum: Juni–Aug. tgl. 11.00–17.00, sonst Di.–So. 12.00–17.00 Uhr, Eintritt ist frei (so auch in den anderen, genanntem Museen)

Folgt man vom Stortorg der Östra Storgatan, so gelangt man zum **Filmmuseum**, das in den Räumen des ersten schwedischen Filmateliers eingerichtet ist. Es widmet sich den Anfängen des schwedischen

Films. Man kann hier verschiedene alte Kameras besichtigen und Stummfilme anschauen.
• Ende Juni – Mitte Aug. Mo. – Fr. 12.00 – 17.00, sonst So. 12.00 – 17.00 Uhr, www.regionmuseet.se

Eisenbahnmuseum Eisenbahnfreunde finden, passend im Südbahnhof von Kristianstad untergebracht, das kleine **Järnvägsmuseum**.
• Mitte Juni – Mitte Aug. tgl. 12.00 – 17.00 Uhr

*Dreifaltigkeitskirche Direkt gegenüber dem Bahnhof steht die aus Backstein errichtete Dreifaltigkeitskirche (Trefaldighetskyrka, 1617 – 1628), eine der größten und **schönsten Renaissancekirchen Nordeuropas**. Das Innere ist dreischiffig mit einem von extrem schlanken, achtkantigen Granitpfeilern getragenen Hauptschiff. Renaissance-Altar und -Kanzel sind aus hellem und dunklem Marmor, an den Wänden und im Fußboden sind etliche, gut erhaltene Grabplatten eingelassen.

Tivolipark Jenseits der Bahngleise befindet sich am Fluss der Tivolipark. In der weitläufigen, von einem dänischen Gartenarchitekten gestalteten Anlage gibt es ein **Jugendstiltheater von 1906**, Spielplätze, exotische Bäume, Vogelteiche und ein Café.

UMGEBUNG VON KRISTIANSTAD

Ausflug ins Wasserreich Wenn im Frühjahr die **Kraniche** ins »Wasserreich« (Vattenrike) zurückkehren, ist dies ein unvergesslicher Anblick. Doch auch für **Adler, Störche** und viele andere bedrohte Tier- und Pflanzenarten ist das Einzugsgebiet der Helgeå mit seinen Seen und Altwässern ein wichtiges Refugium. Nur wenige hundert Meter vom Bahnhof Kristianstad entfernt beginnt das Feuchtgebiet, das als UNESCO-Biosphärenreservat gelistet ist. Damit man die Tiere beobachten kann, ohne sie zu stören, wurde das Wasserreich zu einem **Ökomuseum** mit Besuchsplätzen, befestigten Pfaden und Beobachtungstürmen umgestaltet. Das kleine Freilichtmuseum Kanalhuset informiert über die Gegend. Hier beginnt auch die Linnérundan, ein 7 km langer, teilweise mit Stegen befestigter Wanderweg. Im Touristenbüro kann man eine der lohnenswerten täglichen **Schiffstouren in das Wasserreich** buchen.

Tykarpsgrotte 26 km nordwestlich von Kristianstad (Str. Nr. 21) befindet sich bei Ignaberga die Tykarpsgrottan, eine 20 000 m² große Kalksteingrotte, die besichtigt werden kann. In der Höhle wurden **Teile des Films »Ronja Räubertochter«** gedreht.
• Juli, Aug. 10.00 – 18.00 Uhr, Eintritt: Erw. 100 SEK, Kinder 50 SEK, www.tykarpsgrottan.net

Kilometerlange, ursprüngliche Badestrände erstrecken sich entlang der Hanöbucht südlich von Kristianstad.

Schloss Hovdala

Einen Abstecher lohnt das ca. 35 km von Karlstad entfernte Schloss Hovdala, südwestlich von Hässleholm am Finjasee gelegen. 1678 wurden Teile des Schlosses von Freiheitskämpfern, den so genannten Schnapphähnen, niedergebrannt, später wurde es von Jens Mikkelsen wieder aufgebaut. Wer möchte, kann sich **im Schlosscafé einen Picknickkorb** für ein Mahl im schönen Park richten lassen.
❶ Mai–Sept. Di.–So. 11.00–17.00 Uhr, Eintritt: 60 SEK, www.hassleholm.se/hovdalaslott

Schloss Vittskövle

Das vierflügelige Schloss zwischen Degeberga und Åhus ist Mitte des 16. Jh.s von Jens Brahe errichtet worden. Es ist mit seinen Wallgräben und Parkanlagen nicht nur das größte, sondern auch das **schönste Renaissancegebäude Schonens**. Besucher können leider nur einen Blick aus der Ferne auf die Gebäude werfen, denn das Anwesen ist für die Öffentlichkeit nicht zugänglich.

Åhus

Südöstlich von Kristianstad und jenseits des Hammarsjön erreicht man die Küstenstadt **Åhus** mit ihren langen, sandigen Badestränden. Für Aal, Kautabak und Branntwein ist die Stadt mit den niedrigen, pittoresken Häusern und den schmalen, gewundenen Gassen seit langem bekannt. Im Sommer gehören die kilometerlangen Sandstrände, die von Dünen flankiert werden, den Badegästen. Doch im Spätsommer und Herbst, wenn die ausgewachsenen Aale ihre Wanderung zur Saragossasee beginnen, schlägt die hohe Zeit der **Aalfischer**. Dann kommt Leben in die Fischerhütten, und die Reusen sind prall gefüllt mit den fetten, aber beliebten Speisefischen.

Landskrona

✴ C 1

Landschaft: Skåne (Schonen)
Provinz: Skåne Län
Einwohnerzahl: 42 100
Höhe: Meereshöhe

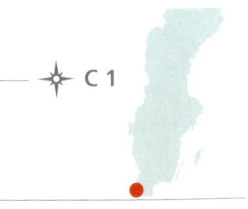

Gleich mehrere Herrscher haben das ehemalige Fischerdorf Landskrona zum militärischen Standort erkoren und zum Bollwerk gegen feindliche Nachbarn ausgebaut. Geblieben ist aus unruhigen Zeiten die große, klobige Zitadelle. Mit dem Boot kann man zur Insel Ven übersetzen. Von dort aus studierte der Astronom Tycho Brahe das Weltall – König Friedrich II. von Dänemark und Norwegen hatte ihm hier im 16. Jahrhundert zwei Sternwarten zu Forschungszwecken errichtet.

Dem Meer abgetrotzt

Im Jahre 1413 erhielt der Fischerort Södra Säby von Erik von Pommern die Stadtrechte und wurde dabei in Landskrona umbenannt. Christian III. ließ 1549 die Zitadelle errichten und wandelte damit die Stadt zur Festung um. Auch die schwedischen Könige Karl X. und Karl XI. hatten Großes vor, Landskrona sollte Bischofssitz und Universitätsstadt werden. In ihren Plänen spielte die Zitadelle eine wichtige Rolle, und so war sie Anfang des 18. Jh.s schließlich eine der größten im Norden. 1747 beschloss der schwedische Reichstag, die mittelalterliche Stadt abzureißen, um noch mehr Platz für die Befestigungsanlagen zu schaffen. Die neue Stadt wurde von Schlossbaumeister Carl Hårleman **im französisch-klassizistischen Stil** entworfen und auf dem Meer abgerungenen Land errichtet.

SEHENSWERTES IN LANDSKRONA

Rathausplatz

Das Zentrum bildet der Rådhustorg mit dem neugotischen Rathaus von 1882 und der Skulptur »Västanvinden« von Anders Olsen (1929). An der Nordecke des Rathausplatzes steht die im 18. Jh. erbaute ehemalige Adolf-Fredriks-Kaserne, die heute das Landskrona-Museum mit seinen stadtgeschichtlichen Sammlungen enthält. Über die Storgatan erreicht man die südlich gelegene **Sofia-Albertina-Kirche** aus dem 18. Jh. mit ihren schönen Glasgemälden. Direkt in der angrenzenden Kungsgatan (Nr. 13) steht das 1757 – 1769 erbaute **Haijiska Huset,** in dem die berühmte Dichterin Selma Lagerlöf 1885 – 1891 wohnte und den Roman »Gösta Berling« schrieb.
Landskrona-Museum:
Di., Fr. – So. 12.00 – 17.00, Mi., Do. 15.00 – 20.00 Uhr;
Sofia-Alertina-Kirche: tgl. 11.00 – 16.00 Uhr

Landskrona erleben

AUSKUNFT
Landskrona Turistbyrå
Skeppsbron 2
26136 Landskrona
Tel. 0418 47 30 00
www.landskrona.se

ESSEN
Erikstorps Kungsgård ❷❷
Borstahusen
Sa. geschl.
Tel. 0418 2 60 75
www.erikstorpskungsgard.se
Restaurant und Bar im historischen Milieu eines eleganten, alten Herrenhauses, 3 km nördlich von Landskrona.

Pumpans Café ❷
Landsvägen 134
Tel. 0418 7 25 10
www.pumpans.com
Hausgemachte Backwaren, vegetarische Spezialitäten, Tee- und Kaffeesorten aus der ganzen Welt.

ÜBERNACHTEN
Öresund ❷❷❷–❷❷❷❷
Selma Lagerlöfs Väg 4
geöffnet Mo.–Sa. 18.00–23.00 Uhr
Tel. 0418 47 40 00
www.hoteloresund.se
132 Zi. Hotel im Stadtzentrum mit alt-ehrwürdigem Charme. Von den beiden Restaurants ist besonders empfehlenswert – aber nicht ganz billig – das Gourmetrestaurant Nils Holgersson im urigen Kellergewölbe aus dem 18. Jh.. In der offenen Küche werden internationale Gerichte zubereitet.

Borstahusens Semesterby ❷❷
Das Feriendorf mit 81 hübschen, einfachen Hütten (www.borstahusens-semesterby.se) und einem Golfclub liegt im Norden von Landskrona nur rund 100 m vom Strand entfernt. Vermietung tage- und wochenweise. Das Fischerdorf Borstahusen liegt 1 km entfernt.
Buchung über Tel. 0418 47 47 30 oder www.boiskane.se

Hinter dem Kasernplan erstreckt sich das Festungsgelände mit dem **Landskrona Slott**, der einstigen Zitadelle. Der Zweckbau aus rotem Ziegelmauerwerk wurde 1549 erbaut. Das ringsum geschlossene, von einem Wassergraben umzogene Karree liegt inmitten einer weiteren Wall- und Grabenanlage. Im südwestlichen Eckturm befindet sich eine **Fotodokumentation**, und im südöstlichen Eckturm sind noch die Zellen der von 1825 bis 1940 bestehenden Haftanstalt zu sehen. — *Zitadelle*

Direkt bei der Brücke, die über den äußeren Graben ins Stadtzentrum hinein führt, befindet sich die gläserne Kunsthalle von Landskrona mit **wechselnden Ausstellungen**. — *Kunsthalle*
❶ Di., Do. bis So. 13.00–17.00, Mi. 15.00–20.00 Uhr, Eintritt frei

Vom 60 m hohen Wasserturm beim Sporthafen – er entstand in den sechziger Jahren, als die Textilindustrie florierte – hat man einen **tollen Ausblick auf die Stadt** und den Sund. — *Hafen*

Mit Fensterputzen wäre in der Zitadelle von Landskrona kein Geld zu verdienen.

* INSEL VEN

Die Künstlerinsel Einst bildete die schöne Insel Ven wohl eine Landverbindung zwischen Schonen und dem dänischen Seeland. Die von Landskrona (Fahrtdauer ca. 25 Min.) bzw. im Sommer auch von Helsingborg und Råå kommenden Schiffe legen im Hafen von Bäckviken an. Die kleine Insel kann man bequem **mit einem Leihfahrrad oder zu Fuß** durchstreifen. Auf Ven haben sich zahlreiche Künstler niedergelassen, die alljährlich zu Christi Himmelfahrt die »Kunstrunde« veranstalten und Besuchern ihre Ateliers öffnen.

Tycho Brahe Der dänische Astronom Tycho Brahe lebte von 1578–1598 in **Schloss Uranienborg**, das mitten auf Ven stand. Der dänische König Frederik II. (Ven wurde erst 1658 schwedisch) hatte dem Astronomen die Insel mit ihrer klaren, staubfreien Luft für seine Forschungen zur Verfügung gestellt. Von Schloss Uranienborg ist heute nichts mehr zu sehen, stattdessen gibt es ein Museum, das das Leben und

die Arbeit des Sternenforschers beschreibt. Im Observatorium Stjerneborg entdeckte Brahe **die erste Supernova** – wohlgemerkt mit bloßem Auge, denn das Fernrohr war noch nicht erfunden. Er war auch nicht der Einzige, der die Erscheinung sah, die von 1572 an 16 Monate lang hell wie ein Stern am Himmel strahlte. Aber Brahe war derjenige, der den Mut hatte, die bislang geltende aristotelische Theorie von der **Unveränderlichkeit des Sternenhimmels zu widerlegen**. Seine genauen Aufzeichnungen des Himmelsphänomens erlauben es heute, dieses als Supernova zu identifizieren.
Museum: Juli–Mitte Aug. tgl. 10.00–18.00, April–Juni u. Mitte Aug.–Ende Sept. tgl. 10.00–16.00 Uhr, Eintritt: 60 SEK, bis 15 Jahre frei, www.tychobrahe.com

Im nordwestlichen Teil der Insel thront beim Ort Kyrkbacken die **mittelalterliche Kirche** St. Ibb (13. Jh.) stolz über den steilen Felsen des Backafalls. In der Kirche steht noch Tycho Brahes Kirchbank. Von St. Ibb bietet sich eine **grandiose Aussicht über den Öresund** sowie die dänische und schwedische Küste.

St. Ibb

* Linköping

F 4

Landschaft: Östergötland
Provinz: Östergötlands Län
Einwohnerzahl: 147 000
Höhe: 40 m ü.d.M.

In Linköping, der modernen Hauptstadt der südschwedischen Provinz Östergötland, geht man auf besondere Art mit der Vergangenheit um: Bei der Neubebauung hat man viele alte Häuser aus dem Zentrum nicht einfach wegsaniert, sondern sie liebevoll in Gamla Linköping wieder aufgebaut. Weitere Attraktionen sind Schloss Ekenäs und seine Ritterspiele.

Erstmals wurde die Stadt im Zusammenhang mit der Gründung des Klosters Vreta 1128 urkundlich erwähnt. 1152 wurde bei Linköping beschlossen, Schweden der römischen Kirche anzugliedern. Hier besiegte 1598 Herzog Karl von Södermanland (später König Karl IX.), der die Reformation in Schweden durchsetzen wollte, den katholischen König Sigismund von Polen. Dessen Gefolgsleute wurden 1600 im Blutgericht von Linköping auf dem Marktplatz hingerichtet. Den wirtschaftlichen Aufschwung brachte 1937 die Verlegung der **Flugzeugproduktion von Saab** nach Linköping. In den 1960er-Jahren wurde die Universität gegründet. Heute ist Linköping bekannt für seine High-Tech- und Software-Industrie.

Geschichte

Linköping erleben

AUSKUNFT
Turistbyrå Linköping
Storgatan 15
58223 Linköping
Tel. 013 1900070
www.visitlinkoping.se

ESSEN
❶ *Stångs Magasin* €€€
Södra Stånggatan 1
So. geschl.
Tel. 013 312100
www.stangsmagasin.se
Stimmungsvoller Gasthof in einem 200 Jahre alten Lagerhaus am Wasser. Spezialität: Grillgerichte.

❷ *Wärdshuset Gamla Linköping* €€
Gästgivaregatan 1
Tel. 013 133110
www.wardshuset.com
Die beiden historischen Holzhäuser wurden vor dem Abriss gerettet und im Freilichtmuseum Gamla Linköping wieder aufgebaut. Hausmannskost und internationale Gerichte in einem ruhigen Ambiente. Preisgünstiges Lunchbuffet, abends nur nach Vorbestellung, sonst tgl. 11.00 – 16.00 Uhr.

ÜBERNACHTEN
❶ *Quality Hotel Ekoxen* €€€
Klostergatan 68
Tel. 013 252600
www.ekoxen.se
190 Zi. Schönes, geräumiges Hotel der Quality Kette, im Zentrum nahe Stadtpark. Große Spa-Abteilung sowie Möglichkeit, in einem »Flotation Tank« die Schwerelosigkeit zu erproben. Lohnenswert ist auch ein Besuch der modernen, schwedischen »Brasserie Britto«, die in den Sommermonaten ein spezielles Menü für Kinder anbietet und auch im Freien serviert.

❷ *Scandic Frimurarehotellet* €€€
St. Larsgatan 14
Tel. 013 4953000
www.scandic-hotels.se
208 Zi. Zentral gelegen an Linköpings Flaniermeile. Vielleicht etwas kitschig, aber durchaus sehenswert: die Eingangshalle des Hotels ganz in Rot und Rosa und mit goldenen Säulenkapitellen.

Idingstad Säteri €€ – €€€
Idingstad Säteri
Tel. 013 396454
www.idingstad.se
Am Südufer des Roxen-Sees, etwa 12 km nordöstlich von Linköping, liegt idyllisch und ruhig das Herrenhaus Idingstad Säteri, Hotel und Konferenzzentrum; in der alten Molkerei aus dem 17. Jh. wird auch Bed & Breakfast angeboten.

SEHENSWERTES IN LINKÖPING

Marktplatz In der Stadtmitte liegt der Marktplatz (Stortorg) mit dem Folkunga-Brunnen (1927). Der Brunnen ist eines der bekanntesten Werke des Bildhauers Carl Milles und trägt die **Skulptur von »Folke Filbyter«**, die an die Saga der Folkunger, ein Königsgeschlecht, erinnert. Östlich des Hauptplatzes steht die 1802 erbaute St.-Lars-Kirche, deren Turm aus dem 12. Jh. stammt. Im Innern sind einige Bilder des Autodidakten Pehr Hörberg (1746 – 1816) zu sehen.

Der Dom, eine der bedeutendsten und **schönsten Kathedralen Schwedens**, steht nordwestlich vom Stortorg in einem kleinen Park. Der ursprünglich romanische Bau von 1230 wurde später durch Um- und Ausbauten gotisch vollendet, an den Flanken der Seitenschiffe kann man noch romanische Bauteile entdecken. Der 107 m hohe Turm, das Wahrzeichen Linköpings, wurde erst 1886 angefügt.
❶ Tgl. 9.00 – 18.00 Uhr

Dom

Unweit von Dom und Schloss, in dem heute die Bezirksregierung untergebracht ist, befindet sich eines der ältesten und größten Provinzmuseen des Landes, in einem architektonisch interessanten, funktionalistischen Gebäude von 1939. Das Museum zeigt Sammlungen zur Vor- und Frühgeschichte, schwedische Kunst vom Mittelalter bis zur Gegenwart sowie eine **kleine medizingeschichtliche Sondersammlung** (Raoul Wallenbergsplats).
❶ Mi., Fr. – So. 11.00 – 16.00, Di. u. Do. bis 20.00 Uhr, Eintritt: 70 SEK, www.ostergotlandslansmuseum.se

Östergötlands Länsmuseum

Die interessanteste Sehenswürdigkeit der Stadt jedoch ist Alt-Linköping, ein **großes und sehr gepflegtes Freilichtmuseum**, das durch viele Handwerksbetriebe, Tante-Emma-Läden und Kunstgewerbeateliers überaus lebendig wirkt. Auch ein Schulmuseum, ein Apothekenmuseum, das Museum der Bank von Östergötland und ein Polizeimuseum sind in den alten Holzhäusern zu finden, ferner das Phänomen-Magasinet mit technisch-naturwissenschaftlichen Experimenten. Fast 100 Häuser umfasst das Gelände, die meisten

*Gamla Linköping

Linköping

Essen
❶ Stångs Magasin
❷ Wärdshuset Gamla Linköping

Übernachten
❶ Hotel Ekoxen
❷ Scandic Frimurarehotellet

Alte Häuser erhalten durch Versetzen? So macht man es in Linköping.

standen einst im Zentrum von Linköping, mussten aber den vielen Neubauten nach dem Zweiten Weltkrieg weichen. Da viele Häuser von Gamla Linköping bewohnt sind, wirkt es nicht wie ein klassisches Freilichtmuseum, sondern eher wie ein **nostalgischer Stadtteil**.
Läden und Werkstätten: Mo.–Fr. 10.00–17.00,
Sa., So. 11.00–16.00 Uhr, teilweise länger, Eintritt frei,
Tel. 013 12 11 10, www.gamlainkoping.info

UMGEBUNG VON LINKÖPING

Kinda-Kanal Lohnend ist eine Fahrt auf dem Kinda-Kanal, der den Roxensee mit einigen südlich gelegenen, von der Stångån durchflossenen Seen verbindet. Wer auf dem Kanal unterwegs ist, muss auf 80 km Länge insgesamt 15 Schleusen passieren. Die Fahrt führt an einigen Landsitzen vorbei (u.a. am Erlangsee das Herrenhaus Sturefors von 1704) und endet in Horn am Südende des Åsundsees. Für die Berufsschiffer ist der Kinda-Kanal schon lange nicht mehr rentabel, deshalb sind heute nur noch Freizeitkapitäne auf ihm unterwegs. Auch zwei nostalgische Dampfer bieten **Ausflugsfahrten** an.
❶ Infos zu Schleusen, Öffnungszeiten und Preisen unter www.kindakanal.se

Flugplatz Malmen Wer sich für Militärgeschichte und Flugzeuge interessiert, findet im **Luftwaffenmuseum** auf dem Flugplatz Malmen rund 50, zum Teil

einzigartige Exponate, darunter eine Junkers 86k; **Simulator-Flüge** werden angeboten. In den Hallen werden außerdem 100 Jahre technologische Entwicklung im Flugzeugbau dokumentiert. Etwa 7 km vom Stadtzentrum entfernt (Carl Cederströms gata 2).
❶ Sept. – Mai Di. – So. 11.00 – 17.00, Juni – Aug. Mo. – So. 11.00 – 17.00, Mi. bis 20.00 Uhr, Eintritt: Erw. 60 SEK, bis 18 J. frei, Tel. 013 4959700, www.flygwapenmuseum.se

Etwa 40 km südwestlich von Linköping liegt das Örtchen Ulrika, dessen berühmter, traditionsreicher **Pferdemarkt** jährlich im September rund 40 000 Besucher anzieht. — Ulrika

Das stattliche weiße Renaissanceschloss liegt 20 km östlich von Linköping und birgt Einrichtungen aus drei Jahrhunderten. Unbedingt sehenswert ist das farbenprächtige Ritterturnier Ende Mai. — Schloss Ekenäs
❶ Mai – Aug. Sa., So. 13.00 – 16.00, im Juli Di. – So. 13.00 – 16.00; Park: tgl. 8.00 – 20.00 Uhr, www.ekenasslott.se

✱ Luleå

N 11

Landschaft: Norrbotten
Provinz: Norrbottens Län
Einwohnerzahl: 74 400
Höhe: Meereshöhe

Neben Narvik ist Luleå der wichtigste Hafen für den Erzexport. Die nüchterne Industriestadt bietet wenig fürs Auge, doch die rund 700 vorgelagerten Schäreninseln bilden ein bezauberndes, auch botanisch interessantes Ausflugsziel. Wichtigste Sehenswürdigkeit ist Gammelstad, die größte Kirchstadt in ganz Schweden.

Das alte Luleå (gespr. Lüleo) lag bei seiner Stadterhebung 1621 noch an der Mündung des Flusses Luleälven. Doch die starke Landhebung führte dazu, dass der Hafen nach wenigen Jahren versandete und die Stadt 1649 auf eine Halbinsel am Luleälven verlegt werden musste. In der Folgezeit vernichteten Brände mehrmals die alte Bausubstanz, so auch 1887. Heute wird Luleå, das nur 110 km unterhalb des Polarkreises liegt, vor allem wegen der Einkaufsmöglichkeiten, der vielen Restaurants, Kneipen und Hotels geschätzt; es ist **Dienstleistungs- und Verwaltungszentrum**. Das soziale Netzwerk Facebook plant, hier sein erstes europäisches Datenzentrum einzurichten. Wirtschaftlich wichtig ist der Hafen, von dem das Erz, das mit der Eisenbahn aus Kiruna kommt, Richtung Süden verschifft wird. — Vom Land fortgehoben

Luleå erleben

AUSKUNFT

Kulturens Hus
Skeppsbrogatan 17
97185 Luleå
Tel. 0920 45 70 00
www.visitlulea.se

Haparanda Turistbyrå
Green Line
Haparanda Stad
Tel. 0922 1 20 10
www.haparandatornio.com

OUTDOOR
In der Wintersaison verspricht Eissegeln einen besonderen Kick. Die mit Rollen oder Skiern ausgestatteten Gefährte erreichen eine hohe Geschwindigkeit. Kontakt: Botniaa Isseglare, Tel. 0920 20 34 34. Viele andere Aktivitäten im Winter (Touren mit dem Hundeschlitten) und im Sommer (Rad- und Angeltouren) vermittelt www.tour-lapland.com. Rentiere sind in der Region etwas ganz Alltägliches. Nicht so alltäglich ist für Besucher aber ein Ausflug mit einem Rentier, bei dem man die sanfte Natur dieser Tiere in ihrer urtümlichen Umgebung erlebt. Ganz zu schweigen davon, dass die Vierbeiner einem das lästige Schleppen des Gepäcks gerne abnehmen. Im Wildnisdorf Solberget (www.solberget.com) kann man solche Ausflüge buchen.

AUSFLÜGE
In den Schärengarten vor Luleå: Vom Norra Hamn verkehren von Mitte Juni bis Mitte August täglich Boote, Abfahrt ist in der Regel um 10.00 Uhr. Regelmäßig werden die Inseln Altappen, Hindersön, Junkön, Kluntarna, Rödkallen und Småskär angelaufen. Infos und Fahrkarten im Touristenbüro.

ESSEN
Margaretas Wärdshus €€€
Lulevägen 2
Luleå
Gammelstad
Tel. 0920 25 42 90
www.margaretasvardshus.se
Das bekannteste Restaurant der Stadt leitet Fernsehköchin Margareta Almlöw. Das »Wärdshus« liegt in einem geschmackvoll restaurierten Hof in Gammelstad.

Musikomat €€
Järnvägsstationen
Tel. 0920 1 54 44
www.musikomat.se
Im alten Bahnhof von Luleå stimmt die Qualität, allerdings ist die Speisekarte nicht sehr umfangreich. Freitag- und Samstagabend wird Livemusik gespielt.

Restaurang Minerva €
Haparanda
Torget 3
Tel. 0922 6 88 07
Restaurant der schwedisch-finnischen Volkshochschule. Man isst hier zwar günstig und gut, doch muss man dafür ein wenig Kantinenatmosphäre in Kauf nehmen.

ÜBERNACHTEN
Elite Stadshotellet €€€
Storgatan 15
97232 Lulea
Tel. 0924 27 40 00
www.elite.se

158 Zi. Im Stadtzentrum gelegen, mit individuell eingerichteten Zimmern und einem prachtvollen Bankettsaal im Renaissance-Stil.

Haparanda Stadshotell ❸❸❸
Haparanda, Torget 7
Tel. 0922 6 14 90
www.haparandastadshotell.se
92 Zi. In dem prächtigen Haus haben sich die Mächtigen aus dem Zarenreich, der Sowjetunion und dem Westen getroffen und Politik gemacht. Unbedingt sehenswert sind der Ballsaal mit den schimmernden Kronleuchtern und das Gourmetrestaurant im Keller, das lokale Zutaten bevorzugt.

Rödkallen Fyrhotell ❸–❸❸
Rödkallen
Hällvägen 10
Tel. 0920 25 77 50
www.fyrhotellet.com
Nur für Abenteuerlustige, denn dieses Hotel ist in einem ehemaligen Leuchtturm im äußeren Schärengarten von Luleå untergebracht. Dafür ist die Sicht von der Bar im obersten Stockwerk unglaublich. 2001 wurde das Hotel renoviert und umgebaut. Gutes Fischrestaurant.

> **BAEDEKER TIPP !**
>
> ### Kukkolaforsen Turist & Konferens
>
> Kukkolaforsen 184
> 95391 Haparanda
> Tel. 0922 3 10 00
> www.kukkolaforsen.se
> Ein **besonderes Ferienzentrum**, 15 km nördlich von Haparanda, am Ufer des Thome-Flusses. Idyllisch gelegen in einem Fischzuchtgebiet, in dem noch **wie vor 300 Jahren mit dem Kescher gefischt** wird. Im Restaurant gibt es die Fische lecker zubereitet mit Blick auf die Stromschnellen. Unterkunft auf dem Campingplatz oder in Ferienhäuschen mit WC, Dusche und Kochnische und Platz für 4-6 Personen.

SEHENSWERTES IN LULEÅ UND UMGEBUNG

Im Stadtzentrum, nur einige Straßen entfernt vom **Dom**, befindet sich in der Storgatan Nr. 2 **Norrbottens Museum**, das archäologische und lokalhistorische Funde zeigt sowie über die Geschichte der Samen informiert. Nördlich der Innenstadt liegt die **Bucht Stadsviken** mit dem Norra Hamn, von dem die Ausflugsschiffe auslaufen. In einem stattlichen Holzbau befindet sich das **Theater Norrbottens**. Nordwestlich vom Zentrum erstreckt sich an der Ausfallstraße in Richtung Haparanda (und der Grenze zu Finnland) das Gelände der Technischen Hochschule, auf dem das **Haus der Technik** technische und naturwissenschaftliche Zusammenhänge erklärt und Besucher zum Experimentieren einlädt.

Kernstadt

Norrbottens Museum: Juni–Aug. Mo.–Fr. 10.00–16.00, Sa., So. ab 12.00 Uhr, sonst Mo. geschl., www.nll.se
Haus der Technik: Di.–So. 10.00–16.00 Uhr, Eintritt: 70 SEK, www.teknikenshus.se

In der Kirchstadt Gammelstad übernachteten
einst von weit angereiste Kirchgänger.

Karlsvik Vor den Toren Luleås informiert in Karlsvik das **Eisenbahnmuseum** hauptsächlich über die Geschichte der Erzlinie; in zehn Gebäuden sind rund 140 Fahrzeuge zu bestaunen (Arcusvägen 95). Mit dieser Sammlung zählt das Museum zu den größten seiner Art in Schweden.
🛈 Juli tgl. 10.00–17.00, Sa., So. 11.00–16.00, Juni, Aug.–Mitte Sept. Mo–Fr. 10.00–17.00 Uhr, www.nbjvm.se

*Gammelstad Etwa 10 km nordwestlich, dort, wo die Stadt Luleå im 14. Jh. ursprünglich gegründet wurde, befindet sich Gammelstad, wörtlich: die »alte Stadt«. Als man im 15. Jh. mit dem Bau der Kirche begann, lag diese etwas erhöht auf einer Insel und mitten in der Mündung des Luleälven. Mehr als 400 kleine Holzhäuschen scharten sich um die große Steinkirche, in denen die Kaufleute und Kirchenbesucher übernachteten, wenn sie ihrer Kirchpflicht nachkamen. Einst gab es in Schweden mehr als 70 dieser **Kirchstädte**, von denen heute nur noch 16 erhalten sind. Von diesen ist Gammelstad die größte und am besten erhaltene. Seit 1996 gehört sie zum **Unesco-Weltkulturerbe**. Die Kirche ist ein gotischer Bruchsteinbau mit klassizistischem Turm, beachtenswerter Kanzel und einem Antwerpener Schnitzaltar aus dem frühen 16. Jh.
🛈 Jan.–Mitte Juni Mo.–Mi. 10.00–14.00, Mitte Juni–Mitte Aug. tgl. 9.00–18.00, ab Mitte Aug. Mo.–Mi. 10.00–16.00 Uhr,
Tel. 0920 45 70 10, www.lulea.se/gammelstad

Kalix Rund 80 km nordöstlich von Luleå liegt an der Mündung des Kalix Älv in den Bottnischen Meerbusen die Stadt Kalix. In der **Kirche von 1472** sind der spätmittelalterliche Altarschrein, der Taufstein und das moderne Fenster von Pär Andersson beachtenswert.

Noch rund 50 km weiter östlich liegt am Torne Älv, der hier die natürliche Grenze zu Finnland bildet, die Stadt **Haparanda**. Sie wurde im Jahr 1809 gegründet, nachdem die östliche Nachbarstadt Tornio zusammen mit Finnland an Russland abgetreten worden war. Über Haparanda wurden im Ersten Weltkrieg Gefangene zwischen Russland und den Mittelmächten ausgetauscht. Nicht versäumen sollte man den **Abstecher ins finnische Tornio**, um sich dort die Holzkirche aus dem 17. Jh., die russisch-orthodoxe Kirche, das Regionalmuseum des Torniotals und das Kunstmuseum anzuschauen.

> **? BAEDEKER WISSEN**
>
> *Kirchpflicht*
>
> Einst herrschte in Schweden Kirchpflicht. Wer bis zu 10 km entfernt wohnte, musste jeden Sonntag zum Gottesdienst erscheinen, bei **20 km Anreise nur alle 14 Tage**. Die Gläubigen konnten in den Holzhäuschen übernachten, die direkt bei den Kirchen gebaut wurden. Heute sind diese »Kirchstädte« gut besuchte Sehenswürdigkeiten.

** Lund

↯ D 1

Landschaft: Skåne (Schonen)
Provinz: Skåne Län
Einwohnerzahl: 89 000
Höhe: Meereshöhe

In Lund hat die größte Universität Skandinaviens ihren Sitz, mehr als 40 000 Studenten sind hier eingeschrieben. Die vielen jungen Menschen auf den Plätzen und in den Cafés und Kneipen machen Lund zu einer sehr lebendigen Stadt. Deren größte Sehenswürdigkeit ist der imposante Dom.

Die südschwedische Stadt Lund liegt in der Provinz Skåne, etwa 20 km nordöstlich der Hafenstadt Malmö. Sie wurde wahrscheinlich 990 vom dänischen König Sven Gabelbart gegründet. Seit 1666 ist Lund Sitz einer **Hochschule, nach Uppsala die zweitälteste des Landes**. Vom 12. bis zum 15. Jh. war Lund die größte Stadt Skandinaviens und Sitz eines dänischen Bischofs, 1104 sogar des Erzbischofs, deshalb wurde sie damals auch »Metropolis Daniae« genannt.

»Dänische Metropole«

SEHENSWERTES IN LUND

Der Dom ist Lunds **wichtigste Sehenswürdigkeit** und die bedeutendste romanische Kirche des Landes. Er wurde mehrfach umgebaut. Bis auf die Renaissancekanzel und den prächtigen geschnitzten

**Dom

Lund erleben

AUSKUNFT
Turistbyrå
Botulfgatan 1a
22350 Lund
Tel. 046 35 50 40
www.lund.se

MARKT
Von Mo bis Sa. werden Obst und Gemüse auf dem Mårtenstorg angeboten.

ESSEN
Dalby Gästgivaregård €€€
Dalby
Tingsgatan 6i
tgl. geöffnet
Tel. 046 20 00 06
www.gastrogate.com/restaurang/dalby-gastis
Eine der ältesten Gaststätten Schonens, nur wenige Kilometer südöstlich von Lund in dem kleinen Ort Dalby. Mehrfach unter die besten Restaurants des Landes gewählt.

❶ *Grand Hotel* €€€
Bantorget 1
täglich geöffnet
Tel. 046 2 80 61 00
www.grandilund.se
Hier kann man angenehm übernachten und sehr gut essen. Das Hotelrestaurant bietet neben internationaler Küche auch eine reiche Auswahl an Spezialitäten aus Schonen und eine vorzügliche Weinkarte.

❷ *Saluhallen* €€
Mårtenstorget (südlich vom Dom). In der alten Markthalle von Lund befinden sich kleine, preisgünstige Restaurants, die besonders zur Mittagszeit beliebt sind. Neben Thaiküche und Kebab gibt es gute Fisch- und Schalentiergerichte.
geöffnet Mo.–Fr. 9.00–18.00,
Sa. 9.00–15.00 Uhr.

ÜBERNACHTEN
❶ *Hotel Concordia* €€€–€€€€
Stålbrogatan 1
Tel. 046 13 50 50
www.concordia.se
62 Zi. Erstklassiges Hotel mit langer Geschichte. Früher wohnten hier einige Gelehrte, die den Schriftsteller August Strindberg im gegenüberliegenden Haus kopfschüttelnd dabei beobachteten, wie er auf alchimistischem Wege versuchte, Gold herzustellen.

❷ *Hotel Duxiana* €€€
St. Petri Kyrkogata 7
Tel. 046 13 55 15
www.lund.hotelduxiana.com
31 Zi. Relativ kleines, aber sehr persönliches Hotel im Herzen von Lund, unweit der Universität und vom Hauptbahnhof.

Altarschrein, der aus Norddeutschland stammt (14. Jh.), ist der Kirchenraum nahezu schmucklos (▶Baedeker Wissen, S. 260). Besonders schön ist die geräumige **Krypta**, welche die gesamte Breite des Gebäudes einnimmt. Der Brunnen trägt satirische niederdeutsche Inschriften, er ist ein **Werk des westfälischen Meisters van Düren**, der 1512–1527 in Lund lebte. Für die Einwohner der Stadt bildete übrigens lange Zeit der Brunnen die einzige Trinkwasserversorgung.
◐ Mo.–Fr. 8.00–18.00, Sa. 9.30–17.00, So. bis 18.00 Uhr

Lund • ZIELE

Im Lundagård, in unmittelbarer Nähe des Doms, befindet sich das **Historische Museum**. Es besitzt eine beachtliche Sammlung prähistorischer Funde und kirchlicher Altertümer. Westlich davon erhebt sich das turmgeschmückte **Kungshus** aus dem 16. Jh.. Der schwedische König Karl XII. soll hier die Wendeltreppe hinaufgeritten sein, als er, von Feldzügen auf dem europäischen Festland zurückkommend, sein Lager in Lund aufschlug.

Lundagård

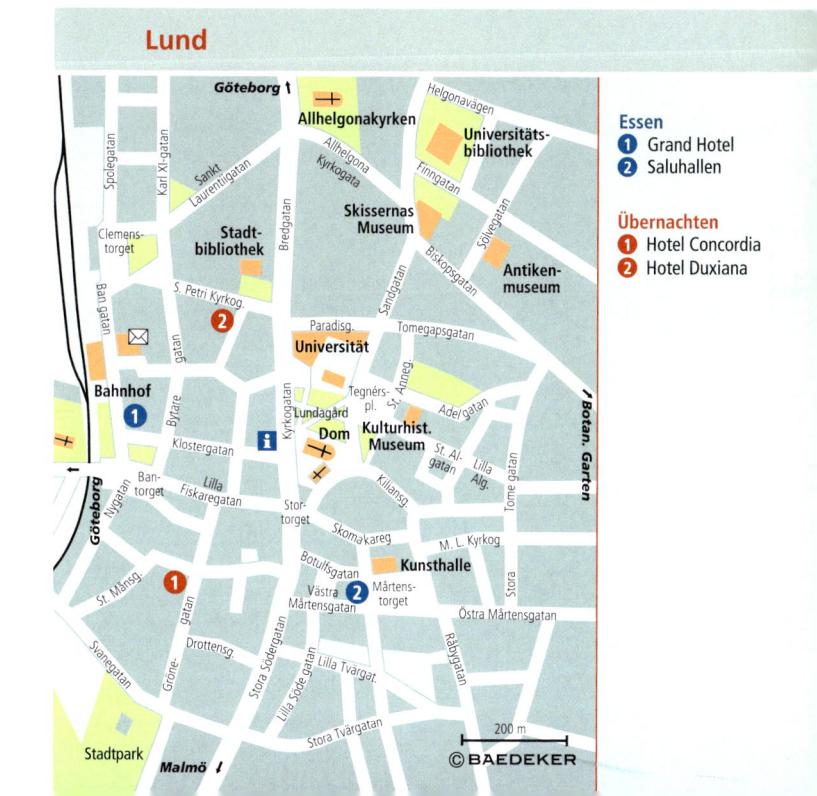

Museum: Di.–Fr. 11.00–16.00, So. 12.00–16 Uhr, Eintritt: 50 SEK, Studenten und Kinder bis 18 Jahre frei

An der Südostecke des Lundagård erstreckt sich der Tegnérplatz mit dem Standbild des schwedischen Schriftstellers Esaias Tegnér (1782–1846), der u.a. mit der »Frithjofssage« bekannt wurde. Seine Wohnung an der Stora Gråbrödersgatan 11 ist heute ein Museum.

Tegnérplatz

❶ Führungen unter Tel. 046 35 04 32 buchen

Am Tegnérplatz steht auch das klassizistische Gebäude des **kulturhistorischen Museums** »Kulturen« mit Mobiliar, Hausgerät, guter

*»Kulturen«

Lund

Essen
① Grand Hotel
② Saluhallen

Übernachten
① Hotel Concordia
② Hotel Duxiana

© BAEDEKER

Keramiksammlung sowie einer Freilichtabteilung mit rund 40 alten Bauernhäusern aus der Region. Das Freilichtmuseum wurde 1882 als eines der ersten seiner Art eröffnet.
❶ Mitte April – Ende Sept. tgl. 11.00 – 17.00, sonst Di. – So. 12.00 – 16.00 Uhr, Eintritt: 120 SEK, erm. 80 bzw. 60 SEK, www.kulturen.com

Mårtenstorg Südöstlich vom Lundagård liegt der Mårtenstorg. An seiner Nordseite befindet sich die **Kunsthalle**, in der moderne schwedische Kunst und Sonderausstellungen gezeigt werden. Der schnörkellose, gradlinige Bau wurde entworfen von dem seinerzeit in Lund lebenden Architekten Klas Anshelm, der auch für die Erweiterungsbauten der Universität verantwortlich war.
❶ Di., Mi., Fr., So. 12.00 – 17.00, Do. bis 20.00, Sa. ab 10.00 Uhr, Eintritt frei, www.lundskonsthall.se

Universität Am nördlichen Rand des Lundagård stehen die restaurierten, klassizistischen Gebäude der Universität. Weiter nördlich liegt die Universitätsbibliothek, die wertvolle Handschriften, z. T. aus dem 12. Jh., und mehr als 2,5 Mio. Bücher besitzt.

UMGEBUNG VON LUND

Dalby Südöstlich von Lund führt Str. Nr. 16 nach Dalby. Die dortige Kirche mit einer Krypta aus dem 12. Jh. zählt zu den ältesten Steinkirchen des Nordens. In der Nähe liegt der kleine Nationalpark Dalby Söderskog. Seit 1918 sind hier **36 ha kontinentaler Laubwald** unter Schutz gestellt. Eine Straße führt bis zum Park, wo man auf teils mit Bohlen befestigten, schönen Wanderwegen den Dalby Söderskog erkunden kann.

Schloss Bosjökloster Ungefähr 30 km nordöstlich von Lund (Str. Nr. 23) erreicht man Schloss Bosjökloster. Das um 1080 gegründete Benediktinerkloster liegt auf einer Landzunge im Ringsee und ist eines der ältesten Schlösser Skånes. Der mächtige weiße, mit zahlreichen Giebeldächern verzierte Bau beherbergt im Innern das Klostermuseum. Im Park sind Rosengarten, Kräutergarten und die **tausendjährige Eiche** sehenswert. Ambitioniertes Konzertprogramm.
❶ Mai – Sept. tgl. 10.00 – 18.00 Uhr, www.bosjokloster.se

Skånes Djurpark Rund 3 km nördlich des nahe gelegenen Ortes Höör liegt Skånes Djurpark mit mehr als **800 nordischen Tieren** wie Wölfen, Elchen, Luchsen und Adlern.
❶ April – Sept. tgl. 10.00 – 17.00, sonst bis 15.00 Uhr, Eintritt: Erw. 120 SEK, erm. 80 SEK, www.skanesdjurpark.se

Die altehrwürdige Universitätsbibliothek von Lund birgt Wissen und wertvolle Handschriften.

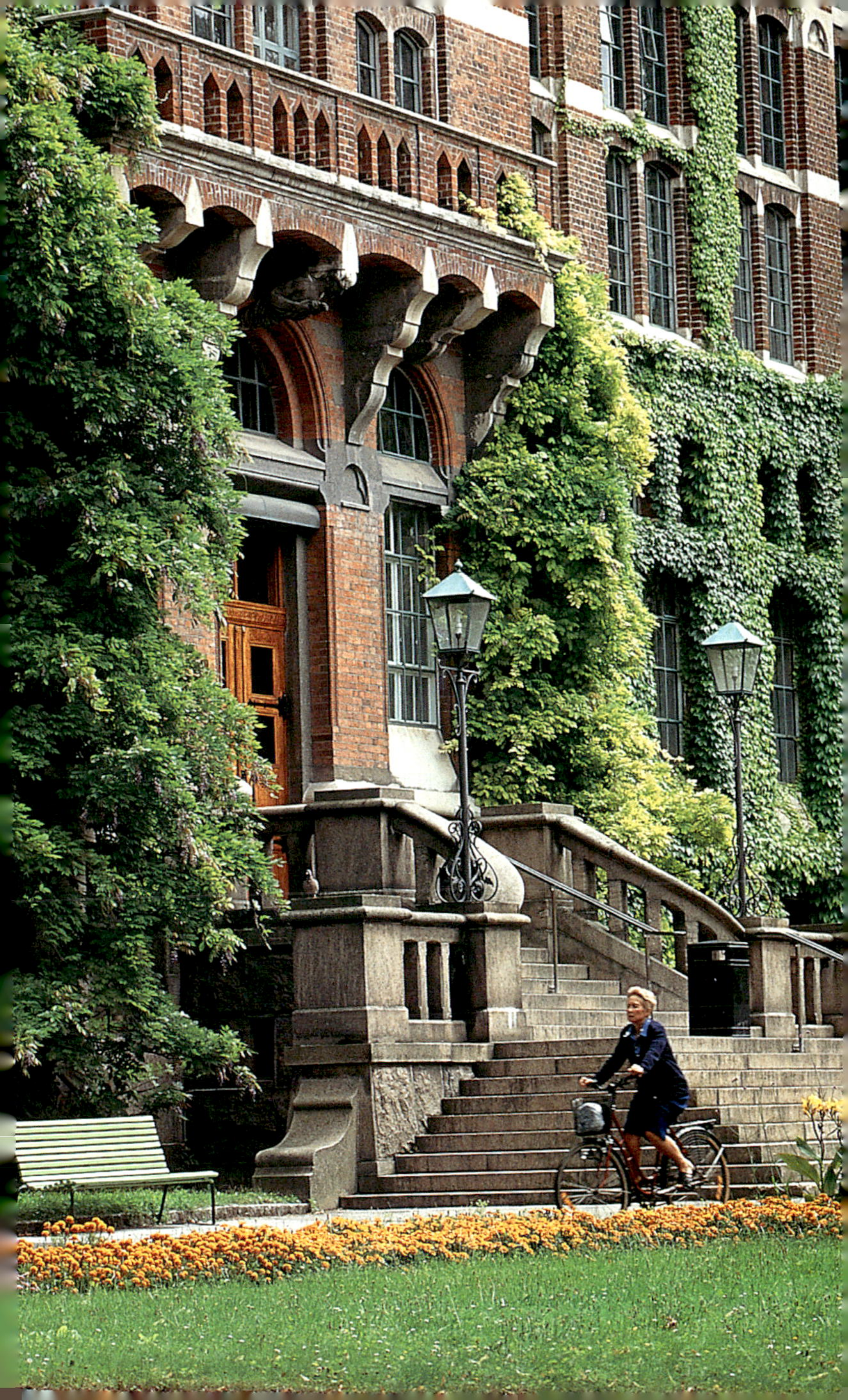

BAEDEKER WISSEN

Dom von Lund

★★ *Dom von Lund*

Der Dom von Lund, um 1080 vom Dänenkönig Knut dem Heiligen gegründet, ist die älteste und bedeutendste romanische Kirche Schwedens. Der heutige Bau wurde zwischen 1123 (Krypta) und 1161 (Apsis am Hauptchor) fertig gestellt, aber bereits 1145 eingeweiht. Als im 16. Jh. Lund an Bedeutung rapide verlor, verfiel auch der Dom. Im 18. und 19. Jh. wurde er umfangreich restauriert.

❶ Mo.–Fr. 8.00–18, Sa. 9.30–17.00, So. bis 18.00 Uhr. Die astronomische Uhr spielt werktags 12.00 und 15.00 Uhr, sonn- und feiertags 13.00 und 15.00 Uhr.

❶ *Schiff*
Ein gotisches Kreuzrippengewölbe überspannt das Hauptschiff, während die Seitenschiffe noch romanische Gewölbe besitzen.

❷ *Kanzel*
Johannes Ganssog aus Frankfurt an der Oder schuf 1592 das Kunstwerk aus Alabaster, Sand- und Kalkstein.

Blick in die Krypta, unten an der vordersten Säule die »Frau« Finns

❸ *Chorgestühl*
Das Chorgestühl (15. Jh.) besteht aus Eichenholz und zählt zu den größten und schönsten dieser Zeit in ganz Europa.

❹ *Altar*
Der geschnitzte Altaraufsatz (1398) zählt zu den ältesten gotischen Retabeln Schwedens. Er wird von 40 Figuren geziert und stammt wohl aus Norddeutschland.

❺ *Mosaik*
Das auffallende, 6 m hohe Christusmosaik (1925) in der Apsis ist ein Werk des dänischen Künstlers Joakim Skopvgaard.

❻ *Krypta*
18 Säulen tragen die Decke der Krypta, zwei davon zeigen Menschengestalten, die die Säule fest umklammert halten. Der Sage nach soll es sich dabei um den legendären Erbauer der Kirche, den Riesen Finn, und seine Frau handeln. Wer hier wirklich dargestellt sein soll, ist unklar. Die Krypta besitzt mit ihrem jeweils dreischiffigem Langhaus und Querhaus einen ungewöhnlichen Grundriss und ist von großartiger Raumwirkung. Hier liegt neben dem zentralen Grab des Erzbischofs Birger (gest. 1519), das des Erzbischofs Herman.

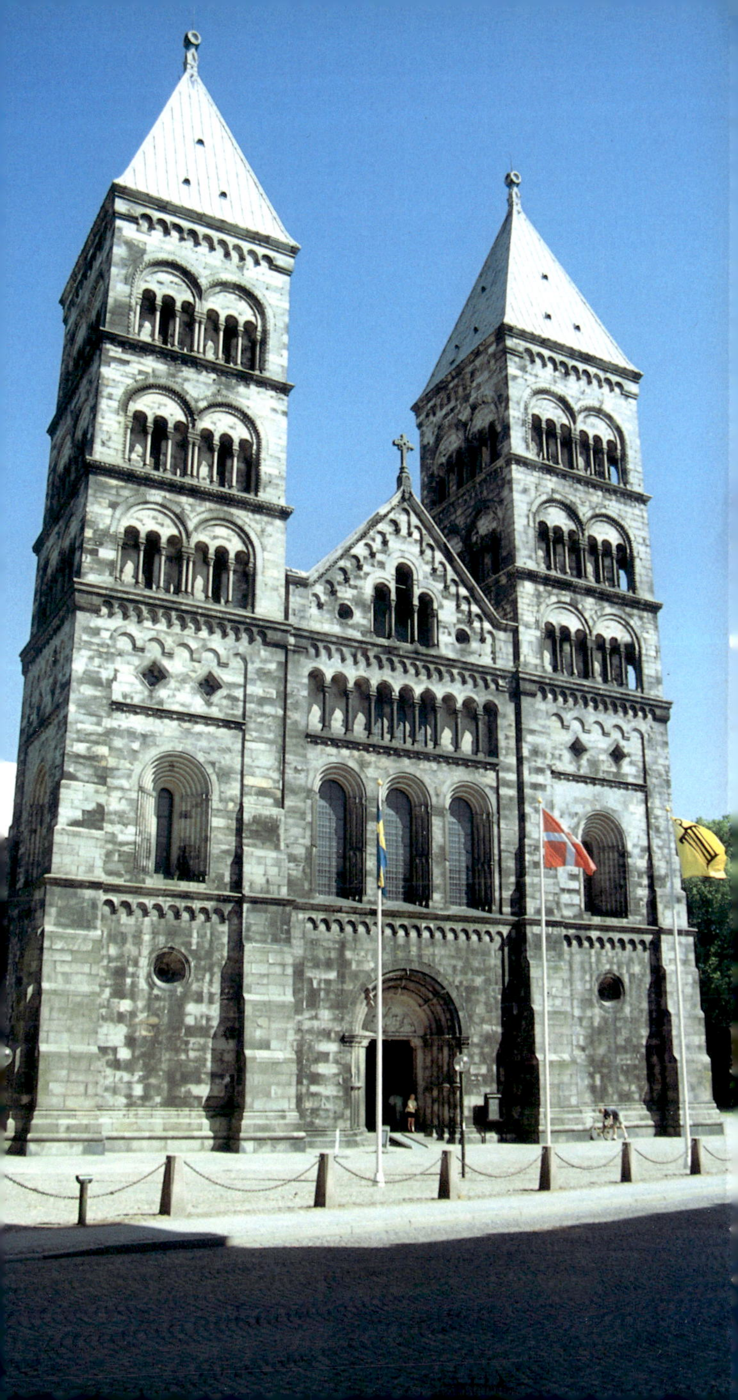

261

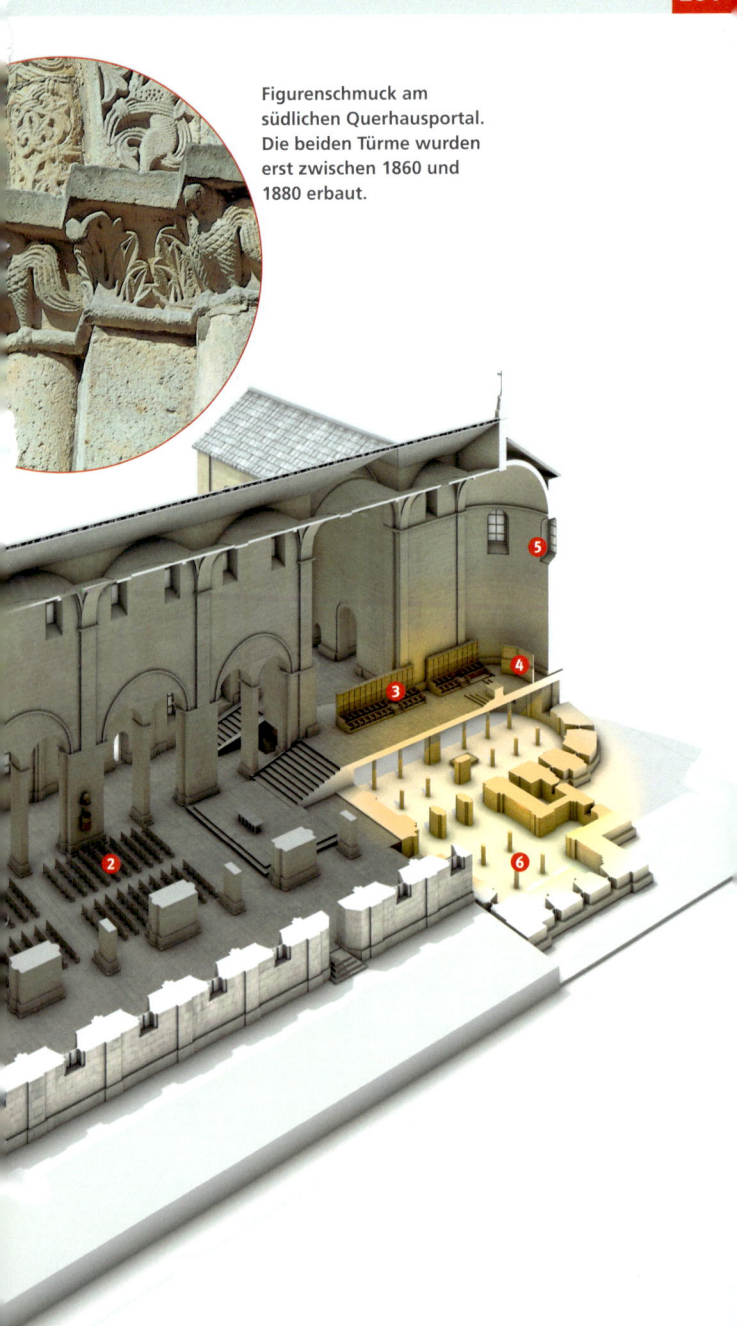

Figurenschmuck am südlichen Querhausportal. Die beiden Türme wurden erst zwischen 1860 und 1880 erbaut.

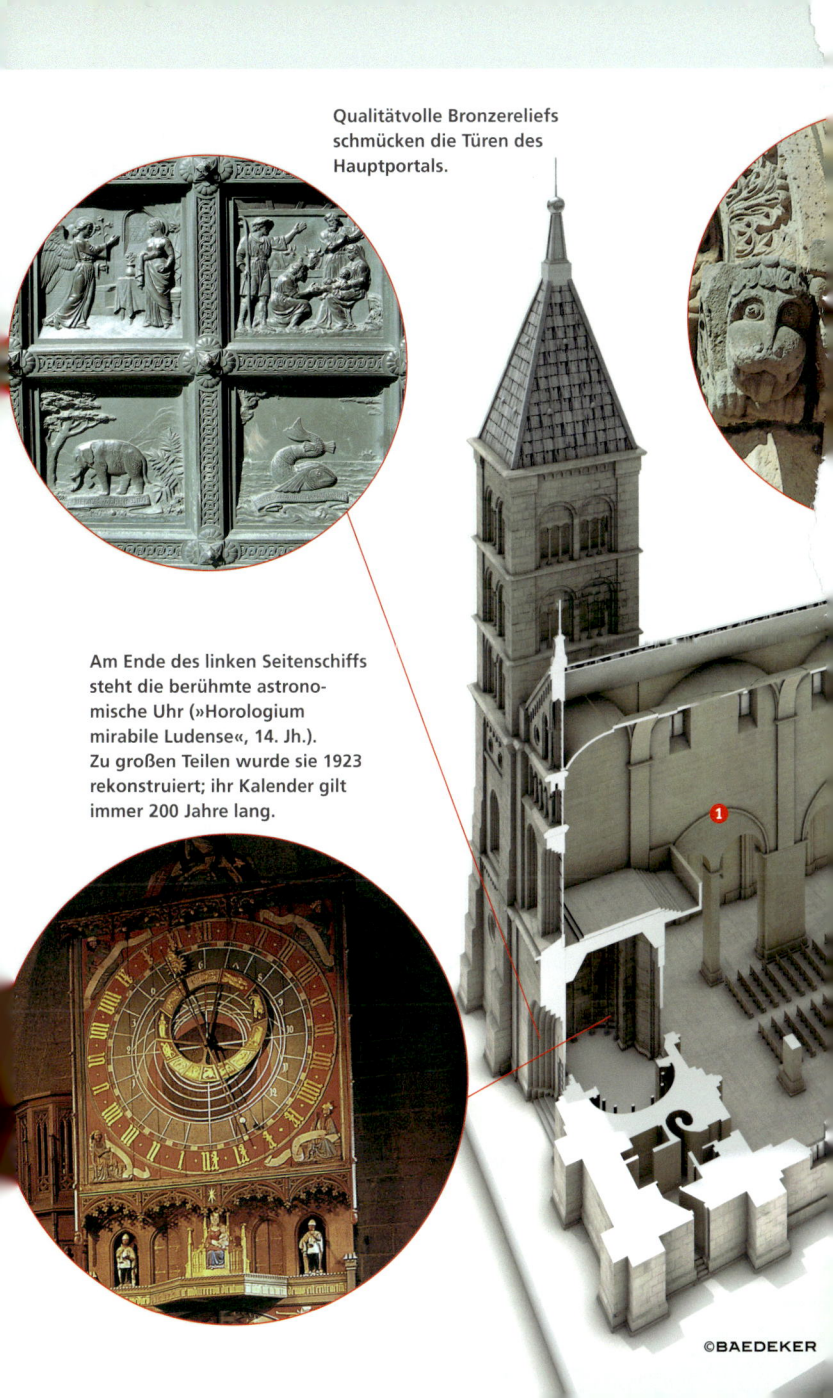

Qualitätvolle Bronzereliefs schmücken die Türen des Hauptportals.

Am Ende des linken Seitenschiffs steht die berühmte astronomische Uhr (»Horologium mirabile Ludense«, 14. Jh.). Zu großen Teilen wurde sie 1923 rekonstruiert; ihr Kalender gilt immer 200 Jahre lang.

©BAEDEKER

* Mälarsee

✧ G/H 5

Landschaft: Södermanland, Uppland und Västmanland

Entlang der verschlungenen Ufer des Mälarsees liegt die bevölkerungsreichste Region Schwedens. Die Hauptstadt Stockholm an seiner Ostseite machte den See für den Adel höchst attraktiv, der hier eine große Zahl stattlicher Schlösser und Herrensitze errichten ließ. Die zugehörigen Ländereien wurden nie bebaut, deshalb ist auch heute noch um den See sehr viel Grün zu finden.

Eine Bucht wird See
Nach Vänersee und Vättersee ist der Mälarsee mit einer Fläche von 1140 km² das **drittgrößte Binnengewässer Schwedens**. Die Ufer des 120 km langen und bis zu 50 km breiten Sees sind durch eine Vielzahl von Buchten, Inseln, Halbinseln und Wasserarmen so stark gegliedert, dass er nicht wie ein Binnenmeer, sondern wie ein vielfach verzahntes **Labyrinth aus Wasser und Land** wirkt. Einst war der Mälarsee eine Ostseebucht, aber seit dem 12. Jh. gilt er wegen der durch die Landhebung hervorgerufenen Veränderung des Wasserstandes als Binnensee.

Mälarsee erleben

AUSKUNFT

Eskilstuna Turistbyrå
Rothoffsvillan
Tullgatan 4
63186 Eskilstuna
Tel. 016 7 10 70 00
www.etuna.se

Mariefreds Turistbyrå
Hamnplanen
64730 Mariefred
19323 Sigtuna
Tel. 0159 2 96 99

Sigtuna Turistbyrå
Stora Gatan 33
19323 Sigtuna
Tel. 08 59 48 06 50
www.sigtunaturism.se

Strängnäs Turistbyrå
Västeriken
Storgatan 38
64530 Strängnäs
Tel. 0152 2 96 99
www.strangnas.se

AUSFLÜGE

Fahrzeiten: Mitte Juni – Mitte Aug. Di. – So. 10.00 Abfahrt Stockholm, 13.30 Uhr Ankunft in Mariefred; 16.30 Abfahrt Mariefred, 20.00 Uhr Ankunft in Stockholm; www.mariefred.info
Ausflug mit dem Dampfer »Mariefred«, der nach Stockholm fährt.

Mälarsee • ZIELE

ESSEN
Ming Palace ❷❷
Rademachergatan 17
Tel. 016 14 43 03
Große Portionen, freundliches Personal.

Café Ångbåtsbron ❷
Strängnäs
Östra Strandvägen
Tel. 0152 1 84 00
nur im Sommer offen
Wenn es hier nach Zimt und frisch Gebackenem duftet, die süßen Stückchen unbedingt probieren!

Konditori Fredman ❷
Mariefred
Kyrkogatan 11
Tel. 0159 1 21 10
Etwas für Gaumen und Auge sind die herrlich grünen Marzipantorten.

ÜBERNACHTEN
Ulvhälls Herrgård ❷❷❷❷
Strängnäs
Ulvhälls Allé
Tel. 0152 1 86 80
www.ulvhall.se
13 Zi. Pompöses Gutsherrenhaus. Im Speisesaal fühlt man sich unter Kristallleuchtern wie zur Gründungszeit des Hotels. Spartipp: Es gibt ein nettes Wochenendpaket mit Vier-Gänge-Abendessen.

Gripsholms Värdshus & Hotel ❷❷❷
Mariefred
Kyrkogatan 1
Tel. 0159 3 47 50
www.gripsholms-vardshus.se
46 Zi. Der älteste Gasthof Schwedens, ursprünglich ein Kloster aus dem 15. Jh., ist heute ein wunderschönes Hotel mit Aussicht auf Schloss Gripsholm.

Hotel Laurentius ❷❷❷
Strängnäs
Östra Strandvägen 12
Tel. 0152 1 04 44
www.hotellaurentius.com
12 Zi. Historisches Holzhaus, zentrumsnah, mit Blick auf den See.

Sigtuna Stads Hotell ❷❷❷
Sigtuna, Stora Nygatan 3
Tel. 08 59 25 01 00
www.sigtunastadshotell.se
26 Zi. Ein Hauch des mittelalterlichen Sigtuna kombiniert mit modernem Fünfsterne-Komfort.

SEHENSWERTES AM MÄLARSEE

Die E 4/E 20 führt von Stockholm aus südwestlich zur Industriestadt Södertälje, die aus einem **Handelsplatz der Wikinger** hervorgegangen ist. Am Stortorg stehen die St.-Ragnhild-Kirche und das 1965 erbaute Rathaus, dessen Vorgängerbau an den Kanal versetzt wurde. — **Södertälje**

Das Schloss, bis 1950 **Sommerresidenz** der königlichen Familie, liegt südlich von Södertälje an der Küste in der Nähe von Trosa. Es beherbergt eine Suite im Stil des schwedischen Klassizismus, ein Frühstückszimmer im Stil der süddeutschen Renaissance und eine einzigartige Sammlung **original holländischer Kacheln**. — **Schloss Tullgarn**

❶ Juni–Aug. Führungen tgl. 11.00–16.00 Uhr, Eintritt: Erw. 80, erm. 40 SEK

ZIELE • Mälarsee

Mariefred

Die idyllische Kleinstadt Mariefred westlich von Södertälje geht auf das 1493 gegründete **Kartäuserkloster** Pax Mariae zurück, das bis zur Reformationszeit bestand. Der Ort wird überragt von der auf einem bewaldeten Hügel stehenden Kirche (1624). Unterhalb liegt der alte Teil des Städtchens, dessen enge Gassen von malerischen Holzhäusern gesäumt werden. 1682 wurde die Stadt durch ein Feuer zerstört und danach mit eingeschossigen Holzhäusern wieder aufgebaut. Nördlich der Kirche, am Marktplatz, steht das **Rathaus**, ein attraktiver Holzbau von 1784. Im alten **Gripsholm Kungsladugård** ist heute ein internationales Zentrum für grafische Kunst untergebracht, das wechselnde Ausstellungen zeigt. 1895 wurde die Bahnlinie nach Mariefred eröffnet; heute wird die Schmalspurbahn von einem Museumsverein betrieben.
Museumsbahn Östra Södermanlands Järnväg (ÖSlJ): mehrmals tgl. Fahrten auf der Strecke Mariefred-Läggesta, Dauer ca. 45 Min, Fahrt ab 60 SEK, Kinder 5–15 Jahre halber Preis, www.oslj.nu

Tucholskys letzte Ruhestätte

Der Friedhof von Mariefred liegt nordöstlich außerhalb des Zentrums. Hier ist der deutsche Schriftsteller Kurt Tucholsky bestattet, der im Sommer 1929 in Mariefred wohnte, wo er den Stoff für seine Sommergeschichte »Schloss Gripsholm« fand. Der Roman erschien 1931. Tucholsky, der früh die wahren Absichten der Nationalsozialisten erkannt, kehrte später als Emigrant nach Schweden zurück und nahm sich am 21. Dezember 1935 schwerkrank in Hindås (wo noch die von ihm gemietete Villa steht) bei Göteborg das Leben. Sein schlichtes Grab unter einer alten Eiche ziert das bekannte Goethe-Zitat »Alles Vergängliche ist nur ein Gleichnis.«

**Schloss Gripsholm

Auf einer Insel im Mälarsee bei Mariefried liegt sehr malerisch Schloss Gripsholm. Es spielte in der Geschichte des Landes mehrmals eine Rolle – so 1809, als König **Gustav IV. Adolf** hier zur **Abdankung** gezwungen wurde (▶ Baedeker Wissen, S. 266).
❶ Mitte Mai – Mitte Sept. tgl. 10.00 – 16.00, sonst Sa., So. 12.00 – 15.00 Uhr, Eintritt: Erw. 100 SEK, erm. 50 SEK

Strängnäs

Die alte, nach einem Brand 1871 in großen Teilen neu errichtete Stadt Strängnäs liegt am südlichen Ufer des Mälarsees. Nur Bereiche um den Dom und die Mühle sind vom Feuer verschont geblieben. Seit dem 12. Jh. ist die Stadt Sitz eines Bischofs, in dessen befestigter **Residenz Roggeburg** am 6. Juni 1523 Gustav Wasa zum König ausgerufen wurde. Der 6. Juni ist heute Nationalfeiertag in Schweden.

*Dom

Der hoch gelegene stattliche Dom wurde 1291 geweiht, später mehrmals verändert und 1907–1910 restauriert. Im sehenswerten Innern befinden sich u.a. die Gräber Sten Stures d.Ä. (gest. 1503) und König Karls IX., dem Vater Gustav Adolfs (gest. 1611). Der schöne **Schnitz-**

Sigtuna besitzt eine der malerischsten Innenstädte Schwedens.

altar von 1490 aus Brüssel zeigt in geschlossenem Zustand Mariä Verkündigung und das Jüngste Gericht.

▸Västerås   Västerås

* ESKILSTUNA

Eskilstuna bildet das Bindeglied zwischen dem Mälarsee und dem Hjälmaren-See. Die Anfänge der Eisenindustrie reichen in dieser Gegend bis ins 16. Jh. zurück. Karl X. Gustav beauftragte 1654 den Livländer Reinhold Rademacher, eine große Eisenschmiede einzurichten. Den Plan für die Schmiede entwarf der Architekt Jean de la Vallée, der auch für die **Stadtplanung von Eskilstuna** zuständig war. Die Stadt selbst ist nach dem englischen Missionar Eskil benannt, der heiliggesprochen wurde.

Aufschwung durch Eisen

✱✱ Schloss Gripsholm

Das auf einer Insel im Mälarsee gelegene Schloss Gripsholm gilt als Inbegriff der schwedischen Romantik und zählt zu den berühmtesten Bauwerken des Landes. Gustav Wasa erbaute Gripsholm; Karl XV. war der letzte, der das mehrfach erweiterte Schloss bis 1864 bewohnte.

❶ Mitte Mai – Mitte Sept. tgl. 10.00 – 16.00, sonst Sa. u. So. 12.00 – 15.00 Uhr

❶ Zentrale Gebäudegruppe
1537 – 1545 wurde unter Gustav Wasa die unregelmäßige Sechseckanlage mit den vier Türmen erbaut. Gripsholm ist Schloss und Festung – mit vier Meter dicken Mauern.

❷ Theaterturm
Theaterkönig Gustav III. ließ 1782 hier ein Schlosstheater einrichten; der Turm selbst ist so alt wie die anderen Türme (16. Jh.). Das Theater ist heute noch bespielbar.

❸ Astraksaal
Im Stil der Vasa-Zeit eingerichtet mit einer Kassettendecke aus dem Jahr 1570.

❹ Schlafzimmer Gustavs III.
Zunächst für Christina II. eingerichtet, u. a. mit japanischer Lacktruhe.

❺ Statthalterflügel
Der Anbau wurde 1690 errichtet.

❻ Kavalierflügel
In der Zeit Gustavs III. (1746 – 1792) kam dier Flügel mit 28 Gästezimmern und vier Halbetagen hinzu.

❼ Hauptmannflügel
Zwischen 1550 und 1590 wurde der Eingangsbereich um eine Gebäudegruppe erweitert. Seit 1596 befindet sich das Haupttor an dieser Stelle.

Gustav III. mit seinen Brüdern, gemalt von Alexander Roslin (1715 bis 1795)

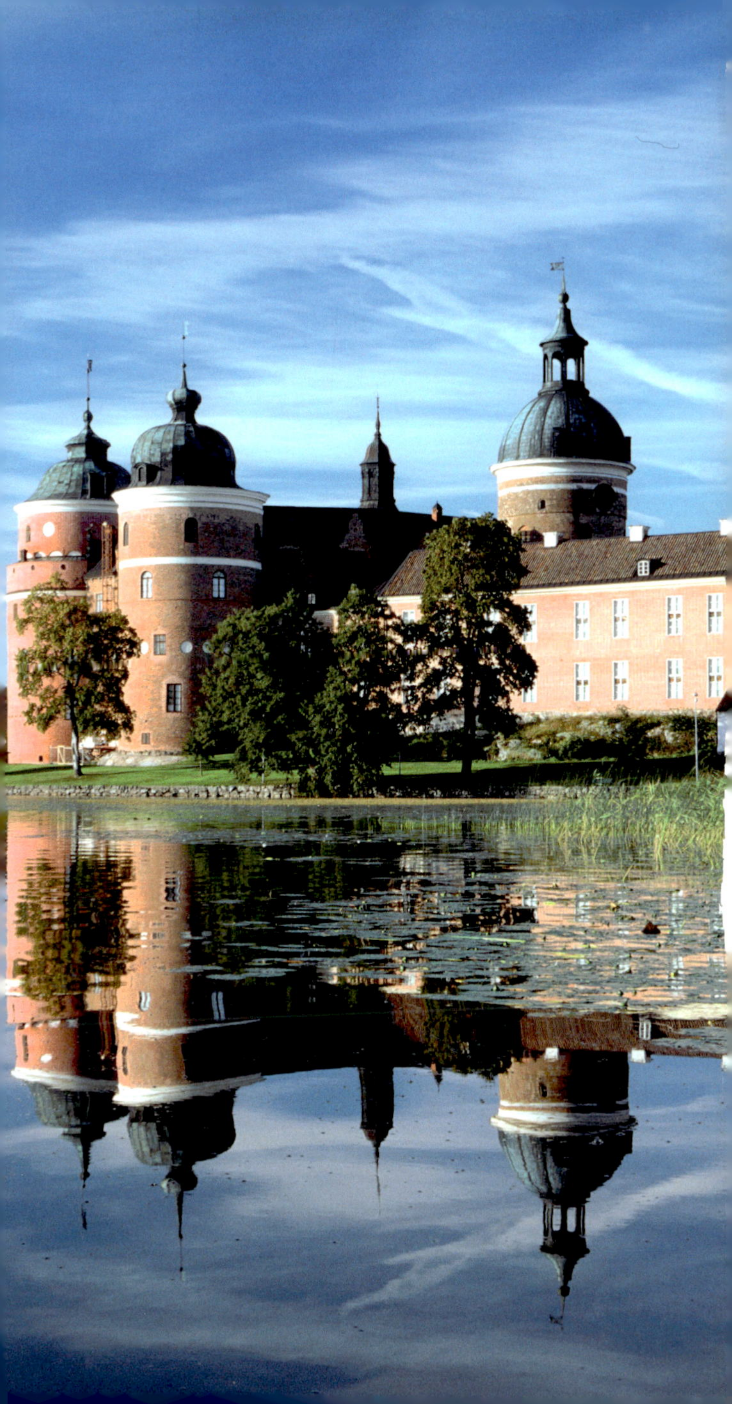

Gripturm

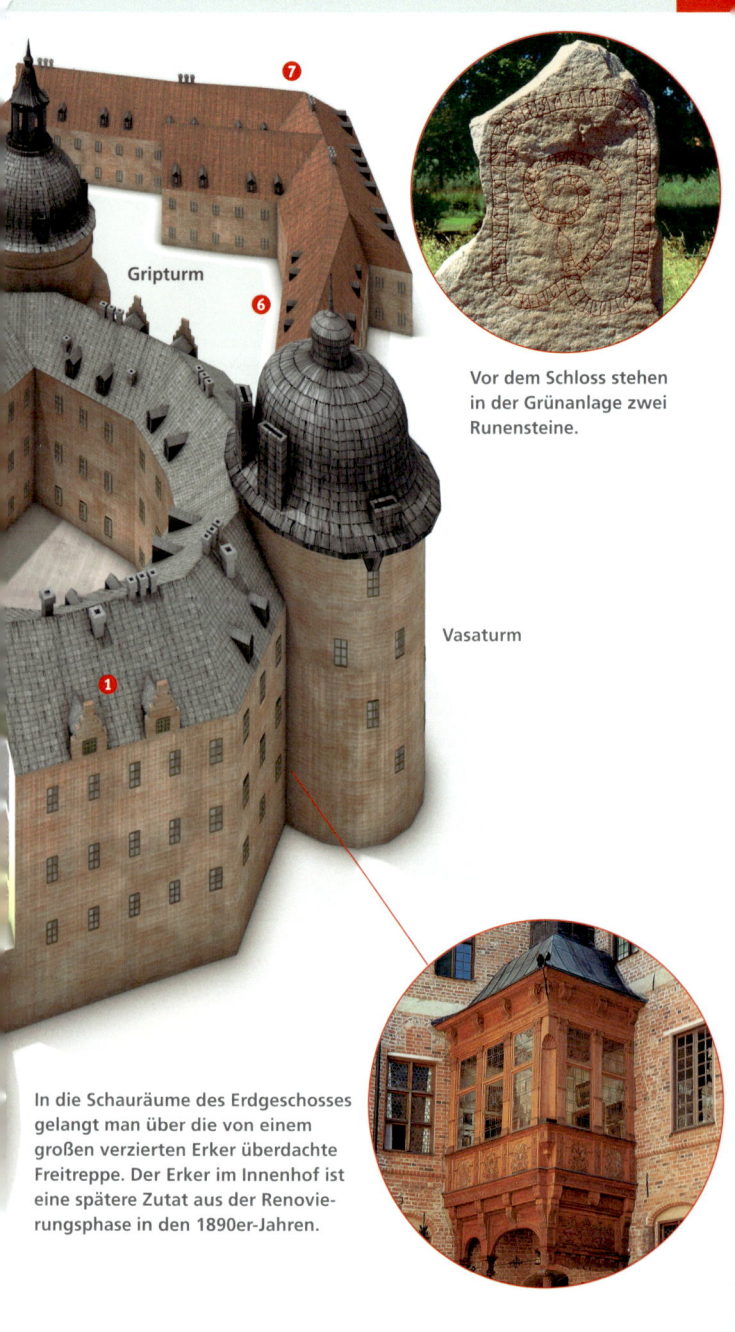

Vasaturm

Vor dem Schloss stehen in der Grünanlage zwei Runensteine.

In die Schauräume des Erdgeschosses gelangt man über die von einem großen verzierten Erker überdachte Freitreppe. Der Erker im Innenhof ist eine spätere Zutat aus der Renovierungsphase in den 1890er-Jahren.

Im äußeren Schlosshof sind zwei Bronzekanonen aus der Zeit um 1570 zu sehen, die zur Zeit Johanns III. in Gefechten mit den Russen erbeutet wurden.

Gefängnisturm

Freilichtmuseum Nordwestlich vom Zentrum gelangt man zum Freilichtmuseum **Rademacherschmiede** (Rademachersmedjorna), einem 1953–1959 eingerichteten Handwerks- und Kunstgewerbezentrum. Die Gold-, Silber- und Kupferschmieden sowie Kunstgewerbeläden befinden sich in historischen Gebäuden aus dem 17. Jh. Auf dem Gelände gibt es auch ein gemütliches Café (Rademachergatan 50).
Museum: Juli–Aug. tgl. 11.00–16.00 Uhr
Gelände: ganzjährig, Eintritt frei

Parken-Zoo Westlich außerhalb liegt der Parken-Zoo, eine Kombination von Parkanlage, Abenteuerland und Tiergarten, der für seine Gruppe von **weißen Tigern**, das Flamingotal und den Märchenpark bekannt ist.
❶ Juli–Mitte Aug. tgl. 10.00–19.00,
Mai–Mitte Juni und Mitte Aug.–Mitte Sept. tgl. bis 17.00 Uhr,
Kombi-Eintritt: ab 185 SEK, erm. 135 SEK, www.parkenzoo.se

UMGEBUNG VON ESKILSTUNA

Sörmlandsleden Durch die an Binnenseen reiche Landschaft Sörmlands, die sich südlich und südöstlich von Eskilstuna ausbreitet, zieht sich der Sörmlandsleden, ein gut markierter und gepflegter **Rundwanderweg** von insgesamt 865 km Länge.

*Julita Auf der von Eskilstuna nach Südwesten führenden Straße Nr. 214 kommt man nach 40 km zu dem am Öljaren-See gelegenen Ort Julita. Das ausgedehnte Gut Julita Gård war eins ein Kloster und bildet heute mit **Herrenhaus, französischem Park und landwirtschaftlichem Musterbetrieb** ein gerne besuchtes Ausflugsziel. Um den See führt ein schöner Rundweg.
❶ Juni–Aug. tgl. 11.00–17.00 Uhr

*Härkeberga An der Nordseite des Mälarsees, etwa 10 km nordöstlich von Enköping, liegt der Weiler Härkeberga: Die nahezu lückenlose, **gotische Ausmalung** mit biblischen Szenen in der kleinen Dorfkirche (13./14. Jh.) ist hervorragend erhalten und einzigartig.

* SIGTUNA

Die erste Münze Sigtuna liegt hübsch am Sigtunafjärden, einer nördlichen Verzweigung des Mälarsees. Zu Beginn des 11. Jh.s gründete König Olov Eriksson die Stadt, die sich zu einer der größten und schönsten des Landes entwickelte. Englische Münzmeister, von Olov Eriksson ins Land gerufen, prägten hier die ersten schwedischen Münzen mit der Aufschrift »Situne Dei«. Sigtuna wurde **Bischofssitz**, doch als der

Mälarsee • ZIELE

Bischof von Svea 1130 seine Residenz in das nahe Uppsala verlegte, ging auch die Bedeutung der Stadt zurück. Verheerend wirkten sich auch der Überfall und die Brandschatzung durch die Esten 1187 aus. Erst nach 50 Jahren hatte sich die Stadt erholt und gewann durch die Gründung eines Dominikanerklosters 1237 erneut an Bedeutung.

Im Sommer ist Sigtuna ein beliebtes **Ziel der Ausflugsboote**, die in Stockholm oder Uppsala ablegen und dem Ort jede Menge Tagesausflügler bescheren. Der Ortskern ist Fußgängerzone und so kann man sehr gemütlich entlang der schmucken Holzhäuser bummeln, in denen viele Geschäfte untergebracht sind. Sehenswert ist das angeblich **kleinste Rathaus Schwedens** von 1744.

Zentrum

❶ Tgl. 12.00–16.00 Uhr, Sept.–Mai nur an Wochenenden

Dort, wo vor 1000 Jahren der Königshof von Erik Segersäll lag, befindet sich heute das Sigtuna-Museum. Hier werden Funde aus der **Wikingerzeit** und dem frühen Mittelalter gezeigt (Stora Gatan 55).

Sigtuna Museum

❶ Tgl. 12.00–16.00 Uhr, Sept.–Mai Mo. geschl., Eintritt: 20 SEK, www.sigtunamuseum.se

Am Altstadtrand steht die kleine Marienkirche aus dem 13. Jh., ein schöner gotischer Backsteinbau, in dessen Innerem **ornamentale Malereien** aus der Erbauungszeit zu sehen sind.

Marienkirche

Das Schloss ist ein **weithin sichtbarer, weißer Vierflügelbau** mit laternengekrönten Ecktürmen. Ursprünglich war es ein 1244 gegründeter Zisterzienserkonvent, der jedoch 1574 bis auf die Kirche abgerissen wurde. Das zugehörige Gut erhielt 1611 der Feldmarschall Herman Wrangel, dessen Sohn Karl Gustav, der spätere Reichsadmiral und Reichsmarschall von Schweden, sich 1654–1657 das Schloss als Residenz bauen ließ. Der Baumeister des im Barockstil errichteten Gebäudes war zunächst Jean de la Vallée, später löst ihn Nicodemus Tessin d.Ä. ab. Die Räume sind reich ausgestattet und mit einer Führung zugänglich. Neben schönen Stuckarbeiten und sehenswerten Gemälden sind auch die Gemälde- und die Waffensammlung sehr eindrucksvoll.

*Skokloster

Nomen est omen: Schloss Skokloster war einst ein Zisterzienserkloster.

❶ Mai–Mitte Juni, Sept. Sa., So. 12.00–16.00, Juni–Ende Aug. tgl. 11.00–17.00 Uhr, Eintritt: 70 SEK, www.skoklostersslott.se

** Malmö

✴ C/D 1

Landschaft: Skåne (Schonen)
Provinz: Skåne Län
Einwohnerzahl: 303 000
Höhe: Meereshöhe

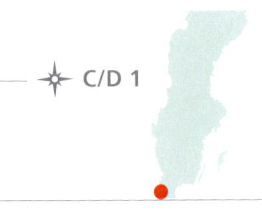

Malmö, die drittgrößte Stadt Schwedens, besitzt eine gemütliche, von Kanälen durchzogene Altstadt mit vielen sehr netten Restaurants und Straßencafés. Kulturfreunde finden in der Festung Malmöhus einige Museen, und wer noch mehr Großstadtluft schnuppern will, ist via Öresundbrücke oder mit dem Schnellboot in nur einer halben Stunde in Dänemarks Hauptstadt Kopenhagen. Und auch für Stadturlauber nicht uninteressant: Malmös langer Sandstrand.

Geschichte | Malmö entstand in der zweiten Hälfte des 13. Jh.s, begünstigt durch die geschützten Ankerplätze in der seichten Lomma-Bucht, wo Segelschiffe der Hanse auf Heringsfang gingen. Die Befestigungsanlagen ließ Dänenkönig Erich von Pommern erbauen. Seit dem Frieden von Roskilde (1658) gehört **Malmö zu Schweden.** Ihren Aufschwung im 18. Jh. hat die Stadt sowohl dem Hafen als auch Kaufmann Franz Suell (1744 – 1817) zu verdanken. Wirtschaftlich bedeutend wirkte sich auch der Bau der Eisenbahn nach Stockholm im Jahre 1856 aus. Die jüngste Attraktion Malmös ist der 190 m hohe **»Turning Torso«** im westlichen Hafen, den Architekt Santiago Calatrava plante und der vom Erdgeschoss bis zum 54. Stockwerk um 90° verdreht ist. Im Jahr 2011 wurde Malmö vom World Wide Fund For Nature (WWF) für die nachhaltig angelegte Stadtentwicklung zum Klimaschutz als **»Earth Hour Capital 2011«** ausgezeichnet.

Malmö erleben

AUSKUNFT
Malmö Turistbyrå
Skeppsbron 2, 21120 Malmö
Tel. 040 34 12 00, www.malmo.se

VERGÜNSTIGUNGEN
Malmökortet
Die Malmö-Karte gewährt freien Eintritt zu einer Reihe von Sehenswürdigkeiten und Freizeiteinrichtungen. Sie gilt für einen Erwachsenen und zwei Kinder, 1 Tag 130 SEK, zwei Tage 160 SEK. Enthalten ist die Malmö City Karte, mit der man in zahlreichen Restaurants und Geschäften Rabatte erhält.
www.malmotown.com

Öresundrundtticket
Für alle, die während Ihres Aufenthalts auch einen Abstecher nach Kopenhagen

planen, ist dieses Ticket genau das Richtige. Für 249 SEK kann man zwei Tage lang mit Bus und Bahn die gesamte Öresundregion erkunden. Kinder unter 7 J. sind frei, bis 16 J. reisen sie zum halben Preis.
Tel. 0771 77 77 77
www.skanetrafiken.se

RUNDFAHRTEN
Gegenüber dem Hauptbahnhof legt das Ausflugsboot Rundan vom 30. April bis 2. Oktober mehrmals tgl. zu einer beschaulichen Fahrt durch die Kanäle und den Park ab.
Informationen und Reservierungen unter Tel. 040 6 11 74 88, www.rundan.se.
Bus Linie 20 startet vom Hauptbahnhof aus zu Rundfahrten. Von April bis August kann man die Kanäle Malmös auch mit dem Pedaltretboot erkunden. Der Verleih ist am Admiralsbrunnen.
Mai tgl. 12.00–18.00, Juni–Aug. tgl. 11.00–19.00, Apr. und Sept. Sa., So. 12.00–18.00 Uhr; eine Stunde kostet 130 SEK pro Boot (bis 4 Pers.).
www.cityboats.se.
Mit 400 SEK pro Person nicht ganz billig sind die Segwaytouren durch die Stadt; dafür macht das Fahren auf den seltsamen Besenstielen besonderen Spaß. Zu buchen über
www.segwayevent.nu.

MÄRKTE
Fischmarkt: gegenüber Schloss Malmöhus am Fiskehoddorna, Di.–Do. und So. 8.00–13.00 Uhr
Flohmarkt: sonntags, Södra Promenaden

FESTE
Jedes Jahr in der dritten Woche im August steigt das große Malmöfestival mit viel Musik und kulinarischen Höhepunkten. Mit 1,5 Millionen Besuchern ist es das größte Festival Südschwedens.
www.malmofestivalen.se

BADEN
Aq-va-kul ist ein cooles Erlebnisbad für die ganze Familie mit einem Aktionsteil für die Kleinen, einem Ruhebereich für die Erwachsenen und Yoga zur Lunch-Zeit. Ein Café gibt's auch.
Regementsgatan 24
Tel. 040 34 26 00
Öffnungszeiten und Eintrittspreise über www.aqvakul.se.

Ein beliebtes Mitbringsel: schwedische Korbwaren

ESSEN
❶ *Årstiderna i Kockska huset* €€€
Frans Suellsgatan 3
Tel. 040 23 09 10
So. geschl.
www.arstiderna.se

Das Restaurant befindet sich in einem historischen Gebäude aus der Zeit um 1520. Geboten wird neben einer ganz besonderen Atmosphäre auch preisgekrönte schwedische Küche.

> **BAEDEKER TIPP**
>
> *Hier können Sie baden gehen!*
>
> Schön wie die Copacabana soll der **Sandstrand in Ribersborg**, 2 km westlich von Malmö sein, das behaupten jedenfalls die Einheimischen. Immerhin hat man sich die Mühe gemacht, den Sand in den 1920er-Jahren aus dem Öresund zu baggern und mit der Eisenbahn hierher zu schaffen. Ist es für den Strand zu kalt, besuchen Sie einfach das herrlich nostalgische »Kallbadhus« von 1898 am Ende der Seebrücke, denn hier gibt es eine Sauna. Tel. 040 26 03 66, www.ribersborgskallbadhus.se

❷ *Smak* ●●
Konsthall, St. Johannesgatan 7
Tel. 040 50 50 35
www.restaurangsmak.se
»Smak« heißt Geschmack und der Name ist Programm. Gekocht wird im Restaurant in der Kunsthalle mit saisonalen Zutaten aus der Region.

❸ *Brogatan* ●–●●
Brogatan 12
Tel. 040 30 77 17
www.brogatan.com
Schnörkellose Schwedenküche wie Fischsuppe, Råbiff oder Muscheln in Weißweinsud und täglich zwei leckere, günstige Mittagsgerichte locken Kundschaft an.

ÜBERNACHTEN
❶ *Hotel Duxiana* ●●
Mäster Johansgatan 1
Tel. 040 6 07 70 00, 22 Zi.
www.malmo.hotelduxiana.com
Junges Designerhotel mit persönlicher Atmosphäre im Stadtzentrum. Erholsame Nächte garantieren die erstklassigen Betten des schwedischen Herstellers Dux.

❷ *Scandic Hotel Kramer* ●●
Stortorget 7
Tel. 040 6 93 54 00
www.scandic-hotels.com
113 Zi. Fünf Minuten vom Bahnhof bietet der liebevoll restaurierte Bau aus dem 19. Jh. großzügige Zimmer im nordischen Stil mit Blick auf den Stortorget. Wellnessbereich und Restaurant mit schwedischen Klassikern.

❸ *Villa Hilleröd* ●
Ängdalavägen 38
Tel. 040 26 56 26
www.villahillerod.se
10 Z. Kleine Jugendherberge in einer hübschen Villa im Westen Malmös; einfache, gepflegte Zwei- und Vierbettzimmer.

SEHENSWERTES IN MALMÖ

Gut zu Fuß Die meisten Sehenswürdigkeiten Malmös sind gut zu Fuß zu erreichen. Sie liegen innerhalb des Ringkanals, einem verzweigten Wasserweg, der die **Altstadt** umschließt. Das Zentrum der Altstadt bildet der **Stortorg**, auf dem ein 1896 gegossenes Reiterstandbild

Malmö • ZIELE 273

Malmö

Map of Malmö showing streets and points of interest including:

- Skånes Dansteater
- Travemünde
- Stadsarkiv
- Nyhamnen
- VÄSTRA HAMNEN
- Malmö Mässan
- Universitetsbron
- Hans Michelsensg.
- Jörgen Kocksgatan
- Vintergatan
- Kinagatan
- Skepps bron
- Stormgatan
- Carlsgatan
- **A** Anlegestelle der Kanalrundfahrten Rundan (Mai-Oktober) Fußgängerzone
- Malmö Högskolan
- Inre Hamnen
- Suellsbron
- Bagersplats
- Centralstationen
- Norra Vallgatan
- Drottningtorget
- Museet Lekaksland
- Norra Neptunigatan
- Malmö Högskolan
- Sjömansgården
- Malmö Högskolan
- Östergatan
- St. Gertrud
- Östra Promenaden
- Citadellsvägen
- Norra Vallgatan
- Adelgatan
- St. Petri Kyrka
- Caroli Kyrka
- Stora Trädgårdsgatan
- Kvarngatan
- Fiskehoddoma
- Kommendanthus
- Hovrätten
- Västergatan
- Stortorget
- Rådhuset
- Rundelsgatan
- Grönegatan
- Casyergatan
- Stora Kyrkogårdsgatan
- Tekniska o Sjöfordsmuseet
- Malmö Museer
- Malmöhus Slott
- Jakob Nilsgatan
- Lilla Torg
- Stormakregatan
- Engelbrektsgatan
- Kalendegatan
- Hippodromen
- Baltzarsgatan
- Djäkneg.
- Moderna Museet Malmö
- Kungsparken
- Slottsgatan
- Form Design Center
- GAMLA STADEN
- Stora Nygatan
- Södra Promenaden
- RÖRSJÖ STADEN
- Kasino
- Grynbodgatan
- Gustav Adolfs torg
- Drottningsgatan
- St. Pauli Kyrka
- MALMÖHUS
- Parkkanalen
- Stora Nygatan
- Gamla begravnings platsen
- Lilla Nygatan
- Amiralsbron
- Läns styrelsen
- Slottsparken
- Stadsbiblioteket
- Fersens bro
- Torggatan
- Davidshalls bro
- Malmö Latinskola
- Kungs Oscars väg
- Regementsgatan
- Storgatan
- Davids halls torg
- Kapitensgatan
- LUGNET
- Lugnagatan
- Föreningsgatan
- Konserthuset
- Aq-Va-Kul
- Denérsgatan
- Kaptensg.
- Davidshallsgatan
- Amiralsgatan
- Hantverkargatan
- Disponeng.
- KRON PRINSEN
- HÄST HAGEN
- Idrottsplats
- Thottsgatan
- Erik Dahlbergs väg
- Fersensbergsgatan
- Holmgatan
- Föstersg.
- August Palms plats
- Stadshuset
- Bergsgatan
- Marievånens
- Fågelbacksgatan
- Gustafs väg
- Carl Hersl.väg
- Vår Frälsares Kyrka
- Östra Rönneholmsvägen
- DAVIDS HALL
- Triangeln
- Föreningsgatan
- Spångatan
- St. Knuts torg
- Morievången
- Dildammsparken
- Malmö Intiman
- Musiktheater Storan
- Konsthall

Essen
1. Årstiderna i Kockska huset
2. Smak
3. Brogatan

Übernachten
1. Hotel Duxiana
2. Scandic Hotel Kramer
3. Villa Hilleröd

Ganz in weiß: St. Petri-Kirche

Karls X. Gustavs prangt, der die Landschaft Skåne im Jahr 1658 mit Schweden vereinigte. An der Ostseite des weiten Stortorg (Marktplatz), der von stattlichen Gebäuden aus der Zeit um 1900 umgeben ist, steht das **prachtvolle Renaissance-Rathaus** (1546).

St.-Petri-Kirche Vom Stortorg gelangt man östlich durch die Kyrkogata zur nahen Petri-Kirche, einem **gotischen Backsteinbau** aus dem 14. Jh., der wohl nach dem **Vorbild der Marienkirche in Lübeck** entstanden ist. Das weiß verputzte Innere wird von schmucklosen Gewölben überspannt; an den Pfeilern befinden sich zahlreiche Epitaphe aus der Renaissance. Nahe beim Eingang ist links im Nebenschiff in einer Panzerglasvitrine der Kirchenschatz zu sehen. Unbedingt ansehen: Die **Krämarkapelle** aus dem 16. Jh. (links neben dem Eingang) mit ihren farbenprächtigen Wand- und Deckengemälden, die sich bei Restaurierungsarbeiten unter einer späteren Übermalung fanden.

Lilla Torg   Südwestlich vom Stortorg liegt der Lilla Torg, der kleine Marktplatz, der von Häusern aus dem 16. – 18. Jh. eingerahmt wird und wegen der zahlreichen Straßencafés einer der beliebtesten Treffpunkte der Stadt ist. Ganz in der Nähe befindet sich das **Form Design Center**, das jedes Jahr mehr als 20 Ausstellungen über Architektur, Design und Kunsthandwerk zeigt. Einen Schwerpunkt bilden jeweils **das klassische sowie das moderne Design Schwedens**. Untergebracht ist das Design Center in einem wunderschönen alten Lagerhaus aus dem 19. Jh., im Innenhof gibt es ein kleines Café mit Design- und Architekturzeitschriften, außerdem einen Shop. Lohnend ist auch ein Stadtbummel auf den Spuren der alten Bürgerhäuser Malmös mit Ausgangspunkt Lilla Torg: Sehenswert sind das Flensburgska Hus von 1589 (Södergatan 9), das Jörgen Kocks Hus

Malmö • ZIELE

(1525) und das Rosenvingeska Hus von 1534 (Västergatan 2 bzw. 5), ferner das Tunnelns Hus von 1519 (Adelgatan 4) sowie das Diedenska Hus (1620) und das Thottska Hus (1558; Östergatan 6 und 8).
Di.–Sa. 11.00–17.00, So. 12.00–16.00 Uhr, Tel. 040 6645150, Eintritt frei, www.formdesigncenter.com

Westlich vom Stadtkern liegt, umgeben von einem Wassergraben, Schloss Malmöhus. Die vierflügelige Festungsanlage mit gedrungenen Ecktürmen wurde 1537–1542 erbaut und nach einem Brand 1870 erneuert. Im Innern der Burg sind mehrere **Museen Malmös** untergebracht. Im Erdgeschoss gelangt man zum **Naturmuseum**, in dem die umfangreiche Vogelsammlung sowie das Aquarium und das Nachttierhaus besonders sehenswert sind. Im ersten Obergeschoss liegen die Räume des **Kunstmuseums**, das eine sehr große Sammlung skandinavischer Kunst des 20. Jh.s besitzt. Im **Stadtmuseum** kann man neben Modellen der Stadt und des Domes mittelalterliche Gebrauchskeramik und Bauplastik studieren. Der Altbau birgt die ehemaligen königlichen Gemächer und den **Rittersaal**. Vom Schloss führt der Malmöhusvägen westlich am Kommandanthus mit dem **Militär- und Spielzeugmuseum** vorbei zum nahe gelegenen **Technischen Museum**, das u.a. über Flugtechnik, Schienen- und Straßenverkehr sowie Kernkraft informiert. Im gleichen Gebäude zeigt das **Schifffahrtsmuseum** nautisches Gerät und Schiffsmodelle.
Schifffahrtsmuseum: im Sommer tgl. 10.00–16.00, sonst ab 12.00 Uhr, Eintritt: 40 SEK, bis 19 Jahre frei, www.malmo.se/museer

*Schloss Malmöhus

Gegenüber vom Technikmuseum führt jenseits des Malmöhusvägen ein Fußweg durch den Schlosspark und an der Schlossmühle (Windmühle von 1851) vorbei in einen Park mit großem Weiher und der **Bronzeplastik »Pegasus«** (1950) von Carl Milles am Linnéplats.

Schlosspark

Im Südosten der Stadt erstreckt sich an der Admiralsgatan der Volkspark (Folkets Park), eine Freizeitanlage mit Karussells, Terrarium, **Miniaturfarm** und Gastronomie.

Volkspark

Südlich vom Stortorg, in der Nähe vom Trinangeln, stellt die Kunsthalle **zeitgenössische Kunst** aus.
Tgl. 11.00–17.00, Mi. bis 21.00 Uhr, Eintritt frei, www.konsthall.malmo.se

Kunsthalle

Das Museum für moderne Kunst, untergebracht **im ehemaligen Gaswerk** von Malmö, präsentiert eine umfangreiche Sammlung von Gegenwartskunst – darunter auch Fotografie von 1840 bis heute.
Di.–So. 11.00–18.00 Uhr, Eintritt: 50 SEK, erm. 40 SEK, bis 18. J. frei, www.modernamuseet.se

Moderna Museet

▸ Baedeker Wissen S. 276

Öresund-Brücke

** Öresundbrücke

Seit am 1. Juli 2000 die Öresundbrücke nach sieben Jahren Bauzeit eröffnet wurde, kann man mit dem Auto in knapp zehn Minuten von Dänemark nach Schweden fahren, statt die Fähre zu nehmen. Blickfang des imposanten Bauwerks sind zwei kilometerweit sichtbare Pylone.

❶ Tunnel und Insel Peberholm

Die 16 km lange Querung des Öresunds beginnt auf dänischer Seite mit der Fahrt durch einen 4 km langen Unterwassertunnel – oberirdisch liegt die Einflugschneise des Kopenhagener Flughafens. Ans Licht kommt der Tunnel auf der künstlichen Insel Peberholm (»Pfefferinsel«), und die Auffahrt auf die 7845 m lange Brücke beginnt.

❷ *Zufahrtsbrücken*

Im Westen und Osten führen zwei 3 bzw. 3,7 km lange Zufahrtsbrücken auf die Hochseilbrücken zu.

❸ *Hochbrücke*

Kernstück der Öresundquerung ist die 1092 m lange Hochseilbrücke. Ihre beiden gigantischen, H-förmigen Pylone aus Stahlbeton – sie wurden mit Kletterschalungen betoniert – erheben sich 204 m hoch über den Sund. Mit einer Spannweite von 490 m handelt es sich um die längste Schrägseilbrücke der Welt mit Auto- und Schienentrasse.

❹ *Fahrbahn*

Dem Autoverkehr stehen vier Fahr- und zwei Standstreifen zur Verfügung. 2000 Fahrzeuge rollen pro Tag über die Brücke, deren Baukosten von rund 2 Mrd. € mit Mauteinnahmen refinanziert werden sollen.

❺ *Schienentrasse*

Auf dem ca. 8 m tiefer liegenden Unterdeck rollt der Schienenverkehr.

Blick von Malmö aus gen Dänemark, im Hintergrund links Peberholm

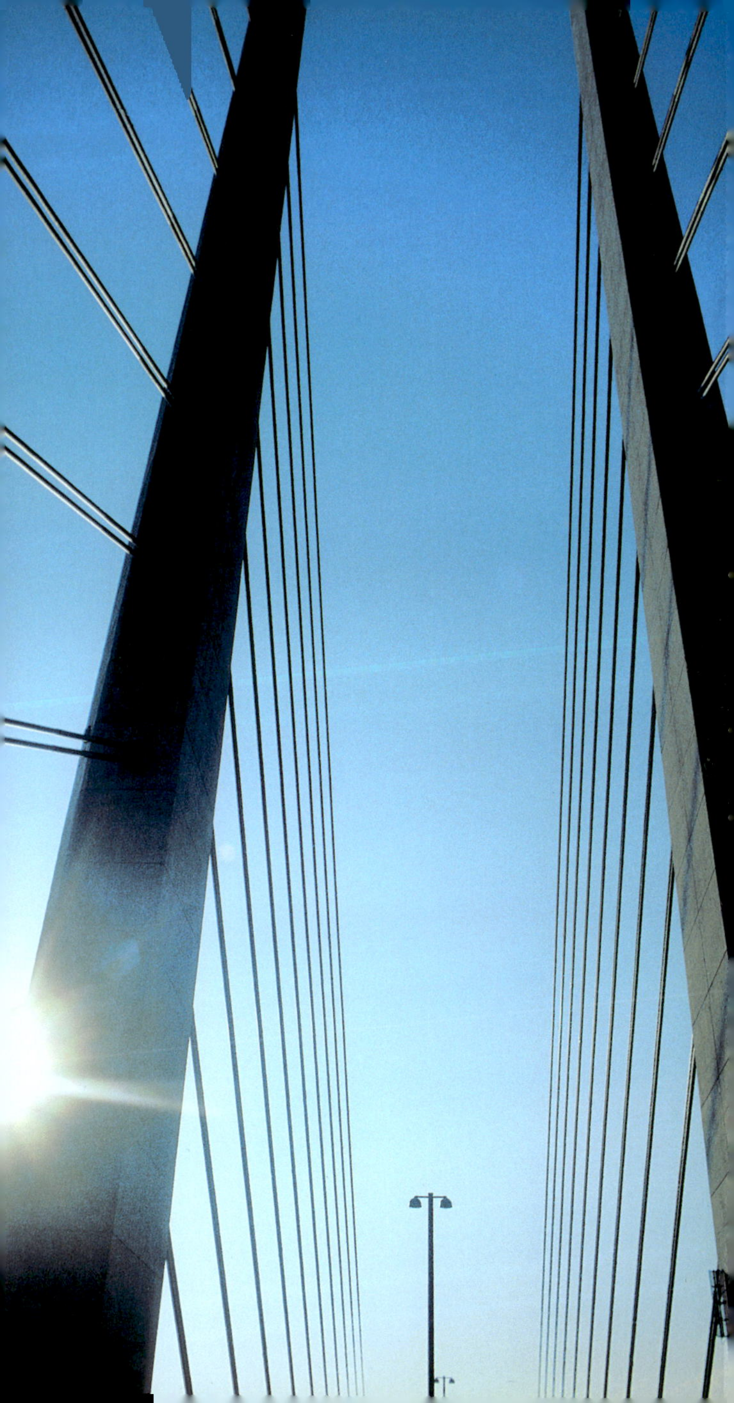

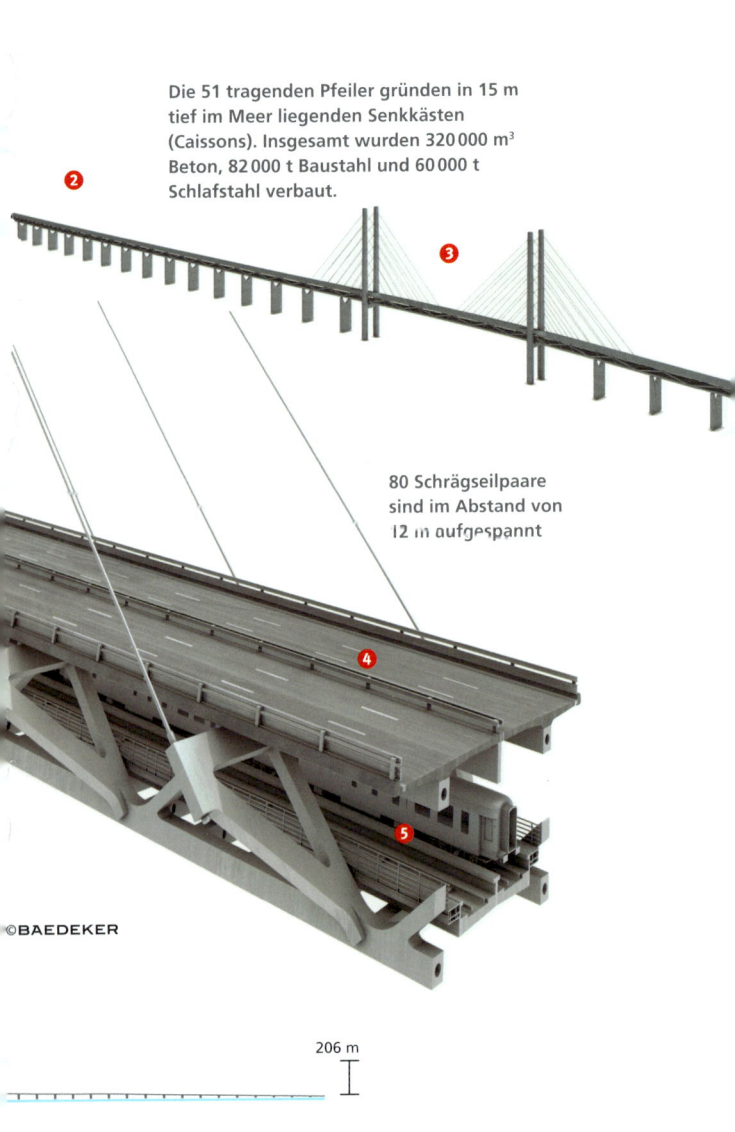

❷ Die 51 tragenden Pfeiler gründen in 15 m tief im Meer liegenden Senkkästen (Caissons). Insgesamt wurden 320 000 m³ Beton, 82 000 t Baustahl und 60 000 t Schlafstahl verbaut.

❸

❹ 80 Schrägseilpaare sind im Abstand von 12 m aufgespannt

❺

©BAEDEKER

206 m

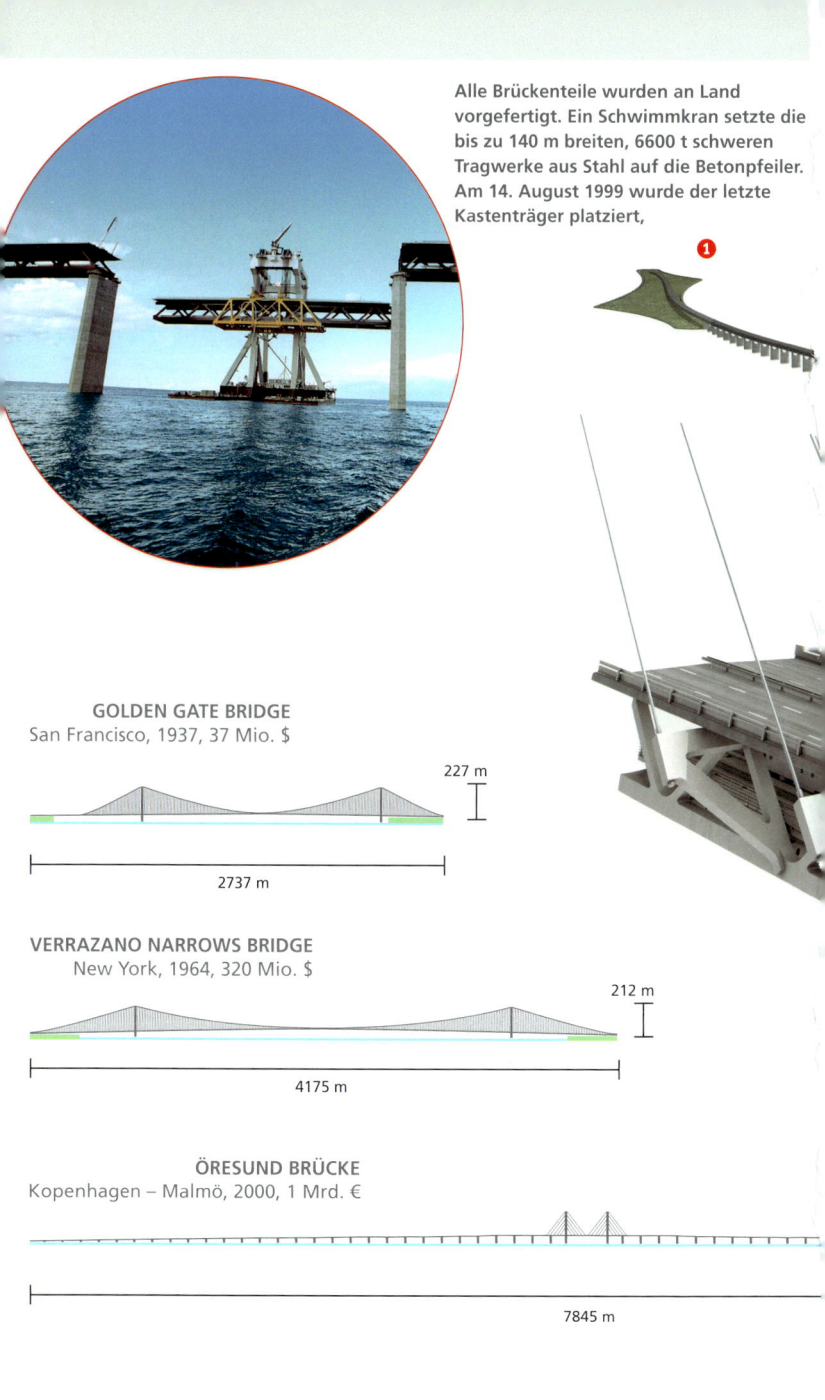

Alle Brückenteile wurden an Land vorgefertigt. Ein Schwimmkran setzte die bis zu 140 m breiten, 6600 t schweren Tragwerke aus Stahl auf die Betonpfeiler. Am 14. August 1999 wurde der letzte Kastenträger platziert,

GOLDEN GATE BRIDGE
San Francisco, 1937, 37 Mio. $

227 m

2737 m

VERRAZANO NARROWS BRIDGE
New York, 1964, 320 Mio. $

212 m

4175 m

ÖRESUND BRÜCKE
Kopenhagen – Malmö, 2000, 1 Mrd. €

7845 m

Norrköping

✧ G 4

Landschaft: Östergötland
Provinz: Östergötlands Län
Einwohnerzahl: 130 700
Höhe: Meereshöhe

Der Motala Ström, der mitten durch die Stadt fließt, lieferte früher die Energie für die Textilfabriken. So wurde im 19. Jh. aus Norrköping das »Manchester Schwedens«. Zwar ist die Textilindustrie längst in Billiglohnländer abgewandert, doch die Fabriken existieren noch und werden heute von Unternehmen, der Universität, aber auch von Museen genutzt.

Stadt mit Wasserfällen
Die südschwedische Hafenstadt Norrköping (sprich: Norrtchöping) liegt **an der Mündung des Motala Ströms** in die Ostseebucht Bråviken, die sich 50 km weit ins Binnenland vorschiebt. Die Bucht bildet die natürliche Grenze zwischen der Waldlandschaft Kolmården im Norden und dem fruchtbaren Vikbolandet im Süden. Auf seinem Weg durch die Stadt bildet der von den Einheimischen auch nur »Strömmen« genannte Fluss einige Wasserfälle.

SEHENSWERTES IN NORRKÖPING

Innenstadt
Südlich vom Bahnhof liegt der **Karl Johans Park**, in dem jedes Jahr im Juni ein kunstvolles Kakteenmotiv aus rund 25 000 dieser stachligen Pflanzen entsteht. Das Denkmal für Karl XIV. Johan (1846) ist ein Werk des klassizistischen Münchner Bildhauers Ludwig Schwanthaler. Jenseits des Motala Ström liegt der **Deutsche Platz** mit der Hedwigskirche, die im 17. Jh. für den deutschen Teil der Bevölkerung entstand. An der Südseite des Platzes steht das Rathaus. Sein Glockenspiel erklingt um 12.00 und 17.00 Uhr.

Museum der Arbeit
Das Museum der Arbeit ist **in einer alten Baumwollfabrik** eingerichtet und beleuchtet in wechselnden Ausstellungen die Welt der Arbeiter in der Zeit der frühen Industrialisierung.
❶ Tgl. 11.00 – 17.00 Uhr, Eintritt frei, www.arbetetsmuseum.se

Kunstmuseum
Am südlichen Ende der Drottninggatan gelangt man zum Kunstmuseum, das schwedische Malerei und Plastik ab dem 17. Jh. und **einen Skulpturengarten** zeigt. Die Sammlung schwedischer Kunst des 20. Jh.s gilt als eine der besten des Landes.
❶ Di. – So. 11.00 – 17.00, Mi. bis 20.00 Uhr, Eintritt frei,
www.norrkoping.se/kultur-fritid/museer/konstmuseum/

Norrköping erleben

AUSKUNFT
Upplev Norrköping
Värmekyrkan
Källvindsgatan 1
60181 Norrköping
Tel. 011 15 50 00
www.upplev.norrkoping.se

ESSEN
Värdshuset Löfstad Slott
€€ – €€€
Axel Lillies Väg
60597 Norrköping
geöffnet tgl. 11.00 – 15.00,
am Wochenende bis 17.00 Uhr
Tel. 011 33 51 65
www.vardshusetlofstadslott.se
In einem Flügel von Schloss Löfstad, rund 8 km südlich von Norrköping, bietet das Schlossrestaurant überwiegend regionale Spezialitäten. Ein schöner Rahmen auch für das traditionelle Julbord (rechtzeitig buchen!).

Hantverkaren €€
Stohagsgatan 4
geöffnet nur wochentags, 15.00 Uhr
Tel. 011 12 40 58
Preisgünstige Alternative für ein solides Mittagessen.

ÜBERNACHTEN
Hotel Kneippen €€
Kneippgatan 7
Tel. 011 13 30 60
www.kneippen.se
Um 1900 bei Prominenz und Adel sehr beliebtes Kur- und Wellnesshotel. Zur Behandlung gehörten damals auch Bäder im nahen Fluss Motala. Die restaurierte Villa bietet moderne, helle Zimmer, nur 10 min. Fußweg zum Zentrum.

Marieborgs Kursgård €€
Marieborgsvägen 25
Tel. 011 21 96 11
www.marieborg.net
58 Zi. Preiswertes »Bed & Breakfast« mit lichten Zimmern, die mit modernen Holzmöbeln eingerichtet sind, 5 km nördlich von Norrköping. Wunderschöne Lage mit Blick über den Motala-Fluss.

Im Stadtmuseum, das sich westlich vom Zentrum am Motala Ström auf mehrere Gebäude verteilt, lebt die **goldene Zeit der örtlichen Textilindustrie** wieder auf (Västergötegatan 19 – 21). **Norrköpings Stadsmuseum**
❶ Di., Mi., Fr. 11.00 – 17.00, Do. bis 20.00, Sa., So. 12.00 – 17.00 Uhr, Eintritt frei, www.norrkoping.se/kultur-fritid/museer/stadsmuseum/

Westlich vom Zentrum liegt im Stadtteil Himmelstalund an der E 4 ein Sportpark, in dem rund 1600 bronzezeitliche Felsritzungen mit Darstellungen von Schiffen, Tieren und Menschen entdeckt wurden. Im nahen **Museum** erfährt man alles Wichtige über die Entstehung dieser sogenannten Hällristningar (▶Baedeker Wissen, S. 140). (Himmelstalundsallén 2). ***Felszeichnungen**
❶ Ende Mai – Ende Sept. Di. 17.30 – 18.30, Do. – Sa. 10.00 – 14.00 Uhr, Eintritt frei, www.ffin.se

In Kolmården wird ein Alternativprogramm zu Elch und Rentier aufgeboten – unter anderem mit Tigern in einem Raubtierhaus.

UMGEBUNG VON NORRKÖPING

Kolmårdens Tierpark

Im nordöstlich von Norrköping am Bråviken gelegenen Hafenort Kolmården machen Tiger den Elchen Konkurrenz: Im Kolmårdens Djurpark, der zu den größten Tierparks Schwedens gehört, gibt es ein **Elefanten- und Raubtierhaus**, weiter kann man ein Delfinarium und eine Tropenschau besuchen.
❶ Mai – Aug. 10.00 – 17.00, im Juli bis 19.00 Uhr,
Tageskarte: Erw. 395 SEK, erm. 295 SEK, www.kolmarden.com

Nyköping

Fährt man von Kolmården Richtung Stockholm, passiert man auch Nyköping. Die südschwedische Hafen- und Provinzhauptstadt an der Mündung der Nyköpingsån in die Ostsee zeigt sich modern und nüchtern. Dass sie im Mittelalter eine der wichtigsten Städte war, kann man nur noch beim Besuch der **Schlossruine Nyköpingshus** erahnen. Diese steht südlich des Stortorg etwas erhöht am Fluss. Der Vorgängerbau ist vermutlich schon in der Zeit der Folkunger entstanden. König Birger Jarl setzte dort 1318 seine beiden Brüder, die ihm die Krone streitig gemacht hatten, gefangen und ließ sie verhungern. Nachdem das Schloss 1665 niedergebrannt war, wurde es später nur zum Teil wiederaufgebaut. Erhalten blieben das Haupttor, die Vasaporten, und der Kungstornet, in dem sich ein Modell der einstigen Burg sowie Funde aus dem Mittelalter und Glaskunst befinden.

*Marienkirche Risinge

Den kleinen, nordwestlich gelegenen Ort Risinge erreicht man von Norrköping auf der Str. Nr. 51. Hier steht die in der zweiten Hälfte

des 12. Jh.s erbaute Marienkirche, deren **Kalkmalereien aus dem frühen 15. Jh.** zu den interessantesten ihrer Art in Schweden zählen: Ein unbekannter Meister dekorierte damit die Tonnengewölbe.
❶ Ende Juni–Mitte Aug. Mo.–Fr. 10.00–17.00, Sa. 10.00–13.00, So. 13.00–17.00 Uhr

Die 17 km südöstlich von Norrköping am Götakanal gelegene Stadt Söderköping wurde im 13. Jh. **als Lübecker Handelskolonie** gegründet und war im Mittelalter einer der wichtigsten schwedischen Handelsplätze. Wegen der schönen alten Häuser und der engen Gassen sind das Drothemsviertel in der Nähe des Rathausplatzes mit der gleichnamigen Kirche sowie das Schulhaus sehenswert. In der Nähe des Ramunderberges fließt der Götakanal durch Söderköping. Im Sommer zählen der Kanalhafen und die Schleuse mitten in der Stadt wegen ihrer **Cafés, Restaurants und Handwerksläden** zu den beliebtesten Treffpunkten. Liebhabern von Verfilmungen von Astrid-Lindgren-Büchern kommen einige Ecken sicherlich bekannt vor, denn hier sind Teile der »Madita«-Filme gedreht worden. Der Ramunderberg **Ramunderberg**, auf dem der Sage nach der Riese Ramunder lebte, erhebt sich fast senkrecht 73 m über dem Kanal. Wer über die Treppen hinaufsteigt, hat einen weiten Blick auf die Stadt und ihre Umgebung. Um den Berg führt ein Wanderweg.

Söderköping

Zwischen Arkösund im Norden und Gryt im Süden liegt vor der Küste ein relativ kleiner, aber schöner Schärengarten. Von Söderköping führt die Straße Nr. 210 nach Sankt Anna und weiter nach Tyrislöt, wo sich eine Schärenlandschaft wie aus dem Bilderbuch öffnet. An etlichen Stellen kann man hier **baden, Boot fahren und fischen**. Zahlreiche Bootsverbindungen erschließen die Inselwelt. Infos zu Fahrplänen gibt es in den Touristenbüros von Norrköping, Söderköping und Valdemarsvik.

*Schären

✶✶ Öland

✦ G/H 2/3

Landschaft: Öland
Provinz: Kalmar Län
Einwohnerzahl: 25 000

Nur der schmale Kalmarsund trennt die zweitgrößte Insel Schwedens vom Festland. Bei den Schweden, einschließlich der Königsfamilie, ist Öland ein beliebtes Urlaubsziel wegen der vielen Strände und der Sonne, die hier häufiger scheint als anderswo in Schweden. Wahrzeichen der Insel sind die sehr romantischen Windmühlen.

ZIELE • **Öland**

Öland erleben

AUSKUNFT
Borgholms Turist/Resecentrum
Storgatan 1
38731 Borgholm
Tel. 0485 890 00
www.olandsturist.se

Träffpunkt Öland 102
am Brückenkopf Färjestaden
38633 Färjestaden
Tel. 0485 890 00
www.olandsturist.se

AUSFLÜGE
Von Borgholm und Byxelkrok starten Boote zur Insel Blå Jungfrun.

FREIZEIT UND SPORT
Die schönsten Sandstrände, an denen man freilich selten allein ist, liegen in der Böda-Bucht. Öland ist ein Mekka für Radfahrer, daher gibt es zahlreiche Möglichkeiten, Räder zu mieten, etwa auf den Campingplätzen. Weitere Adressen sind über die Touristeninformation Borgholm zu bekommen.

VERANSTALTUNGEN
Walpurgisfeuer
Ende April flammen an der Schlossruine Borgholm die Walpurgisfeuer auf.

Ölandstage
Im Hafen von Färjestaden, jedes Jahr Ende August.

Geburtstagsfeier von Kronprinzessin Victoria
Jährlich am 14. Juli. Der »Victoriadagen« ist ein feierliches Ereignis und Volksfest für die ganze Familie mit einem großen Künstleraufgebot.

ESSEN
Halltorps Gästgiveri €€€
Borgholm
Landsvägen Halltorp 105
tgl. geöffnet
Tel. 0485 850 00
www.halltorpsgastgiveri.se
Landgasthof mit Aussicht auf den Kalmarsund, 2004 zum besten Restaurant der Insel gewählt. Spezialitäten: Lamm und Fisch.

Lammet & Grisen €€–€€€
Löttorp
Hornvägen 35
Tel. 0485 2 03 50
www.lammet.nu
Der Name ist Programm, denn köstliche Lamm- und Schweinegerichte kommen hier auf den Tisch. Außerdem ist die Dachterrasse der schönste Platz, um sich den Sonnenuntergang anzusehen.

KAJ4 €€
S. Hamnplan 4
Färjestaden
tgl. geöffnet
Tel. 0485 3 10 37
www.kaj4.se
Am besten sitzt man draußen mit Blick über den Sund. Internationale Küche.

Sandviks Kvarn €–€€
nördlich von Sandvik
tlg. geöffnet 12.00–22.00 Uhr
Tel. 0485 2 61 72
www.sandvikskvarn.se
Öländer Spezialitäten und Hausmannskost in einer der größten Windmühlen der Welt. Auch Pizzeria, Cafeteria und Kiosk. Mittagsbuffet mit schwedischer Hausmannskost.

Öland • ZIELE

ÜBERNACHTEN
Halltorps Gästgiveri €€€-€€€€
Borgholm
Landsvägen Halltorp
Tel. 0485 850 00
www.halltorpsgastgiveri.se
36 Zimmer mit schönem Kunsthandwerk und im Stil der verschiedenen schwedischen Landschaften eingerichtet. Von der Sonnenterrasse ausgezeichneter Blick auf den Kalmarsund.

Guntorps Herrgård €€€
Borgholm
Guntorpsgatan
Tel. 0485 1 30 00
www.guntorpsherrgard.se
32 Zi. Alter öländischer Herrenhof mit schönen Gästezimmern. Erstklassiges Restaurant mit typisch schwedischem Smörgåsbord und vielen lokalen Spezialitäten wie Elchsalami, geräuchertem Aal, Leberpudding und dem typischen eingelegten Hering.

Camping
Auf Öland gibt es mehr als 20 Campingplätze, die meisten in der Nähe von Färjestaden, Borgholm und der Böda-Bucht. Einige vermieten günstig Hütten.

Öland liegt vor Südschwedens Ostküste, ist 137 km lang, aber nur 4–16 km breit. Daher pfeift hier fast immer der Seewind übers Land, und in der Vergangenheit spannte man die Gratis-Windkraft zum Antrieb von Windmühlen ein. Einst standen auf Öland rund 2000 Stück, **400 Windmühlen sind noch erhalten**. Sie sind das Charakteristikum der Insel und stehen unter Denkmalschutz. Kulturinteressierte finden hier außerdem mittelalterliche Kirchen, vorgeschichtliche Befestigungsanlagen; für Pflanzenfreunde interessant sind die Orchideen und die Stora Alvaret, eine steppenähnliche Kalkheide.

Insel des Windes

Im Gegensatz zum mittleren und nördlichen Schweden, wo Granit vorherrscht, bildet Öland ein nahezu ebenes, **leicht nach Osten geneigtes Kalkplateau**, dessen Westrand eine scharf abfallende Kante bildet. Die Ostküste hingegen flacht sanft ab und ist von Dünen und Flugsand bedeckt. Nur ein relativ schmaler Streifen am Fuß der westlichen Plateauränder ist landwirtschaftlich nutzbar und daher dichter besiedelt. Das Plateau ist überwiegend karg und im Sommer von der Hitze ausgedörrt. Im Süden der Insel erstreckt sich die **Stora Alvaret**, eine verkarstete, von niedrigen

Zierlicher Schmuck der Stora Alvaret im Süden

Steinmauern unterteilte Steppenheide. Die meiste Zeit des Jahres scheint sie nichts als eine eintönige Schafweide zu sein. Doch im Frühjahr verwandelt sich die Landschaft in einen **bunten Blütenteppich** aus gelben Sonnenröschen, duftendem Klee und blauen Kugelblumen, gefolgt von seltenen Orchideen. Im Herbst hingegen rasten hier die **Kraniche in großer Zahl** – ein unvergesslicher Anblick. Die Mitte Ölands, zwischen Borgholm und Färjestaden, ist in Küstennähe von Laub- und Nadelwald geprägt, während das Inselinnere von Haselbüschen und Waldwiesen bedeckt ist. Der Norden schließlich geht im Westen in eine Felsküste über, während im Osten Landzungen und flache Buchten miteinander abwechseln.

Die Ölandsage

Glaubt man einer alten Sage, soll die Insel folgendermaßen entstanden sein: **Ein Schmetterling**, viele Meilen lang und mit riesigen, blau und silbern schillernden Flügeln, wagte sich einst bis auf die Ostsee hinaus. Doch sein Körper war zu groß und schwer für seine Flügel. Als ein Sturm aufzog, rissen die Flügel ab, der Körper fiel ins Meer und er strandete vor Småland auf einem Felsenriff.

SEHENSWERTES SÜDLICH VON FÄRJESTADEN

*Ölandbrücke

Von Kalmar kommend, überquert man die engste Stelle des Kalmarsunds auf der Ölandbrücke. Sie zählt mit 6072 m **zu den längsten Brücken Europas** und konfrontiert Autofahrer mit oft heftigem Seitenwind. Dafür bietet sich für die Beifahrer ein schöner Rückblick auf Kalmar – und bei Ebbe auf die Steinbänke vor der Küste.

Auf kargen Heiden unterwegs zu Windmühlen und Kultstätten, hier Gettlinge

Öland • ZIELE

Direkt beim östlichen Brückenkopf liegt der Hafenort Färjestaden; in der Nähe befindet sich der **Ölands Djurpark**, ein Freizeitzentrum mit Zoo, Dinosaurierpark, Schwimmbad und Märchenland.

Färjestaden

❶ Ende April–Ende Sept. tgl. 10.00 bzw. 11.00–16.00 bzw. 17.00 Uhr, Eintritt: ab 120 SEK, Kinder unter 1 m frei, www.olandsdjurpark.com

Träffpunkt Öland ist ein **Informationszentrum mit »Historium«**, einer Ausstellung zur Geschichte Ölands. Für die Fahrt nach Süden empfiehlt es sich, nicht die im Inselinnern verlaufende Straße Nr. 136, sondern die Landstraße in Ufernähe zu benutzen.

Träffpunkt Öland

Nach rund 4 km erreicht man den 1,30 m hohen Karlevistenen, den **ältesten Runenstein der Insel**. Er trägt eine ausführliche Inschrift, die besagt, dass der Stein von Sibbe dem Weisen, einem dänischen Seekönig, am Ende des Jahres 1000 gesetzt wurde.

*Karle-vistenen

Rund 3 km östlich von Mörbylånga ragt der **bronzezeitliche Grabhügel** Mysinge Hög auf, von dessen Höhe man einen herrlichen Blick über die Weite der Stora Alvaret hat. In der Umgebung sind auch sehenswerte Kammergräber aus der jüngeren Steinzeit erhalten.

Mysinge Hög

Von Mysinge folgt man weiter der Str. Nr. 136 in südlicher Richtung, wo man bald das Gräberfeld von Gettlinge mit mehr als **200 Gräbern aus der Eisenzeit** erreicht. Es ist damit eines der größten der Insel. Im nördlichen Teil des rund 2 km langen Feldes sind Steinsetzungen in Schiffsform und etliche Monolithen zu sehen. Über Degerhamn und Grönhögen erreicht man die **historische Mauer Karls X**. Seit 1653 durchzieht sie auf 45 km die Südspitze Ölands und trennt das Krongut (heute Gestüt) von der übrigen Insel. Gebaut wurde sie, um das Damwild des Königs am allzu weiten Davonlaufen zu hindern, sie unterstrich aber auch die Macht des Monarchen.

Gettlinge

Ganz im Süden Ölands liegt Ottenby, im 13. Jh. ein Klostergut von Gustav Wasa, dann dem schwedischem König unterstellt. Die Gutsgebäude stammen von 1804. Nördlich davon erstreckt sich ein eisenzeitliches Gräberfeld, 2 km weiter westlich liegen die **Kungsstenarna (Königssteine)**.

Ottenby

Von Ottenby führt eine Stichstraße durch das Naturreservat bis zur Südspitze von Öland, wo der Långe Jan steht, mit 42 m **der höchste Leuchtturm Schwedens**. Von oben genießt man einen Panoramablick über die Insel und den Kalmarsund. Am Fuß des Leuchtturms befindet sich das **Ottenby Naturum**: ein kleines Vogelmuseum und eine Vogelstation, wo geführte Touren starten.

Långe Jan

❶ Geführte Touren zur Vogelbeobachtung von Frühling bis Herbst, Tel. 0485 66 12 00, www.sofnet.org

ZIELE • Öland

***Eketorp** Von Ottenby folgt man nun der nahe der Ostküste nach Norden verlaufenden Landstraße. Nördlich von Össby liegt abseits der Straße die Eketorpsborg, ein **rekonstruiertes Wehrdorf aus der Eisenzeit** (ca. 300 – 1200 n. Chr.). Wer sich ein eindrückliches Bild der Zeit machen möchte, als man die Häuser noch mit Kuhdung isolierte, ist hier richtig. Innerhalb der zinnengekrönten Ringmauer sind mehrere, mit Schilf gedeckte Häuser nachgebaut. Im größten befindet sich das Museum mit vielen archäologischen Funden, Rekonstruktionen damaligen Hausgeräts und einem Schnittmodell durch den Grabungshorizont. Im Sommer wird vorgeführt, wie Handwerker in der Eisenzeit und im Mittelalter arbeiteten. Wer will, kann selbst mitmachen oder original **eisenzeitliche Suppe** kosten.

> **BAEDEKER TIPP**
>
> *Fotogene Steine*
>
> Bei Byrum erheben sich an der Westküste die **Byrums Raukar** – Ölands einziges Gebiet, wo diese bizarren und höchst fotogenen Felsnadeln aus weichem, vom Meer beschliffenem Kalkstein zu finden sind.

● Mai – Ende Juni u. Mitte August – Anfang Sept. tgl. 11.00 – 17.00, Juli – Mitte Aug. 10.30 – 18.00 Uhr, Eintritt: 75 SEK, erm. 40 SEK, www.eketorp.se

SEHENSWERTES NÖRDLICH VON FÄRJESTADEN

*Himmelsberga Entweder man setzt die oben beschriebene Rundfahrt von Eketorp aus fort oder fährt von Färjestaden aus direkt an die Westküste nach Norra Möckleby. Je weiter man der Küstenstraße nach Norden folgt, desto mehr wird die Landschaft von Kiefernwäldern und Wacholderheiden geprägt. Bei Länglöt zweigt links eine Nebenstraße ab, die nach Himmelsberga führt, ein **öländisches Dorf, in dem die Zeit stehegeblieben ist**. Heute bilden das Herrenhaus und die vier stattlichen Bauernhöfe aus dem 18./19. Jh. ein Freilichtmuseum. Ausgestattet sind die Gebäude mit original öländischem Mobiliar, davor stehen landwirtschaftliche Geräte von Anno dazumal. Es finden wechselnde Kunstausstellungen statt, und im Museumsshop kann man allerlei hübsches Kunsthandwerk erstehen.

● 1. Juni – 31. Aug. tgl. 11.00 – 17.30 Uhr, Eintritt: 60 SEK, erm. 50 SEK, www.olandsmuseum.com

Ismantorpsborg Noch etwas weiter landeinwärts von Himmelsberga liegt auf einer Waldlichtung die Ismantorpsborg, die **eigenartigste Fluchtburg der Insel**. Wahrscheinlich im 5. Jh. n.Chr. angelegt, hat sie einen Durchmesser von ungefähr 125 m. Innerhalb der gut erhaltenen Ringmauer wurden 88 Hausfundamente freigelegt. Neuerdings vermuten Forscher, dass es sich um eine Kultstätte gehandelt hat.

Selbst auf einer Insel suchten Menschen den Schutz starker Mauern – wie hier in Eketorp, wo man ein Wehrdorf rekonsturiert hat.

In Gärdslösa steht die besterhaltene mittelalterliche Kirche der Insel, ein romanischer Bau aus dem 12. Jh. mit gotischem Chor, dessen Wände mit Malereien nach alttestamentlichen Motiven geschmückt sind. Zu besichtigen sind weiter Fragmente gotischer Fresken, eine reich bemalte Kanzel (1666) und ein Rokoko-Altar (1764). Etwas weiter trifft man direkt an der Straße auf mehrere **Windmühlen**. Dabei handelt es sich um typisch öländische, kleine Bockwindmühlen, die auf einem dicken Eichenstamm ruhen und mit einem langen Hebel in den Wind gedreht werden müssen.

Gärdslösa

Weiter geht die Fahrt nach Egby mit der um 1100 erbauten **kleinsten Kirche der Insel**. Trotz des Umbaus von 1818, bei dem der Turm angefügt wurde, zeigt sie noch weitgehend romanisches Gepräge. Im Innern stehen ein Taufbecken und ein steinerner Altar (12. Jh.), eine Kanzel und ein Altaraufsatz aus dem Barock (um 1750).

Egby

Die Nordspitze von Öland ist von einem rund 6000 ha großen Parkgelände bedeckt, in dem **mehr als 50 Baumarten** wachsen. Ein Teil des Parks wird wegen der vom Seewind zerzausten, skurril anmutenden Kiefern »Trollskogen« (Zauberwald) genannt.

»Trollskogen«

Nahe bei dem kleinen Fischerort Byxelkrok erstreckt sich das von Carl v. Linné als **Neptuni Åkrar** (Äcker des Neptun) bezeichnete Gebiet. Diese eigenartige Strandformation besteht aus losen Steinen,

Byxelkrok

auf denen im Hochsommer der Natternkopf, ein Borretschgewächs, meerblau blüht. Auf dem Strandwall hat ein Feld mit 35 Gräbern die Zeiten überdauert, zu dem auch ein Schiffsgrab aus der Wikingerzeit gehört. Vom Strand blickt man auf **Blå Jungfrun**. Diese Insel aus rötlichem Granit ist Nationalpark und gilt als Treffpunkt von Hexen. Tatsächlich wirkt der Ort dank vieler Grotten und eines undurchdringlichen Waldes geheimnisvoll.

Långe Erik

Auf der Nordspitze der Insel steht der Leuchtturm Långe Erik. Südlich davor erstreckt sich die **Bödabucht**, die wegen ihrer schönen **Sandstrände** zu den beliebtesten Urlaubsgebieten Ölands gehört.

Borgholm

Auf der abseits der Küsten durch das Inselinnere führenden Str. Nr. 136 fährt man wieder nach Süden und an Sandviks Kvarn vorbei, der mit acht Stockwerken **größten holländischen Windmühle auf Öland**. Dann erreicht man Borgholm, die einzige Stadt der Insel, die mit ihrer Hafenpromenade, Restaurants und Geschäften ein Anziehungspunkt für alle Inseltouristen und entsprechend überlaufen ist. Im Sommer bestehen Bootsverbindungen nach Oskarshamn auf dem schwedischen Festland und zur Insel Blå Jungfrun. Rund 1 km südwestlich der Stadt liegt erhöht die mächtige Ruine von **Schloss Borgholm**. Der Bau wurde 1572 an der Stelle einer alten Burg errichtet, später umgebaut und 1806 durch einen Brand zerstört. Heute finden in der Ruine regelmäßig Musikfestspiele und Theateraufführungen statt. Ein kleines Museum dokumentiert die Geschichte des Schlosses.
ⓘ www.borgholmsslott.se

**Schloss Solliden

Unweit südlich von Borgholm liegt in einer geschützten Senke **Schloss Solliden**. Das weiße klassizistische Schlösschen wirkt bescheiden, ihm gegenüber steht etwas erhöht das kleine, ganz mit Grün überwucherte Spielhaus. 1903–1906 wurde das Anwesen für Königin Victoria angelegt, es dient heute der schwedischen Königsfamilie als Sommersitz. Jeweils am 14. Juli feiert Kronprinzessin Victoria hier ihren Geburtstag (»Victoriadagen«). Besichtigt werden kann auch der englische Park mit seinen schönen alten Bäumen. Zudem gibt es hier kleines Rondell, wo die Büste der Königin Victoria sowie die verkleinerten Marmorkopien einiger griechischer bzw. hellenistischer Plastiken zu sehen sind.
ⓘ Mitte Mai – Mitte Sept. tgl. 11.00 – 18.00 Uhr, Eintritt: 75 SEK, Führungen 350 SEK, Tel. 0485 15365, www.sollidensslott.se

Karums Alvar

Rund 15 km südöstlich von Borgholm liegt im Inselinnern das große **eisenzeitliche Gräberfeld** Karums Alvar mit der 30 m langen, schiffsförmigen Steinsetzung »Arche Noah«. In der Nähe befinden sich zwei Kalksteinhügel, wo der Sage nach Odin sein Ross Sleipnir angebunden haben soll.

Rund 8 km nordöstlich von Färjestaden steht die Ruine der Gråborg, **die größte Fluchtburg der Insel**. Die bis zu 6 m hohe Ringmauer umschließt ein elliptisches Areal von 220 x 165 m.

Gråborg

★ Örebro

F 5

Landschaft: Närke
Provinz: Örebro Län
Einwohnerzahl: 136 900
Höhe: 22 m ü.d.M.

Wahrzeichen der Stadt ist das Renaissanceschloss mit seinen vier wuchtigen Türmen auf einer Insel mitten im Fluss Svartån. Schon früh nutzten Reisende zwischen Nord- und Ostsee hier eine Furt, um den Fluss zu überqueren. Später baute man eine Brücke, sicherte sie mit einer Festung und legte darum herum eine Siedlung an.

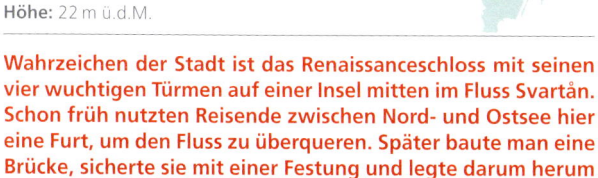

Die südschwedische Provinzhauptstadt Örebro liegt in der Ebene zu beiden Seiten der Svartån, die den Hjälmarsee nach Westen hin entwässert. Die Stadt hat Tradition als Handelszentrum, da sie von jeher ein Bindeglied zwischen Bauernland und Bergbaugebiet darstellte.

SEHENSWERTES IN ÖREBRO

Das Zentrum der Stadt bildet der lang gestreckte Marktplatz. An seinem westlichen Ende steht die Nikolaikirche aus dem 18. Jh., in der 1810 der französische Marschall Jean Baptiste Bernadotte zum Thronfolger gewählt wurde, da das schwedische Königshaus keine Nachkommen hatte. In der Kirche ist der legendäre schwedische Volksheld und Reichshauptmann **Engelbrekt Engelbrektsson** bestattet; sein Bronzestandbild (1865, von Carl Gustav Qvarnström) steht gegenüber der Kirche vor dem neugotischen Rathaus. Jeden Tag

Nikolaikirche

Örebro

Essen
❶ Slottskänken

Übernachten
❶ Hotel Göta

Örebro erleben

AUSKUNFT
Örebrokompaniet
Olof Palmes Torg 3
70135 Örebro
Tel. 019 21 21 21, www.orebrotown.com

FREIZEIT UND SPORT
Ausflüge
Im Hochsommer verkehren Ausflugsboote auf dem Hjälmarkanal, 40 km nordöstlich von Örebro. Auskunft über die Touristenbüros in Arboga (Tel. 0589 8 71 51) und Kungsör (Tel. 0227 60 01 01).

Kanufahren
Der Kanal ist auch bei Kanuten ein beliebtes Revier. Routenbeschreibungen und Adressen von Kanuvermietern hält die Touristeninformation bereit.

ESSEN
❶ *Slottsskänken* ©©
im Schloss von Örebro
Tel. 019 12 23 39
Hier isst man immer gut: Entweder im Restaurant im Schloss (Winter: Mi. – Sa. 17.00 – 22.30, Sommer: Mo. – So. 11.30 – 22.30 Uhr) oder günstiger im Tornkaféet, das werktags von 11.30 bis 15.00 Uhr ein sehr preisgünstiges Mittagsbuffet bietet. Bei schönem Wetter auch Bewirtschaftung auf der Schlossterrasse.

ÜBERNACHTEN
Grythyttans Gästgivaregård
Grythyttan
Prästgatan 2
Tel. 0591 6 33 91
www.grythyttan.com
Edler Gasthof nordwestlich von Örebro. Exklusive Küche, die zu den besten des Landes zählt, erlesen ist auch die Weinkarte. Historisch-romantische Zimmer mit fantasievollen Namen.

❶ *Hotel Göta* ©© – ©©©
Olaigatan 11
Tel. 019 6 11 53 63, www.hotellgota.nu
20 Zi. Charmantes Hotel in unmittelbarer Nähe des Schlosses. Wellnessabteilung mit skandinavischer Sauna, Solarium und Massage.

SHOPPING
In der Innenstadt kann man vor allem im Gebiet Storgatan-Drottninggatan-Stortorg-Våghustorg einkaufen. 9 km südlich von Örebro liegt das riesige Einkaufszentrum Marieberg mit mehr als 60 Geschäften.

um 12.03, 18.03 und 21.03 Uhr erklingt dessen **Glockenspiel,** das mit sechs Figuren verschiedene Epochen versinnbildlicht.

Schloss Örebro Nördlich vom Marktplatz erhebt sich auf einer Flussinsel das Schloss, ein viertürmiger Renaissancebau, der heute neben dem Schlossmuseum auch ein Restaurant und das Tourismusbüro beherbergt. Die ältesten Teile des Schlosses wurden in der zweiten Hälfte des 13. Jh.s erbaut. Den Turm erweiterte man im 14 Jh. zu einer größeren Burg, und Ende des 16. Jh.s wurde das heutige Schloss errichtet.
◐ Mo. – Fr. 10.00 – 18.00, Sa., So. 10.00 – 17.00 Uhr

Örebro • ZIELE

Im **Örebro Länsmuseet**, östlich des Schlosses, sind Sammlungen zur Kunst- und Kulturgeschichte zu sehen.
❶ Di., Do. 9.00–18.00, Mi. 12.00–21.00, Fr.–So. 12.00–16.00 Uhr, Eintritt frei, www.orebrolansmuseum.se

Provinzmuseum

Folgt man dem Fluss in östlicher Richtung, kommt man zum Freilichtmuseum von Wadköping, dem ältesten Viertel Örebros. Diese Häuser hatten früher im Zentrum von Örebro gestanden, mussten jedoch Neubauten weichen und wurden hier wieder aufgebaut. So ist in Wadköping neben einem Freilichtmuseum auch ein sehenswerter **historischer Stadtteil** mit Handwerksbetrieben, Museen, Läden und Cafés entstanden. In **Gustavsvik** (1 km südl. vom Zentrum) wartet ein weitläufiges Abenteuerbad mit Wasserrutsche, großen Liegewiesen und allerlei Sportmöglichkeiten.
Museen: Mai–Aug. Di.–So. 11.00–17.00, sonst bis 16.00 Uhr, Eintritt frei
Abenteuerbad: Mo.–Fr. 9.00–21.00, Sa., So. u. Juli 9.00–19.00 Uhr, Eintritt: ab 110 SEK, erm. ab 50 SEK, www.gustavsvik.se

Wadköping

Am westlichen Stadtrand liegt der **historische Herrenhof** Karlslunds Herrgård. Im ehemaligen königlichen Stall (16. Jh.) haben sich **Museen, Läden und Künstler** etabliert. In der Meierei zeigt das Tagelöhnermuseum, wie die Ärmsten der Armen in den 1930er-Jahren gewohnt haben.
❶ Sa., So. 11.00–15.00 Uhr

Karlslunds Herrgård

Trutzig demonstriert Schloss Örebro die Macht der alten Handelsstadt.

> **BAEDEKER TIPP**
>
> ### Die tanzenden Schwäne
>
> Jedes Jahr Ende März rasten zwischen **1000 und 3000 Singschwäne** auf ihrem Weg nach Russland und Finnland am Tysslingen-See westlich von Örebro. Die leicht an ihrem geraden Hals und dem gelben Schnabel zu erkennenden Tiere vollführen vor allem am Morgen ihre Tänze und trompeten lautstark. Rund um den See gibt es mehrere gute Beobachtungsplätze. Seit das Gewässer in den 1980er-Jahren renaturiert wurde, lohnt auch ein Besuch außerhalb der Schwanenrast, denn jetzt brüten wieder viele Vögel am Tysslingen.

An der nördlichen Ausfallstraße Richtung Falun steht der bekannte, pilzförmige Wasserturm, von dessen Dach sich ein weiter Rundblick bietet. Im Hut sind das Erlebniszentrum »Aqua Nova« und ein Café eingerichtet.
● Tgl. 10.00–18.00 Uhr

UMGEBUNG VON ÖREBRO

Etwa 12 km nordöstlich von Örebro kommt man nach **Glanshammar**, das wegen seiner Marmorbrüche bekannt ist; u.a. wurde hier das Material für das Stadthaus und das Dramatische Theater in Stockholm gebrochen. Die Kirche des Ortes stammt ursprünglich aus der Mitte des 12. Jh.s und ist mit ihren **Renaissance-Malereien** eine der am reichsten ausgestatteten Kirchen des Landes.

Arboga Rund 40 km nordöstlich von Örebro liegt die Stadt Arboga. Sie entstand im 12. Jh., als der Fluss schiffbar gemacht wurde, und entwickelte sich rasch zu einem sehr betriebsamen Handelsplatz. Diese Bedeutung verlor sich allerdings, als man im 17. Jh. die Bergbausiedlungen Nora und Lindesberg gründete und den Hjälmarkanal anlegte. Im sehr idyllischen Zentrum gibt es noch viele Kaufmanns- und Handwerkerhäuser; außerdem ist Arboga Sitz einer **Brauerei.** Unweit östlich vom Stortorg mit dem Rathaus (18. Jh.) steht die Dreifaltigkeitskirche, ursprünglich Teil eines Franziskanerklosters. Weiter steht hier ein 1935 errichtetes Standbild des Volkshelden Engelbrekt Engelbrektsson, der exakt an diesem Ort 1435 auf Schwedens erstem Reichstag zum Reichshauptmann gewählt wurde. Wenige

Freilichtmuseum Wadköping

Schritte westlich vom Rathaus ist das **Stadtmuseum** zu finden, das über die große Zeit der Zünfte informiert und Objekte aus Zinn und Silber zeigt.
❶ Di.–Do., Sa., 13.00–16.00 Uhr

Die Verbindung zwischen Arboga und Hjälmarsee bildet der 13,7 km lange **Hjälmarkanal**, der mit neun Schleusen eine Höhendifferenz von 22 m überwindet. Der 483 km² große See erstreckt sich östlich bis Södermanland und steht über den Kanal und den Fluss Arbogaån mit dem Mälarsee in Verbindung. Im 19. Jh. wurde der Wasserspiegel um 1,80 m gesenkt und so eine Fläche von ca. 27 000 ha Ackerland gewonnen. An dem fischreichen Gewässer leben viele Vögel.

Hjälmarsee

✴✴ Östersund

E 9

Landschaft: Jämtland
Provinz: Jämtlands Län
Einwohnerzahl: 59 400
Höhe: 286 m ü.d.M.

Östersund, die einzige größere Stadt in Jämtland, ist das moderne Kultur- und Wirtschaftszentrum der Provinz mit entsprechend guten Einkaufsmöglichkeiten. Die Region gilt als sehr schneesicher und ist ein Mekka des Biathlon – 2008 wurden hier die Weltmeisterschaften in dieser Sportart ausgetragen, jedes Jahr startet hier der Weltcup. Immer sehenswert ist das Jamtli-Historieland, ein einzigartiges Museum.

Die terrassenförmig am östlichen Ufer des Storsjön ansteigende Stadt wurde **1786 von Gustav III. gegründet** und zeigt in ihrer Anlage noch heute das ursprüngliche, rechtwinklige Straßensystem. Östersund ist heute Garnisonsstadt.

Garnisonsstadt

SEHENSWERTES IN ÖSTERSUND

An der Rådhusgatan, der Hauptstraße von Östersund, steht das 1912 von B. F. Wallberg erbaute stattliche Rathaus. Schräg gegenüber im Park befindet sich das **Stadtmuseum**, daneben die Alte Kirche, ein recht nüchterner Holzbau. Südlich steht die Große Kirche, 1940 nach Plänen von L. I. Wahlman errichtet und mit bemerkenswerten Chorfresken von H. Linnqvist ausgestattet.
Stadtmuseum: Mitte Juni – Mitte Aug. Mo.–Fr. 10.00–16.00, Sa., So. 12.00–15.00 Uhr

Zentrum

Östersund erleben

AUSKUNFT
Turist & Kongressbyrå
Rådhusgatan 44
83182 Östersund
Tel. 063 14 40 01
www.visitostersund.se

WINTERSPORT
Wegen des stabilen Winterwetters kommt so manche Biathlon-Nationalmannschaft nach Östersund zum Training. Auch Amateure finden hier ideale Bedingungen zum Eisangeln, für Skilanglauf oder zum Schlittschuhlaufen auf dem zugefrorenen See. Wer mit dem Schneemobil die tief verschneiten Pisten und Wälder erkunden will, kann auf geführte Touren gehen oder ein Gefährt mieten und auf eigene Faust losfahren.
Vildmarks Entreprenörerna
Tel. 063 18 33 40
www.goforit.se.

ESSEN
Café im Frösöturm ⊙
Utsiktsvägen 10
geöffnet Mitte Mai – Ende Sept.
tgl. 11.00 – 17.00 Uhr, manchmal länger
Tel. 063 12 81 69
www.froson.com/tornet
Café auf der Spitze des Aussichtsturmes. Das hausgebackene Brot ist gut, die meilenweite Aussicht erstklassig.

ÜBERNACHTEN
Hotel Emma ⊙⊙
Prästgatan 31
Tel. 063 51 78 40
www.hotelemma.com
Nettes Hotel mitten in der Altstadt. Außergewöhnlich schöne Gästezimmer im skandinavischen Stil mit hohen Decken und großen Fenstern.

ERMÄSSIGUNGEN
Im Touristenbüro kann man die Östersundkarte kaufen, die freien Eintritt in Bäder, für viele Sehenswürdigkeiten und Museen gewährt.

AUSFLÜGE
Auf dem Storsjön verkehrt im Sommer die »Thomée«, der älteste Dampfer Schwedens, ab Östersund zu den Inseln.
www.ostersund.se/thomee

FESTIVALS
Storsjöyran, kurz »Yran«, ist Schwedens ältestes Stadtfest. Es findet seit den 1960er-Jahren im jämtländischen Östersund jeweils Ende Juli statt und ist heute mit rund 50 000 Besuchern während des drei Tage dauernden Straßenfestivals eines der größten Musikfestivals in Skandinavien. Bryan Adams, The Corrs, B. B. King, Texas, Motörhead – alles, was in der Rockwelt Rang und Namen hat, ist hier bereits aufgetreten.
www.storsjoyran.se.

Arctura Der 65 m hohe **Vorratstank am Skistadion** beherbergt ein Café und Restaurant im obersten Stockwerk, von wo aus man einen hervorragenden Blick über die Stadt und die Bergwelt genießt. Wer eine schwache **Ahnung vom Nordlicht** bekommen will: Abends und nachts wird das Gebäude so angestrahlt, das es an die farbigen Schlieren des Polarlichts erinnern soll.

Östersund • ZIELE 295

Der Runenstein von Frösön vor dem Provinzparlament ist in vielerlei Hinsicht bemerkenswert: Er ist **der nördlichste Schwedens** und auf ihm wird erstmals der Name der Provinz Jämtland erwähnt. Auch von der Christianisierung der Region ist die Rede, was sonst nirgendwo nachzulesen ist. Auf diesem Stein sind zudem die Runen in den Körper einer Schlange eingeritzt, was manche mit der Sage vom Storsjö-Ungeheuer in Verbindung bringen, das seit ewigen Zeiten sein Unwesen im See treiben soll. Die Runeninschrift lautet: »Östman, Sohn von Gudfast, ließ diesen Stein errichten, diese Brücke bauen und Jämtland christianisieren. Asbjörn baute die Brücke und Svein und Tryn ritzten die Runen.«

Runenstein von Frösön

Die **bedeutendste Sehenswürdigkeit** von Östersund ist das Museum Jamtli im Norden der Stadt, eine Kombination von Volkskunde- und Freilichtmuseum. Im Hauptgebäude befinden sich Gemälde aus Jämtland und Härjedalen, eine Sammlung zur Samenkultur, präparierte Tiere, Hausgerät, Steinzeitfunde, sowie die **über 1000 Jahre alten Teppiche aus Överhogdal**. Die vollständig erhaltenen Webmuster sind die ältesten in ganz Europa und haben ihren Ursprung in der altnordischen Mythologie. Auf dem Freigelände steht eine große Zahl von historischen Bauernhäusern, hier werden etliche spannende Aktivitäten für die ganze Familie angeboten.

**Jamtli

❶ Ende Juni–Ende Aug.
tgl. 11.00–17.00, sonst Di.–So. 11.00–17.00 Uhr, Eintritt: ab 60 SEK, erm. ab 20 SEK, www.jamtli.com

Im Krämerladen des Jamtli-Museums werden so manche Erinnerungen wach.

ZIELE • Siljansee

> **BAEDEKER WISSEN**
>
> **?**
>
> **Seeungeheuer unter Naturschutz**
>
> Schweden hat sein einziges Seeungeheuer unter Naturschutz gestellt: Nach einer Sage lebt seit Urzeiten das »Storsjödjur«, eine Art **schwedische Nessie**, im Storsjön-See, Hunderte wollen das Seeschlangen-ähnliche Tier gesehen haben. Lange setzte man alles in Bewegung, um das Ungeheuer zu erlegen, doch es entging seinen Häschern. 1986 stellte die Bezirksregierung das Wesen unter Naturschutz; damit ist es endlich vor Jägern sicher und streckt vielleicht gerade heute sein Haupt aus den Fluten…

Im Storsjön-See liegt, durch eine Fußgänger- und eine Straßenbrücke mit Östersund verbunden, die **fruchtbare Insel Frösön**. Auf dem Östberg steht, auf einer schmalen und ziemlich steilen Stichstraße zu erreichen, der hölzerne Frösötorn mit weitem Blick auf die Stadt, den See und die westlich aufragenden Grenzberge. Nördlich vom Östberg befindet sich der **Frösö-Zoo** mit über 700 verschiedenen Tierarten, von Tigern, Krokodilen und Giraffen bis hin zu Spinnen und Insekten im Tropenhaus. Auch die einheimische Tierwelt ist vertreten. Ferner gibt es ein Naturkundemuseum, einen Zirkus und ein Restaurant. Weiter westlich kommt man zu der Kirche von Frösö (12. Jh.), die 1898 erneuert wurde.

❶ Mitte Juni–Mitte Aug. 10.00–16.00, Juli tgl. 10.00–18.00 Uhr, Eintritt: 200 SEK, erm. 100 SEK, www.frosozoo.com

Insel Andersö Von Frösön aus besteht eine Bootsverbindung zur benachbarten Insel Andersö, die heute zusammen mit Skansholmen und Isö **unter Naturschutz** steht. Hier gibt es Reste einer Verteidigungsanlage aus dem 17. Jh. zu sehen. Südlich, gegenüber der Insel am Seeufer, steht die Kirche von Sunne mit den Resten eines Kastells, das König Sverre im Jahr 1178 errichten ließ, nachdem er auf dem zugefrorenen Storsjön die Jämten besiegt hatte.

✱ Siljansee

✦ E7F 6/7

Landschaft: Dalarna
Provinz: Dalarna Län
Höhe: 161 m ü.d.M.

Der Siljansee, von sanft ansteigenden, teilweise bewaldeten Ufern umrahmt, ist das Herz der mittelschwedischen Landschaft Dalarna. Hier setzt man schon lange auf den Tourismus, doch große Hotelbauten und touristischen Rummel wird man hier nicht vorfinden. Wer hierher kommt, schätzt die Ruhe, will wandern, angeln oder an den schönsten Mittsommerfeiern Schwedens teilnehmen.

Der Siljansee entstand vor rund 360 Millionen Jahren durch den Einschlag eines riesigen Meteors. Aus der Luft erkennt man noch heute die **ringförmige Kraterwand** um den See. Dieser hat eine Fläche von 290 km², ist bis zu 120 m tief, 36 km lang, bis zu 25 km breit und wird vom Österdal Älv durchströmt. Die Orte rund um den Siljansee – vor allem Mora, Rättvik und Leksand – zählen zu den beliebtesten Ferienorten. Trotzdem geht es hier im Herzen von Dalarna noch erstaunlich gemütlich und traditionsbewusst zu, nirgendwo sonst lässt sich schwedisches Brauchtum besser studieren. Hier finden jährlich **Mittsommerfeiern** wie aus dem Bilderbuch mit Tanz um den Maibaum statt. Am Siljansee gehören die Spielmänner mit ihren Fiedeln noch zu jedem Fest dazu, und viele holen zu solchen Gelegenheiten gerne ihre Tracht aus dem Schrank.

Der See – Krater eines Meteoriten

MORA

Mora liegt am nördlichen Ufer des Siljansees, wo der Österdal Älv in diesen mündet. Die Stadt ist die Geburts- und Wirkungsstätte des Malers und Bildhauers Anders Zorn (1860 – 1920) und der beliebteste Urlaubsort. In Mora forderte **Gustav Wasa**, der später zum Gründer des schwedischen Staates werden sollte, die Bauern von Dalarna 1521 zum Freiheitskampf gegen die Dänen auf, stieß aber bei diesen zunächst auf Widerstand – und zog auf Skiern Richtung Norwegen ab. In Sälen, etwa 90 km weiter westlich, wurde er von seinen Gefolgsleuten Lars und Engelbrekt eingeholt und zur Rückkehr bewogen, denn nun waren die Bauern zum Kampf bereit. Dies sollte der Auslöser für die Befreiung Schwedens von der dänischen Herrschaft sein; Gustav Wasa wurde am 6. Juni 1523 zum schwedischen König gewählt. Seit 1922 gibt es zum Gedenken an dieses Ereignis immer am ersten Sonntag im März den Wasalauf (Vasaloppet) zwischen Sälen und Mora, mit 90 km der **längste Skilanglauf der Welt**.

Zielort des Wasalaufs

! BAEDEKER TIPP

Åkerblads Hotell & Gästgiveri €€€

Wunderschönes Hotel (69 Zi.) an einem sanften Abhang am Siljansee. Exklusive Küche – jedes Jahr ist das Åkerblads **unter den besten Gourmetrestaurants** Schwedens zu finden. Erschwinglich sind das Smörgåsbord oder das Dagens Rätt zur Mittagszeit (79532 Tällberg, Sjögattu 2, Tel. 0247 508 00, www.akerblads.se).

Am nordöstlichen Rand der Innenstadt steht auf einem künstlich aufgeschütteten, kleinen Hügel das Denkmal für Gustav Wasa (von A. Zorn, 1903). Ganz in der Nähe befindet sich das Vasaloppets Hus mit einer **Ausstellung zur Geschichte des Wasalaufs**.

Vasaloppets Hus

❶ Mo. – Fr. 10.00 – 17.00 Uhr, www.vasaloppet.se

Siljansee erleben

AUSKUNFT
Siljan Turism Mora
Strandgatan 14a, 79230 Mora
Tel. 0248 79 72 00
www.siljan.se

EINKAUFEN
Die berühmten Dalapferdchen werden bei Mora im Ort Nusnäs hergestellt. Dort kann man sie frisch von der Fabrik weg kaufen.

FREIZEIT UND SPORT
Baden
Siljan- und Orsasee sind im Sommer herrlich zum Baden. Wer es überdacht mag, findet im Familienpark und Wasserparadies Äventyret Sommarland genug Gelegenheit zum Plantschen.
Juli–Mitte Aug. tgl. 10.00–18.00 sonst bis 17.00 Uhr
Leksand, www.sommarland.nu

Exkursionen
Elchsafaris und Ausritte mit Isländerpferden werden u.a. vom Sportzentrum Orsa Grönklitt angeboten.
Tel. 0250 46 2 00, www.orsagronklitt.se
Weitere Veranstalter in großer Zahl nennt die Touristeninformation in Älvdalen, Mora oder www.siljan.se.

Wandern und Radfahren
Der »Siljansleden« ist ein 340 km langer Wander- bzw. 310 km langer Fahrradweg rund um den Siljansee. Die Strecke ist durchgehend markiert, leicht zu bewältigen und hat ausreichend Rast- und Übernachtungsmöglichkeiten. Auch im Sommer kann man den Wasalauf machen, dann allerdings in Form einer wenig beschwerlichen Wanderung. Der 90 km lange Weg ist durchgehend markiert und folgt überwiegend der Skispur. Die Übernachtung erfolgt in acht einfachen Hütten.

Wintersport und Wasalauf
Die Skihänge am Siljansee sind leicht bis mittelschwer und ideal für Anfänger und Familien. Skilangläufer finden in den Wäldern hunderte von Kilometern gespurter Loipen.
Traditionell wird der Wasalauf am ersten Sonntag im März ausgetragen, wobei sich rund 15 000 Skiläufer im klassischen Stil auf den 90 km langen Weg von Sälen nach Mora machen.
Es gibt auch kürzere Strecken.

FESTE
»Musik vid Siljan«
Anfang Juli wird in Rättvik mehrere Tage lang vom Symphonieorchester bis zur »Spelmansstämma« alles geboten – ein Spaß für Groß und Klein.
www.festivalinfo.se

»Classic Car Week«
Oldtimerfreunde treffen sich in der ersten Augustwoche in Rättvik. Liebevoll restaurierte, amerikanische Straßenkreuzer verstopfen dann die Straßen der kleinen Stadt.
www.classiccarweek.com

Mittsommar
An Mittsommar (um 21. Juni) wird in den Orten um den Siljansee mit viel Tanz und Musik das Aufrichten der prächtig geschmückten Mittsommerbäume unterstützt und gefeiert.

Siljansee • ZIELE

ESSEN
Fryksås Hotell & Gestgifveri
❸❸❸–❸❸❸❸
Fryksås (ca. 20 km von Orsa)
tgl. geöffnet
Tel. 0250 460 20
www.fryksashotell.se
Hier werden die besten Wildgerichte weit und breit serviert. Wer möchte, kann im kleinen gemütlichen Fryksås Hotell übernachten.

Kungshaga Hotell & Wärdshus ❸❸
Orsa (2 km außerhalb)
tgl. geöffnet
Tel. 0250 442 60
www.kungshaga.se
Restaurant in einem alten Herrenhaus mit schöner Aussicht über den Orsasee. Bekannt gute Küche.

Sjövillan ❸❸
Långbryggevägen 20
79532 Rättvik
geöffnet Mo.–Fr. 11.00–14.00, Di.–Sa. ab 18.00, So. 16.00–20.00 Uhr
Tel. 0248 134 00
www.visitsjovillan.se

Sommerrestaurant in schöner Lage direkt am Siljansee. Empfehlenswert ist Mittwochabend die Schalentierplatte. Außerdem Kanuverleih, Minigolfplatz und Kinderschwimmbecken.

ÜBERNACHTEN
Dala Husby Hotell & Restaurang
❸❸❸
Dala Husby, Smedbyvägen 56
Tel. 0225 412 70
www.dalahusbyhotell.com
12 Zi. Kleines Hotel, ruhig gelegen am Ufer des Dal Älv. Im Landhausstil eingerichtete, gemütliche Zimmer. Im urigen Gemeinschaftsraum sitzt man bei Kaminfeuer, Kaffee und selbst gebackenen Leckereien gemütlich zusammen.

Vandrarhem Leksand ❸
Leksand
Källberget
Tel. 0247 1 52 50
www.vandrarhemleksand.se
Eine der ältesten Jugendherbergen Schwedens (1937 erbaut, 80 Betten) in einem schönen alten Dalarnahof.

Am Siljansee herrscht das ganze Jahr himmlische Ruhe, nur nicht am Tag des Mittsommerfests.

BAEDEKER WISSEN

? Mit dem Boot in die Kirche

Einst, als noch keine asphaltierten Straßen um den See führten, waren sogenannte Kirchboote das ideale und oft einzige Transportmittel, um zum sonntäglichen Gottesdienst zu gelangen. Die langen, schlanken Boote bieten auf jeder Seite Platz für **bis zu zwölf Ruderer** und werden heute publikumswirksam zu Wasser gelassen. Ende Juni/Anfang Juli finden Ruderwettbewerbe mit Kirchbooten statt.

Geht man vom Vasaloppets Hus in westlicher Richtung, gelangt man bald zu einem kleinen Denkmal, das zum 50. Jubiläum des Wasalaufs 1974 aufgestellt wurde, dann zum frei stehenden Glockenturm und zur **Kirche**. Auf dem Friedhof befindet sich das in der Art einer alten Steinsetzung gestaltete Grab von Anders Zorn. Jenseits der Durchgangsstraße hat man ihm in einem kleinen Park ein Denkmal gesetzt.

Noch weiter westlich liegt der **Zorngården**, ein hübscher Park mit alten Holzhäusern sowie dem Wohnhaus und Atelier des Künstlers Anders Zorn, der hier von 1896 an mit seiner Ehefrau Emma lebte. Nebenan steht das Zorn-Museum, das eine umfangreiche Sammlung von Werken des Malern und Bildhauers enthält.
Atelier: Mitte Mai–Mitte Sept. Mo.–Sa. 10.00–16.00, So. 11.00–16.00, sonst tgl. 12.00, 13.00, 14.00 und 15.00 Uhr (Besichtigung nur mit Führung), Eintritt: 90 SEK, erm. 40 SEK, www.zorn.se
Museum: Mitte Mai–Mitte Sept. Sa. 9.00–17.00, So. 10.45–17.00, sonst tgl. 11.45–16.00 Uhr, Eintritt: 60 SEK, bis 15 Jahre frei, www.zorn.se

Zorns Gammelgård Südlich vom Stadtkern liegt am Ufer des Siljansees das Freilichtmuseum Zorns Gammelgård, wo man eine Anzahl typischer, alter Holzhäuser aus der Region sowie ein eindrucksvolles Textilmuseum besichtigen kann.
❶ Juni–Aug. tgl. 12.00–17.00 Uhr, Eintritt: 40 SEK, unter 15 Jahre frei, Tel. 0250 59 23 10, www.zorn.se

ABSTECHER ZUM ORSASEE

Orsasee Nördlich von Mora erstreckt sich der 56 km² große und bis zu 97 m tiefe Orsasee, an dessen nördlichem Ufer die Orte Våmhus und Orsa liegen. Im **Heimatmuseum** von Våmhus kann man im Sommer bei der Herstellung von traditionellen Flechtarbeiten und Spankörben zusehen. Vor der Kirche von Orsa steht ein Denkmal für Erik Wigman, der in die USA auswanderte und dort das Busunternehmen »Greyhound« gründete.

Orsa Grönklitt Orsa Grönklitt, 17 km nordwestlich von Orsa, ist ein großzügiges Freizeitgebiet mit Angel- und Wassersportmöglichkeiten, im Winter kann man dort auch Ski fahren. Außerdem ist Grönklitt für **Orsa Björnpark,** sein **Bärengehege**, bekannt, das größte in Nordeuropa. Auf einem Areal von rund 9 ha leben 20 Braunbären, die man von mehreren Aussichtsplattformen aus beobachten kann. Die Tiere leben hier in ihrer natürlichen Umgebung und haben viel Platz. Besucher sollten deshalb etwas Geduld und ein Fernglas mitbringen. Neben den Bären kann man auch noch Wölfe, Luchse, Vielfraße und Polarfüchse anschauen. Inzwischen sind sogar **auch Leoparden und Eisbären** hier eingezogen.

❶ Ende Juni – Mitte Aug. tgl. 10.00 – 18.00, sonst bis 15.00 Uhr, Eintritt: 190 SEK, erm. 130 SEK, www.orsabjornpark.se

Dabeisein ist beim Wasalauf für viele Schweden fast schon Ehrensache.

VON MORA UM DEN SILJANSEE

Nusnäs Das bunt lackierte, hölzerne **Dalapferdchen**, wohl das bekannteste Souvenir Schwedens, wird im rund 10 km östlich von Mora gelegenen Ort Nusnäs hergestellt. Meist sind die Dalapferdchen rot bemalt und stehen nach Größen sortiert auf ihren stämmigen Beinen in den Regalen. Auch wenn es in den Läden nach Fließbandarbeit aussieht, hier ist alles handgemacht, wovon man sich in den Werkstätten überzeugen kann. Die Brüder Olsson aus Nusnäs, deren Geschäft noch heute existiert, waren die Ersten, die diese Souvenirs in großer Stückzahl fertigten. Der Weg vom Holzklotz zum Souvenir beginnt damit, dass die Rohlinge mit der Bandsäge grob in Form geschnitten werden, danach geben geschickte Schnitzer ihm in wenigen Minuten die endgültigen Konturen. Die Pferdchen werden gespachtelt, grundiert, in Farbe getaucht und zum Schluss mit alten Motiven der Blumen- und Rosenmalerei versehen (Edåkersvägen 17 und 24).
● Sommer: Mo.–Fr. 9.00–18.00, Sa., So. 9.00–16.00, sonst Mo.–Fr. 9.00–16.00 Uhr, Sa. (nur der Shop) 10.00–13.00 Uhr, www.grannas.com

Rättvik Von Mora führt Str. Nr. 70 in östlicher Richtung am Seeufer entlang nach Rättvik, das **an einer Bucht des Siljansees** liegt. Die Kirche steht nordwestlich etwas außerhalb auf einer in den See ragenden Landzunge, sie stammt aus dem 13. Jh. und wurde im 18. Jh. umge-

Ganz in Handarbeit werden die Dalapferdchen in Nusnäs hergestellt.

Siljansee • ZIELE

baut. Um sie herum gruppieren sich etliche »Kyrkstugor«, kleine Häuser, in denen von weit her zum Gottesdienst angereiste Bauern übernachten konnten. Südlich der Kirche steht direkt am Wasser der Wasastein von 1893, der an die erste Rede erinnert, die Gustav Wasa im Jahr 1520 auf dem Kirchwall an die Männer von Dalarna richtete. Etwa 2 km nördlich vom Zentrum sind im **Freilichtmuseum** Rättviks Gammelgård rund 30 Häuser, altes Hausgerät und Volkstrachten sowie schöne Dala-Malereien zu sehen. Im Kulturhaus am Südrand der Innenstadt findet man das **Naturmuseum**, das auch über den Meteoriteneinschlag informiert, der wohl vor über 300 Millionen Jahren den Siljansee formte. Eine streckenweise ziemlich steile Straße führt zum auf einer Anhöhe stehenden, hölzernen Aussichtsturm **Vidablick** (frisch saniert).

> **BAEDEKER TIPP !**
>
> *Oper im Steinbruch*
>
> Dalhalla, 7 km nördlich von Rättvik, ist ein seit 1990 stillgelegter Steinbruch, an dessen Grund sich ein kleiner See befindet. Die Senke hat die Form eines Amphitheaters und verzückt Besucher wegen der **vorzüglichen Akustik**. Im Sommer werden in diesem spektakulären Ambiente Opern- und Musikabende veranstaltet. Aber auch ohne Konzert lohnt die Besichtigung mit einer Führung.
> Tel. 0248 79 79 50
> www. dalhalla.se

Freilichtmuseum:
Mitte Juni – Mitte Aug. tgl. 12.00 – 16.00 Uhr, Infos unter rattvik@siljan.se
Naturmuseum: im Sommer Mo. – Do. 11.00 – 19.00, Fr. bis 15.00,
Sa. bis 14.00, So. 13.00 – 17.00 Uhr

Die Uferstraße führt weiter über **Tällberg**, das der vielen traditionellen Häuser wegen als schönster Ort am See gilt, und Hjortnäs nach Leksand, wo der Österdal Älv den Siljansee verlässt. Im Hemsbygdgård ist ein **Schulmuseum** eingerichtet. Außerdem gibt es im Tingshus, in der Kyrkallén 8, ein kleines Kunstmuseum, das in erster Linie Werke regionaler Künstler zeigt. *Leksand*

Die Landstraße umrundet nun den Westteil des Siljansees und führt über Gesunda und Sollerön nach Mora zurück. In Gesunda hat der Künstler Anders Zorn 1906 das erste schwedische Spielmannstreffen veranstaltet. Das **Tomteland** (Nikolausland) am Gesundaberg besteht aus einer Gruppe von Blockhäusern mit Nikolauswerkstatt und ist vor allem für Kinder ein Erlebnis. Vom 508 m hohen Gipfel des **Gesundaberges**, der auch per Lift zu erreichen ist, genießt man einen schönen Rundblick. Hier liegt **eines der größten Mountainbikezentren Schwedens**. Downhillfahrer nehmen das Rad mit in den Lift und haben dann eine rasante Abfahrt vor sich. *Gesunda*

Tomteland: Mitte Juni – Mitte Aug. 10.00 – 16.00 Uhr,
Eintritt 175 SEK, erm. 140 SEK, www.tomteland.se
Lift: Ende Juni – Mitte Aug. tgl. 11.00 – 18.00 Uhr

ZIELE • **Siljansee**

Siljansfors Die von Mora in Richtung Malung führende Str. Nr. 45 berührt den Ort Siljansfors, wo im interessanten **Waldmuseum** erläutert wird, wie die beschwerliche Waldarbeit vor 200 Jahren bewältigt wurde.
❶ Mitte Juni – Mitte Aug. Sa., So. 10.00 – 17.00 Uhr

FJÄLLDALARNA

Wer den Siljansee gesehen hat, könnte Dalarna für ein liebliches, leicht hügeliges Waldland halten, doch fährt man auf der Str. Nr. 70 von Mora aus Richtung Nordwesten, gelangt man ins raue »Fjälldalarna«, die **südlichste Wildnis Schwedens**. Sie vermittelt einen Eindruck von der Kargheit des Nordens. Berge, weite Sumpfgebiete und einsame Wälder bieten Kanufahrern, Wanderern und Skiläufern beste Möglichkeiten. Natürlich kann man auch mit Führern auf Elch- und Bärensafari gehen oder mit dem Kanu den Biberspuren folgen.

Älvdalen Das kleine Städtchen liegt in Schwedens einzigem **Porphyrgebiet**. Das vulkanische Gestein, auch Diamant Schwedens genannt, wird

Dalarna von seiner wilden, rauen Seite; auf dem Fulufjäll bei Särna

Siljansee • ZIELE

hier seit 1788 abgebaut. Eines der schönsten Stücke aus Älvdalener Porphyr ist der Sarkophag von Karl XIV., der in der Stockholmer Riddarholms-Kirche zu bewundern ist. Heute wird aus dem Stein meist Schmuck hergestellt. Das **Porphyrmuseum** im Zentrum von Älvdalen besitzt eine große Sammlung dieser Steine sowie eine geologische Abteilung.
❶ Ende Juni–Aug. tgl. 11.00–17.00, sonst Di.–Fr. 10.00–12.00 und 13.00–15.00 Uhr

Von Älvdalen lohnt, speziell im Winter, ein Abstecher ins westlich gelegene Sälen, das wegen seiner hervorragenden Wintersportmöglichkeiten bekannt ist. Das Sälener Skigebiet erstreckt sich von Lindvallen bis Högfjäll und bietet mehr als 100 verschiedene Pisten und 40 km gespurte Loipen. Für schwedische Verhältnisse ist auch das Après-Ski abwechslungsreich. Am ersten Wochenende im März fällt in Sälen der Startschuss zum traditionsreichen **Wasalauf**. — Sälen

Über die Str. Nr. 70 erreicht man Särna. 3 km südlich von Särna erhebt sich der 624 m hohe Mickeltemplet, von dessen Aussichtsturm sich ein herrlicher Ausblick **auf das 1044 m hohe Fulufjäll** bietet. — Särna

Auf der Str. Nr. 70 fährt man weiter nach Nordwesten Richtung Idre und biegt auf die Landstraße nach Westen bis Mörkret an der Nordseite des Fulufjäll ab. Nun erreicht man einen Parkplatz, von dem man nach einer kurzen Wanderung den Njupeskärsfall erreicht, den mit 93 m (davon 70 m freier Fall) **höchsten Wasserfall Schwedens**. — *Njupeskärsfall

Idre ist ein kleines Dorf, das sich hervorragend als Ausgangspunkt für Unternehmungen im nordöstlich gelegenen Nipfjäll eignet. Im Winter ist der Wintersportort Idre Fjäll, 10 km nördlich von Idre, ein **schneesicheres Alpin- und Langlaufgebiet**, viele Abfahrten sind für Kinder und Anfänger geeignet. Biegt man von der Hauptstraße rechts ab und folgt der Landstraße, erreicht man nach etwa 45 km die Grövelsjön-Turiststasjon, ein weiteres Wander- und Skigebiet. — Idre

In südwestlicher Richtung liegt am Ufer des Klarälven das Örtchen Stöllet, Basis von Vildmark i Värmland, die **Ein- oder Mehrtagestouren mit selbst gebauten Flößen** anbieten. Bevor sich das Huckleberry-Finn-Feeling einstellt, heißt es erst einmal selbst mit anpacken, Knoten knüpfen und Holzpfähle schleppen. Nach etwa vier Stunden Arbeit geht es dann aber mit dem eigenen Floß und 2 km/h rein ins Vergnügen, das je nach gebuchter Tour den Rest des Tages oder gleich mehrere Tage dauert. Während der Fahrt kann man sein Glück auch beim Angeln versuchen, denn der Klarälven ist für das Fliegenfischen sowie das **Angeln auf Lachs und Äschen** beliebt. — Stöllet
❶ www.vildmark.se, www.varmland.se

Skelleftefå

L/M 10

Landschaft: Västerbotten
Provinz: Västerbottens Län
Einwohnerzahl: 71 600
Höhe: Meereshöhe

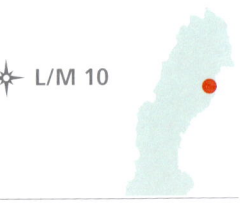

Skelleftefå hat man nicht, wie Städte andernorts, wegen der Landhebung in Richtung Meer verschoben, sondern stattdessen nur den Hafen verlegt. Die ruhige Kleinstadt besitzt zwar keine großen Sehenswürdigkeiten, ein Besuch lohnt aber vor allem wegen der alten Holzbebauung.

Gold, Silber und Kupfer — Skelleftefå, an der Mündung des Skellefte Älv in den Bottnischen Meerbusen gelegen, wurde bereits 1621 als Handelsplatz erwähnt, erhielt aber erst 1845 die Stadtrechte. Die Anlage einer Eisenbahnlinie und die Ausweitung der Gruben des Bergwerksortes Boliden, in denen Gold, Silber und Kupfer gewonnen wurden, sorgten für wirtschaftlichen Aufschwung.

Lövångers historische Holzhütten werden heute nur noch an Touristen vermietet.

Skellefteå erleben

AUSKUNFT

Destination Skellefteå
Nygatan 39
93131 Skellefteå
Tel. 0910 452500
www.destination.skelleftea.se

EINKAUFEN

In Bölebyns Garveri werden edle Lederwaren nach alten Traditionen und mit alten Werkzeugen handgefertigt. Die Gerberei, die mit Birkenrinde arbeitet, ist in ganz Skandinavien einzigartig und beliefert zudem auch das schwedische Königshaus.
Piteå
Nya Älvvägen 647
Tel. 0911 62023
auch Onlineshop
www.bolebynsgarveri.se

ESSEN

Restaurang Vitberget €€
Mossgatan
Tel. 0910 775800
So. geschl.
www.vitbergsstugan.se
Etwas außerhalb, in der Nähe der alpinen Skistrecke gelegenes Restaurant. Besonders gut sind die Steaks.

ÜBERNACHTEN

Furunäset Hotell & Konferens €€–€€€
Piteå
Belonasvängen 2B
Tel. 0911 77950
www.furunasethotell.se
www.doktorsvillan.se
45 Zi. Gut 100 Jahre alter Hotelkomplex in der Nähe des Pite-Flusses, entworfen und gebaut von Axel Kumlien, der auch das Grand Hotel in Stockholm konstruierte. Luxuriös eingerichtete Zimmer und große Spa-Abteilung. Angeschlossen ist »Doktors Villan«, ein preisgekröntes Restaurant in einer Holzvilla von 1893. Spezialität ist das Nordlandmenü.

Hotell Victoria €€–€€€
Trädgårdsgatan 8
Tel. 0910 17470
www.hotelvictoria.se
18 Zi. Kleines Hotel im Stadtzentrum. Das Café im 6.Stock serviert kleinere Snacks und bietet eine schöne Aussicht.

SEHENSWERTES IN SKELLEFTEÅ UND UMGEBUNG

Stadtzentrum

Der Stadtkern besitzt noch den ursprünglichen, rechteckigen Grundriss. Im Bereich von Nordånpark und Bonnstan gibt es noch mehr als 100 Kirchhäuser aus dem 17. Jh. Bei der **Kirche** der Landsgemeinde (1485 erbaut, 1799 umgebaut) sind der Viersäulenportikus und die Kuppel bemerkenswert. Im Innern sollte man den **Lübecker Flügelaltar von Bernt Notke** und die kleine Skellefte-Madonna (12. Jh.) anschauen. Das nahe **Heimatmuseum** zeigt Bronzeschmuck aus der Zeit um 300 bis 400 n. Chr. und informiert über die Stadtgeschichte.
Heimatmuseum: Di.–Do. 10.00–19.00, Fr.–So. 12.00–16.00 Uhr, www.skellefteamuseum.se

ZIELE • Skelleftéa

Skellefte-hamn — Gut 15 km südöstlich der Stadtmitte liegt der Hafen Skelleftehamn. Die St. Örjankirche wurde 1935 geweiht, sie besitzt ein Dach und Glocken, zu deren Herstellung Kupfer aus den Boliden-Gruben verwendet wurde. Im Innern gibt es ein Altarbild spanischer Herkunft, das **möglicherweise von Velázquez** stammt.

*Lövånger — Die E 4 nach Süden führt auch zu dem knapp 50 km entfernten Ort Lövånger, wo **rund hundert Kirchhütten**, teils aus dem 17. Jh., stehen, die einst den Bauern beim Kirchgang als Wohnung dienten und **heute als Touristenunterkünfte** vermietet werden (Auskunft erteilt das Touristenbüro in Skellefteå).

Boliden — Etwa 35 km nordwestlich von Skellefteå liegt landeinwärts an der Str. Nr. 95 der Bergwerksort Boliden, wo 1925/1926 große Vorkommen von Kupfer- und Silbererz entdeckt wurden. Ein **kleines Museum** zeigt Kostbarkeiten aus der Geschichte des Bergbaus. Von Boliden führte einst eine 96 km lange Materialseilbahn, die von 1943–1987 in Betrieb war, über Rakkejaur zum Minenort Kristineberg.

Piteå — Für die Schweden liegt die Stadt Piteå an **»Norrlands Riviera«** – wegen des 5 km langen Sandstrandes am Meer, das dank überraschend vieler Sonnenstunden mit angenehm temperiertem Wasser gesegnet ist. Im ehemaligen Rathaus, das sich durch eine schöne Holzarchitektur auszeichnet, ist das Stadtmuseum untergebracht. Genug der Ruhe? Nordwestlich der Stadt, auf dem Flugfeld Langnäs, finden regelmäßig Dragster-Rennen mit internationaler Beteiligung statt. 6 km nördlich liegt **Öjeby Kyrkstad**. Die Steinkirche und die Kirchstadt mit ihren kleinen Häuschen stehen an dem Ort, wo bis 1666 auch die Stadt Piteå ihr Zentrum hatte, bevor man sie – wie andere ebenfalls – weiter in Richtung Meer verlegte.

Stadtmuseum: Di.–Fr. 9.00–16.00, Sa. 11.00–15.00 Uhr, Eintritt frei, www.piteamuseum.nu

> **BAEDEKER TIPP !**
>
> *Die längste Seilbahn der Welt…*
>
> … ist genau 13 163 m lang und verkehrt zwischen Örträsk und Mensträsk (erreichbar auf der Str. Nr. 370, von Boliden aus ca. 50 km nach Nordwesten). Mit ihr wurde einst Erz aus den Gruben in Richtung Küste transportiert, heute ist sie eine Touristenattraktion. Rund **90 Min. dauert die Fahrt** bei gemütlichen 10 km/h über stille Seen, Moore und Wälder. Wer möchte, kann unterwegs ein Rentiersteak verspeisen. Tel. 0918 2 10 25, Ende Juni–Mitte Aug. tgl. 13.00 Uhr, www.linbanan.com.

Storforsen — Fährt man auf der Straße Nr. 374 Richtung Nordwesten, kommt man nach rund 40 km zum Storforsen, einer mehrere Kilometer langen Stromschnelle des Pite Älv. Der wildeste Abschnitt ist ca. 2 km lang und hat einen Höhenunterschied von 60 m. Neben der Stromschnel-

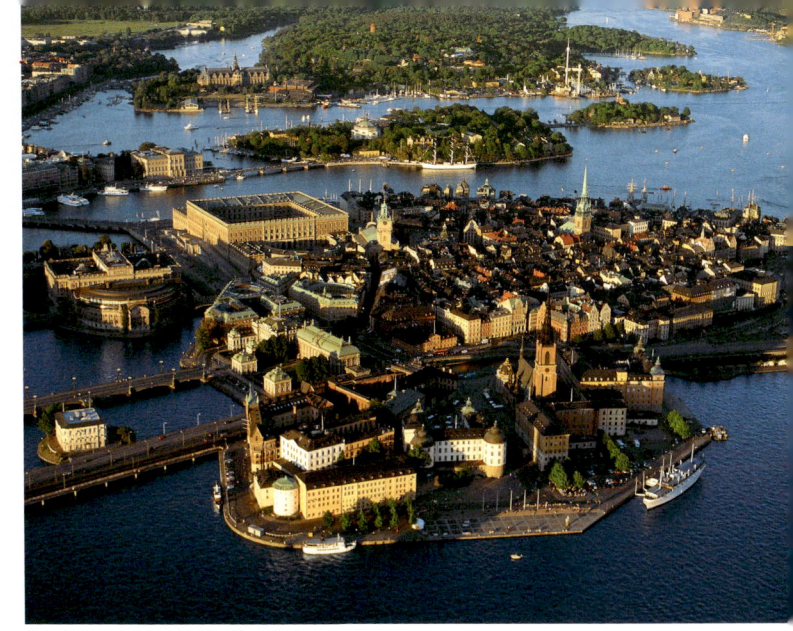

So schön wie Stockholm liegt keine andere
Hauptstadt in ganz Europa.

le wurde eine Flößerrinne angelegt, die heute nicht mehr in Betrieb ist und trockengelegt wurde. In diesem toten Fall gibt es Schluchten, Aushöhlungen und vom Wasser geschliffene Felsplatten. Durch die alte Flößerrinne und entlang des Storforsen führen Wege, auf denen **man dicht an das tosende Wasser herankommt**. Wer länger bleiben will, findet hier einen Campingplatz, weitere Übernachtungsmöglichkeiten, Restaurant, Café und ein Forst- und Flößereimuseum.

** Stockholm

✧ H/J 5

Landschaft: Södermanland
Provinz: Stockholm Län
Einwohnerzahl: 865 000
Höhe: Meereshöhe

Als »Venedig des Nordens« und »Schönste Hauptstadt Europas« wird die schwedische Metropole gerne gepriesen. Eingebettet zwischen See und Meer, Schären, Wäldern und hoch aufragenden Felsen besitzt Stockholm eine selten schöne Lage. Weiter lockt die Stadt mit zahlreichen Museen, imposanten Prachtbauten und exzellenten Shoppingmöglichkeiten.

ZIELE • **Stockholm**

Highlights Stockholm

▶ **Gamla Stan**
Sehen, Staunen, Geld ausgeben:
Stockholms malerisches Herz
Seite 318

▶ **Vasa-Museum**
Letzter Hafen für die Vasa: Besucher
aus aller Welt bestaunen jedes Jahr
die restaurierte, schwedische
Galeone, die 1628 auf ihrer Jungfernfahrt nach 1300 m unterging.
Seite 334

▶ **Nationalmuseum**
Nichts für Eilige: Schwedens
größtes Museum birgt
16 000 Kunstwerke.
Seite 324

▶ **Moderna Museet**
Eine der weltbesten
Sammlungen moderner
Kunst in außergewöhnlichem Haus
Seite 325

▶ **Skansen**
Schweden auf kleinstem
Raum mit Windmühlen,
Bauernhöfen, Lappenhütte
und fröhlichen Feiern zu
allen Jahreszeiten
Seite 336

▶ **Schloss Drottningholm**
Barockes Domizil der
königlichen Familie
Seite 338

Blühende Kapitale
Stockholm ist die Hauptstadt des Königreichs Schweden, Sitz der Ministerien, des Reichstags und des höchsten Gerichts sowie eines katholischen Bischofs. Die **größte Stadt Skandinaviens** liegt auf Inseln und Halbinseln an der engen Mündung des Mälarsees in die Ostsee, die hier eine tiefe Bucht bildet. Über Seen und Kanäle steht die Stadt mit dem Binnenland in Verbindung. Aus den beiden Weltkriegen ging die schwedische Hauptstadt unbeschadet hervor, deshalb sind **viele alte, prachtvolle Gebäude** erhalten geblieben. Ihre Vorstädte sind großenteils aus Villenvierteln hervorgegangen, doch mittlerweile legen sich mehrere moderne und teils gesichtslose Satellitenstädte ringförmig um den Altstadtkern.

Geschichte
Stockholm heißt wörtlich »Pfahlinsel«, Keimzelle der Stadt ist das Inselchen Helgeandsholmen, das heute fast ganz vom Reichstag eingenommen wird. Dann breitete sich die Siedlung auch auf die Inseln Stadsholmen und Riddarholmen aus. Letztere ließ Reichsverweser **Birger Jarl** 1252 befestigen, um die Bürger vor den ständigen Überfällen, besonders von See her, zu schützen. Diese Inseln bilden heute die Altstadt Gamla Stan. Ende des 13. Jh. baute man eine befestigte Burg auf Stadsholmen, genannt **Tre Kroner** (Drei Kronen), wobei die drei Kronen, die das Staatswappen noch heute zeigt, die vereinigten Königreiche von Götaland, Svealand und Norrland darstellen sollten. Im 14. Jh. hatte die Hanse großen Einfluss auf die Geschicke der

Stockholm • ZIELE

Stadt, viele Deutsche siedelten sich hier an und **die Hälfte aller Stadträte hatten Deutsche zu sein**. Wegen seiner strategisch wichtigen Lage wurde Stockholm immer wieder in kriegerische Auseinandersetzungen verwickelt. Zum Dank dafür, dass sich die Stadt beim Aufstand gegen den dänischen König auf die Seite der Aufständischen gestellt hatte, wurde sie im Jahre **1436 zur Hauptstadt Schwedens**. Ihre Blütezeit begann im 17. Jh., als sie zum Zentrum des schwedischen Ostseereichs wurde. Im 18. und 19. Jh. zerstörten immer wieder Brände viele der Holzhäuser, und so überwiegen heute bei weitem die Stein- und Betonbauten. Im 19. Jh. stieg die Bewohnerzahl explosionsartig von 75 000 auf 300 000 an, was zu gravierenden Problemen führte: Stockholm hatte bis 1861 keine Kanalisation und galt als eine der schmutzigsten Städte Europas, deren Bewohner immer wieder von Cholera-Epidemien heimgesucht wurden. Im Zuge der baulichen Entwicklung verschob sich das Stadtzentrum nach Norrmalm. Das seit etwa 1950 angelegte **neue Stadtzentrum konzentriert sich um die Plätze Hötorg und Sergels Torg**. Heute leben im Großraum Stockholm etwa 2 Millionen Menschen.

Stockholm erleben

AUSKUNFT
Stockholm Visitors Board
Vasagatan 14
Tel. 08 50 82 85 08
www.stockholmtown.com
touristinfo@stockholm.se

Hotellcentralen
Centralstationen, Stora Hallen
Tel. 08 7 89 24 90
hotels@svb.stockholm.se
Zentrale für alle Hotelbuchungen

What's on Stockholm
Monatlich erscheinende Broschüre in Englisch mit dem kompletten Veranstaltungskalender

TRANSPORT
U-Bahn / Busse
Das wichtigste und bequemste innerstädtische Verkehrsmittel ist die Tunnelbana (U-Bahn), mit deren Bau schon 1930 begonnen wurde und die heute mit drei Linien auch das nahe Umland erschließt. Wer die Stockholmkarte besitzt, fährt kostenlos. Sonst kann man Netzkarten mit 24, 48, 72 oder 120 Stunden Gültigkeit erwerben. Fährt man nur in der Innenstadt, kann man auch die »remsa« (Streifenkarte) kaufen, auf der man je nach Zonenzahl Felder abstempelt. Achtung: Einzelfahrkarten sind im Vorverkauf – also bei »Pressbyrâer« oder am Automaten – wesentlich billiger als direkt an der Eingangssperre. Im Bus kann man keine Fahrkarten kaufen. Wer Bus fahren möchte, muss sich also sein Ticket vorab beschaffen!
Fahrpläne und weitere Infos: www.sl.se.

Oldtimer-Straßenbahn
Ein nostalgisches Erlebnis ist die Fahrt mit der gemütlichen Oldtimer-Straßen-

bahn, die zwischen der Innenstadt und dem Freilichtmuseum Skansen verkehrt.

VERGÜNSTIGUNGEN
Stockholmskortet
Die Stockholmkarte gewährt freien Eintritt zu vielen Sehenswürdigkeiten, Museen und Freizeiteinrichtungen sowie kostenlose Fahrten mit öffentlichen Verkehrsmitteln, Stadtrundfahrten u.a. Sie ist erhältlich bei den Tourismusinformationen im Stadtbereich.
24 Std. Erw./Kinder 450/215 SEK,
48 Std. Erw./Kinder 625/255 SEK,
72 Std. Erw./Kinder 750/285 SEK,
120 Std. Erw./Kinder 950/315 SEK

Tafeln im Den Gyldene Freden

EINKAUFEN
Drottninggatan
Nördlich vom Reichstag durchzieht die Drottninggatan die Stadt, dicht an dicht stehen hier Kaufhäuser und Shoppingketten, Boutiquen und Nobelgeschäfte.

Kungsgatan / Stureplan
Vom Stureplan gehen alle wichtigen Einkaufsstraßen ab, so auch die Kungsgatan, erste Anlaufstelle in der City mit Nobelgeschäften und Läden aller Art. Exklusive Shoppingwünsche, wie auch die Sehnsucht nach einem deutschsprachigen Buch werden in der Sturegallerian am Stureplan befriedigt.

Östermalms Saluhall
Kulinarische Köstlichkeiten aus ganz Schweden bieten die Händler in dieser großen Markthalle am Östermalmstorg feil.
www.saluhallen.com

Nordiska Kompaniet (NK)-Kaufhaus
Luxus und schwedisches Kunsthandwerk hinter Jugendstilfassaden in der Hamngatan

Markt
Mo. bis Sa. bieten am Hötorget Gemüse- und Blumenhändler ihre Waren feil, am Sonntag feilscht man auf dem Flohmarkt.

AUSFLÜGE
Nach Drottningholm und Birka
Vom Kai am Stadshus verkehren Ausflugsschiffe nach Drottningholm (2 Std.), Vaxholm (3 Std.), Skokloster (8,5 Std.) und Birka (Tour: 7,5 Std.). Fahrplan unter
www.strommakanal bolaget.com
oder Tel. 08 12 00 40 00.

ESSEN
❶ *Edsbacka Wärdshus* ❻❻❻❻
Sollentuna, Sollentunaveien 220
tgl. geöffnet
Tel. 08 58 00 16 60

www.edsbacka.nu
Seit 1626 wird hier mit königlicher Erlaubnis ein Restaurant betrieben. Exzellente Küche und edles Ambiente. Bis 2010 befand sich in dem Gebäude der mit zwei Michelin-Sternen ausgezeichnete Edsbacka Krog.

❷ *F 12* ❻❻❻❻
Fredsgatan 12
So. geschl.
Tel. 08 24 80 52
www.f12.se
Internationale Küche, von kreativen Köchen zubereitet.

❸ *Wedholms Fisk* ❻❻❻❻
Nybrokajen 17
So. geschl.
Tel. 08 6 11 78 74
www.wedholmsfisk.se
Das beste Fischrestaurant Stockholms. Absolut frischer Fisch und äußerst exzellente Saucen. In dieser mehrfach preisgekrönten Küche sind die Portionen erfreulich groß.

❹ *Den Gyldene Freden* ❻❻❻
Österlånggatan 51
geöffnet tgl. ab 17 Uhr
So. geschl.
Tel. 08 24 97 60
www.gyldenefreden.se
Schwedische Küche in einem der ältesten Restaurants der Stadt. Hier ging einst die literarische Elite des Landes ein und aus.

❺ *Fem Små Hus* ❻❻❻
Nygränd 10
Tel. 08 10 87 75
www.femsmahus.se
Gute schwedische Küche in traditionellem Ambiente.

Prächtig: das Grand Hotel Stockholm

❻ *Gondolen* ❻❻❻
Stadsgården 6
Tel. 08 641 70 90
www.eriks.se
Hervorragender Blick aus 3 m Höhe über der Stadt. Die Cocktails sind berühmt, aber auch teuer.

❼ *Sturehof* ❻❻❻
Stureplan 2
tgl. geöffnet
Tel. 08 4 40 57 30
www.sturehof.com
Das von einem bekannten schwedischen Designer eingerichtete Lokal ist bekannt für hervorragende Fischgerichte.

❽ *Zum Franziskaner* ❻❻–❻❻❻
Skeppsbron 44
Tel. 08 4 11 83 30
www.zumfranziskaner.gastrogate.com
Eines der ältesten Restaurants der Stadt bietet schwedische und deutsche Haus-

mannskost. Inzwischen mehr Touristen als Einheimische.

❾ *Pelikanen* €€
Blekingegatan 40
Tel. 08 55 60 90 92
www.pelikan.se
Traditionsreiches Restaurant mit konservativem Interieur und entspannter Atmosphäre. Das Pelikan war einst das Stammlokal des Dichters und Komponisten Carl Michael Bellmann (1740 – 1795).

❿ *Halv Grek Plus Turk* €-€€
Jungfrugatan 33
tgl. geöffnet
Tel. 08 6 65 94 22
www.halvgrekplusturk.se
Der Name ist Programm. Preisgünstige griechisch-türkische Küche.

ÜBERNACHTEN
❶ *Grand Hotel Stockholm* €€€€
Södra Blasieholmshamnen 8
Tel. 08 6 79 35 00
www.grandhotel.se
Die Nr. 1 Stockholms, Mitglied der »Leading Hotels of the World« mit einzigartiger Lage am Wasser und Blick über Hafen, Altstadt und königlichen Palast. Hier logiert die Crème de la Crème der internationalen High Society, darunter die Nobelpreisträger, die im Dezember zur Verleihung nach Stockholm kommen.

❷ *Mälardrottningen Hotel* €€€€
Riddarholmen
Tel. 08 54 51 87 80
www.malardrottningen.se
1924 für den New Yorker Millionär Billing gebaute Luxusyacht; seit 1982 vor der Altstadt Stockholms schwimmendes Hotel mit 61 eleganten Kabinen und außergewöhnlichem Charme.

❸ *Victory Hotel & Conference* €€€€
Lilla Nygatan 5
Tel. 08 50 64 00 00
www.trehotell.se
45 Zi. Einzigartiges Luxushotel in

Köstlichkeiten aller Art offeriert die Saluhall in Östermalm.

einem mittelalterlichen Gebäude. Angeschlossen ist das ausgezeichnete Restaurant Leijonhornet.

❹ Långholmens Hotell och Vandrarhem ©©–©©©
Gamla Kronohäktet
Långholmsmuren 20
Tel. 08 7208500
www.langholmen.com
Hotelaufenthalt der etwas anderen Art: 1840 gebaut, diente das Haus bis Mitte der 1970er-Jahre als Gefängnis.

❺ af Chapman ©©
Skeppsholmen
Flaggsmansvägen 8
Tel. 08 4632266
www.stfchapman.com

Die schönste Jugendherberge Stockholms ist auf einem alten, vor kurzem renovierten Segelschiff untergebracht. Allerdings muss man hier lange im Voraus buchen! Seit 2004 gibt es an Bord die »Bar Chapman«, die auch im Freien Drinks serviert.

❻ Tre Små Rum Hotel ©©
Högbergsgatan 81
Tel. 08 6412371
www.tresmarum.se
7 Zi. Kleinstes Hotel der Stadt, dafür richtig gemütlich. Nicht mit drei Räumen, wie der Name glauben macht, sind doch seit der Gründung 1993 immerhin vier neue dazugekommen. Serviert wird ein Bio-Frühstück, vor der Tür liegt das Szeneviertel Södermalm.

GAMLA STAN (ALTSTADT)

Den ursprünglichen Stadtkern bilden die **drei Inseln Stadsholmen, Riddarholmen und Helgeandsholmen**, an die nördlich die über vier Brücken erreichbaren neuen Stadtteile anschließen. Wegen seiner Prachtbauten, der malerischen Gassen und der vielen Restaurants ist Gamla Stan der Touristenmagnet schlechthin. Die vom Gustav Adolfs Torg am Südrand der Nordstadt kommende Norrbro führt zunächst zur Insel Helgeandsholmen, an deren Ostseite der kleine Park Strömparterren mit einem Sommercafé liegt. Den westlichen Teil nimmt das Gebäude des Reichstags ein, das 1898–1904 im Stil der Neorenaissance errichtet wurde.

Stockholms Herz

Unmittelbar südlich der Norrbro steht auf der Altstadtinsel **Stadsholmen** das mächtige Königliche Schloss (Kungliga Slott). Es wurde nach Plänen von Nicodemus Tessin d.J. 1754 vollendet. Das Schloss steht an der Stelle der mittelalterlichen Vasaburg, die 1697 durch einen Brand zerstört worden war. Es gilt als **einer der bedeutendsten Barockbauten Nordeuropas** und umfasst mehr als 608 Räume. Heute ist das Schloss der Arbeitsplatz des Königs. Der Wohnsitz der königlichen Familie liegt jedoch in Drottningholm. Im ersten Stock liegen die Wohnräume König Oskars II. (gest. 1907), im zweiten Stock die Prunkräume und die Gästezimmer. Ein silberbeschlagener Thronsessel steht im Reichssaal im Südflügel, hier ist u.a. auch eine

**Schloss

ZIELE • Stockholm

Stockholm

Vasastaden · Rådmansgatan · Tegnérgatan · Flughafen Arlanda · Humlegården
Kungstensgatan · Råmansgatan · Kammakargatan · Strindbergsmuseet · Johannes kyrka · Birger Jarlsgatan · Engelbrektsg. · Kungliga Biblioteket · Sturegatan · Braheg.
Dalagatan · Västmannagatan · Upplandsgatan · Drottninggatan · Tegnérlunden · A. Fredriks Kyrka · Luntmakargatan · Regeringsgatan · David Bagares Gata · Humlegårdsgatan
Birkastan · Torsgatan · Tegnérgatan · Kammakargatan · Scala · Folkets hus Stora Teat. · Norra Latin City Conference Center · Tunnelgatan · Brunnsgatan · Sturepl. · Ingenjörs akad.
Torsgatan · Wallingatan · Barnhusgatan · Olof Palmes gatan · Hötorget · Kungsgatan · Lästmakargatan · Birger Jarlsgatan · Östermalmstorg
Norra Bantorget · Apelbergsg. · Hötorget · Konserthuset · Klaratunneln · Mäster Samuelsgatan · Smålandsg. · Dramat. teatern
Klarastrandsleden · Barnhusviken · Vasateatern · Kungsg. · Gamla Brogatan · NORR MALM · Klarabergsg. · Sergels Torg · NK · Hamngatan · Hallwylska museet · Nybropl. · Berzelii Park
Fleminggatan · Östra Järnvägsg. · Vasagatan · Oscarsteatern · Bryggargatan · Kungsträdgården · Jakobsg. · Arsenalsg. · Stallg. · Nybrokajen
Drottningholm · Kungsbron · Mäster Samuelsg. · Klarabergsviadukten · K.O. Nyrop · Drottninggatan · Hamngatan · Kulturhuset Stadsteatern · Galleri · Jakobskyrka · Karl XII:s
Kungsholmgatan · Cityterminalen · Klara kyrka · Central pl. · T-Centralen · Vattug. · Herkulesg. · Operan · Kungsträdgården · Karl XII:s torg
Rådhuset · Karlbergsviadukten · T-Centr. · Post-terminal · Central station · Konst-akad. · Jakobsbergsg. · G. Adolfs · Strömgatan · Noff-ström · Vaxholm
Rådhuset · Bolindersplan · Bussterminal · Tegelbacken · Dansmuseet · Medeltidsmuseet
Kungsholms kyrka · Hantverkargatan · Ragnar Östbergs plan · Stadshusbron · Rosenbad · Livrustkammaren
KUNGS-HOLMEN · Klara sjö · Centralbron · Vasabron · Riksdagshuset · Helgeandsholmen · Kungliga Slottet
Norr Mälarstrand · Stadshuset · Riddarhuset · Stor-kyrkan · Slottsbacken · GAMLA
Gripsholm Slott Långholmen, Lilla Essingen (Mälaren/Mälarsee) · Birger-Jarls-torg · Svea Hovrätt · Riddarholmen · Stora Nygatan · Stor-torget · Nobelmuseet · STAN
Riddarfjärden · Evert Taubes Terrass · RIDDAR-HOLMEN · Riddarholmskyrkan · Post-museum · Gamla Stan · Västerlånggatan · Svartmang. · Österlånggatan
● U-Bahn (Tunnelbana) · Centralbron · Tyska kyrkan
● Hop-on-Hop-off Sightseeing-Boote · Munkbroleden · Kornhamnstorg · Tullgr. · Järntorget · Skeppsbron
Söder Mälarstrand · Söder Mälarstrand · Södermalmstorg · Slussen
Skinneviksparken · Bastugatan · Bellmansg. · Stockholms Stadsmuseum · Katarina-hissen
Münchensbacken · Tavastgatan · Brännkyrkagatan · Hornsgatan · Katarinavägen · Klevgränd · Mosebacke Torg
Ytterstad Vialgaragatan · Timmermansgatan · Mariatorget · Maria Magdalena kyrka · Götgatan · Svartensgatan
Lundagatan · Brännkyrkagatan · Krukmakarg. · Mariatorget · Sankt Pauls · S:t Pauls kyrkan · SÖDERMALM
Hornsgatan · Wollmar Yxkullsgatan · Björngårdsg. · Högbergsgatan · Björns trädgård
Zinkensdamms idrottsplats · Rosenlundsg. · Maria Prästgårdsgatan · Fatburs parken · Medborgarplatsen · Medborgarplatsen
Zinkens Väg · Ringvägen · Maria Skolgata · Högbergsgatan · Söderhallarna · Medborgarhuset
Tantolunden · Maria Bangata · Fatburgatan · Sankt Eriks Katolska Domkyrka · Globe, Skogskyrkogården
Ånghästparken

Stockholm • ZIELE 317

Essen
1. Edsbbacka Wärdhus
2. F 12
3. Wedholms Fisk
4. Den Gyldene Freden
5. Fem Små Hus
6. Gondolen
7. Sturehof
8. Franziskaner
9. Pelikanen
10. Halv Grek Plus Turk

Übernachten
1. Grand Hotel Stockholm
2. Mälardrottningen Hotel
3. Victory
4. Längholmens Vandrarhem
5. af Chapman
6. Tre Små Rum Hotel

Fußgängerzone

Gästezimmer im Königlichen Schloss auf Stadsholmen

höfische Tracht mit dem Band des Seraphinerordens ausgestellt. In der **Schatzkammer im Keller** werden die schwedischen Reichsinsignien aufbewahrt (Schlüssel, Reichsapfel und Zepter), der Krönungsmantel Oskars II. (1873), eine stattliche Zahl von Königskronen, Krönungs- und anderen Prunkschwertern, darunter auch das Reichsschwert Gustav Wasas (16. Jh.) sowie ein riesiges, silbernes Taufbecken (17./18. Jh.). In der Rüstkammer funkeln Prunkharnische, Festgewänder und Staatskarossen. Im **Schlosshof** findet die traditionelle Wachablösung mit Marschmusik und militärischen Kommandos unter den Augen vieler Zuschauer statt.

❶ Mitte Mai – Mitte Sept. tgl. 10.00 – 17.00, Mitte Sept. – Mitte Mai Di. – So. 12.00 – 16.00 Uhr, Wachablösung: tgl. 12.00, So. 13.00 Uhr

*Storkyrka   Südwestlich vom Schloss erhebt sich die Große Kirche, die Domkirche und gleichzeitig das **älteste Gotteshaus der Stadt** ist. Sie wurde 1306 geweiht, fast 200 Jahre lang ausgebaut und 1736 bis 1743 barockisiert. Da sie Hochzeits- und Krönungskirche der schwedischen Monarchen ist, besitzt sie eine besonders reiche Innenausstattung. Neben dem großen, in Silber und Schwarz gehaltenen Renaissancealtar ist die vom Lübecker Meister Bernt Notke (gest. 1509) geschaffene, berühmte Skulpturengruppe des **Hl. Georg mit dem Drachen** einzigartig. Links neben dem Altar befindet sich ein bombastisches Renaissance-Doppelgrab für den Reichsschatzmeister

Jesper Mattson Kruus (gest. 1622) und seine Familie. In den beiden rechten Seitenschiffen sollte man einen Blick auf die schönen, gotischen Gewölbemalereien werfen.
❶ Sept.–Mai tgl. 9.00–16.00, Juni Mo.–Fr. 9.00–17.00,
Sa., So. 9.00–16.00, Juli, Aug. Mo.–Fr. 9.00–18.00,
Sa., So. 9.00–16.00 Uhr, www.stockholmsdomkyrkoforsamling.se

Südlich der Kirche liegt im Mittelpunkt von Stadsholmen der nicht sonderlich große Stortorget, einst Hauptplatz der Stadt. Er wird beherrscht von der klassizistischen Säulenfassade der Börse, die 1778 von Erik Palmstedt errichtet wurde und heute die Schwedische Akademie und das **Nobelmusem** beherbergt. Es vermittelt Wissenswertes zur Geschichte des Nobelpreises sowie zu den Preisträgern und ihren umwälzenden Forschungen. Am Stortorget stehen zudem noch einige schmale Bürgerhäuser mit stattlichen Renaissancefronten. 1520 spielte sich hier das **Stockholmer Blutbad** ab, als Christian II. von Dänemark 82 führende Männer Schwedens hinrichten ließ.
❶ Mitte Sept–Mitte Mai Di. 11.00–20.00, Mi.–So. 11.00–17.00,
Mitte Mai–Mitte Sept. tgl. 10.00–18.00, Di. bis 20.00 Uhr,
Eintritt: 80 SEK, erm. 60 SEK, www.nobelmuseum.se

Stortorget

Eine schmale Gasse führt vom Stortorg zur Deutschen Kirche, dem einstigen **Gotteshaus der deutschen Kaufmannsgilde,** einem Werk der Backsteingotik mit starkem Renaissance-Einschlag. Der Turm kam im 19. Jh. hinzu. Das Glockenspiel der Deutschen Kirche spielt »Lobet den Herren, den mächtigen König der Ehren«. Nicodemus Tessin d.Ä entwarf die Kanzel aus Ebenholz und Alabaster.
❶ Mi., Fr., Sa. 12.00–16.00, So. ab 12.30 Uhr

Tyska Kyrkan

Im Nordwesten von Gamla Stan liegt der Riddarhustorg, den ein Denkmal Gustav Wasas ziert. An der Nordseite des Platzes steht das **Alte Rathaus** aus dem 17. Jh., heute Sitz des Reichsgerichts.
❶ Mo.–Fr. 11.30–12.30 Uhr

Riddar-
hustorg

Der Platz wird beherrscht von der Rückfront des Riddarhus, in dem bis 1866 **die schwedischen Ritterschaften** ihre Versammlungen abhielten. Das Gebäude entstand 1641–1674 nach Plänen des französischen Architekten Jean de la Vallée. Die Hauptfront des Gebäudes wird von zwei freistehenden Eckpavillons flankiert. Vor dem Haus steht eine Statue Gustav Wasas.

*Riddarhus

RIDDARHOLMEN

Beim Riddarhus überquert man den Riddarholmskanal und kommt zur Insel Riddarholmen, der **»Ritterinsel«.** Viele der ehemaligen

Birger
Jarlstorg

Rechts die Riddarholm-Kirche auf Gamla Stan, daneben das markante Stadshuset auf Kungsholmen

Adelspaläste sind heute Regierungsgebäude. Auf dem Birger Jarlstorg steht auf hoher Säule ein Standbild des legendären Stadtgründers. Umrahmt wird der Platz von schönen Häusern, die aus dem 17. und 18. Jh. stammen, z.B. der Svea Hovrätt mit dem Wrangelska Palats, der Schering Rosenhannes Palats und das Hessensteinka Hus. An der Südseite des Platzes steht die an ihrem durchbrochenen Turmhelm schon von weitem zu erkennende **Riddarholm-Kirche**, einst Teil eines Franziskanerklosters. Seit 1807 wird sie nur noch als Beisetzungs- und Gedächtniskirche genutzt und ist **Grablege der schwedischen Könige**, unter anderem liegt hier Gustaf II. Adolf. Das dreischiffige Innere der Kirche ist mit den verzierten Wappenschilden des 1336 gestifteten Seraphinerordens bedeckt. Außerdem sind im Innern mehrere Grabkapellen wie die des Hauses Bernadotte und prunkvolle Sarkophage sehenswert.

❶ Mitte Mai – Ende Sept. tgl. 10.00 – 17.00 Uhr

SÖDERMALM

Trendviertel Im 19. Jahrhundert war Södermalm das Viertel der Arbeiter, Künstler und Prostituierten. Die »anständigen« Stockholmer sahen zu, dass sie einen großen Bogen um »Söder« machten. Heute ist Södermalm der angesagteste Bezirk Stockholms.

Wie so viele Gebäude der Stadt wurde auch das Stadtmuseum von Nicodemus Tessin dem Älteren erbaut. Das Museum informiert den Besucher – unter anderem an Hand von Stadtmodellen – über die Geschichte Stockholms. Darüberhinaus beschäftigt es sich aber auch mit der Gegenwart und stellt **die einzelnen Stadtteile mit ihren Besonderheiten** vor. Das Stadtmuseum veranstaltet Spaziergänge auf den Spuren der Krimis von Stieg Larsson und **der Popgruppe Abba**. Beide Touren kann man auch alleine gehen, im Museum werden die entsprechenden Stadtpläne verkauft (Ryssgården).
❶ Di. – So. 11.00 – 17.00, Do. bis 20.00 Uhr, Eintritt: 70 SEK, bis 19 Jahre frei, www.stadsmuseum.stockholm.se

Stadsmuseum

Riddarholm-Kirche

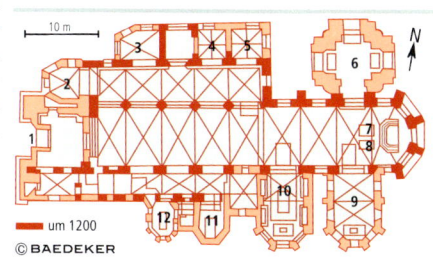

1 Westeingang
2 Torstensonsche Kapelle (1651)
3 Wachtmeistersche Kapelle (1654)
4 Lewenhauptsche Kapellen (1654)
5 Kapellen (1654)
6 Karolinische Kapelle (1671 – 1743)
7 Grabmal von Magnus Ladulås († 1290)
8 Grabmal von Karl Knutsson († 1470)
9 Gustav-II.-Adolf-Kapelle (1633 – 1634)
10 Bernadottsche Kapelle (1858 – 1860)
11 Vasaborgsche Kapelle (1647)
12 Banérsche Kapelle (1636)

Über die Hornsgatan und die Bellmansgatan erreicht man das Viertel am Mariaberget mit seinen engen Gassen. An den **Hornsgatspuckeln** – einer kleinen Straße parallel zur Hornsgatan – liegen Seite an Seite etwa ein Dutzend Galerien. Lohnend ist ein Spaziergang auf dem Monteliusvägen, der zu einem der **schönsten Aussichtspunkte** der Stadt führt – mit herrlicher Sicht auf die Altstadt und das Meer. Ein anderer sehr beliebter Aussichtspunkt im Viertel ist die **Fjällgatan**. Von hier aus genießt man einen ausgezeichneten Blick über Stockholm. Deswegen ist die Straße auch regelmäßig Ziel der Rundfahrtbusse, die hier eine Pause für den Fotostopp einlegen.

Die Maria Magdalena Kirche an der Hornsgatan wurde zwar schon 1634 eingeweiht, ihr heutiges Aussehen erhielt sie aber erst Ende des 17. bzw. Anfang des 18. Jahrhunderts, als sie im Barockstil umgebaut wurde. Auf dem Friedhof liegt der in seinem Heimatland sehr bekannte schwedische Dichter, Volkssänger und Komponist Evert Taube (1890 – 1976) begraben.
❶ Tgl. 11.00 – 17.00, Mi. bis 19.50 Uhr

Maria Magdalena Kyrka

Entlang der Götgatan, eine der beliebtesten Einkaufstraßen Stockholms, die Södermalm in Nord-Süd-Richtung durchschneidet, erreicht man den Medborgarplatsen. Er ist der wichtigste Platz und Verkehrskontenpunkt des Stadtteils. An seiner Südseite liegt die

Medborgarplatsen

Eine Kapelle auf dem Skogskyrkogården- Friedhof in Stockholm

Markthalle »Söderhallarna« mit Lebensmittelverkaufsständen und verschiedenen Restaurants.

Das Viertel SoFo Südlich der Folkungagatan beginnt **Södermalms Ausgehbezirk »SoFo«** (»South of Folkungagatan«). Hier liegen neben Restaurants und Kneipen auch kleine Galerien und Boutiquen.

Sofia Kyrkan Auf einem 46 m hohen Hügel, dem Vita Bergen, erhebt sich die 1906 erbaute Sofia Kyrkan über das Häusermeer von Södermalm. Die nach Sofia, der aus Deutschland stammenden Gemahlin von König Oscar II., benannte Kirche wurde von Gustaf Hermansson **im Stile der rheinischen Übergangsromanik** errichtet.

Fotografiska Im alten Zollgebäude, das zwischen 1906 und 1910 von dem schwedischen Architekten Ferdinand Boberg erbaut wurde, ist heute das **größte fotografische Museum Nordeuropas** untergebracht. Es ist die Plattform für vier große und gut ein Dutzend kleinerer Wechselausstellungen pro Jahr. Vom Museumsrestaurants im Obergeschoss hat man einen ausgezeichneten Blick auf Gamla Stan mit dem Königsschloss, sowie die Insel Skeppsholmen (Stadsgårdshamnen 22).
🕐 Tgl. 10.00–21.00 Uhr, Eintritt: 110 SEK, erm. 80 SEK, www.fotografiska.eu

Mosebacke torg Von den Mosebacke Terrassen, dem **schönsten Biergarten der Stadt**, genießt man einen weiten Blick über Stockholm. Weil August

Strindberg hier auch gern zu Gast war und den Biergarten in seinen Werken literarisch verewigt hat, steht dort eine Stringbergstatue des berühmten Bildhauers Carl Eldh.

SEHENSWERTES SÜDLICH VON SÖDERMALM

Die 16 000 Zuschauer fassende **Mehrzweckhalle** wurde anlässlich der Eishockeyweltmeisterschaft 1989 erbaut. Die 85 m hohe, weiße, weithin sichtbare Kuppel hat dem Globen (seit Februar 2009 offiziell: »Ericsson Globe«) den Spitznamen »hartgekochtes Ei« eingebracht. Mit einem Durchmesser von 110 m ist es das größte kugelförmige Bauwerk der Welt. Die jüngste Attraktion am Globen ist der **»Skyview«**: An der Außenhaut des Globen fährt ein gläserner Aufzug bis hinauf zum höchsten Punkt des Gebäudes.

Globen

❶ Okt. Mo.–Fr. 9.00–18.00, So. 9.30–17.00, Nov.–Feb. Mo.–Fr. 9.00–18.00, Sa., So. 9.30–16.00, März–Mitte Juni und Mitte Aug.–Ende Sept. Mo.–Fr. 9.00–19.00, Sa., So. 9.30–18.00, Mitte Juni–Mitte Aug. tgl. 9.00–21.00 Uhr, Eintritt: 130 SEK, erm. 100 SEK, www.globearenas.se

Der Waldfriedhof in Stockholm zählt zu den wichtigsten Werken moderner Landschaftsarchitektur und gilt als **einer der schönsten Friedhöfe weltweit**. Seit 1994 befindet er sich auf der Weltkulturerbeliste der UNESCO. Er ist als Ergebnis eines Architektenwettbewerbs im Jahre 1914 entstanden. Der wurde von den beiden jungen Architekten Gunnar Asplund und Sigurd Lewerentz gewonnen, die dann im Laufe von mehr als 40 Jahren Schwedens größten Friedhof schufen. Besonders sehenswert auf dem Friedhofsgelände sind der **Ulmenhügel**, der den Trauernden zur Meditation dienen soll, und das von Asplund 1939 entworfene, riesige **Granitkreuz**.

Skogskyrkogården

> **BAEDEKER TIPP !**
>
> *Kunst im Untergrund*
>
> U-Bahn fahren lohnt in Stockholm gleich doppelt. Denn die »Tunnelbana« ist weit mehr als nur ein bequemes Transportmittel, sie ist auch die längste Galerie der Welt. Seit rund 50 Jahren sind die Bahnhöfe die legale Spielwiese der künstlerischen Avantgarde. Mittlerweile haben die Künstlerfast alle Bahnhöfe fantasievoll und farbenfroh ausgeschmückt.

Besucherzentrum: Juni–Aug. tgl. 11.00–16.00, Mai, Sept. So. 11.00–16.00 Uhr, www.skogskyrkogarden.se. **Friedhof:** ganzjährig rund um die Uhr.

BLASIEHOLMEN UND SKEPPSHOLMEN

Nordwestlich der Gamla Stan liegt Blasieholmen. Dort stellt **Schwedens größtes Museum** Gemälde, Grafiken, Zeichnungen und

**Nationalmuseum

Die Sammlung des Nationalmuseums umfasst rund 16 000 Werke.

Skulpturen berühmter schwedischer und internationaler Künstler aus; insgesamt umfasst die Sammlung rund 16 000 Werke vom späten Mittelalter bis zum Beginn des 20. Jh.s. Einen Schwerpunkt bildet dabei die **schwedische Malerei** des 18. und 19. Jh.s. Gezeigt werden außerdem Arbeiten internationaler Künstler wie Rembrandt, Rubens, Goya, Renoir, Degas und Gauguin. Die **Sammlung französischer Malerei** aus dem 18. Jh. zählt zu den bedeutendsten weltweit. Nicht ganz so umfangreich, aber immer noch gewaltig ist die Kunstgewerbe-, Design- und Industriedesignausstellung mit Werken aus dem 14. Jahrhundert bis heute. Sehenswert ist weiter die Sammlung von **Zeichnungen und Drucken** vom späten Mittelalter bis 1900. Das Nationalmuseum unterhält auch eine umfangreiche Gemäldesammlung der königlichen Schlösser Schwedens. Es zeigt auch die berühmte **Gustavsberg-Porzellansammlung,** die in der gleichnamigen Fabrik auf der Insel Varmdo entstand.

❶ Juni–Aug. Mi. 11.00–17.00, Di. 11.00–20.00, sonst Do. 11.00–20.00, Mi., Fr.–So. 11.00–17.00 Uhr, Eintritt: je nach Ausstellung 100–120 SEK, erm. 80–100 SEK, www.nationalmuseum.se

Über die Brücke Skeppsholmsbron erreicht man die Insel Skeppsholmen, wo als weithin sichtbarer Blickfang das als Jugendherberge dienende einstige **Segelschulschiff »af Chapman«** vor Anker liegt.

Skeppsholmbron

Nahe bei befindet sich das Moderne Museum. Seine große Sammlung zeitgenössischer Kunst und Fotografie gehört **zu den besten Europas**. Neben großen Namen wie Picasso, Matisse, Dalí und Klee, die die Dauerausstellung dominieren, werden laufend **Ausstellungen zur Gegenwartskunst** gezeigt. Das von dem spanischen Architekten Rafael Moneo entworfene neue Museumsgebäude wurde 1998 eröffnet, 2002 wegen Baumängeln geschlossen, umfangreich instand gesetzt und ist seit 2004 wieder zugänglich. Nach dem Kunstgenuss kann man sich im Museumsrestaurant verwöhnen lassen, an einem schönen Tag am besten auf der Sonnenterrasse mit Blick aufs Wasser und die Insel Djurgården. Das **Architekturmuseum** teilt sich das Gebäude mit dem Modernen Museum. Gezeigt werden zahlreiche Modelle und Zeichnungen, von den ersten Langhäusern der Wikinger über die typisch schwedischen Holzhäuser bis hin zu modernen Wohnsiedlungen. Ein anderer Teil der Ausstellung informiert sehr detailliert über die Bauphasen des Stadshuset.

*Moderna Museet

❶ Di. 10.00 – 20.00, Mi. – So. 10.00 – 18.00 Uhr, Eintritt: 100 SEK, erm. 80 SEK, www.modernamuseet.se

Auf der Anhöhe steht der klassizistische Zentralbau der Skeppsholms Kyrka, deren imposante Rundkuppel **dem Pantheon in Rom nachempfunden** ist. Die Ikonostase mit den Heiligenbildern stammt aus dem 19. Jahrhundert.

Skeppsholm Kyrka

Das kleine, sehenswerte ostasiatische Museum nordwestlich der Kirche zeigt Kunst und Kunsthandwerk aus China, Japan, Korea und Indien und nennt **eine der bedeutendsten Sammlungen chinesischer Kunst** sein eigen. Es werden buddhistische Skulpturen, chinesische Malerei und wundervolle Beispiele erlesenen, chinesischen Porzellans gezeigt. Die Wechselausstellungen beleuchten die Verbindungen von asiatischer Kunst und westlichem Alltag, z.B. in der Kunst der Tattoos.

Östasiatiska Museet

❶ Di. 11.00 – 20.00, Mi. – So. 11.00 – 17.00 Uhr, Eintritt: 100 SEK, bis 18 Jahre frei, www.ostasiatiska.se

NORRMALM UND NÖRDLICHE INNENSTADT

Norrmalm ist die moderne City Stockholms. Die meisten Gebäude zwischen **Sergels Torg, Hötorg, Stureplan und Norrmalmstorg** wurden nach dem Zweiten Weltkrieg errichtet und haben die Altbauviertel verdrängt.

Modernes Stockholm

ZIELE • Stockholm

Gustav Adolfs Torg — Von Gamla Stan kommt man über die Norrbro zum Stadtteil Norrmalm und zum Gustav Adolfs Torg, auf dem ein Reiterstandbild des Königs steht (1796). Hier befindet sich auch das 1783 erbaute Erbfürstenpalais (»Arvfurstens palats«), seit 1906 Sitz des Außenministeriums. Rechts, mit Blick auf den Strömmen, steht die **Königlich-Schwedische Nationaloper**, dahinter erhebt sich die Jakobskirche, die 1643 fertig gestellt wurde.

Kungsträdgården — Östlich des Platzes erstreckt sich der Kungsträdgården, im Sommer ein besonders **beliebter Treffpunkt**. Die Standbilder in diesem Park zeigen die Könige Karl XII. und Karl XIII.

Hamngatan — An der Nordseite des Kungsträdgården verläuft die Hamngatan, die **Hauptachse der neueren Innenstadt**. In der Nähe des Norrmalmstorgs steht der architektonisch gelungene Komplex des NK-Kaufhauses, von dessen Dachrestaurant sich ein weiter Rundblick öffnet. Das Gebäude Hamngatan Nr. 4 ist das von spanischen Vorbildern beeinflusste ehemalige **Hallwylsche Palais**. Im heutigen Hallwylska Museet kann man sich ein Bild davon machen, wie reiche Adlige Anfang des 20. Jh. zu leben pflegten.
❶ April, Okt. Fr.–So. 12.00–15.30, Mai–Aug. tgl. 10.00–16.30, Sept. tgl. 11.00–15.30, Dez.–März Sa., So. 12.00–15.30 Uhr,
Eintritt: 70 SEK, bis 18 Jahre frei, www.hallwylskamuseet.se

Sergels Torg — Am Westende der Hamngatan bildet der weite Sergels Torg einen städtebaulichen Hauptakzent, dessen Wahrzeichen die knapp 40 m hohe **Skulptur »Kristallvertikalaccent«** bildet. Der in mehreren Ebenen angelegte Platz mit Einkaufspassage ist ein zentraler Verkehrsknotenpunkt und beliebter Jugendtreff. Seine Südseite wird beherrscht vom **Kulturhus**, das wegen seiner vielen Kulturveranstaltungen, aber auch dank Galerien, Lesesaal, Theater und Cafés zu den meistbesuchten Sehenswürdigkeiten der Stadt zählt. Rings um den Platz gruppieren sich Hochhäuser aus den 1960er-Jahren. Nur sehr wenige hier erinnern sich noch an das Klara-Viertel, das mit seinen alten, gewachsenen Strukturen dem modernen Sergels Torg in den 1950er- und 1960er-Jahren weichen musste. In einer **beispiellosen Kahlschlagsanierung** wurden damals die alten Wohnhäuser abgerissen und durch Neubauten ersetzt.
❶ Öffnungszeiten der einzelnen Einrichtungen variieren,
siehe www.kulturhuset.stockholm.se

Konzerthaus — Vom Sergels Torg führt die Sergelsgatan nach Norden zum Hötorg, wo das Konserthus (1962) steht, Heimstatt der Stockholmer Philharmoniker. Hier werden auch jährlich die **Nobelpreise** verliehen, mit Ausnahme des Friedensnobelpreises, der in Oslo vergeben wird. Vor dem Gebäude steht der Orpheus-Brunnen von Carl Milles.

Stockholm • ZIELE

Beim Konzerthaus und Hötorg verläuft in ost-westlicher Richtung die Kungsgatan, eine der Hauptgeschäftsstraßen im Innenstadtbereich. Man flaniert an den beiden 17-stöckigen Königstürmen sowie dem **exklusiven Einkaufszentrum** Sturegallerian vorbei.

Kungsgatan

Vom Konzerthaus führt der breite Sveavägen nach Nordwesten. An ihm steht links die 1774 erbaute Adolf-Fredriks-Kirche, deren Inneres mit Skulpturen des Bildhauers J. T. Sergel ausgestattet ist. Hier ist auch das Epitaph des französischen Philosophen **René Descartes** zu sehen, der 1650 in Stockholm starb und dessen Leichnam 1666 nach Paris überführt wurde.

Adolf-Fredriks- Kirche

Westlich parallel zum Sveavägen verläuft die zum Teil als großzügige Fußgängerzone gestaltete Drottninggatan. Nahe deren südlichem

Drottninggatan

Das alte Klara-Viertel musste weichen, jetzt erfüllt urbanes Leben den Sergels Torg.

Herrliche Mosaiken schmücken den Goldenen Saal im Stadshuset.

Abschnitt steht die **Klarakirche** mit ihrem 104 m hohen Turm. Auf dem Kirchhof daneben befindet sich das Grab des Barockdichters **Carl Mikael Bellman**. Im Gebäude Drottninggatan Nr. 85 wohnte der berühmte Dichter August Strindberg (1849 – 1912), heute ist hier das **Strindberg-Museum** eingerichtet.
Klarakirche: So. – Fr. 10.00 – 17.00, Sa. 17 – 19.30 Uhr
Strindberg-Museum: Di. – So. 12.00 – 16.00, Juli, Aug. ab 10 Uhr, Eintritt: 60 SEK, erm. 40 SEK, www.strindbergsmuseet.se

KUNGSHOLMEN

Beliebtes Wohngebiet

Kungsbron und Klaraberg-Viadukt führen nach Westen zur »Königsinsel«, die durch eine schmale Bucht von der übrigen Stadt getrennt ist. Erst Klosterinsel, dann königliches Jagdgebiet, hat sich der Stadtteil Kungsholmen schließlich von einem Industrie- und Arbeiterviertel zu einer der beliebtesten Wohnlagen der Stadt gewandelt, weil **zentral und doch ruhig**.

Das Stadthaus am Ufer des Riddarfjärden ist **eines der markantesten Wahrzeichen** von Stockholm. Der dunkelrote Klinkerbau mit seinen grün patinierten Kupferdächern wurde 1911–1923 von Ragnar Östberg errichtet, angeblich sollen dabei acht Millionen Backsteine verbaut worden sein. Die Südostecke bildet ein vierkantiger, von einer offenen Laterne gekrönter **106 m hoher Turm**, dessen Spitze die drei Kronen des schwedischen Staatswappens trägt. Ein Fahrstuhl führt hinauf zur Plattform unter dem Glockenstuhl, von wo man eine gute Rundsicht genießt. An der Nordwand zeigt ein Spielwerk den Hl. Georg mit dem Drachen. Am Fuß der östlichen Turmflanke, unter einem von Säulen getragenen Baldachin, sieht man die ruhende Gestalt des Stadtgründers Birger Jarl. Die **Blaue Halle** ist ein gedeckter Innenhof mit Säulengang. Blau ausgemalt, wie ursprünglich vorgesehen, wurde der Saal zwar nie, doch blieb der Name, den er im Entwurf erhalten hatte, trotzdem bestehen. Im großen Ratssaal, heute Sitzungssaal des Stockholmer Gemeinderates, soll die offene Dachkonstruktion das Flair einer Wikingerburg erzeugen. Über 18 Mio. farbige Steinchen sind im **Goldenen Saal** zu prächtigen, goldgrundigen Mosaiken zusammengesetzt. In den Sälen findet das jährliche Bankett zu Ehren der frisch gekürten **Nobelpreisträger** statt.

*Stadshuset

❶ Besichtigung nur im Rahmen von Führungen (45 min.), in Englisch tgl. Juni–August jede halbe Stunde 9.30–16, sonst jede Stunde 10–15 Uhr, Eintritt April–Oktober 90 SEK, sonst 70 SEK, www.stockholm.se/cityhall

ÖSTERMALM

Es ist noch gar nicht so lange, da grasten in Östermalm noch die **königlichen Schafherden**, denn erst im 19. Jh. wurde das Viertel Teil der City. Das Zentrum liegt um den Östermalmstorg, den stattliche Häuser, Geschäfte, Restaurants und Galerien säumen.

Junges Stadtviertel

Östermalm wird im Westen durch die vom Dramatischen Theater ausgehende Birger Jarlsgatan und im Süden von der Bucht Nybroviken begrenzt. Hier verläuft am Ufer zwischen Nybroplan und Djurgården **eine der schönsten Flaniermeilen** der Stadt, der Strandvägen, an dem zahlreiche palastartige Bauten aus dem 19. Jh. liegen. An der nördlich parallel verlaufenden Riddargatan steht das **Königliche Armeemuseum**, das eine Uniform- und Waffensammlung zur schwedischen Militärgeschichte zeigt.

*Strandvägen

❶ Di. 11.00–20.00 Uhr, Mi.–So. 11.00–17.00, Juli, Aug. tgl. 10.00–17.00 Uhr, Eintritt: 80 SEK, erm. 50 SEK, www.sfhm.se

Weiter nördlich liegt nahe der Birger Jarlsgatan der Park Humlegården mit der im 19. Jh. errichteten und später erweiterten Kung-

Königliche Bibliothek

liga Bibliotek, der Nationalbibliothek des Landes. Zu ihren Schätzen gehört der Codex Aureus, eine kostbar ausgestattete lateinische **Evangelienübersetzung aus dem 8. Jahrhundert.**

Nobel-Stiftung
Östlich des Parks steht an der Sturegatan Nr. 14 das Gebäude der Nobel-Stiftung. Der schwedische Chemiker und Großindustrielle **Alfred Nobel** (▶ Berühmte Persönlichkeiten) hatte testamentarisch verfügt, dass die Erträge seines riesigen Vermögens alljährlich als Preise für besondere wissenschaftliche, literarische und humanitäre Leistungen vergeben werden sollen. Die erste Verleihung fand 1901 statt, bei der auch zwei deutsche Forscher, Wilhelm Conrad Röntgen (Physik) und Emil von Behring (Medizin), ausgezeichnet wurden. Röntgen wurde für die Entdeckung der nach ihm benannten Strahlen geehrt. Behring hatte auf dem Gebiet der Serumtherapie geforscht und diese bei Diphterie angewandt.

Das Dramatiska Teatern in Östermalm wurde 1908 eröffnet.

An der schmalen nordwestlichen Fortsetzung des Karlavägen, der als breiter Boulevard nordöstlich am Humlegården vorbeiführt, steht die Engelbrektskirche, die 1914 von Lars Israel Wahlman **aus Granit und rotem Klinker** erbaut wurde.

Engelbrekts-kyrkan

An der vom Humlegården südöstlich verlaufenden Linnégatan, Ecke Narvavägen, steht der stattliche Bau des Staatlichen Historischen Museums, das einen instruktiven Überblick über die frühe geschichtliche Entwicklung Schwedens, die Wikingerzeit und das Mittelalter enthält. Interesse verdienen u.a. die **Bildsteine aus Gotland**. Im selben Haus ist auch das Königliche Münzkabinett eingerichtet.
❶ Jan.–April, Sept.–Dez. Di., Do.–So. 11.00–17.00, Mi. bis 20.00, Mai–Aug. tgl. 10.00–17.00 Uhr, Eintritt: 80 SEK, erm. 60 SEK, www.historiska.se

Historiska Museet

DJURGÅRDEN

Djurgården ist die **grüne Lunge** der Stadt. Fast die ganze Insel wird als Naherholungsgebiet und für Kultur und Vergnügen genutzt. Einst war auch Djurgården königliches Jagdrevier, dann zogen die Reichen hierher und errichteten **prächtige Holzvillen**, die auch heute noch das Bild der Insel prägen. Auf Djurgården liegen viele der interessantesten Museen der Stadt.

Hier atmet die Stadt auf

Das Nordische Museum besitzt umfangreiche Sammlungen zur **nordischen Volkskunde**. Eine Ausstellung samischer Kultur zeigt Jagd- und Fischfanggeräte, Schnitzereien aus Rentiergeweih sowie Schamanentrommeln und andere kultische Gegenstände. Weitere Themen sind schwedische Trachten, Brauchtum, Puppenstuben, Spielzeug, volkstümliche Keramik, Tischkultur seit dem 17. Jh. und Weihnachtsbräuche. Die oberste Galerie zieren Möbel von Renaissance bis Jugendstil sowie die Uhren- und Tabaksdosensammlung.
❶ Tgl. 10.00–17.00 Uhr, Eintritt: 90 SEK, bis 18 Jahre frei, www.nordiskamuseet.se

*Nordiska Museet

Der Junibacken ist besonders bei Familien beliebt. In der ehemaligen Bootshalle bringt die **Romanwelt von Astrid Lindgren** Kinderaugen zum Strahlen. Auf dem Rundgang oder einer Rundfahrt mit einer kleinen Bimmelbahn begegnen den Kleinen ihre Helden Karlsson vom Dach, Michel aus Lönneberga, Ronja Räubertochter und Pippi Langstrumpf und all die anderen Protagonisten aus Lindgrens Büchern. Im Junibacken (Galärvarvsvägen) sind aber auch die Figuren vieler **anderer nordischer Kinderbuchautoren** zu Hause – sei es der kleinen Willi Wiberg von Gunilla Bergström, die Mummins von Tove Jansson und Pettersson und Findus von Sven Nordqvist.

Junibacken

ℹ Juli–Mitte Aug. tgl. 10.00–18.00, Juni und Mitte–Ende Aug.
tgl. 10.00–17.00, sonst Di.–So. 10.00–17.00 Uhr,
Eintritt: Erw. ab 125 SEK, Kinder 110 SEK (2–15 Jahre), www.junibacken.se

**Vasa-Museum
Schon von weitem ist an den hohen Schiffsmasten das Vasa-Museum zu erkennen, die wohl **bedeutendste Sehenswürdigkeit Stockholms** (▶Baedeker Wissen, S. 334). Das Regalschiff »Vasa« sank 1628 schon bei seiner Jungfernfahrt im Hafenbereich von Stockholm (▶nebenstehendes Baedeker Wissen und S. 335). Das Innere des Museums ist als große Halle angelegt, in der man sich von drei Galerien aus dem noch fast gänzlich aus Originalmaterial bestehenden riesigen Schiffsrumpf nähern kann. So ist eine Betrachtung aus verschiedenen Blickwinkeln möglich.
ℹ Juni–Aug. tgl. 8.30–18.00, sonst 10.00–17.00, Mi. bis 20.00 Uhr,
Eintritt: 110 SEK, erm. 80 SEK, www.vasamuseet.se

Vasa Hamnen
Hinter dem Museum liegt der Vasa Hamnen, wo einige **historische Schiffe aus neuerer Zeit** verankert sind: Das sowjetische U-Boot U 194, der Eisbrecher »St. Erik« und das Feuerschiff »Finngrundet«.

Aquaria
Wenige Schritte weiter in Richtung Skansen erreicht man das Wassermuseum Aquaria mit Süß- und Salzwasserfauna (sehenswert: Lachstreppe, Korallenriff und Haifischbecken). Beim Gang durch einen **tropischen Regenwald** setzt ein Gewitterschauer ein.
ℹ Mitte Juni–Mitte Aug. tgl. 10.00–18.00, sonst Di.–So. 10.00–16.30 Uhr,
Eintritt Erw. 90 SEK, Kinder 50 SEK (6–15 Jahre), 25 SEK (3–5 Jahre),
www.aquaria.se

Liljevalchs Kunsthalle
Die Kunsthalle veranstaltet im dreimonatigen Wechsel hochkarätige Ausstellungen mit **Werken schwedischer Nachwuchskünstler**. Vor allem der alljährliche Frühjahrssalon (Vårsalongen) von Ende Januar bis Ende März hat seit der ersten Veranstaltung 1921 einen festen Platz im Kunstkalender der Stadt. Am Eingang zur Kunsthalle steht auf einer hohen Granitsäule »Der Bogenschütze«, eine Skulptur von Carl Milles (Djurgårdsvägen 60).
ℹ Juni–Aug. Di., Do. 11.00–19.00, Mi., Fr.–So. 11.00–17.00, sonst Di., Do. 11.00–20.00, Mi., Fr.–So. 11.00–17.00 Uhr, Eintritt: 80 SEK, erm. 60 SEK,
www.liljevalchs.se

Gröna Lund
Achterbahnfahren das ganze Jahr über kann man im Freizeitpark Gröna Lund Tivoli. Seit 1883 drehen sich hier die Karussells, mittlerweile sind Varietés, Musikbühnen, Los- und Würstchenbuden, Cafés und Restaurants dazugekommen.
ℹ Mai–Sept. tgl. in der Regel 12.00–23.00 Uhr, Änderungen möglich,
Eintritt: 95 SEK, bis 6 Jahre frei. Djurgårdsfähre ab Slussen oder Nybrokai,
Haupteingang Almänna Gränd, www.gronalund.com

Untergang der Vasa

BAEDEKER WISSEN

Tragischer Stapellauf

Eigentlich hätte das Regalschiff Vasa der Stolz der schwedischen Kriegsmarine und Schrecken der Feinde sein sollen. Doch als es am 10. August 1628 unter dem Jubel der Bevölkerung vom Stapel lief, ging es mit Mann und Maus im Stockholmer Hafen unter. Was war geschehen?

Gustav II. Adolf gab den Auftrag für den Bau des größten Kriegsschiffes der damaligen Zeit, befand er sich doch in harter Auseinandersetzung mit Polen. Kaum erfuhr er, dass sein polnischer Rivale ein ebenso mächtiges Kriegsschiff baute, ließ Gustav II. Adolf **mehr Kanonen** als ursprünglich vorgesehen an Bord schaffen. Damit aber stimmte die gesamte Statik des Schiffes nicht mehr. Es lag so tief im Wasser, dass selbst bei leichtem Wind, die offenen Luken der unteren Kanonenreihe unter Wasser zu liegen kamen. Nur zwei Windstöße genügten, um die Jungfernfahrt zur Katastrophe werden zu lassen, bei der über 30 Seeleute ihr Leben ließen. Auch dem Kapitän wird Schuld gegeben, da die **Kanonenluken geöffnet** waren.

Die Wiedergeburt

Schon bald nach dem Unglück versuchte man, die Vasa zu heben. Doch es gelang lediglich, die Kanonen mit Hilfe einer Taucherglocke zu bergen, damals ein technisches Bravourstück. Dann wurde es still um die Vasa. Normalerweise sorgt der Schiffsbohrwurm dafür, dass kein Wrack lange in seinem kühlen Grab erhalten bleibt. Doch das brackige Wasser der Ostsee meidet der Wurm, und die Vasa blieb intakt. Anders Franzén, Wrackforscher und Ingenieur, suchte von 1953 an systematisch nach der Vasa, wurde drei Jahre später fündig und machte sich an die **Bergung. 1957**, also 333 Jahre nach ihrem Untergang, kam die Vasa wieder ans Tageslicht. Und mit ihr die vollständige Ausstattung eines Schiffes, das gerne als »schwimmender Palast« bezeichnet wird: 14 000 Holzobjekte wurden geborgen, darunter herrliche Skulpturen; allerlei Gerätschaften geben ein eindrucksvolles Bild vom Leben an Bord im 17. Jh. wieder. Und die sechs Segel der Vasa sind die ältesten erhaltenen Segel der Welt. Wer heute die Vasa besucht, wird ihr in einem dämmrigen Raum mit festgelegter Luftfeuchtigkeit begegnen. Denn das Schiff muss **aufwändig konserviert** werden, um nicht doch noch für immer zu zerfallen.

Schicksal eines Kriegsschiffs: nur 1300 m auf See, dann auf den Grund

Vasa-Museum

Man muss nicht zu den Schiffsliebhabern zählen, um von diesem Museum begeistert zu sein. Der eindrucksvolle Bau umschließt auf mehreren Ebenen das rund 50 m hohe Kriegsschiff Vasa, das 1628 auf seiner Jungfernfahrt sank, dann aber fast vollständig geborgen und konserviert werden konnte. Das meistbesuchte Museum Skandinaviens gewährt zudem Einblick in Schiffbau und Leben der Menschen im 17. Jh.

🕐 Juni – Aug. tgl. 8.30 – 18, sonst 10.00 – 17.00, Mi. bis 20.00 Uhr

❶ Vasa
Kernstück des Museums ist das 1957 geborgene und restaurierte Wrack der Vasa, eines der größten Kriegsschiffe seiner Zeit: 62 m lang, 11,7 m breit und bis zur Mastspitze 52,5 m hoch. Sie hätte 445 Männer aufnehmen können, 145 davon Besatzung sowie 300 Soldaten. Unter den 30 geborgenen Toten befanden sich auch Frauen.

❷ Takelage
Rekonstruiert wurde die Takelage nach Vorbildern aus dem 17. Jahrhundert.

Blick auf das Vasa-Museum

❸ Rumpf
Im Rumpf des Schiffes hatt man 120 t Steine als Ballast deponiert. Dieses Gewicht reichte jedoch nicht aus, un den zweigeschossigen Aufbau mit dem zu hohen Kanonengewicht stabil zu halten.

❹ Werft
Zwei Jahre lang arbeiteten 400 Menschen an der Vasa, die König Gustav II Adolf bauen ließ.

❺ Schiffe im Gefecht
Wie man sich den Seekrieg im 17. Jh. vorstellt, wird hier im Film gezeigt. Von dieser Ebene aus gelangt man auch ins Freie zum Eisbrecher (1915) und zum Feuerschiff (1903).

❻ Leben an Bord
Aufgeschnittene Modelle gewähren einen Blick ins Innere der Vasa, die selbst nicht betreten werden kann. So war die Kapitänskajüte recht luxuriös, hart war der Alltag der Mannschaft, die auf deck schlafen musste, unter Skorbut und Hunger litt. Löffel, Teller, Münzen, sogar ein Backgammonspiel wurden auf der Vasa gefunden.

❼ Auf hoher See
Auf dieser Etage wird erläutert, wie man im 17. Jh. segelte und navigierte.

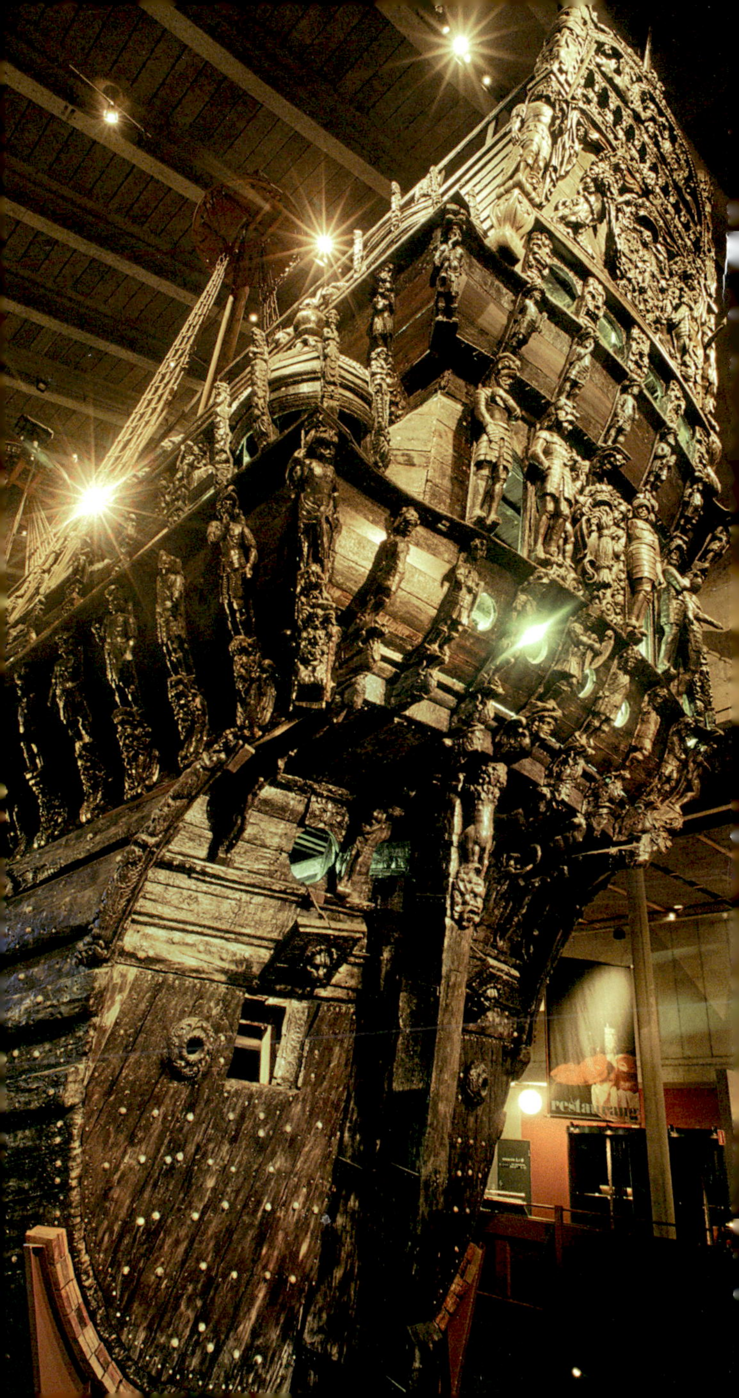

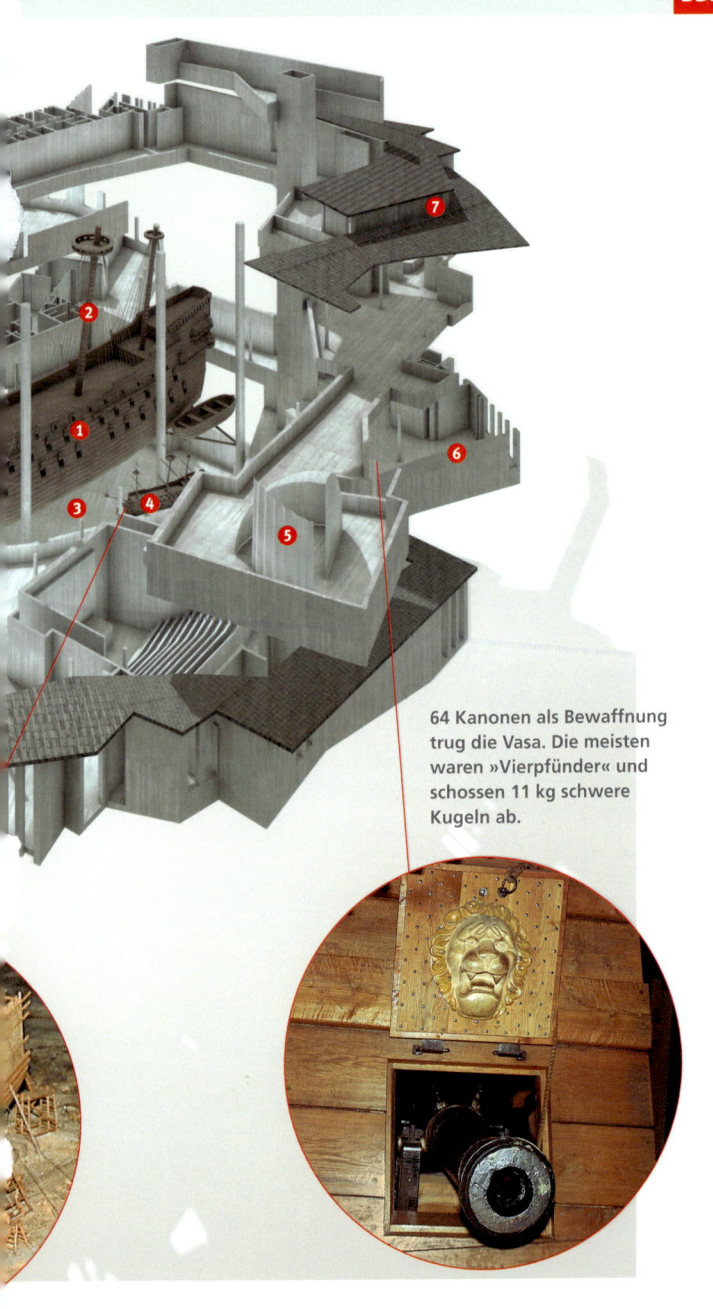

64 Kanonen als Bewaffnung trug die Vasa. Die meisten waren »Vierpfünder« und schossen 11 kg schwere Kugeln ab.

Die Ausstellung am Heck der Vasa zeigt einen Teil der 700 Skulpturen, die Meerestiere, griechische Götter, Löwen und vieles andere mehr darstellten. Sie zierten die Vasa und sollten Glanz und Macht ihres Besitzers unterstreichen. Geschnitzt wurden sie von Künstlern aus Holland und Deutschland. Herausragend ist vor allem die Verzierung des Hecks der Vasa.

©BAEDEKER

Eine ganze Reihe von Modellen zeigt die Arbeiten auf der Werft der Vasa zu verschiedenen Baustadien.

ZIELE • Stockholm

Skansen An den Hängen hinter Gröna Lund zieht sich das 1891 eröffnete **Freilichtmuseum Skansen hin, das erste seiner Art weltweit. Gründer der Anlage war der Volkskundler Artur Hazelius, der sich zum Ziel gesetzt hatte, die schwedische Kulturtradition zu bewahren. Auf dem rund 30 ha großen Gelände versammeln sich **historische Gebäude** aus allen Landesteilen, Kunstgewerbeateliers, eine Glashütte und eine Holzkirche, dazu Spielplätze, Buden mit allerlei Süßigkeiten und Souvenirs sowie eine Konzertmuschel. Vom **Aussichtsturm** des Cafés Bredablick überschaut man die ganze Stadt. Im kleinen **Zoo** leben Tiere, die für Schwedens Wildmark typisch sind, sowie alte Haustierrassen. Auf dem Museumsgelände befinden sich auch das **Tabakmuseum**, das **Biologische Museum** mit Dioramen nordischer Tiere und ein **Zirkus**.
Freilichtmuseum: Mitte Juni–Mitte Aug. tgl. 10.00–22.00,
Mai–Mitte Juni 10.00–19.00, Sept. bis 18.00, April, Okt. 10.00–16.00,
Nov.–März Mo.–Fr. 10.00–15.00; Sa., So. bis 16.00 Uhr,
Eintritt: 100 SEK, erm. 60 SEK, www.skansen.se

Waldemarsudde Im Süden der Insel ließ sich **Prinz Eugen** (1865–1947), der als Maler berühmt gewordene Sohn Oscars II., auf dem in den Saltsjön hinausragenden Landvorsprung ein Palais bauen. Heute ist es Museum und zeigt einige seiner eigenen Werke und Stücke aus seiner **persönlichen Kunstsammlung**. Das Palais und das Galeriegebäude liegen in einem schönen Park.
❶ Di.–So. 11.00–17.00, Do. bis 20.00 Uhr, Eintritt: 100 SEK, erm. 80 SEK, www.waldemarsudde.se

Thielska Galleriet Die Thielska Galleriet in einmaliger Lage am äußersten, östlichen Zipfel von Djurgården (»Blockhusudden«), beherbergt eine **hervorragende Sammlung nordeuropäischer Kunst**. Zu den Höhepunkten der Sammlung schwedischer Künstler gehören die hellen, freundlichen Bilder von Carl Larsson und die teils großformatigen Landschaften von Bruno Liljefors. Von dem norwegischen Maler **Edvard Munch** sind elf Bilder zu sehen, darunter »Das kranke Kind«, »Verzweiflung« und »Die Mädchen auf der Brücke« sowie eine ganze Reihe seiner Druckgrafiken.
❶ Di.–So. 12.00–17.00, Do. bis 20.00 Uhr, www.thielska-galleriet.se

LADUGÅRDSGÄRDET

Sjöhistoriska Museet Folgt man dem Strandvägen immer in östlicher Richtung, erreicht man fast automatisch die Sehenswürdigkeiten im Stadtteil Ladugårdsgärdet. Jenseits des kleinen Nobelparks erreicht man das auf geschwungenem Grundriss erbaute Sjöhistoriska Museet. Es informiert über **Unterwasserarchäologie**, Geschichte der Kriegsmarine

Stockholm • ZIELE

und zeigt das nachgebaute Achterkastell des Schoners »Amphion«. Das Schiff war zunächst als Yacht für König Gustav III. im 18. Jh. gebaut worden, musste sich dann aber in Seeschlachten bewähren. Besonders interessant sind die Spezialsammlung des Seefahrtsmuseums zum Thema **Schmuggel**, die Schiffsmodellbauwerkstatt und die Sonderabteilung zur Piraterie (Djurgårdsbrunnsvägen 24).
❶ Di.–So. 10.00–17.00 Uhr,
Eintritt frei, www.sjohistoriska.se

> **BAEDEKER TIPP !**
>
> ### Die schönste Aussicht
>
> Nordöstlich der Museen steht der **155 m hohe Kaknästurm**, der in den 1960er-Jahren als Fernsehturm errichtet wurde. Nur vom Flugzeug aus hat man einen besseren Blick über die Stadt, außerdem gibt es ein Restaurant. Besonders hinreißend ist die **Aussicht an klaren Abenden**, wenn Stockholm in allen Farben blitzt und blinkt.
> Mo.–Sa. 10.00–21.00,
> So. 10.00–18.00 Uhr,
> www.kaknastornet.se

Gleich hinter dem Seefahrtsmuseum steht das **Tekniska Museet**, das größte Wissenschafts- und Technologiemuseum des Landes. Von der Eingangsebene kommt man zunächst in die Maschinenhalle, wo Verbrennungsmotoren, Bergwerksmaschinen sowie Oldtimer-Autos und -Flugzeuge zu sehen sind. Das Teknorama auf der nächsthöheren Ebene lädt zu eigenem **Experimentieren** ein. Auf der dritten Ebene dreht sich alles um Haushaltstechnik, Hochbautechnik und Technologieentwicklung. Das oberste Geschoss widmet sich Forst- und Holzwirtschaft, Drucktechnik und Chemie; hier steht auch eine **Modellbahnanlage**.
❶ Mo.–Fr. 10.00–17.00, Mi. bis 20.00, Sa., So. 11.00–17.00 Uhr, Eintritt: 120 SEK, erm. 40 SEK, Mi. ab 17 Uhr Eintritt frei, www.tekniskamuseet.se

VETENSKAPSSTADEN UND LIDINGÖ

Im Norden von Stockholm liegt die Wissenschaftsstadt mit der Universität. Hier befindet sich das Naturhistorische Reichsmuseum mit naturgeschichtlichen Sammlungen mit Schwerpunkt auf den **Polargebieten**. Zum Museum gehört auch das **Cosmonova**, ein großer, sphärischer Theaterbaum mit Planetarium und verschiedenen Filmangeboten im Omnimax-Format. Naturhistoriska Riksmuseet
❶ Di.–Fr. 10.00 bis 18.00, Sa., So. 11.00–18.00 Uhr,
Eintritt: SEK 80 SEK, bis 18 Jahre frei,
mit Cosmonova ab 65 SEK, erm. 40 SEK, www.nrm.se

An der Nordostseite des Stadtgebiets zieht sich der Ekopark hin, eine riesige, **von Wasserläufen durchzogene grüne Parklandschaft**, die sich aus königlichem Landbesitz entwickelt hat und heute das wichtigste Naherholungsgebiet im Ballungsraum Stockholm bildet. *Ekopark

ZIELE • Stockholm

Millesgården — Im Nordosten des Stadtgebiets liegt auf der Insel Lidingö der gleichnamige Villenvorort. Sehenswert ist der Millesgården, ehemals Wohnung und **Atelier des Bildhauers Carl Milles** (1875 – 1955). Neben seinen Werken ist hier auch eine Sammlung griechischer und römischer Kunstwerke zu sehen. Im Garten stehen Repliken verschiedener Arbeiten des Künstlers. Von hier hat man auch einen schönen Blick auf die Stadt.
❶ Mai – Sept. tgl. 11.00 – 17.00, sonst Di. – So. 11.00 – 17.00 Uhr, Eintritt: 100 SEK, erm. 80, bis 18 Jahre frei, www.millesgarden.se

Hagaparken — Gustav III. wollte im Hagapark eigentlich ein zweites Versailles schaffen. Seine Ermordung im Jahre 1792 verhinderte die ambitionierten Pläne, und so bleib es bei einem weitläufigen Park mit einigen ungewöhnlichen Gebäuden. Der **Pavillon** ist eines der schönsten Beispiele des gustavianischen Stils, vor allem das Interieur mit Wandmalereien und Spiegelsälen ist sehenswert. Auffällig stehen die drei Kupferzelte an einem Hügel, die Militärzelten des römischen Heeres nachempfunden wurden. Einst dienten sie als Ställe, heute ist in einem ein Museum über die Geschichte des Parks untergebracht. In der Nähe der Kupferzelte flattern im **Fjärils- & Fågelhuset** exotische Vögel und tropische Schmetterlinge in Glashäusern frei herum. Weiter sehenswert sind der Echotempel, die chinesische Pagode, der türkische Kiosk, die Finnhütten und der Stallmeisterhof, der heute als Hotel genutzt wird. Das schlichte **Haga-Schloss** wurde zwischen 1802 und 1805 im Auftrag von Gustav IV. Adolf errichtet. Hier wuchs der gegenwärtige König zusammen mit seinen Geschwistern auf. Seit ihrer Hochzeit 2010 leben Kronprinzessin Victoria und ihr Ehemann Prinz Daniel in dem Schloss.
Pavillon: Besichtigung nur im Rahmen von Führungen
Juni – Aug. Di. – So. 12.00, 13.00, 14.00, 15.00 Uhr,
Eintritt: 80 SEK, erm. 40 SEK, www.kungahuset.se
Fjärils- & Fågelhuset: April – Sept. tgl. 10.00 – 17.00, sonst bis 16 Uhr,
Parkmuseum: Di. – So. 10.00 – 15.00 Uhr, Eintritt: 80 SEK, erm. 50 SEK,
www.fjarilshuset.se

SEHENSWERTES IN DER UMGEBUNG

Drottningholm — Rund 11 km westlich vom Zentrum steht **auf einer Insel im Mälarsee Schloss Drottningholm, heute Wohnsitz der königlichen Familie. Es wurde im Jahr 1662 im Auftrag Königin Eleonoras von Nicodemus Tessin d.Ä. nach französischen und holländischen Vorbildern errichtet. 1744 erhielt Königin Luise Ulrike, eine Schwester Friedrichs des Großen, Drottningholm als Hochzeitsgabe. Carl Hårleman und Carl Fredrik Adelcrantz bauten im 18. Jh. neue Flügel an, so entstanden die Räume im französischen Rokokostil. **Das Schloss**

Auf Schloss Drottningholm lebt die königliche Familie.

zählt zum UNESCO-Weltkulturerbe. Das **Innere** schmücken u.a. Gemälde von David Klöker Ehrenstrahl und Johan Philip Lempke sowie Skulpturen von Nicolaes Millich und Burchardt Precht. Besonders prunkvoll ist das Schlafzimmer von Königin Eleonora. An das Schloss grenzt ein schöner, weitläufiger **Park** an mit schattigen Lindenalleen und Wasserflächen. Die hier stehenden Bronzeskulpturen wurden als Kriegsbeute aus Dänemark und Böhmen mitgebracht. Der etwas abseits stehende, klassizistische Bau von 1766 wird auch heute noch für Aufführungen von **Barockopern** genutzt – wer Zeit hat, sollte sich dies nicht entgehen lassen! Im Rahmen einer Führung kann man das Foyer und den noch weitestgehend im Originalzustand erhaltenen Zuschauerraum besichtigen. Ein Nebengebäude beherbergt das seit 1922 bestehende **Theatermuseum**, die größte theatergeschichtliche Sammlung des Landes mit Bühnendekorationen seit der Renaissance, Darstellungen europäischer Theatergebäude sowie einer kleinen Sammlung von Theaterkostümen aus der Zeit um 1770. Aus dem Jahr 1766 stammt das **Kina Slott**, ein überaus kostbar ausgestatteter Pavillon mit Nebengebäuden nach chinesischen Vorbildern. Dieses Kleinod befindet sich weit hinten im Park. Daneben erstreckt sich die kleine Arbeitersiedlung von Kanton (1750–1760), in der die Handwerker wohnten, die im Spätbarock die Möbel und Tapeten für das Schloss herstellten.

Schloss: Mitte Januar–März Sa., So. 12.00–15.30,
April Fr.–So. 11.00–15.30, Mai–Aug. tgl. 10.00–16.30,
Sept. tgl. 11.00–15.30, Okt. Fr.–So. 11.00–15.30,
Nov. Sa., So. 12.00–15.30 Uhr, Eintritt: 100 SEK, erm. 50 SEK,
www.royalcourt.se
Theatermuseum:
Führungen Mai–Aug. 11.00–16.30 (alle 30 Min.), Sept. 12–15.30 Uhr

*Insel Björkö
Etwa 28 km westlich von Stockholm liegt im Mälarsee die kleine Insel Björkö (Birkeninsel). Hier wurde gegen Ende des 8. Jh.s die Wikingersiedlung Birka gegründet, die zu einem der wichtigsten Handelszentren ihrer Zeit aufstieg. Im 10. Jh. lebten auf Birka etwa tausend Menschen: Handwerker, Kaufleute, Bauern und Leibeigene. Außerhalb der Siedlung erstreckt sich ein Gräberfeld, mit rund 2500 Grabstätten das größte in Schweden. Bei Ausgrabungen fand man **arabische Silbermünzen, Seide aus China, Keramik aus Friesland** und Glas aus Frankreich. Warum diese blühende Handelsstadt schon bald aufgegeben wurde, ist unbekannt. Birka zählt zum UNESCO-Weltkulturerbe. Im Museum kann man sich über den Stand der noch laufenden Ausgrabungen informieren.

Barockes Theater auf Drottingholm

Saltsjöbaden

Rund 20 km südöstlich der Stadtmitte liegt an einer Bucht des Baggensfjärd der **Villenvorort** Saltsjöbaden, der als Seebad viel besucht wird und mit Jachthafen, Golf- und Tennisplätzen ausgestattet ist. Hier befindet sich außerdem die **Stockholmer Sternwarte**.

Insel Vaxö

Auf der Insel Vaxö, nordöstlich der Hauptstadt im Schärengürtel liegt **Vaxholm**, wo einst König Gustav Wasa einen Wehrturm zum Schutz der Hafeneinfahrt bauen ließ. Ihr heutiges Aussehen erhielt die Festung Vaxholm durch Umbauarbeiten im Jahr 1838, doch gleichzeitig ließ ihre strategische Bedeutung nach, da das Mauerwerk der immer perfekter werdenden Artillerie nicht standhielt. Heute beherbergt das Kastell ein Verteidigungsmuseum, das die 450-jährige Geschichte des Hafenschutzes vergegenwärtigt. Im 19. Jh. war das Städtchen als Sommeraufenthalt der Stockholmer Bürger geschätzt; aus jener Zeit stammen die **mit Schnitzereien verzierten Sommerhäuser** mit ihren geschlossenen Lauben, in denen man abends seinen Punsch trank. Besonders beliebt sind die Feste in Vaxholm. Am **Tag der Schärenboote** (Skärgårdbåtens dag) Anfang Juni gibt es eine Parade der Schärendampfer, Musik und Tanz, am längsten Tag des Jahres wird ein traditionelles Mittsommerfest gefeiert, Mitte August ist Schärenmarkt (Skärgårdsmarknad).

Die Schären

Der Stockholmer Schärengarten besteht aus **rund 24 000 Inseln**. Mitte des 19. Jh.s bauten sich die ersten Stockholmer in den Schären ihre ersten Sommerhäuschen – heute ist deren Zahl auf rund 50 000 angewachsen. Wer hier eine Unterkunft sucht, wird im Internet fündig unter www.dess.se/tyindex.htm. Eine ganze Flotte von weißen Schärendampfern bricht jeden Tag von der Hauptstadt in die Inselwelt auf (www.waxholmsbolaget.se).

❶ Birka ist Mai – Sept. mit dem Rundfahrtboot ab Stadshuset erreichbar.

Sundsvall

✈ H 8

Landschaft: Medelpad
Provinz: Västernorrlands Län
Einwohnerzahl: 96 000
Höhe: Meereshöhe

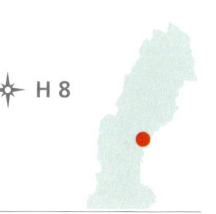

Holz hat Sundsvall reich gemacht, und die Metropole der Holzbarone ist heute das wichtigste Wirtschaftszentrum von ganz Norrland. Nach einem Brand im Jahre 1888 baute man die Stadt ganz aus Stein, und – weil Geld keine Rolle spielte – sehr prachtvoll wieder auf.

ZIELE • Sundsvall

Phönix aus der Asche Sundsvall liegt an der Mündung der Selångerån in den Bottnischen Meerbusen. Dank der günstigen Lage am Wasser und an den westwärts führenden Fernhandelswegen war Sundsvall schon im 6. Jh. ein bedeutender Handelsplatz, 1624 erhielt es Stadtrechte. Ein stürmischer Aufschwung setzte im 19. Jh. ein, als **zahlreiche Sägewerke** gegründet wurden. Allein auf der Insel Alnön in der Sundsvall-Bucht gab es zeitweise rund 40 Sägemühlen. Heute hat die Stadt einen Ölhafen und ist Zentrum der schwedischen Holz- und Papierindustrie. Der Gesamtplan der alten Stadtanlage geht auf Nicodemus Tessin d.Ä. zurück. 1888 brannten große Teile der Stadt ab. Beim ihrem Wiederaufbau legte man im Stadtzentrum breite Straßen an. Heute ist **»Stenstaden«** – die Stadt aus Stein – mit ihren repräsentativen Häusern rund um den Marktplatz ein architektonisches Highlight.

SEHENSWERTES IN SUNDSVALL UND UMGEBUNG

Marktplatz Der großzügig gestaltete Stortorg wird von repräsentativen Bauten unterschiedlichen Stils eingerahmt, darunter das Hirschka Hus. In

König Gustav II. Adolf schaut milde auf das Treiben am Marktplatz von Sundsvall hinab.

Sundsvall • ZIELE

Sundsvall erleben

AUSKUNFT
Sundsvall Turism
Stora Torget
85230 Sundsvall
Tel. 060 6585800
www.visitsundsvall.se

AKTIVITÄTEN
Das Gefühl der Schwerelosigkeit, vom Wind getragen fliegen zu können, kann man in Sundsvalls Vindtunnel Förening im Freifall-Simulator erleben.
Regementvägen
Tel. 070 5586703
www.svf.nu.
Vom Stora Torget aus lässt sich die Stadt – ebenerdig – mit dem Segway erkunden, mit Guide kostet die eineinhalbstündige Tour 395 SEK. Informationen über das Turistbyrå.

ESSEN
Innergården 1891 ❸❸
Centralgatan 6
Tel. 060 611891
www.innergarden.se
Gemütliches Café und Restaurant. Köstliche Kuchen, typisch schwedische Küche. Gute Pasta-Gerichte. Wochentags zwischen 11.00 und 14.00 Uhr günstige Businessgerichte. Im Sommer gibt es auch rund schöne 40 Plätze im Freien.

M/S Medvind ❸❸
Kajpklats 1
Sundsvalls Inre Hamn
Tel. 060 552290
www.msmedvind.com
Im Sommer legt das Ausflugsboot Mi. bis Sa. zu einer 3,5-stündigen Schärenfahrt ab. An Bord erwartet einen ein reichhaltiges Buffet mit überwiegend Fisch und Schalentieren.

ÜBERNACHTEN
Elite Hotel Knaust ❸❸❸
Storgatan 13
Tel. 060 6080000
www.elite.se
94 Zi. Luxushotel in der Stadtmitte. Bei der Renovierung blieb der Stil der Zimmer aus dem 19.Jh. erhalten, der Standard wurde modernen Bedürfnissen angepasst.

STF Vandrarhem ❸
Gaffelbyvägen
Norra Stadsberget
85640 Sundsvall
Tel. 060 612119
Wer preisgünstig im Grünen und trotzdem nicht weit von Sundsvall entfernt wohnen möchte, ist in dieser Jugendherberge richtig.

---

der Mitte des Platzes erinnert ein 1911 gegossenes Bronzestandbild an König Gustav II. Adolf; an der Südseite steht das Stadthaus. Sundsvall kann man angenehm zu Fuß erkunden, denn **viele Fußgängerzonen** durchziehen die gesamte Innenstadt.

In Verlängerung der Nybrogatan steht das leicht an seiner verglasten Front erkennbare Kulturmagasin, in dem eine Bibliothek, das Medelpad-Archiv und das **städtische Museum** untergebracht sind. Im

Kulturmagasin

Museum kann man den **Grabfund von Högom** bestaunen (ca. 500 n. Chr.). Ein mit Silber beschlagenes Schwert, goldene Fingerringe, Bronzekessel und weitere kostbare Beigaben unterstreichen, wie reich und mächtig dieser hier bestattete Häuptling einmal gewesen sein muss, dessen **Verbindungen von den Lofoten bis zum Schwarzen Meer** reichten. Zwei Ausstellungen sind der Stadthistorie und der Holzwirtschaft gewidmet. Eine Sammlung zeitgenössischer Kunst rundet das Angebot ab.
❶ Mo.–Do. 10.00–19.00, Fr. bis 18.00, Sa. 11.00–16.00 Uhr, Eintritt frei, www.sundsvall.se/kulturmagasinet

Casino 2001 wurde mit dem Casino Cosmopol das erste internationale Kasino Schwedens eröffnet.
❶ Tgl. 13.00–3.00 Uhr

Freilichtmuseum Außerhalb des Zentrums liegt auf dem Stadtberg neben einer großen Freizeitanlage das Freilichtmuseum mit alter Töpferwerkstatt, Handwerksmuseum und historischem Kramladen sowie einem kleinen Tierpark. Ein Unikum ist das Museum Skvaderboden, das dem sagenhaften **Skvader**, einer Art schwedischem Wolpertinger, gewidmet ist. Der Skvader ist eine Kreuzung aus Auerhahn und Hase und kann hier ausgestopft bestaunt werden. Urheber des merkwürdigen Geschöpfs war der Flößerei-Inspektor Håkan Dahlmark, der diesen Ulk anlässlich einer Kneipenwette im Jahr 1874 inszenierte. Beim Freilichtmuseum steht auf dem höchsten Punkt des Stadtberges auch ein **Aussichtsturm,** von dessen Plattform man einen sagenhaften Blick in die Umgebung genießt.
Freilichtmuseum: tgl. 11.00–16.00 Uhr

Döda Fall Folgt man den Straßen Nr. 86 und 87 in nordöstlicher Richtung, kommt man zwischen den Orten Ragunda und Hammarstrand zum Döda Fall, dem **toten Wasserfall**. Einst schoss hier der 30 m hohe Storforsen zu Tal, doch heute wandert man durch eine trockene, mit Felsbrocken und Geröll bedeckte Landschaft. Es ist das ungewollte Werk von **Magnus Huss**, der vor mehr als 200 Jahren versucht hat, den Indals Älv flößbar zu machen. Damals machte der Storforsen den Flößern das Leben schwer. Immer wieder verkeilten sich die Stämme in den tosenden Fluten und brachen wie Streichhölzer zwischen den Felsen. Ein Kanal neben dem Fall sollte das Problem lösen, doch dazu musste ein Moränenhügel am Ragundasee durchstochen werden. Eine fatale Idee, denn **der Damm brach** und innerhalb weniger Stunden entleerte sich der gesamte See. 100 Mio. m^3 Wasser donnerten flussabwärts und rissen alles auf ihrem Weg mit sich – Häuser, Wälder, Wiesen und Äcker. Es blieb ein **Bild der Zerstörung:** Der See war trocken, das Tal verwüstet und selbst das Delta des Indals Älv hatte sich durch die Schlammmassen verändert. Angeblich ertrank der Verursacher in den Fluten. Heute kann man auf befestigten Wegen und Stegen das Tal erkunden.

Trelleborg

✱ D 1

Landschaft: Skåne (Schonen)
Provinz: Skåne Län
Einwohnerzahl: 42 500
Höhe: Meereshöhe

Trelleborg, die südlichste Stadt Schwedens, teilt das Schicksal der meisten Fährhäfen: Die Schiffe bringen zwar viele Besucher, aber fast alle fahren nach ihrer Ankunft sofort weiter. Dabei sollte man zumindest einen Blick auf die Strandgatan werfen. Vor über 20 Jahren hat man hier eine Allee aus Palmen angepflanzt, die ganz prächtig gedeihen. Im Winter brauchen sie allerdings ein beheiztes Quartier.

Trelleborg, im 12. Jh. gegründet, hatte seine Blütezeit im Mittelalter dank der damals **reichen Heringsgründe** in der Ostsee. Im Jahr 1619 verlor Trelleborg zugunsten von Malmö seine Stadtrechte, erhielt sie aber 1867 zurück. Für die Entwicklung sehr wichtig war der Bau des Hafens, denn die Fährverbindungen nach Travemünde, Rostock und Saßnitz sind heute ein wichtiger Wirtschaftsfaktor. **Wichtiger Fährhafen**

SEHENSWERTES IN TRELLEBORG UND UMGEBUNG

Das Zentrum der Altstadt bildet der Stortorg, an den im Nordosten der Stadtpark anschließt. An dessen nordöstlicher Ecke steht der nüchterne Klinkerbau der 1935 eingeweihten Kunsthalle, ein Geschenk des Bildhauers Axel Emil Ebbe (1868 – 1941) an seine Heimatstadt. Hier wird eine stattliche Zahl seiner großteils **vom Jugendstil geprägten Skulpturen** gezeigt. Auch die auf dem Stortorg stehende »Sjöormsföntän«, der Seeschlangenbrunnen, ist sein Werk. **Axel Ebbes Konsthall**
❶ Ende Juni – Mitte Aug. Mi. – So. 13.00 – 16.00 Uhr

Östlich vom Hafen wurde im einstigen Krankenhaus das **Stadtmuseum** eingerichtet. Besonders interessant sind die Ausgrabungsfunde der rund **7000 Jahre alten Siedlung Skateholmen**. Daneben gibt es Ausstellungen zur Regionalgeschichte (Stortorget 1). Das kleine **Seefahrtmuseum** dokumentiert die Geschichte der Seefahrt in der Großgemeinde Trelleborg (Gråbrödersgatan 12). **Museen**

Trelleborg erleben

AUSKUNFT
Turistbyrå
Kontinentgatan 2
23142 Trelleborg
Tel. 0410 73 33 20
www.trelleborg.se

ESSEN
Anderslövs Gästgiveri ✸✸–✸✸✸
23170 Anderslöv
Landsvägen 39
geöffnet Mo.–Di. 11.30–15.00,
Mi.–Do. 11.30–22.00, Fr. 11.30–23.00,
Sa. 12.00–22.00, So. 12.00–18.00 Uhr
Tel. 0410 2 12 00
www.gastgivaregarden.nu
Etwa 10 km nordöstlich von Trelleborg in
Anderslöv; vor allem regionale Küche

Dalabadets Restaurant ✸✸
Dalköpinge Strandväg 2
Nur während der Badesaison geöffnet
Tel. 0410 1 05 98
www.dalabadet.se
3 km vom Zentrum entfernt liegt dieses
Restaurant in sehr schöner Lage an
einem beliebten Badestrand.

ÜBERNACHTEN
Hotel Duxiana Trelleborg ✸✸✸
Strandgatan 32
Tel. 0410 4 81 80
www.dannegarden.com
25 Zi. Ehemalige Villa mit stilvoll
eingerichteten Zimmern und
nostalgischem Touch.

Spelabäcken ✸✸✸
Skanör
Mellangatan 58
Tel. 040 6 78 26 60
www.spelabacken.se
14 Zi. Gemütliches Hotel im Zentrum
von Skanör.

Smygehus ✸✸–✸✸✸
Smygehamn, Kustvägen
Tel. 0410 5 03 00
www.smygehus.se
41 Häuser, Hotelanlage in Smygehamn,
nur 50 m vom Meer entfernt, mit
Hallenbad, Freibad und zahlreichen
Sportmöglichkeiten. Das Restaurant
bietet leckere Spezialitäten aus der
Region Schonen.

Stadtmuseum: Di.–So. 12.00–16.00 Uhr,
Eintritt: 30 SEK, bis 20 Jahre frei, www.trelleborg.se/museum
Seefahrtmuseum: April–Ende Nov. Sa., So. 13.00–16.00 Uhr,
www.trelleborgssjofartsmuseum.se

Trelleborg Ende der 1980er-Jahre wurden mitten in der Stadt die Überreste einer 1000 Jahre alten **Wikingerburg**, der Trelleborg, aus der Zeit Harald Blauzahns entdeckt. Ursprünglich hatte die Befestigungsanlage, die aus einem Erdwall und Palisaden aus gespaltenen Stämmen bestand, einen Durchmesser von 143 m. Gegenwärtig ist ein Viertel rekonstruiert. Mittlerweile gibt es auch ein kleines Museum, das über die Wikingerburg informiert (▶Baedeker Wissen S. 348).
Västra Vallgatan 6: Mo.–Do. 11.00–17.00 Uhr, im Sommer tgl. außer Fr.
11.00–16.00 Uhr, Eintritt: 40 SEK, www.trelleborg.se/trelleborgen

Trelleborg • ZIELE

Smygehuk

Knapp 15 km östlich vom Stadtzentrum kommt man auf der Straße Nr. 9 zum Smygehuk, der **südlichsten Spitze Schwedens**. 1572 km trennen ihn vom nördlichsten Punkt des Landes, dem Dreiländereck Treriksröset. Während des Sommers sind im Köpmansmagasin, einem stattlichen, alten Speicher, das Touristenbüro und ein Café untergebracht. Außerdem werden wechselnde Ausstellungen gezeigt und Kunsthandwerk verkauft. Der rund 200 Jahre alte Speicher diente früher den Kaufleuten als **Magazin für Schmuggelware**.

Falsterbonäset

Im Mittelalter war der Südwestzipfel Schwedens, der wie ein Amboss ins Meer ragt, ein bedeutendes Zentrum der Heringsfischerei. Zwischen dem 14. und 15. Jh. boomte der Fischfang, doch dann gingen die Bestände zurück und die Halbinsel verlor an Bedeutung. Erst mit dem einsetzenden Tourismus erlebte der Doppelort Skanör/Falsterbo wieder einen Aufschwung. Dabei profitiert das **Seebad** auch von der Nähe zur Großstadt Malmö, deren Bewohner die **phantastischen Strände** vor der Haustür gerne und häufig in Beschlag neh-

Bot Platz für mehr als 1000 Menschen:
die alte Wikingerburg Trelleborg

Wikinger

Relikte der Wikinger

Während der Wikingerzeit (793 bis 1050) gingen von Schweden viele Raubzüge und Handelsexpeditionen bis zum Schwarzen und zum Kaspischen Meer aus, wo die Nordmänner Handelsverbindungen mit Byzanz und der arabischen Welt errichteten. Doch die meisten Wikinger waren keine brutalen Krieger, sondern lebten größtenteils als Bauern, Handwerker, Schiffsbauer oder Händler.

▶ **Die Wikingerburg in Trelleborg**
Die Trelleborg am Zusammenfluss von Vaarbyå und Tudeå war eine von einer Eichenstammpalisade umgebene Ringburg mit 140–143 m Durchmesser und hatte ursprünglich in alle vier Himmelsrichtungen ein Tor.

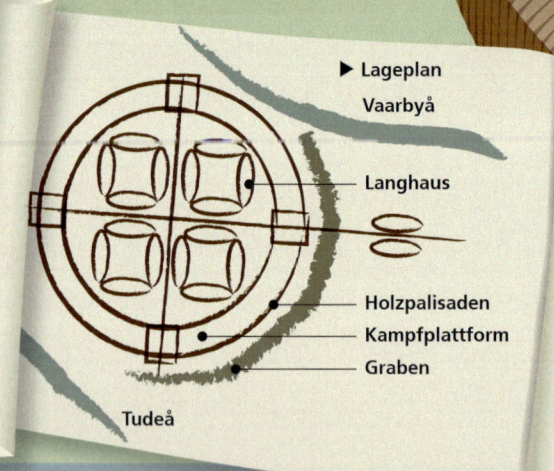

▶ Lageplan

Vaarbyå

Langhaus

Holzpalisaden
Kampfplattform
Graben

Tudeå

▶ **Schiffssetzungen**
Schiffssetzungen sind bootförmige Steinsetzungen an Grabstätten, die v.a. im Ostseeraum zu finden sind (allein 350 auf Gotland). Die größte erhaltene Schiffssetzung (67 m lang und mittig 19 m breit) ist Ales Stenar bei Kåseberga an der Südküste der Provinz Schonen. Gleich fünf Schiffe fand man am Anundshög in Västmanland, wobei die beiden längsten (54 und 51 m) aneinander gebaut sind.

▶ Wikinger
Die Bezeichnung »Wikinger« ist bis heute nicht eindeutig geklärt. Am wahrscheinlichsten ist die Abstammung vom nordischen »vikingr« = »Krieger auf See«.

Brillenhelm
Das Grundgerüst besteht aus miteinander vernieteten Eisenbändern (Stirnreif, Scheitelband, Band von Ohr zu Ohr). Die Zwischenräume sind mit Eisenplatten ausgefüllt.

Panzerhemd/ Ringelpanzer
als Schutz für den Rumpf

Schwert
zweischneidig

Speer

Rundschild
aus Holz mit Leder- oder Metallrand (Ø ca. 1 m)

Eisenbuckel
zur Abwehr

Streitaxt
diente als Waffe und Werkzeug

▶ Wikinger live erleben
Zum Beispiel im Historiska museet in Stockholm (www.historiska.se), oder im UNESCO-Weltkuturerbe Birka (Handelsplatz auf Björkö) und Hovgården (Königshof auf Adelsön). Ein ganzes Dorf gibt es im Freiluftmuseum Foteviken zu sehen.

www.fotevikens museum.se (In Englisch)

©BAEDEKER

▶ Runensteine
In Schweden gibt es etwa 2000 dieser aufrecht stehenden, mit Runen versehenen Steine, die als Denkmal oder zum Gedenken an einen Verstorbenen aufgestellt wurden. Mit rund 750 Zeichen trägt der mehr als 3,80 m hohe Runenstein von Rök die längste bekannte Runenschrift.

Zwischen Trelleborg und Ystad erstrecken sich an Südschwedens Küsten wunderschöne Strände.

men. Hat man erst einmal das Nadelöhr, den Ort Höllviken passiert, steht dem Badevergnügen nichts mehr im Wege. Wer noch Strandutensilien benötigt, findet in den alten, bunt gestrichenen Häusern von Skanör alles Nötige. Sehr hübsch: die bunten Strandhäuschen entlang des kilometerlangen, feinsandigen Strands. Schon Carl von Linné wusste, dass man nirgendwo in Schweden so viel **Bernstein** wie auf Falsterbonäset findet. Im **Bärnstensmuseet** von Höllviken werden viele schöne Stücke gezeigt. Wer selber suchen möchte: Bei ablaufendem Wasser einen Strandspaziergang machen und Ausschau halten, was die Flut so angespült hat.

Bernsteinmuseum: Mitte Mai – Mitte Juni Mo. – Fr. 11.00 – 17.00, Sa., So. bis 15.00, Juli – Mitte Aug. tgl. 10.00 – 18.00 Uhr, Eintritt: 20 SEK, erm. 10 SEK, www.brost.se

Fotevikens Museum Wer wissen möchte, **wie einst die Wikinger** gelebt haben, sollte diesem Museum nördlich von Höllviken einen Besuch abstatten. Im Sommer wird das Dorf von »echten« Wikingern bevölkert, die sich nach Wikingerart kleiden und alte Handwerke vorführen.

❶ Ende Mai – Mitte Sept. Di. – Fr. 10.00 – 16.00, Juni – Aug. tgl. 10.00 – 16.00 Uhr, Eintritt: 80 SEK, erm. 30 SEK, www.fotevikensmuseum.se

** Umeå

L 9

Landschaft: Västerbotten
Provinz: Västerbottens Län
Einwohnerzahl: 116 400
Höhe: Meereshöhe

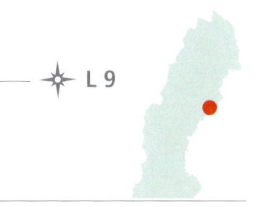

Im Jahr 1888 vernichtete ein Brand drei Viertel der Häuser und alle drei Werften. Beim Wiederaufbau wurden breite Straßen mit Birkenalleen angelegt, die der ansonsten nüchternen Stadt heute ein wenig Flair verleihen.

Umeå, der Hauptort der Provinz Västerbotten, liegt am linken Ufer des Ume Älv, etwa 5 km vor dessen Mündung in den Bottnischen Meerbusen. Erst mit dem Aufschwung der Holzindustrie setzte in der zweiten Hälfte des 19. Jh.s die Blütezeit der Stadt ein. Forstwirtschaft und Holzverarbeitung spielen auch heute noch eine ausschlaggebende Rolle, wichtig sind außerdem die Forsthochschule und seit 1963 die Universität. Nicht zuletzt den ca. 25 000 Studenten sind die **vielen Musik- und Filmfeste** rund ums Jahr zu verdanken.

Geschichte

SEHENSWERTES IN UMEÅ UND UMGEBUNG

Das Zentrum der Stadt ist der Rathausplatz mit einer großen Büste des Stadtgründers Gustavs II. Adolf. Bei der Stadtkirche liegt der Döbelns Park, benannt nach General von Döbeln, dem Führer des letzten schwedisch-finnischen Heeres, das hier nach dem Krieg gegen Russland (1808/1809) aufgelöst wurde.

Zentrum

Nordöstlich außerhalb des Zentrums liegt auf einer Anhöhe das Bezirksmuseum Västerbottens. Dieses zeigt optisch und didaktisch gelungen Vor- und Frühgeschichte, Dioramen mit einheimischen Tieren, das Modell einer Blockhaussiedlung sowie eine sehr interessante Ski-Sammlung **mit dem angeblich ältesten Ski der Welt**. In der stadtgeschichtlichen Abteilung sind in nachgebauten kleinen Häusern traditionelle Werkstätten zu sehen. Außerdem erhält man Einblick in Schifffahrt und Schiffsbau der Region. Rings um die Museumsgebäude breitet sich das dazugehörige **Frei-

**Västerbotten Museum

> ! **BAEDEKER TIPP**
>
> ### Kunst am Weg
>
> Der Kunst- und Skulpturenweg »Sju Älver« ist eine **350 km lange Kunstausstellung**, die an der Küste in Holmsund beginnt und in westlicher Richtung über Vännäs, Bjurholm, Åsele und Dorotea bis nach Borgafjäll führt. Unterwegs kann man zwölf teils recht eigenwillige Kunstwerke besichtigen.

lichtmuseum **Gammlia** mit historischen Gebäuden aus, das nahtlos in ein Freizeitgelände übergeht. Im Sommer kann man täglich zusehen, wie das Västerbottnische Dünnbrot gebacken wird.
❶ Das Museum nimmt derzeit größere Umbau- und Renovierungsarbeiten vor; für Neueröffnung, genaue Öffnungszeiten und Eintrittspreis s. www.vbm.se

Umeleden Der Umeleden ist eine etwa **30 km lange Rundtour**, die man mit dem Auto, zu Fuß oder mit dem Fahrrad unternehmen kann. Der Weg beginnt im Zentrum von Umeå und führt zu vielen Sehenswürdigkeiten an den Ufern des Ume Älv.

Olofsfors Bruk Einen Besuch wert ist die **historische Eisenhütte** Olofsfors Bruk von 1762, 55 km südöstlich von Umeå. Sie gehört zu den besterhaltensten in ganz Schweden. Zu besichtigen ist u. a. ein wasserbetriebener Eisenhammer mit Blasebalg. Im zur Hütte gehörenden Gutshaus Herrgården gibt es ein Restaurant.
❶ Ende Juni–Mitte Aug. tgl. 11.00–17.00 Uhr, www.olofsforsbruk.nu

Dem Schmied zur Hand gehen – in der alten Eisenhütte Olofsfors Bruk

Umeå • ZIELE

Umeå erleben

AUSKUNFT
Turisbyrå
Renmarkstorget 15
90326 Umeå
Tel. 090 16 16 16
www.visitumea.se

FREIZEIT UND SPORT
Wassersport
Auf Vindel Älv und Ume Älv gibt es zahlreiche Angebote für Wassersportler: Wildwassertouren, Floßfahrten von einem Tag bis zu einer Woche Dauer, Bibersafari mit Picknick am Lagerfeuer. In Umeå und Umgebung sind weitere Aktivitäten möglich, etwa eine ganztägige Elchsafari, bei der man ganz nah an die mächtigen Tiere herankommt; außerdem Reiten, Robbenbeobachtung, Heilkräuterwanderung, Mountainbiketouren. Informationen und Buchung: www.visitumea.se

ESSEN
Brännlands Wärdshus €€
10 km vom Zentrum in Brännland
tgl. geöffnet
Tel. 090 3 01 30
www.brannlandswardshus.se
Landgasthof in einem alten Bauerngehöft. Beliebtes Ausflugsziel, hier kommen Spezialitäten der Region Västerbotten auf den Tisch.

ÜBERNACHTEN
Clarion Collection Hotel Uman €€€
Storgatan 52
90326 Umeå
Tel. 090 12 72 20
www.choicehotels.se
89 Zi. Im Zentrum gelegenes, sehr komfortables Hotel mit zuvorkommendem Service.

Hotell Gamla Fängelset €–€€
Storgatan 62
90330 Umeå
Tel. 090 10 03 80
Einfaches Hotel und Vandrarhem (23 EZ, 1 DZ und zwei 4-Bett-Z.) in einem ehemaligen Gefängnis. Die vergitterten Fenster der hell eingerichteten Zimmer vermitteln ein besonderes Schlafgefühl.

Bei der aus dem 17. Jh. stammenden Soldatenkate Brännland überquert eine Eisengitterbrücke den Ume Älv, dahinter erreicht man das **Wasserkraftwerk** Stornorrfors. Die Maschinenhalle 75 m unterhalb des Zulaufs kann besichtigt werden. — **Stornorrfors*

Die **schönsten Sandstrände** am Meer befinden sich ca. 20 km südlich von Umeå bei Norrmölje Havsbad und Bettnesand Havsbad. Östlich vom Zentrum lohnt die Umelagun, ein schönes Freizeitbad mit vielen beheizten Becken, einen Besuch. — *Strände und Bäder*
❶ Tgl. 10.00–19.00, im Juli bis 20.00 Uhr

Der Vindel Älv zählt zu den vier Nationalflüssen Schwedens und wird nicht für die Energiegewinnung genutzt. **Sehenswert sind die Stromschnellen** – über 100 an der Zahl – auf dem 470 km langen — *Vindel Älv*

Fluss. Am spektakulärsten ist der Anblick der Mårdseleforsarna, die zudem noch direkt an der Str. 363 liegen (70 km von Umeå). Die kleinen Inseln in den Stromschnellen sind mit Hängebrücken verbunden, auf den Inseln gibt es Grill- und Rastplätze.

** Uppsala

✦ H 5

Landschaft: Uppland
Provinz: Uppsala Län
Einwohnerzahl: 200 000
Höhe: 7 m ü.d.M.

Trotz der beeindruckenden Zahl historischer Bauten ist Uppsala durch die vielen Studenten eine junge, sehr lebendige Stadt. Schon Carl von Linné studierte und wirkte hier. Neben dem Dom ist der Garten, der nach Plänen des berühmten Botanikers angelegt wurde, die wichtigste Sehenswürdigkeit der alten Bischofsstadt.

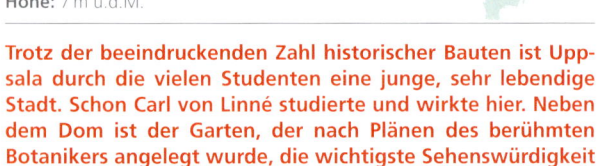

Berühmte Universitäts-Stadt
Uppsala, die weltberühmte Universitätsstadt und viertgrößte Stadt des Landes, liegt ca. 70 km nordwestlich von Stockholm in einer fruchtbaren Ebene **an beiden Ufern der Fyrisån**. Sie ist Hauptstadt Upplands und Sitz des evangelischen Erzbischofs von Schweden.

Zwei Stadtkerne
Auf dem heutigen Stadtgebiet stand einst eine Siedlung names Östra Aros. Sie war lediglich Handelsplatz und Hafen der schwedischen Könige, die in Alt-Uppsala (Gamla Uppsala) residierten. Im Jahr 1273 wurde der Sitz des Erzbischofs von Gamla Uppsala dann nach Östra Aros verlegt, während die Könige Stockholm zur Residenz wählten. Die Universität wurde 1477 von Erzbischof Jakob Ulvsson gegründet und entwickelte sich zu einer Hochburg des Geisteslebens. Der berühmteste Bürger Uppsalas war der aus Småland stammende Botaniker **Carl von Linné** (1707 – 1778). Er entwickelte ein geniales Nomenklatursystem, das erstmals Ordnung in die Pflanzenwelt brachte und das noch heute international gültig ist. Linné unterrichtete an der Universität der Stadt und war später auch ihr Rektor.

SEHENSWERTES IN UPPSALA

An zwei Ufern
Kennzeichnend für die Innenstadt von Uppsala ist die Untergliederung in einen überwiegend kirchlich-akademischen Bereich (west-

Uppsala erleben

AUSKUNFT
Uppsala Turist och Kongress AB
Fyristorg 8
75310 Uppsala
Tel. 018 7 27 48 00
www.destinationuppsala.se

AUSFLÜGE
Mit Dampf nach Länna
Im Sommer kann man mit dem Dampfzug, Triebwagen oder Oldtimer-Bus gemütlich von Uppsala ins 20 km östlich gelegene Länna fahren. Abfahrt ab Ostbahnhof Uppsala (Östra Station).
Ende Juni–Anfang Sept.
www.lennakatten.se

ESSEN
❶ *Hambergs Fisk* €€–€€€
Fyristorg 8
Mo. und So. geschl.
Tel. 018 71 21 50
www.hambergs.se
Hummer, Garnele, Heilbutt, Dorsch, Dorade – was das Meer hergibt, wird hier schmackhaft zubereitet.

❷ *Flustret* €€
Svandammen 1
Tel. 018 10 04 44
www.flustret.se
Restaurant in schöner Lage. Hervorragende Fischgerichte, versuchen Sie doch einmal den Lachs. Immer wieder stehen auch Musik- und Comedyveranstaltungen auf dem Programm.

❸ *Markthalle (Saluhallen)* €€
St. Eriks Torg
Tel. 018 15 01 50
www.saluhalleniuppsala.se
Die umgebaute Markthalle ist heute Sitz vieler Restaurants, z.B. des »Hyllan« (für junge Leute, günstiger Mittagstisch, abends Bar, am Wochenende Disco).

ÜBERNACHTEN
❶ *First Hotel Linné* €€€
Skolgatan 45
Tel. 018 10 20 00
www.firsthotels.se
116 Zi. Zentrale Lage direkt am Linné-Garten. Modernes, schnörkelloses Stadthotel, 2003 renoviert.

❷ *Hotel Uppsala* €€€
Kungsgatan 27
Tel. 018 4 80 50 00
www.profilhotels.se
169 Z. Angenehme, helle Zimmer in modernem Tagungshotel, zentral gelegen in der Innenstadt.

❸ *Krusenberg Herrgård* €€€
Krusenberg
Tel. 018 18 03 00
www.krusenbergherrgard.se
60 Zi. Altehrwürdiger schwedischer Herrenhof, dessen Anfänge zurück ins 17. Jh. reichen. Wunderschön am Mälarsee gelegen, 10 km südlich von Uppsala. Das Hauptgebäude liegt inmitten von alten Obstbäumen und pittoresken Parkanlagen.

lich der Fyrisån) und das eigentliche Zentrum mit Rathaus, Verwaltungseinrichtungen und Wirtschaftsunternehmen östlich des Flusses. Die **meisten Sehenswürdigkeiten** Uppsalas befinden sich im Westteil der Stadt.

Dom Auf dem ansteigenden rechten Flussufer steht der 1435 geweihte Dom. Der Entwurf orientierte sich zunächst an englischen Vorbildern, erhielt jedoch ab 1287 durch Etienne de Bonneuil aus Paris sein hochgotisches Gepräge. Durch Brände mehrmals beschädigt, wurde die Kirche jeweils im Stil der Zeit wiederhergestellt. Die beiden Westtürme, nach 1702 teilweise umgebaut, erhielten 1745 neue Helme. Nach der umstrittenen Restaurierung in der Zeit des Historismus (um 1880) wurde in den letzten Jahrzehnten versucht, das mittelalterliche Erscheinungsbild der Kirche so weit wie möglich wiederherzustellen. Dennoch ist der Bau ein **Sammelsurium unterschiedlicher Stilepochen**. Bis ins 18. Jh. wurden hier Schwedens Könige gekrönt. Der Innenraum ist dreischiffig, die Seitenschiffe werden von Kapellen gesäumt. Viele berühmte Schweden sind hier bestattet: In der Hauptchorkapelle befindet sich das um 1576 in den Niederlanden gefertigte **Grabmal König Gustav Wasas**. Nahe beim Chorhaupt steht der im Jahr 1577 angefertigte vergoldete Metallsarkophag mit den Gebeinen König Erichs des Heiligen, des schwedischen Nationalheiligen, der im Jahr 1160 von den Dänen erschlagen wurde. Beim Kircheneingang ist links in den Fußboden das Epitaph des Botanikers Carl von Linné eingelassen. Im nördlichen Fassadenturm wurde das **Dommuseum** eingerichtet. Ausgestellt sind prunkvolles liturgisches Gerät sowie der Domschatz, zu dem das Schwert Gustav Adolfs, ein goldenes Kleid, das Königin Margaretha gehörte, sowie Kronen, Reichsschwerter, Reichsäpfel und Zepter zählen.

Freier Blick auf den Seziertisch im »Anatomischen Theater«

Dom: Tgl. 8.00 – 18.00 Uhr;
Dommuseum: Mai – Sept. Mo. – Sa. 10.00 – 17.00, So. 12.30 – 17.00, sonst Mo. – Sa. 10.00 – 16.00, So. 12.30 – 16.30 Uhr, www.uppsaladomkyrka.se

Uppsala • ZIELE

Unterhalb des Doms liegt am St. Eriks Torg das Uppland-Museum mit Sammlungen zur Kulturgeschichte der Provinz sowie beachtenswerten **Modellen von Dom und Schloss**.

Uppland-Museum

ⓘ Di.–So. 12.00–17.00 Uhr, Eintritt frei, upplandsmuseet.se

Wenige Schritte vom Dom entfernt steht das von einer Kuppel gekrönte Gustavianum, das Gustav II. Adolf um 1620 der Universität stiftete. Hier befinden sich das Museum für **nordische Altertümer** und das Victoria-Museum, das ägyptische und griechische Altertümer ausstellt. Weiter beherbergt es die kulturhistorischen Sammlungen der Universität, deren Höhepunkt das »**Anatomische Theater**« ist (ein Hörsaal mit Blick auf den Seziertisch, 1663 von Olof Rudbeck geschaffen). In dem kleinen Parkgelände, das westlich an das Gustavianum anschließt, stehen etliche Runensteine.

Gustavianum

ⓘ Juni–Aug. Di.–So. 10.00–16.00, sonst 11.00–16.00, Sa., So. 13.00 Uhr, Führungen in Englisch, Eintritt: 50 SEK, erm. 40 SEK,
www.gustavianum.uu.se

Uppsala

Essen
① Hambergs Fisk
② Flustret
③ Markthalle (Saluhallen)

Übernachten
① First Hotel Linné
② Hotel Uppsala
③ Krusenberg Herrgård

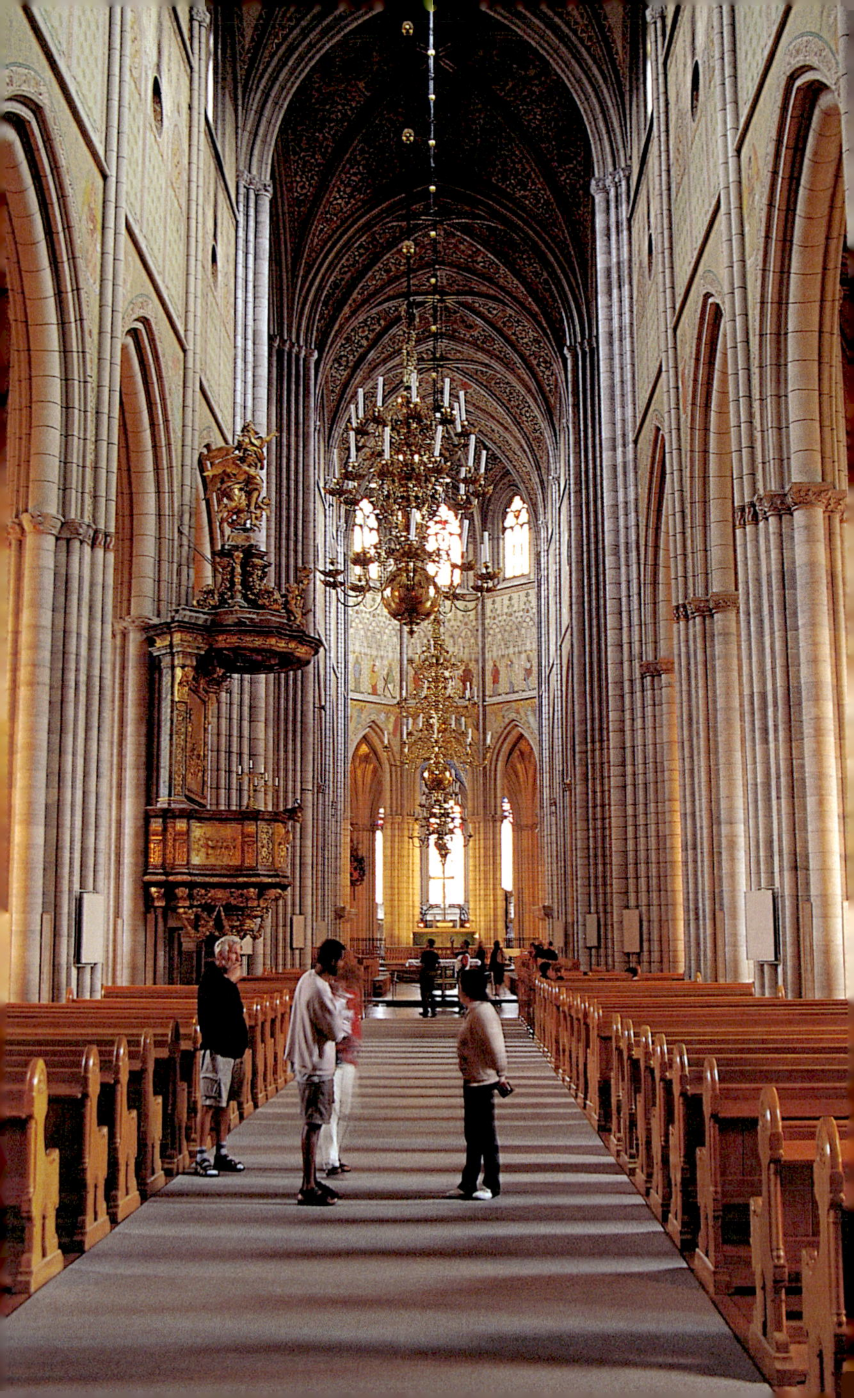

Uppsala • ZIELE

Südwestlich grenzt an den höher gelegenen Teil des Parks das neue Universitätsgebäude an, das 1879 bis 1886 erbaut und **prunkvoll ausgestattet** worden ist.

Neues Gebäude

Zwischen der Universität und dem Schloss prangt das stattliche Gebäude der Universitätsbibliothek (Carolina Rediviva), der mit über fünf Millionen Bänden **größten Bibliothek des Landes**. Im Ausstellungsraum ist als kostbarster Besitz der **Codex Argenteus** zu sehen, ein Evangelienbuch in gotischer Sprache aus dem 6. Jh., das seinen Namen dem silberbeschlagenen Einband aus dem 17. Jh. verdankt. Diese Abschrift der Bibelübersetzung des Gotenbischofs Wulfila (gest. 383) umfasst heute noch 187 von ursprünglich 330 purpurfarbenen Pergamentblättern mit silberner und goldener Schrift. Zum Bestand der Bibliothek gehören ferner der Codex Upsaliensis, die älteste erhaltene Handschrift der von Snorre Sturlasson verfassten **jüngeren Edda** (um 1300), und die Carta Marina von Olaus Magnus, eine **Karte von Nordeuropa aus dem Jahr 1539**, die in Venedig gedruckt wurde.

Universitätsbibliothek

❶ Mitte Juni–Mitte Aug. Mo.–Fr. 9.00–17.00, Sa. ab 10.00,
So. 10.00–16.00, sonst Mo.–Fr. 9.00–20.00, Sa. 10.00–17.00 Uhr

Von der Bibliothek führt der Weg zum Schloss auf dem Berg, dessen Bau 1548 unter Gustav Wasa begonnen wurde. Von den Bastionen bietet sich ein schöner Blick auf Stadt und Umland. Im Schloss ist das **städtische Kunstmuseum** eingerichtet. Auch die Universitäts-Kunstsammlung wird hier ausgestellt.

Schloss

❶ Juni Di.–Fr. 10.00–16.00, Sa., So. 12.00–16.30,
Juli Mo.–Fr. 12.00–16.00, Sa., So. 12.00–16.30, sonst Di. 12.00–16.00,
Mi. 12.00–20.00, Do., Fr. 12.00–16.00, Sa., So. 12.00–16.30 Uhr,
Eintritt: 80 SEK, 15 SEK

Vom Schloss gelangt man über eine Freitreppe zum Botanischen Garten, dem ältesten in Schweden. **Carl von Linné** selbst legte ihn mit an – seinerzeit mit rund 3000 Pflanzenarten. Im Linnéanum, einem klassizistischen Bau mit Säulenportikus, sind das Institut für systematische Botanik und eine **bemerkenswerte Kakteensammlung** untergebracht. Im tropischen Gewächshaus gibt es ein großes Victoria-Regia-Becken, Orchideen und im Innenhof einen stilechten Japangarten.

Botanischer Garten

Park: tgl. 7.00–19.00, im Sommer bis 21.00 Uhr
Orangerie: Di.–Fr. 9.00–15.00 Uhr
Gewächshäuser: Di.–Fr. 9.00–15.00, Sa., So. 12.00–15.00 Uhr,
www.botan.uu.se

Von der Universitätsbibliothek führt die **Drottninggatan** nordöstlich über die Fyrisån und zum Stortorg mit dem Rathaus.

Stortorg

Im Dom von Uppsala fand der Botaniker Carl von Linné seine letzte Ruhestätte.

ZIELE • Uppsala

Linné-Museum

Im Norden der Innenstadt liegt an der Svartbäcksgatan der 1655 angelegte und einst von dem Botaniker Carl von Linné betreute Garten, in dem er die Pflanzen nach seinem bahnbrechenden System ordnete. Hier befindet sich auch das Linné-Museum. Zu besichtigen ist das **Arbeitszimmer des Naturwissenschaftlers** mit allerlei Kuriositäten und Tierpräparaten.

❶ Mai–Sept. Di.–So. 11.00–17.00; um 14.30 Uhr Führung in Englisch, Eintritt: 60 SEK, bis 16 Jahre frei, www.linnaeus.se

*Gamla Uppsala

Rund 5 km nördlich vom Zentrum liegt Gamla Uppsala, Keimzelle der heutigen Stadt und **ehemaliger Hauptort des Svea-Reichs**. Der archäologische Bereich mit Grabhügeln, rund 3000 Gräbern und Thinghügel reicht bis ins 4. Jh. n. Chr. zurück und gehört zu den größten vor- bzw. frühgeschichtlichen Denkmälern Skandinaviens.

Carl von Linné tapezierte in seinem Sommerhaus Hammarby die Wände mit Pflanzenbüchern der Konkurrenz.

Einer Legende nach sollen hier die Regenten der Ynglinger, des ältesten Königsgeschlechts in Schweden, bestattet worden sein. Sicher ist, dass Alt-Uppsala einst **religiöses Zentrum** des wikingerzeitlichen Schwedens war. Wie Adam von Bremen im 11. Jh. berichtete (der aus Franken stammende Theologe schrieb u.a. eine Völker- und Landeskunde Nordmitteleuropas), trafen sich hier die Stämme des ganzen Landes alle neun Jahre um einen heidnischen Tempel und feierten wilde Feste, bei denen es angeblich neben Tier- auch Menschenopfer gegeben haben soll. Über den Ruinen des Tempels wurde im 12. Jh. eine christliche Kirche errichtet. Die heutige Kirche erhielt ihr Aussehen aber erst in späteren Jahrhunderten. Ein im Jahr 2000 eröffnetes **Museum** erläutert die Ausgrabungsstätte und führt in die mit ihr verbundenen Mythen ein.

UMGEBUNG VON UPPSALA

Im nördlichen Uppland liegen mehrere kleine Industrieorte mit traditionsreichen, jedoch zum Teil stillgelegten **Eisenhütten**. Besonders ertragreich waren die Erzminen beim knapp 50 km nördlich gelegenen Dannemora, die heute besichtigt werden können.

Nördliches Uppland

Ein lohnendes Ausflugsziel ist Linnés Hammarby, das knapp 10 km südöstlich von Uppsala gelegene **einstige Sommerhaus** des Botanikers Carl von Linné. Er hatte es 1758 gekauft und nach seinem Geschmack eingerichtet. Hier kann man wie nirgendwo sonst dem »Kanzleibeamten Gottes« nachspüren, wie er mitunter gerne genannt wird wegen des von ihm ersonnenen Nomenklatur-Systems. Der Exzentriker ließ sein Arbeits- und Schlafzimmer mit Seiten aus Botanik-Büchern von Kollegen tapezieren. Noch heute bedecken diese Pflanzenzeichnungen lückenlos die Wände. Im linken Seitenbau befinden sich eine kleine Sammlung mit Porträts von Linné und einer **Weltkarte mit seinen Reiserouten**. Im Hauptgebäude sind Hausrat, Textilien und Kleidungsstücke zu sehen. Im rechten Nebengebäude ist ein kleines Café eingerichtet.

*Linnés Hammarby

❶ Mai – Sept. Fr. – So. 11.00 – 17.00, Juni – Aug. Di. – So. 11.00 – 17.00 Uhr, Besichtigung nur mit Führer, Eintritt: 60 SEK, bis 16 Jahre frei, www.hammarby.uu.se

In der Nähe von Linnés Hammarby befinden sich in einem 1779 errichteten Haus die Morasteine. Hier leisteten die gewählten Könige den Eid, worauf ihr Name auf einen Stein geschrieben wurde. Das erste Datum stammt von 1275, das letzte aus dem Jahr 1457, als der aus Oldenburg stammende, dänische König Christian I. auch zum Herrscher Schwedens wurde. Unweit davon lohnt auch die Kirche von Lagga, die Wandmalereien aus dem 15. Jh. besitzt, einen Besuch.

Morasteine

ZIELE • Vänersee

✻ Vänersee

↗ B–E 4/5

Landschaft: Värmland, Dalsland und Västergötland

Verlässt man mit dem Schiff den Götakanal und fährt auf den Vänersee hinaus, glaubt man sich bald mitten auf dem offenen Meer. Die endlose Wasserfläche reicht bis zum Dunst des Horizonts und weit und breit ist kein Land in Sicht auf Schwedens größtem See.

Ein Kind des Meeres Der bis zu 106 m tiefe Vänern ist mit einer Fläche von 5546 km² der **größte See Schwedens** und der drittgrößte Europas. Er liegt in einem tektonischen Becken im Süden des Landes, etwa zwischen Göteborg und Örebro. Die beiden Landzungen Kallandsö (nördlich von Lidköping) und Värmlandsnäs (südwestlich von Karlstad) sowie die zwischen diesen gelegene Inselgruppe Eskilsäters Skärgård trennen den See in den **Großen Vänern** (nordöstlich) und den Dalbosjön (südwestlich). Am Ende der letzten Eiszeit war der Vänersee noch mit dem offenen Meer verbunden, erst vor rund 9000 Jahren

Vänersee erleben

AUSKUNFT

Karlskoga Turistbyrå
Kyrkbakken 9
69183 Karlskoga
Tel. 0586 61474
www.karlskoga.se

Karlstad Turistbyrå
Bibliotekshuset, V. Torggatan 26
65184 Karlstad
Tel. 054 5402470
www.karlstad.se

Lidköping Turistbyrå
Destination Läckö-Kinnekulle
Gamla Rådhuset
Nya Stadens Torg
53131 Lidköping
Tel. 0510 20020
www.lackokinnekulle.se

Mariestads Turistbyrå
Kyrkogatan 2, 54286 Mariestad
Tel. 0501 755850
www.vastsverige.com/sv/mariestad

Visit Trollhättan AB
Åkerssjövägen 10
46153 Trollhättan
Tel. 0520 13509
www.trollhattan.se

Visit Trollhättan Vänersborg AB
Järnvägsbacken 1c
46234 Vänersborg
Tel. 0520 13509
www.visittrollhattanvanersborg.se

OUTDOOR
Im Juli und August startet montags und donnerstags um 18.30 Uhr vom Bahn-

hof in Vänersborg ein Bus zu einer dreistündigen Elchsafari in die Halle- und Hunneberge, die für ihre zahlreichen Elche bekannt sind, denen man ganz nahe kommen kann.
Informationen: Tel. 0521 13509.

ESSEN

Albert Kök €€€
Strömsberg, 46157 Trollhättan
So. geschl.
Tel. 0520 12990
www.alberthotell.com
In dem wunderschönen alten Holzhaus wird Exzellentes geboten. Die Menüs sind ausgezeichnet. Zur Mittagszeit auch sehr gut, aber erheblich preisgünstiger.

Gate Gästgiveri €€–€€€
Arvika, Gate
Tel 0570 13120
www.gategastgiveri.se
Restaurant im ältesten Haus Arvikas, bekannt für seine typisch värmländische Küche. Allerdings wird hier nur mittags serviert. Etwas außerhalb am Kreisverkehr des RV 61 Richtung Karlstad.

Källaren Munken €€–€€€
Karlstad, Västra Torggatan 17
So. geschl.
Tel. 054 185150
www.restaurangmunken.se
Gourmetrestaurant im Kellergewölbe. Hochklassige schwedische Küche. Zum selben Haus gehört auch die günstigere Brasserie Munken.

Suads Kök €€–€€€
Edsgatan 8
46233 Vänersborg
Tel. 0521 61660
tgl. geöffnet
www.suads.com
Das Restaurant in der Fußgängerzone von Vänersborg serviert gute, internationale Küche; mittags wird ein Lunchmenü angeboten.

Café August €–€€
Karlstad
Kanikenäsholmen
Mo. geschl.
Tel. 054 217747
www.cafeaugust.se
Café am See (auch warme Gerichte), Galerie mit 300 Plätzen im Freien.

Skogshyddan Café €–€€
Etwas außerhalb von Vänersborg
Tel. 0521 12774
www.skogshyddan.com
Ältestes Sommerrestaurant der Stadt in einem alten Landhaus von 1898. Beliebtes Ausflugsziel, bekannt für seine Waffeln, die in verschiedenen Variationen angeboten werden.

ÜBERNACHTEN

Scandic Arvika €€€–€€€€
Arvika, Torggatan 9
Tel. 0570 19750
www.scandichotels.se
88 Zi. Bis es von der Scandic-Gruppe übernommen wurde, hieß das noble Hotel im Stadtzentrum »Oscar Statt« und spiegelte die Geschichte Arvikas wider, das zu Anfang des 19. Jh.s noch Oskarstad hieß.

Clarion Collection Hotel Bilan €€€
Karlstad
Karlsbergsgatan 3
Tel. 054 100300
www.choicehotels.se
First-Class-Hotel im ehemaligen Bezirksgefängnis von Karlstad. Die Zellen in dem fast 200 Jahre alten Gebäude

wurden in 68 bequeme Hotelzimmer umgebaut.

Hotell Läckö ⓔⓔⓔ
Lidköping, Gamla Stadens Torg 5
Tel. 0510 2 30 00
www.hotellacko.se
26 Zi. Hotel mit viel Atmosphäre im Zentrum von Lidköping. Trotz zahlreicher Renovierungen im Laufe der Jahre kann man immer noch das Flair der Gründungszeit vom Ende des 19. Jh.s genießen.

Bristol Hotel Arvika ⓔⓔ–ⓔⓔⓔ
Arvika, Kyrkogatan 25
Tel. 0570 1 32 80
www.bristolhotel.com
32 Zi. Im Zentrum von Arvika versprüht das nette, familiäre Hotel britischen Charme. Gute Alternative für Preisbewusste und Junggebliebene, denn die zahlreichen Restaurants, Pubs und Geschäfte in der Umgebung versprechen viel Abwechslung und internationales Flair.

Ramada Karlskoga Hotel & Konferens ⓔⓔ–ⓔⓔⓔ
Karlskoga, Boåsvägen 2
Tel. 0586 6 37 40
www.karlskogahotel.se
85 Zi. Mittelklassehotel in der Nähe vom Alfred-Nobel-Museum Björkborn. Freundliches Personal, sehr zentral gelegen.

Österberga Gård Bed & Breakfast ⓔ
Mariestad
Österberga Gård
Tel. 0501 2 05 00
www.osterbergagard.se
Einfache Unterkunft in einem alten Herrenhof in ländlicher Umgebung, nördlich von Mariestad.

wurde die Bucht durch die Landhebung abgetrennt. Damals war er sogar noch fast doppelt so groß wie heute und große Teile des heutigen Värmland waren vom Wasser bedeckt. Heute liegt der Wasserspiegel des Sees **45 m über dem Niveau des Meeres** – ein Resultat der immer noch fortschreitenden Landhebung.

FAHRT UM DEN VÄNERSEE

! *Tag des Wasserfalls*

BAEDEKER TIPP

Mitte Juli ist in Trollhättan »Vattenfallsdag«. Dann darf der Göta Älv wie früher unter lautem Getöse und den Augen vieler Zuschauer wieder **durch das alte Flussbett** strömen. Doch schon am nächsten Tag ist alles vorbei, der Fluss wird gebändigt und die Stromproduktion hat Vorrang.

Die Gegend an der Südwestspitze des Vänersees, aus dem hier der Göta Älv austritt, war **schon vor 7000 Jahren besiedelt.** Der Ort Trollhättan taucht 1413 in den Steuerannalen von Erich von Pommern zum ersten Mal auf. Die Stadtrechte erhielt die Siedlung aber erst 1916. Getreide- und Sägemühlen, die einst das Wirtschaftsleben prägten, sind heute von Großbetrieben der elekt-

Vänersee • ZIELE

rotechnischen und Maschinenbauindustrie wie Saab und Nohab abgelöst worden.

Dort, wo der **Göta Älv** einen mächtigen Gneisriegel durchbrochen hat und auf einer Strecke von 1500 m über 30 m tief hinabstürzte, waren einst großartige Wasserfälle und Stromschnellen. Doch schon im 17. Jh. gab es Überlegungen, die Stromschnellen zu umgehen, und so wurde in mehreren Abschnitten zwischen 1793 und 1916 der 28 km lange **Trollhättankanal** gebaut. Heute ist das Flussbett so gut wie trockengelegt; die gewaltigen Wassermassen strömen durch Druckstollen zur Turbinenanlage und treten erst weit unterhalb wieder zutage. Der beste Blick auf das Flussbett bietet sich von der Kung-Oscars-Brücke. Von hier führen stählerne Treppen mit Aussichtskanzeln abwärts.

Baubeginn 1298: Schloss Läckö

Nördlich von Trollhättan liegt **Vänersborg**. Die Innenstadt ist zum Teil durch einige Häuser aus dem 18. Jh. geprägt, von denen die Länsresidens (1754) sehenswert ist. Am See erstreckt sich die schöne Parkanlage Skräcklan mit der Skulptur »Frida« von Axel Wallberg. Im nahen **stadtgeschichtlichen Museum** gibt es eine Sammlung präparierter, exotischer Vögel, die der Forschungsreisende Axel Ericson stiftete.

❶ Juni–Aug. Di.–Do., Sa., So. 12.00–16.00,
sonst Di., Do., Sa., So. 12.00–16.00 Uhr,
Tel. 0521 6 00 62, Eintritt frei, www.vanersborgsmuseum.se

Von Vänersborg fährt man über Vargön und Flo in östlicher Richtung zur Str. Nr. 44, der man weiterhin folgt. Etwas abseits vom Seeufer geht es zu der reizvoll an der Bucht Kinneviken gelegenen und an Industrie reichen Stadt Lidköping. Viele mittelalterliche Häuser wurden bei einem Feuer 1849 zerstört. Das **hölzerne Jagdschlösschen am Stortorg** diente später als Rathaus und wurde zum Wahrzeichen der Stadt. 1960 brannte es ebenfalls ab, doch das dunkelrote Gebäude mit der geschweiften Dachkonstruktion wurde nach Originalzeichnungen wieder aufgebaut. An den weiten Platz schließt sich die hübsche Fußgängerzone mit ihren niedrigen Häusern an.

Lidköping

> **BAEDEKER WISSEN**
>
> ### ? Trollywood
>
> Trollhättan wird auch »Trollywood« genannt. Denn hier werden nicht nur Autos, sondern auch Filme produziert. Mit rund 20 Produktionen pro Jahr, darunter auch **Lars von Triers »Dogville«** mit Nicole Kidman, ist die Stadt jetzt reif für einen »Walk of Fame« nach Hollywood-Art. Die ersten goldenen Sterne strahlen schon.

Nördlich von Lidköping ragt die Halbinsel Kallandsö in den Vänern. Nahe der Spitze steht etwas erhöht über dem See **Schloss Läckö**, das 1298 von Bischof Brynolt Algotsson zunächst als Festung errichtet wurde. Nach der Reformation kam es 1557 in den Besitz der Krone, wenig später in den von Svarte Sture und schließlich 1571 an die Familie Hogenskild Bielke, die es von Grund auf erneuern ließ. Im 17.Jh. erreichten die Umbauarbeiten einen Höhepunkt: Die Schlossbesitzer zogen den berühmten **Augsburger Stadtbaumeister Elias Holl** sowie Franz Stierner aus Polen hinzu. Sie bauten die vierte Etage, die Küchenräume und die Vorburg. Das 700-jährige Schloss in wunderschöner Lage ist die **meistbesuchte Sehenswürdigkeit Westschwedens.** Nicht nur die Lage zieht die Besucher an, es sind auch die Ausstellungen und Führungen sowie die Konzerte im Königssaal und auf dem Burgwall. Für Gartenliebhaber ist der Schlossgarten fast ein Muss. Im Stallcafé gibt es Tagesgerichte und Kuchen, das Restaurant Fataburen serviert Spezialitäten aus der Region. In der Nähe des Schlosses kann man an einem Sandstrand baden oder sich ein Boot leihen. Eine Bootspartie ist durchaus lohnend, denn vom Wasser aus bietet Schloss Läckö einen besonders schönen Anblick. Das prunkvoll ausgestattete Innere ist nur mit einer Führung zugänglich.

● 1. Mai–8. Juni: 10.00–16.00, 10. Juni–Ende Aug. 11.00–17.00, Sept. 10.00–15.00, Sa., So. auch 16 Uhr (stdl. Führungen), Eintritt: 60 SEK, erm. 30 SEK, im Sommer 80 SEK, bis 26 Jahre frei, www.lackoslott.se

ABSTECHER INS HINTERLAND

Skara Einen netten Abstecher bildet die Fahrt nach Skara. Die Hauptstadt der Landschaft Västergötland ist aus einer alten Thing- und Kultstätte hervorgegangen. Im Mittelalter entwickelte sie sich zum Zentrum der christlichen Mission und wurde Bischofssitz. Die imposante **Domkirche** ist ein dreischiffiger, gotischer Bau aus den Jahren 1312–1350, deren Türme aus dem frühen 19. Jh. stammen. Altar und Kanzel sind aus der Renaissance, in der Krypta liegen die ersten Bischöfe von Skara bestattet. Im rechten Nebenchor fällt das bombastische Grabmonument aus schwarzem und weißem Marmor für den Reiterobristen Erik Soop (gest. 1632) auf. Einige Schritte weiter nordöstlich breitet sich der Stadsträdgård aus, in dem sich das **Provinzmuseum** von Västergötland befindet. Besonders sehenswert sind die

1985 ausgegrabenen Bronzeschilde von Fröslunda aus dem 7./8. Jh. v. Chr. Unmittelbar daneben befindet sich das **Freilichtmuseum Fornbyn** mit rund dreißig Häusern aus der Gegend von Skaraborg. Etwas außerhalb des Zentrums, bei den Eisenbahnanlagen, ist in einem alten Lokschuppen das **Eisenbahnmuseum** eingerichtet. In der Saison (Juli und August) verkehrt sonntags ein nostalgischer Dampfzug zum nördlich gelegenen Weiler Lundsbrunn (Fahrplanauskunft unter Tel. 0511 1 36 36).

Provinzmuseum: Mai – Sept. tgl. 10.00 – 16.00, Sa., So. ab 11.00 Uhr, Eintritt frei, www.vastergotlandsmuseum.se;
Freilichtmuseum: Mai – Sept. tgl. 8.00 – 20.00 Uhr, Eintritt frei

Einer der weltweit besten Orte, um das Naturschauspiel des Tanzes der Kraniche zu erleben, ist der Hornborgasjön, ca. 10 km südöstlich von Skara. Er ist eines der wichtigsten europäischen Brutgebiete für verschiedene Wasservögel. Es gibt ein Informationszentrum, Wanderwege, Vogeltürme und versteckte Beobachtungsposten. Weitere Informationen ▶Baedeker Wissen S. 368

Hornborgasjön

Farbenfroh: Abschied des Sommers am See

Schwedens Tierwelt

BAEDEKER WISSEN

Der Zug der Kraniche

Jedes Jahr im Oktober und November ziehen Zehntausende von Kranichen von ihren Winterquartieren in Spanien und Nordafrika nach Nordeuropa. Der Hornborgarsee ist einer ihrer größten Rastplätze.

Kvismaren
Hornborgasjön
Rügen
Rhinluch in Linum
Lac du Der-Chantecoq
Lac d'Arjuzanx
Laguna de Gallocanta
Extremadura

Westeuropäischer Frühjahrszug
- Überwinterungsgebiete
- Rastplätze

©BAEDEKER

Naturum Trandansen

Stockholm 280 km

Göteborg 115 km

▶ **In Zahlen**

10 000 KRANICHE
150 000 BESUCHER
6 WOCHEN
30 QKM SEE

▶ **Tanz der Kraniche**

Kraniche »tanzen« bei der Balz auf Partnersuche oder, wenn sie bereits verpaart sind, um die Bindung zu festigen. Auch außerhalb der Paarungszeit wird getanzt. Die Vögel springen mit ausgebreiteten Flügeln, stoßen laute Rufe aus und werfen Gras und anderes mit dem Schnabel in die Luft.

Wer sonst noch in Schweden wohnt

Hornborgasjön (map)

- Fäholmen
- Fågeludden
- Naturum Hornborga ②
- Utloppet
- Ytterberg
- Ore nabb
- Almeö
- Hånger

Legend:
- 🏯 Aussichtsturm
- ● Besucherzentrum
- ···· Wanderweg
- --- Reservatsgrenze
- 🅿 Parkplatz

❶ Gute Aussicht auf Ruhe- und Futterplätze der Kraniche
❷ Informationen über die Vogelwelt und Geschichte des Sees

Braunbär
Auf Schwedisch »Brunbjörn«. Er ist ein Allesfresser. Beeren, Ameisen, Gras und Kräuter stehen auf seinem Speiseplan. Die etwa 3000 Bären in Schweden leben alle nördlich einer gedachten Linie zwischen Värmland und Uppland.

Elch
Bis auf die Insel Gotland ist der Elch überall in Schweden zu finden. Die Population beträgt 300 000 – 400 000 Tiere. Rund 100 000 davon werden jedes Jahr geschossen. Männliche Elche erreichen eine Schulterhöhe von bis zu 2,30 m und werden bis zu 3 m lang.

Luchs
Es gibt heute noch 1500 Luchse in ganz Schweden mit Ausnahme der Inseln Öland und Gotland. Der Großteil der Tiere lebt in Mittelschweden und steht heute unter Naturschutz. Luchse ernähren sich hier vor allem von Rentieren, Rehen, Hasen und Vögeln.

Flugformationen
Die ältesten und flugerfahrensten Vögel fliegen an der Spitze in Keil- oder V-Form, die jüngeren am Ende. Im Windschatten fällt das Fliegen leichter. Die Vögel an der Spitze wechseln sich regelmäßig ab.

Falköping — Auf der Str. Nr. 184 gelangt man von Skara aus zu dem 27 km südlich gelegenen Städtchen Falköping, in dessen Umgebung etwa zwei Drittel der 300 bekannten **Ganggräber** Schwedens liegen. Die aus großen Steinblöcken bestehenden Gräber wurden um 3300 v. Chr. als Grabstätten für bedeutende Persönlichkeiten errichtet. Das bekannteste Ganggrab liegt südlich von Falköping, einige hundert Meter östlich der Kirche von Luttra. Das **größte Ganggrab Skandinaviens** liegt bei Karleby, nur wenige Kilometer östlich. Ekornavallen, eines der sehenswertesten Grabfelder Schwedens, befindet sich 15 km nördlich von Falköping.

Auf der Rückfahrt zum Vänersee sieht man schon von weitem den **Kinnekulle**, der die Bucht Kinneviken im Osten begrenzt. Tannen bedecken den 14 km langen und 6 km breiten **Tafelberg**, der im Högkullen 306 m hoch ist und einen ausgezeichneten Panoramablick auf den Vänersee bietet. Die Tafelberge in diesem Gebiet entstanden vor etwa 500 Millionen Jahren. Damals lagerten sich Sedimente auf dem Meeresboden ab, die im Anschluss zum Teil von untermeerischer Lava bedeckt wurden. Diese harte Lava bildete einen perfekten Panzer: Während bei der später einsetzenden Landhebung die ungeschützten Sedimentgesteine durch Erosion abgetragen wurden, blieben diejenigen stehen, die von einer Lavahülle geschützt wurden. Diese Entwicklung lässt sich am Kinnekulle besonders gut ablesen, denn seine Treppen zeigen **alle Ablagerungsschichten bis hinunter zum Urgestein**.

Mariestad — Der nächste größere Ort am Vänersee ist die an der Mündung der Tidan gelegene Industriestadt Mariestad. Nach einem Brand 1895 musste die Stadt nahezu völlig neu aufgebaut werden. Im nördlichen Teil der Innenstadt steht der 1593–1619 erbaute Dom, auf einer Insel im Fluss das **Schloss Marieholm**. Kurz hinter Mariestad verlässt man die E 20 und folgt der Str. Nr. 64, die in Ufernähe über Gullspång, das die Grenze zwischen Västergötland und Värmland bildet, weiter nach Nybble führt. Dort verdient der aus dem 18. Jh. stammende stattliche **Herrenhof Värmlands Säby Gård** wegen seines sehenswerten Interieurs einen Besuch.

Kristinehamn — Die Durchgangsstraße führt weiter nach Kristinehamn, wo man die **nordöstlichste Stelle des Vänersees** erreicht. Die Stadtprivilegien erhielt der Ort 1642 unter der Vormundschaftsregierung der noch nicht volljährigen Königin Christine, nach der er seinen Namen bekam. Um die Mitte des 19. Jh.s wurde Kristinehamn an das Eisenbahnnetz angeschlossen und stieg zum Umschlagplatz für das Holz der Region und das Eisenerz aus Bergslagen auf. Ca. 6 km südwestlich der Stadtmitte befindet sich der Sporthafen. Dort steht die einem Seezeichen ähnelnde, 15 m hohe Betonskulptur, die **Pablo Picasso** der Stadt 1964 schenkte.

Vänersee • ZIELE

Auf Gut Mårbacka schrieb Selma Lagerlöf ihre Romane.

Rund 25 km östlich von Kristinehamn befindet sich am Nordufer des kleinen Möckelnsees in einem alten Bergbaugebiet die Stadt Karlskoga. Außerhalb liegt **Alfred Nobels Björkborn**, ein weitläufiges Werksgelände mit dem einstigen Wohnhaus des Sprengstofffabrikanten und seinem Laboratorium mit der originalen Einrichtung. Der Herrenhof Björkborn diente Alfred Nobel einst als Wohnsitz und Arbeitsstätte. Sein elegantes weißes Haus ist zum größten Teil noch so eingerichtet wie zu seinen Lebzeiten; besichtigt werden kann auch das Labor, in dem er u.a. Versuchen mit künstlich hergestellter Seide und synthetischem Gummi nachging. In der Diele des Hauses befindet sich eine **Kopie seines Testaments** – eine einzige, handgeschriebene Seite, die die Aufteilung seines gewaltigen Vermögens regelte und ihn unsterblich machen sollte. Darin rief er die nach ihm benannte Stiftung und den berühmten Preis ins Leben: Nobelpreise in Physik, Chemie, Medizin und Literatur werden seitdem jedes Jahr

Karlskoga

an seinem Todestag in Stockholm verliehen, der Friedensnobelpreis in Oslo. Sein riesiges Vermögen, das er größtenteils durch **Waffenverkäufe** erwirtschaftet hatte, wird von der Nobelstiftung verwaltet, die nur die Zinsen als Nobelpreis ausschüttet. Interessierte können auch dem **Bofors Industriemuseum** einen Besuch abstatten, das die über 350-jährige Geschichte des Rüstungskonzerns, dessen Eigentümer einst Alfred Nobel war, dokumentiert.

🕐 Juni–Aug. Di.–So. 11.00–16.00 Uhr, Eintritt: 100 SEK, bis 10 Jahre frei, www.nobelmuseetikarlskoga.se

KARLSTAD

Kultur und Handel

Karlstad, das Kultur- und Handelszentrum von Värmland, liegt an der Mündung des 500 km langen Klar Älv in den Vänersee. Die heutige Provinzhauptstadt ist nach Karl IX. benannt, der dem seit dem Frühmittelalter bestehenden Thingplatz 1584 das Stadtrecht verliehen hat. 1905 fanden hier die Verhandlungen über die **Auflösung der Union zwischen Schweden und Norwegen** statt.

Altstadt

Die Älvgatan vermittelt mit ihren **schönen alten Bürgerhäusern** ein Bild des alten Karlstad vor dem großen Brand von 1865. Auch die Domkirche (1723–1730) und das Bischofspalais von 1780 stammen noch aus jener Zeit. Auf dem Stortorg steht ein Friedensmonument von Ivar Johnsson, das an die Auflösung der schwedisch-norwegischen Union erinnert.

Värmlands Museet

Das Värmland-Museum liegt auf der Landzunge Sandgrundsudden mitten im Stadtzentrum. 2005 wurde es zu Schwedens »Museum des Jahres« gewählt. Schon die beiden Gebäude, **Meisterwerke von einigen der bedeutendsten Architekten Schwedens**, lohnen einen Blick: links das schlichte erste Museumsgebäude, rechts der neue, siebeneckige Bau in Rot. Das alte Haus, genannt Cyrillushaus, bekam seinen Namen nach dem Architekten Cyrillus Johansson. Dort befindet sich die Kunstabteilung mit värmländischer Kunst vom 18. Jh. bis zur Gegenwart. Das neue Museumsgebäude (1998) stammt von Carl Nyrén und beherbergt Dauer- und Wechselausstellungen sowie ein großes Café.

🕐 Mo.–Fr. 10.00–18.00, Sa., So. 11.00–16.00 Uhr,
Eintritt: 60 SEK, unter 25 Jahre frei, www.varmlandsmuseum.se

ABSTECHER ZU DEN FRYKENSEEN

*Frykenseen

Nördlich von Karlstad erreicht man über die Str. Nr. 61 und 45 das Gebiet der Frykenseen, einer Kette von **drei lang gestreckten,** schmalen Seen, die durch Selma Lagerlöfs ersten Roman »Gösta Berling« bekannt wurden. Als Erstes kommt man zu dem an der Südspitze des Nedre Fryken gelegenen Eisenbahnknotenpunkt Kil, die nächstgrößere Ortschaft ist Rottneros.

Der 40 ha große **Rottneros-Park** gehört zu den wichtigsten Sehenswürdigkeiten Värmlands. Nördlich vom Bahnhof beginnt der königliche Garten, der in das Carl-Eldh-Parterre mit dem Skulpturengarten übergeht. Das klassizistische Herrenhaus wurde nach einem Brand 1929 komplett neu gestaltet. Vorbild für das Haus war **»Ekeby«** in Selma Lagerlöfs »Gösta Berling« – eine Art Paradies, das die Autorin selbst »Land der Sehnsucht« nannte. Die gepflegte Gartenanlage beinhaltet nicht nur schöne Blumenbeete, die in Zusammenarbeit mit der deutschen **Blumeninsel Mainau** gestaltet werden, sondern auch zahlreiche Skulpturen von internationalen Künstlern wie **Carl Milles, Gustav Vigeland und Jean Goujon**. Auch Kindern wird es in Rottneros nicht langweilig dank Nils-Holgersson-Abenteuerpark, Minizoo und Tropenhaus. Die Schriftstellerin und Nobelpreisträgerin Selma Lagerlöf kann man als lebensgroße Skulptur am Ufer des Frykensees sehen, wo sie würdevoll mit Papier und Bleistift in einem Sessel sitzt.

*Rottneros

> **BAEDEKER TIPP !**
>
> *Wo Schiffe über Brücken fahren*
>
> In Haverud, unweit von Mellerud gelegen, gibt es einen ganz besonderen »Verkehrsknotenpunkt«, denn hier fahren die Schiffe nicht nur durch Schleusen – hier werden sie **auf einem Aquädukt** über den Taleinschnitt befördert. Das Ganze kann man hervorragend von der darüber gelegenen Straßenbrücke aus beobachten.

❶ Mitte Juni – Mitte Aug. tgl. 10.00 – 18.00, ab Mitte Mai und bis Ende Aug. bis 16.00 Uhr, Eintritt: Erw. 100 – 129 SEK, erm. 40 SEK, www.rottnerospark.se

Nach weiteren 5,5 km erreicht man Sunne, **das »Broby« aus »Gösta Berling«**. Der als Sommerziel gerne besuchte, freundliche Ort liegt am Sund zwischen Mellan Fryken und Övra Fryken. Beachtenswert ist die erhöht gelegene Kirche aus dem 19. Jh.

Sunne

Von Sunne gelangt man auf einer Landstraße zu dem nahe am Ostufer des Sees gelegenen Gut Mårbacka, wo die Dichterin **Selma Lagerlöf** (1858 – 1940) geboren wurde und von 1907 an wieder wohnte. Im Sommer kann man im Rahmen von Führungen das Herrenhaus besichtigen. Der beeindruckendste Raum ist die Bibliothek des Hauses, in der Selma Lagerlöf viele ihrer berühmten Romane schrieb. Heute ist das gesamte Anwesen ein Lagerlöf-Museum, das noch aussieht wie zu ihren Lebzeiten, so wie sie es testamentarisch verfügt hatte. Südlich von Mårbacka liegt **Östra Ämtervik**, wo die

*Mårbacka

Schriftstellerin im Gemeinderat saß und sich für die Armen engagierte. Auf dem Friedhof liegt SelmLagerlöf begraben.

❶ Mai Sa., So. 11.00 –15.00, Juni tgl. 11 –16.00, Juli –Mitte Aug. tgl. 10.00 –17.00, Mitte –Ende Aug. 11.00 –16.00, Sept. Sa., So. 11.00 –15.00 Uhr, Eintritt: 90 SEK, erm. 45 SEK, www.marbacka.com

Övre Fryken

Von Sunne aus kann man auch auf einer Landstraße am Ostufer des waldgesäumten Övre Fryken über Lysvik nach Torsby fahren. Lohnender jedoch ist die Route auf der Str. Nr. 45 am Westufer des Sees entlang, am Herrenhaus Stöpfors und am 342 m hohen Tossergsklätten vorbei nach Torsby. Im **Torsbys Herregård** ist ein **Zentrum für Finnenkultur** eingerichtet, lebten doch in dieser Gegend einst viele Finnen. Diese hatte man im 16. und 17. Jh. hier angesiedelt, damit sie das wilde Land urbar machten.

❶ Mitte Juni –Mitte Aug. tgl. 11.00 –17.00, sonst Mi. –Fr. 10.00 –16.00, Sa. 10.00 –14.00 Uhr

Åmål

Zurück in Karlstad folgt man dem Ufer des Vänern westwärts Richtung Säffle. Hinter Säffle überquert man die Grenze zwischen Värmland und Dalsland und gelangt nach Åmål. Nachdem Großbrände immer wieder die Holzhäuser vernichtet hatten, wurden zunehmend Steinhäuser errichtet. Heute sind nur noch im Viertel Plantaget am Stadtpark **einige wenige alte Holzbauten** erhalten. Schön ist der Örnäspark mit dem Hembygdsgård, wo außer einem kleinen Tierpark historisches Werkzeug und Mobiliar aus der Gegend zu sehen sind. Bei Seglern ist vor allem die **Marina** der Stadt beliebt.

*Dalslandkanal

Bei Köpmannebro, etwa 40 km südlich von Åmål, beginnt der 1864 –1868 von Nils Ericsson erbaute Dalslandkanal. Insgesamt 254 km lang, verbindet er **mit seinen 29 Schleusen ein ganzes System von Seen**, das sich bis auf norwegisches Gebiet erstreckt. Nur 10 km der gesamten Strecke sind ein Kanal im eigentlichen Sinn, der Rest besteht aus natürlichen Binnengewässern. Der Kanal sollte in erster Linie den Transport für die Erzeugnisse der Eisenwerke und Sägemühlen in Värmland und Dalsland ermöglichen und auch eine Verbindung durch Norwegen zur Nordsee herstellen. Heute dient der Kanal praktisch **nur noch als Touristenroute,** auf der neben Kajakfahrern und Kanuten auch viele Ausflugsschiffe unterwegs sind: Man fährt durch eine schöne, abwechslungsreiche Landschaft mit Äckern, dunklen Wäldern, felsigen Höhenzügen und kargen Wildmarken. Wer den Kanal **mit dem eigenen Boot** befahren möchte, sollte sich bei den zuständigen Touristenbüros nach den Betriebszeiten der Schleusen erkundigen. Hinter dem kleinen Industrieort **Mellerud** entfernt sich die Straße vom See und erreicht nach 30 km die Stadt Vänersborg und kommt von dort aus nach Trollhättan, dem Ausgangspunkt der Fahrt um den Vänern.

Varberg

★ C 3

Landschaft: Halland
Provinz: Hallands Län
Einwohnerzahl: 58 500
Höhe: Meereshöhe

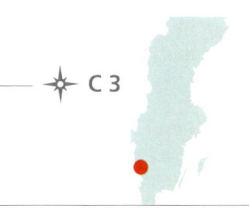

Das westschwedische Varberg hat sich im 19. Jahrhundert einen Namen als feiner Kur- und Badeort gemacht. Beim Anblick des nostalgisch verspielten Badehauses von 1903 kann man noch erahnen, wie es früher hier zugegangen ist. Heute wird immer noch gebadet, jetzt aber mehr an den schönen Sandstränden in der Umgebung.

SEHENSWERTES IN VARBERG

Das Zentrum der auf einem regelmäßigen, schachbrettförmigen Grundriss angelegten Innenstadt ist der große Hauptplatz, der, mit Ausnahme der wuchtigen Gründerzeitbauten von Sparbank und Stadshotell, von niedrigen Häusern eingerahmt ist. An seiner Nordseite steht die klassizistische Kirche. Im nahen, gepflegten Societetspark beeindruckt das **stattliche Societetshaus von 1880**, das heute Café, Pub und Diskothek beherbergt. Das verspielte, weiße Holzgebäude mit den Türmchen erinnert noch an die Zeit des vornehmen Kur- und Badetourismus.

Zentrum und Societetspark

Das Wahrzeichen der ansonsten etwas gesichtslosen Stadt ist die große Festung, die auf einem ins Meer vorspringenden Felsen liegt. Sie

*Festung

Varberg erleben

AUSKUNFT
Varbergs Turistbyrå
Brunnsparken
43224 Varberg
Tel. 0340 8 68 00
www.marknadvarberg.se

SPORT UND FREIZEIT
Angeln
Durch Falkenberg fließt der Ätran, einer der besten Lachsflüsse Schwedens. Einige der besten Fangplätze liegen mitten in der Stadt. Beste Angelzeit für die Meerforelle ist der April und für den Lachs von Mai bis September.

Baden und Surfen
Südlich von Varberg liegen bei Träslövsläge die schönsten Sandstrände, die auch bei Surfern sehr beliebt sind. Vielen gilt dieser Küstenabschnitt, etwa Apelviken, 2 km südlich des Stadtzentrums,

oder die etwas weiter südlich gelegenen Träslövsläge und Björkäng, als Nordeuropas bestes Surfrevier. In »Fahlens Surfshop« und dem größten Surfshop im Norden mit dem einprägsamen Namen »Surfers«, beide im Stadtzentrum, kann Equipment ausgeliehen werden.

ESSEN
Borggården €€
Varberg/Festung
Tel. 0340 1 08 66
www.borggarden.nu
In der Festung mit schöner Aussicht über das Kattegatt. Nur im Sommer geöffnet. Hier kann man auf Vorbestellung auch an einer Mittelaltertafel teilnehmen.

Hertigen Island €€
Falkenberg
(Zugang südlich vom Elvägen)
Mo. und Di. geschl.
Tel. 0346 1 00 18
www.hertigen.se
Elegantes Restaurant auf einer Insel in der Stadt mitten im Fluss Ätran; zum Komplex gehören auch ein Weinkeller, eine Bar und ein Nachtclub.

Wärdshuset €€
Varberg
Kungsgatan 14
Mo. geschl.
Tel. 0340 8 01 11
www.varbergswardshus.com
Das Gourmetrestaurant lockt mit internationaler Speisekarte und vielen feinen Gerichten.

ÜBERNACHTEN
Comfort Home Hotel Fregatten €€€
Varberg
Hamnplan
Tel. 0340 67 70 00
www.cchotelfregatten.se
93 Zi. Erstklassiges Hotel unweit von Hafen und Badestrand.

Grand Hotel €€€
Falkenberg
Hotellgatan 1
Tel. 0346 1 44 50
www.grandhotelfalkenberg.se
70 Zi. Nettes Hotel mit Blick über den Ätranfluss; am Wochenende spielen lokale Gruppen zum Tanz auf.

Okéns Bed & Breakfast €€€
Varberg
Västra Vallgatan 25
Tel. 0340 8 08 15
www.okens.se
Kleine, familiäre Unterkunft, romantisch eingerichtete Zimmer mit großen bequemen Himmelbetten und vielen kleinen Extras.

Värdshuset Hwitan €€–€€€
31121 Falkenberg
Storgatan 24
Tel. 0346 8 20 90
www.hwitan.se
32 Zi. Im Zentrum am Ätranfluss. Besonders lohnend im Sommer wegen der großen Gartenterrasse und der Musikveranstaltungen.

wurde im 13. Jh. von den Dänen erbaut und später mehrmals verändert. Bis 1830 erfüllte sie Verteidigungsfunktionen und diente dann bis 1931 als Gefängnis. Von den Geschützbastionen bietet sich ein umfassender **Rundblick auf Varberg und das Kattegatt**. Inmitten des Mauerkarrees erhebt sich das schon im 14. Jh. erbaute Schloss, in dessen nördlichem und westlichem Flügel seit 1925 ein **Museum** eingerichtet ist. Dessen bedeutendstes Exponat ist der Bockstenmann, eine **Moorleiche** aus dem 14. Jh., dessen durch die Huminsäuren konservierte Kleidung die besterhaltene ihrer Art in Europa ist. Warum der Mann mit einem Eichenpfahl durchbohrt wurde, darüber kann man nur spekulieren. Die Sammlungen informieren weiter über bäuerliches Leben, Wohnkultur, Fischerei und Stadtgeschichte. Im nördlichen Teil des Festungsareals befinden sich ein Fahrradmuseum und die Jugendherberge.

❶ Mitte Juni – Mitte Aug. tgl. 10.00 – 18.00,
sonst Mo. – Fr. 10.00 – 16.00, Sa., So. 12.00 – 16.00 Uhr,
Eintritt: 50 SEK, bis 19 Jahre frei, www.lansmuseet.varberg.se

Vom Nordtor der Festung geht man hinunter **in Richtung Hafen**, zum nostalgischen Kaltbadehaus und weiter zum alten Hafenmagazin, in dem heute Kunstgewerbeateliers ihre Erzeugnisse ausstellen. Das 1903 erbaute Badehaus steht auf Stelzen ein Stück vor dem Strand im flachen Wasser und ist mit seiner **orientalisch verspielten Fassade** und den Türmchen ein Blickfang. Nach einer aufwändigen Restaurierung strahlt es wieder in neuem Glanz, nur die nahen Hafenanlagen trüben etwas die Badefreuden. Wer sich vor dem Bad im Meerwasser etwas aufheizen möchte, findet im Innern eine Sauna. **Kaltbadehaus**

> **BAEDEKER TIPP**
>
> *Kaufrausch in der Provinz*
>
> Gekås, das **größte Warenhaus Nordeuropas**, liegt in Ullared (40 km östlich von Varberg). Hier gibt es alles von Bekleidung über Sportartikel bis hin zu Unterhaltungselektronik.
> Mo. – Fr. 8.00 – 20.00,
> Sa. 7.00 – 17.00,
> So. 8.00 – 17.00 Uhr
> www.gekas.se

❶ Mo. – Do. 7.30 – 21.00, Fr. bis 19.00,
Sa. 9.00 – 16.30, So. 14.00 – 18.30 Uhr, www.kallbadhuset.se

Nordwestlich vorgelagert und durch einen Straßendamm mit dem Festland verbunden, liegt die Insel Getterön, die von Varberg aus auch mit Ausflugsbooten zu erreichen ist. Das neu angelegte Naturzentrum informiert mit einer kleinen Ausstellung über das **Natur- und Vogelschutzgebiet**. Von dem kleinen Café hat man einen schönen Blick über das Gelände. **Insel Getterön**

Schutzgebiet: www.getteron.com
Café: tgl. 10.00 – 16.00 Uhr

UMGEBUNG VON VARBERG

Zwischen Gällinge und Förlanda, südöstlich von Fjärås, führt ein steiler und enger Fahrweg aufwärts nach Äskhult, einem reizvollen, **Äskhult**

Einen Hauch von Orient zaubert das alte Varberger Badehaus an den Kattegat.

aber verlassenen Dorf, das als **Freilichtmuseum** hergerichtet ist. Die ältesten Gebäude stammen aus dem 17. Jh., Ende des 19. Jh.s wohnten hier noch 35 Menschen und bewirtschafteten die Äcker, der letzte Dorfbewohner starb 1964.

❶ Mai–Juni tgl. 11.00–17.00, Juli–Aug. tgl. 11.00–18.00,
Sept. Sa., So. 11.00–17.00 Uhr, Eintritt: 40 SEK, www.askhultsby.se

Sender SAQ Technik- und Funkfreunde zieht der Sender SAQ **bei Grimeton** zwischen Varberg und Rolfstorp magisch an. Die Anlage gehört zum Unesco-Weltkulturerbe und ist dank der 127 m hohen Sendemasten kaum zu übersehen. 1924 für den Funkverkehr mit den USA gebaut, stellt sie ein **einzigartiges Industriedenkmal** dar.

❶ Mai und Sept. Sa., So. 10.00–15.00, Juni–Aug. tgl. 10.00–17.00,
Führung in Englisch 13.00 Uhr, Eintritt: 75 SEK, bis 18 Jahre frei,
www.grimetonradio.se

* FALKENBERG

Altstadt Die Hafenstadt Falkenberg liegt an der Mündung des lachsreichen Ätran in das Kattegatt. Zwar hat sich auch hier viel Industrie und Gewerbe angesiedelt, doch es gibt **im Zentrum noch charmante alte Holzhäuser**. An der Kreuzung Torggatan/Nygatan unweit des

Stortorg steht das moderne Gebäude der Sparbank, dessen Wand ein haushohes, **originelles Bronzerelief** (1977) von Walter Bengtsson ziert, auf dem allerlei Kurzweil und Unfug dargestellt ist.

Aus der Zeit der Burg stammt auch die St. Laurentii Kyrka inmitten der Altstadt. An den relativ kleinen, teils noch romanischen, einschiffigen Bau wurde im 18. Jh. der recht massige Turm angefügt. Die Wände des Inneren sind noch vollständig mit Resten spätromanischer bzw. **frühgotischer Fresken** bedeckt. Die Holzdecke trägt eine besonders reiche Bemalung aus dem 17. Jahrhundert.

*Laurentius-Kirche

Symbol der Stadt ist die südöstlich vom Stortorg den Fluss überspannende Tullbron (Zollbrücke). Zwischen 1756 und 1761 erbaut, ist sie **eine der besterhaltenen Steinbrücken Schwedens**.

Tullbron

Im größten der schmucken Holzhäuser nahe der Kirche ist das Falkenberg-Museum untergebracht. In erster Linie ist es ein Heimatmuseum, das aber auch interessante Wechselausstellungen zeigt.
❶ Di.–So. 12.00–16.00 Uhr

Museum

1789 gründete Töpfermeister Hans Törngren die Törngrens Krukmakeri in Falkenberg. In diesem Familienbetrieb bekommt man auch t**önerne Kuckuckspfeifen** (»Lergökar«), die früher von Lehrlingen gefertigt wurden, die damit ihren spärlichen Lohn aufbesserten (Krukmakaregatan 4).
❶ Mo.–Fr. 9.30–16.30 Uhr

Töpferei Törngrens

Falkenberg ist auch Sitz einer Brauerei. Deren hochmoderne Brauanlagen können besichtigt werden.
❶ Termine und Voranmeldung bei der Touristeninformation Falkenberg, Tel. 0346 886100

Brauerei

* Västerås

G 5

Landschaft: Västmanland
Provinz: Västmanlands län
Einwohnerzahl: 138 400

Die Hauptstadt der südschwedischen Provinz Västmanland liegt an einer Bucht des Mälarsees. Im Mittelalter war Västerås eine der bedeutendsten Städte des Landes. Heute ist sie ein wichtiger Industriestandort und bietet reichlich Gelegenheit, die regionale Spezialität »Västeråsgurkor« einzukaufen, Salzgurken in Dill.

ZIELE • Västerås

Västerås erleben

AUSKUNFT
Västerås Turistbyrå
Kopparbergsvägen 1
72187 Västerås
Tel. 021 390100
www.vasterasmalarstaden.se

ESSEN
❶ *Karlsson På Taket* €€
Karlsgatan 9
tgl. geöffnet
Tel. 021 1 01 01 oder 10 10 98
Bei »Karlsson auf dem Dach« speist man mit atemberaubender Aussicht, denn man sitzt im 23. Stock.
Noch ein Stockwerk höher liegt die Skybar, die abends geöffnet hat.

ÜBERNACHTEN
❶ *Elite Stadshotellet* €€€
Stora Torget
Tel. 021 102800
www.elite.se
137 Zi. Am Marktplatz gelegenes Businesshotel in einem eindrucksvollen Art-Nouveau-Gebäude. Im »Stadskällaren« diniert man edel.
Große Bier- und Whiskyauswahl im rustikalen, irisch angehauchten Pub »The Bishop's Arms«.

Geschichte — Im Mittelalter war der Ort Bischofssitz. Von den elf Reichstagen, die in Västerås abgehalten wurden, hatte der im Jahre 1527 die größte Bedeutung, weil damals unter König Gustav I. Wasa die Reformation beschlossen wurde. Eine sprunghafte Entwicklung setzte schließlich mit der Industrialisierung zu Beginn des 20. Jh.s ein. Noch um 1900 hatte Västerås nur knapp 12000 Einwohner, seither hat sich die Zahl mehr als verzehnfacht.

SEHENSWERTES IN VÄSTERÅS

Marktplatz — Das Zentrum der Stadt bildet der weite Marktplatz. An seiner Südseite steht ein originelles Bronzedenkmal von 1989, das eine Kolonne von Radfahrern zeigt. Südlich erstreckt sich eine ansprechend gestaltete Fußgängerzone.

Dom — Nördlich vom **Stortorg** erhebt sich der Dom, der 1271 geweiht und später mehrmals umgebaut wurde. Der gotische Ziegelbau wurde auf den Fundamenten einer romanischen Kirche errichtet, 1694 fügte Nicodemus Tessin d.J. den 103 m hohen Turm an. Links vor der Hauptfassade steht ein mächtiges Bronzedenkmal von Carl Milles (1923) für Johannes Rudbeckius, der 1619–1646 Bischof von Västerås war. Das Innere wurde erst im 16. Jh. auf fünf Schiffe erweitert. Sehenswert sind der teilweise in Gold gefasste, gotische Schnitzaltar sowie hinter dem Altarraum das große, **aus schwarzem und hellem Marmor gefertigte Renaissancegrabmal** des Reichsmarschalls Magnus Brahe (1633).

Västerås ZIELE · **381**

Beim Dom überquert man die Svartån und geht auf der Slottsgatan zwischen alten Holzhäusern nach Süden zum Stadtpark. An der Brücke über den Fluss steht ein altes Turbinenhaus. Halbrechts davon stößt man auf das Schloss, das im 13. Jahrhundert als Festung errichtet wurde und heute das **Provinzmuseum** beherbergt. Dort sind prähistorische Funde und kulturgeschichtliche Sammlungen zu sehen.

Schloss

Der **Bestattungsplatz** Anundshögen liegt 6 km nordöstlich außerhalb des Zentrums. Die Grabhügel und schiffsförmigen Steinsetzungen aus der Wikingerzeit entstanden zwischen 500 und 1050 n.Chr. und gehören zu den umfassendsten ihrer Art in Schweden.

*Anundshögen

UMGEBUNG VON VÄSTERÅS

Rund 15 km südwestlich von Västerås liegt an einer kleinen Bucht des Mälarsees **Schloss Tidö**, eines der am besten erhaltenen, schwedischen Schlösser aus der Übergangszeit zwischen Renaissance und Barock. Die Schlosskapelle und einige Schauräume (darunter auch das Prunkgemach) sowie das Spielzeugmuseum können im Sommer besichtigt werden.
❶ April, Mai Sa., So. 11.00–17.00, Juni–Aug. Di.–So. 11.00–17.00, Sept. Fr.–So. 12.00–17.00 Uhr, Eintritt: 90 SEK, erm. 80 SEK, www.tidoslott.se

Der heutige Bau von **Schloss Strömsholm** geht auf Pläne von Nicodemus Tessin d.Ä. zurück der es für Königin Hedvig Eleonora mit vier Seitentürmen entwarf. Im Schloss befindet sich eine große Sammlung schwedischer Gemälde aus dem 17. Jh., außerdem sind Möbel aus gustavianischer Zeit, ein »chinesischer Saal« mit Wandmalereien sowie Tapeten zu sehen, die im Stil von 1760 reproduziert wurden.
❶ Juli tgl. 12.00–17.00, Juni, Aug. bis 16.00, Mai Sa., So. 12.00–16.00 Uhr, Eintritt: 80 SEK, erm. 40 SEK, www.royalcourt.se

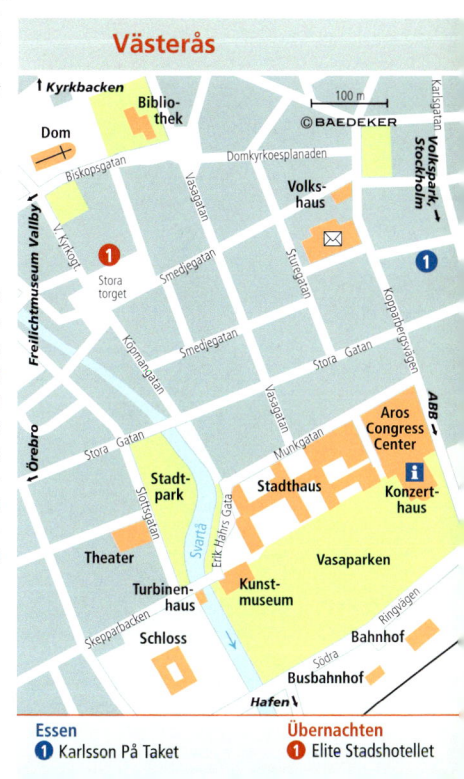

Essen
❶ Karlsson På Taket

Übernachten
❶ Elite Stadshotellet

Die Straße Nr. 67 führt nach Norden zu dem 36 km entfernten, alten Bergbauort **Sala**. Seine Blütezeit erlebte er im 16. Jh., als die **Silbergruben** dieser Region einen erheblichen Teil des Landesvermögens erwirtschafteten. Das hier geförderte Silbererz galt als eines der reichsten der Erde. Einen guten Einblick in die bergmännische Technik vermittelt das im alten Grubenhaus eingerichtete **Grubenmuseum**. Die tiefste Stollenanlage ist mit 318 m der Schacht Carl XI., der Schacht Drottning Christina reicht bis in 257 m Tiefe. Besucher können im Rahmen verschiedener Führungen bis in eine Tiefe von 50 m absteigen. Auf dem Gelände der Silbergrube kann man sich in den Läden mehrerer Kunsthandwerker mit Schmuck und Geschenken aus Silber und Gold eindecken.

❶ Mai – Sept. tgl. 10.00 – 17.00, sonst Di. – Fr. 13.00 – 16.00,
Sa., So. 11.00 – 16.00 Uhr,
Führungen: ab 140 SEK, erm. 70 SEK,
www.salasilvergruva.se

Wenn man von Västerås der E 18 weiter nach Westen folgt, gelangt man zu der 40 km entfernten kleinen Stadt Köping, die seit dem 15. Jh. als Handelsort bekannt ist. Hier arbeitete **der in Stralsund geborene Carl Wilhelm Scheele**, einer der bedeutendsten Chemiker des 18. Jh.s als Apotheker. Dem Mitentdecker des Sauerstoff-Elements ist die Apothekenabteilung »Scheeles Minne« im **Köpinger Museum** gewidmet (Östra Långgatan 37).

❶ Di. – So. 13.00 – 16.00 Uhr

Die Wikinger schätzten schiffsförmig angelegte Friedhöfe: hier bei Anundshögen.

Västervik

✦ G 3

Landschaft: Småland
Provinz: Kalmar Län
Einwohnerzahl: 36 000
Höhe: Meereshöhe

Die Hafenstadt Västervik liegt wunderschön an einer mit Inseln gesprenkelten Bucht der småländischen Ostseeküste. Sie ist eines der besten Beispiele für die reizvollen Holzhaussiedlungen, die im 18. Jh. in dieser Region entstanden sind.

Einst war Västervik so bedeutend, dass es in einem Atemzug mit der knapp 150 km südlicher gelegenen Stadt Kalmar genannt wurde. Vor allem die Einnahmen aus der florierenden Werftindustrie und der Fischerei sorgten für Wohlstand, der sich auch im Stadtbild niederschlug. Gewährten die über 5000 Schäreninseln vor der Stadt in der Vergangenheit vor allem Schutz, bilden sie heute ein **einzigartiges Segel- und Surfparadies** – und gelten vielen als schönste Schären des ganzen Landes.

Über 5000 Schäreninseln

Västervik erleben

AUSKUNFT
Västervik Turistbyrå
Storatorget
59330 Västervik
Tel. 0490 25 40 40
www.vastervik.se

AUSFLÜGE
Seit 1879 fährt eine urige Schmalspurbahn von Västervik nach Hultsfred. Jedes Jahr im Juli kann man heute noch die romantische, 71 km lange und ca. zweistündige Fahrt im ganz gemütlichen Bummelzugtempo durch die schöne Landschaft Smålands unternehmen. Für Technik-Interessierte: Die Spurweite des historischen Verkehrsmittels auf Schienen beträgt 891 mm.
Tel. 0490 2 30 10
www.smalsparet.se

ESSEN
Gränsö Slotts Restaurang
€€€–€€€€
Tel. 0490 8 24 30
www.granso.se
Schlossrestaurant mit edler schwedischer Küche, die aber immer nur Freitag- und Samstagabend serviert wird.
Das Schlosscafé ist im Sommer täglich geöffnet. Die schöne Lage am Wasser lohnt jederzeit einen Besuch. Hier lässt es sich auch edel übernachten.

ÜBERNACHTEN
Centralhotellet €€€
Brunnsgatan 23
Tel. 0490 8 95 50
www.centralhotellet.com
Das gemütliche Hotel mit gehobenem Standard liegt im Stadtzentrum.

SEHENSWERTES IN VÄSTERVIK UND UMGEBUNG

Am Hafen Direkt am Fischer- und Bootshafen liegt der Gemüsemarkt mit seinen Fischhändlerhütten. Wer gerne Fisch, Gemüse oder Krimskrams einkauft und **buntes Markttreiben** liebt, ist hier goldrichtig. Zwischen dem Platz und der auf einer Anhöhe stehenden Gertrudskirche breiten sich Västerviks malerische alte Holzhäuser aus.

Gertrudskirche Die St. Gertruds Kyrka stammt ursprünglich aus dem 15. Jh., wurde aber im Laufe der Zeit vollständig umgestaltet. Über dem ersten Teil des linken Querhausarms befindet sich eine **mit ornamentalen Grisaillemalereien** geschmückte Holzdecke. Die schöne geschnitzte Kanzel ist barock, die Ölgemälde datieren ins 17./18. Jahrhundert.

Cederflychtska Fattighus Wenige Schritte östlich der Gertrudskirche steht das Cederflychtska Fattighus, das 1749 – 1751 erbaute **Armenhaus**, das so ansehnlich ist, dass sich ein zeitgenössischer Geschichtsschreiber zu der Bemerkung

Die Pluspunkte von Västervik: malerisches Stadtbild, Paradies für Segler und Kanuten

hinreißen ließ: »In Västervik wohnten die Armen besser als die Reichen.« Westlich gegenüber der Gertrudskirche befindet sich der Aspagård, ein Relikt aus der Zeit vor dem Stadtbrand von 1677, in dem heute Kunsthandwerker ihre Ateliers haben.

Etwa 3 km östlich vom Zentrum liegt in den Schären das **Freizeitzentrum** Lysingbadet mit großem Campingplatz, Hütten, Stränden, einer Wasserrutsche und Golfplatz. **Lysingsbadet**
❶ Tel. 0490 25 80 00, www.lysingsbadet.se

Fährt man von Västervik aus die E 22 Richtung Süden, erreicht man ca. 10 km vor Oskarshamn den Weiler Stensjö, der noch so aussieht wie ein **typisches småländisches Dorf im 18. und 19. Jh.** Stensjö liegt inmitten dichter Wälder und ist umgeben von teilweise winzigen Feldern, die mit dicken Felsbrocken übersät sind. Deshalb war es kaum möglich, diese verwinkelte Landschaft mit großen Maschinen zu bewirtschaften. So wurde die Landwirtschaft unrentabel, das Dorf verfiel, bis die Wissenschaftsakademie das gesamte Dorf zu einem **ökologischen Musterbetrieb** verwandelt hat, in dem heute nach alter Väter Sitte gewirtschaftet wird. Besucher können auf verschiedenen Wanderwegen die Umgebung erkunden. **Stensjö**

In der Hafen- und Industriestadt Oskarshamn wurde der Arzt und Schriftsteller **Axel Munthe** (1857–1949) geboren, dessen Erinnerungswerk »Das Buch von San Michele« (1931) ein Welterfolg wurde. Im Kulturhus (Hantverksgatan 18-20) sind das Seefahrtsmuseum sowie eine Sammlung mit Skulpturen des im nahen Döderhult geborenen Bildhauers Axel Petersson (1868–1925) zu sehen. **Oskarshamn**

Gut 50 km in westlicher Richtung landeinwärts kommt man auf der Str. Nr. 33 zu dem Städtchen Vimmerby, dessen Straßengrundriss zwar noch die mittelalterliche Planung erkennen lässt, aber ansonsten wenig Spektakuläres zu bieten hat. Trotzdem strömen jedes Jahr Zigtausende nach Vimmerby Astrid Lindgrens wegen, die auf dem Hof Näs nördlich der Stadt aufgewachsen ist. Die Hauptschenswürdigkeit von Vimmerby ist der Freizeitpark **»Astrid Lindgrens Welt«** am nordwestlichen Stadtrand. Hier sind viele Details aus ihren Kinderbüchern nachgebaut, z.B. die Villa Kunterbunt, die Krachmacherstraße und Bullerbü. Mit großem Aufwand wurde der Bereich, der sich mit Ronja Räubertochter beschäftigt, zum 30. »Geburtstag« des Welterfolgs 2011 um das Zehnfache erweitert: Viel Hightech macht die Mattisburg, den Höllenschlund oder die Wolfsschlucht zu einem Multimedia-Spektakel für Groß und Klein. Ein buntes Veranstaltungsprogramm, speziell für kleinere Kinder, gehört natürlich dazu. **Vimmerby**
❶ Mitte Juni–Aug. tgl. 10.00–18.00, ab Mitte Mai bis 17.00 Uhr, Eintritt: ab 60 SEK, erm. 25 SEK, www.alv.se

ZIELE • **Västervik**

In Vimmerby und doch in »Astrid Lindgrens Welt«

Bullerbü   Wer sich noch weiter auf die Spuren der Bücher von Astrid Lindgren begeben will, wird ringsum rasch fündig: Auf den drei kleinen Höfen Sevedstorp in Pelarne (15 km von Vimmerby entfernt) wurden die Bullerbü-Filme gedreht. Das Katthult des Michel von Lönneberga gibt es ebenfalls: Gibberyd liegt in Rumskulla, ca. 25 km von Vimmerby entfernt. Im **»Katthultsboden«** kann man Michels Requisiten, Keramik und Kunsthandwerk erwerben (www.katthult.se).

Det Lilla Landet   Kleinschweden oder Nils Holgerssons Welt liegt nördlich von Vimmerby und zeigt **ganz Schweden im Kleinformat**. So konnte man das ganze Land auf 60 000 m² unterbringen und hatte Platz für ein typisches Gebäude aus jeder Provinz im Maßstab 1:3.
  🕐 Mitte Juni–Ende Aug. tgl. 10.00–18.00 Uhr,
Eintritt: 135 SEK, Kinder unter 1 m frei, www.nilspark.se

Norra Kvill   Ganz in der Nähe liegt der kleine Nationalpark Norra Kvill, ein 27 ha großer **unberührter Urwald**, den man auf mehreren Wanderwegen durchstreifen kann. Südlich des Nationalparks, bei Södra Kvill, steht die tausendjährige Eiche »Rumskulla Eken«, mit einem Stammumfang von 14 m ist sie die **mächtigste Eiche des Landes**.

Vättersee • ZIELE **387**

** Vättersee

→ E/F 3/4

Landschaft: Västergötland, Östergötland, Närke und Småland

So weit wie ein Meer spannt sich der Vättersee unter dem schwedischen Himmel aus. Rund um den See machten die Menschen das Land schon früh urbar, entsprechend reichhaltig ist auch das kulturelle Angebot. Höhepunkte sind das mittelalterliche Vadstena, der Götakanal und Jönköping, die größte Stadt am Vättern.

Der Vättersee, mit 1912 km² der **zweitgrößte See des Landes**, liegt in der Mittelschwedischen Senke. Er ist 130 km lang und bis 30 km breit, bei einer Tiefe von maximal 128 m. Sein Wasser ist an vielen Stellen erstaunlich klar, weil der Vättern Quellsee ist und obendrein von nährstoffarmen, klaren Bergbächen gespeist wird. Die großen Wassermassen speichern so viel Wärme, dass der See erst spät im Winter, manchmal auch überhaupt nicht zufriert.

** JÖNKÖPING

Jönköping, dem Magnus Ladulås 1284 die Stadtrechte verliehen hat, liegt schön **an der Südspitze des Vättersees**. Die mehrmals durch

Jönköping

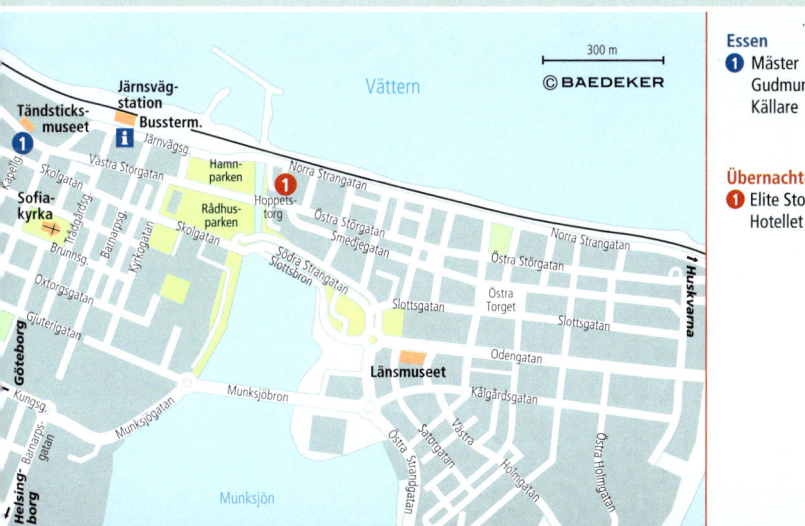

Essen
❶ Mäster Gudmunds Källare

Übernachten
❶ Elite Stora Hotellet

Vättersee erleben

AUSKUNFT
Gränna Turistbyrå
Brahegatan 38–40
56322 Gränna
Tel. 0390 4 10 10
www.grm.se/turistinfo

> **BAEDEKER TIPP !**
>
> ### Buntgeringelte Zuckerstangen
>
> »Polkagrisar« heißen die bunt geringelten Zuckerstangen, meist mit Pfefferminzgeschmack, die in über zehn Kochereien in Gränna hergestellt werden. Erfinderin dieser Köstlichkeit war die mittellose Witwe Amalia Eriksson, die 1895 vom Magistrat der Stadt die Erlaubnis erhielt, Backwerk und Zuckerstangen herstellen zu dürfen – eine geniale Geschäftsidee, wie die Scharen der kleinen und großen Abnehmer zeigen.

Jönköping Turistbyrå
Järnvägsstationen
55189 Jönköping
Tel. 036 10 50 50
www.jonkoping.net

Motala Turistbyrå
Hamnen
59186 Motala
Tel. 0143 22 50 00
www.motala.se

Vadstena Turistbyrå
Rödtornet
Storgatan
59280 Vadstena
Tel. 0143 3 15 70
www.vadstena.se

AUSFLÜGE
Von dem Uferort Hjo fährt ein über 100 Jahre altes Dampfboot zur Insel Visingsö.

FESTE UND SPORT
Blasmusikfestival
Tausende Blasmusiker treffen sich zu Pfingsten in Jönköping zu einem großen Volksfest. Dann spielen Big-bands, Brass-Ensembles, Saxophonquartette, Militärorchester und Solisten um die Wette beim Internationalen Schwedischen Blasmusikfestival. Ein dreitägiges Musikspektakel für Groß und Klein in der Jönköpinger Innenstadt.
www.blasmusik.smot.nu

Ballonfahrerfest
Gränna gilt als eines der besten schwedischen Zentren für Ballonfahrer und hat sich auch international einen Namen gemacht. Jeden Februar wird hier Skandinaviens größtes und bekanntestes Ballon-Event ausgetragen, und alljährlich am 11. Juli gedenkt man der Andrée-Expedition mit Ballonaufstiegen.

Reiten
Seit mindestens acht Generationen ist der Reitstall »Sonakull« bei Kulltorp in Familienbesitz. Pferdeliebhaber kommen hier auf ihre Kosten mit Ausritten von wenigen Stunden bis zu mehreren Tagen Dauer, im Mondschein und in der Morgendämmerung, und das alles auf braven Haflingern.
Tel. 0705 10 31 76
www.stallsonakull.com

ÜBERNACHTEN

Hotel Gyllene Uttern ❂❂❂❂
Gränna
Tel. 0390 1 08 00
www.gylleneuttern.se
51 Zi. Gepflegt eingerichtete Zimmer im Ambiente eines herrlichen Herrenhauses, die meisten mit Aussicht auf Gränna, den Vättersee und die Insel Visingsö. Schon Greta Garbo wohnte in diesem angenehmen Haus.

Vadstena Klosterhotell ❂❂❂❂
Vadstena, Klosterområdet
Tel. 0143 3 15 30
www.klosterhotel.se
Dezenter Luxus im Kloster aus dem 13. Jh., unweit von Zentrum und Schloss. Angeschlossen ist das Restaurant »Munkklostret« mit exzellentem Essen, teils mit sehr schön intonierter mittelalterlicher Musik.

❶ Elite Stora Hotellet ❂❂-❂❂❂
Jönköping, Hotellplan
Tel. 036 10 00 00
www.elite.se
135 Zi. Direkt am Südufer des Vättern und zentral in Jönköping gelegenes Hotel in einem wunderschönen Gebäude aus dem 19. Jh.

Kanalhotellet ❂❂-❂❂❂
Karlsborg, Storgatan 94
Tel. 0505 1 21 30
www.kanalhotellet.se
27 Zi. Ehrwürdiges Holzhotel von 1894 im Schweizer Stil mit vielen schönen Schnitzereien verziert. Direkt am Götakanal gelegen und mit toller Aussicht gesegnet.

ESSEN

Idas Brygga ❂❂-❂❂❂
Karlsborg
Skepparegatan 9
tgl. geöffnet, abends Mo.–Sa
Tel. 0505 1 31 22
www.idas-brygga.se
Direkt am Götakanal gelegen und bekannt für seine ausgezeichneten Fischgerichte. Günstiges »Dagens Rätt«. Auch Zimmervermietung.

> **! BAEDEKER TIPP**
>
> *Einmal rund um den Vättern*
>
> Jedes Jahr Mitte Juni kommen mindestens **15 000 begeisterte Radfahrer** nach Motala am Vättersee, um am Jedermannrennen rund um den See teilzunehmen. Die »Vätternrundan« kann mittlerweile auf eine über 40-jährige Tradition zurückblicken. Ein wenig Kondition ist aber schon nötig, denn die Runde ist immerhin **300 km lang** und muss am Stück absolviert werden. Wer mitmachen will, sollte sich frühzeitig anmelden; die Teilnehmerzahl ist begrenzt, und die Tour ist schnell ausgebucht.
> www.vatternrundan.se

❶ Mäster Gudmunds Källare ❂❂-❂❂❂
Jönköping
Kapelgatan 2
tgl. geöffnet
Tel. 036 10 06 40
www.mastergudmund.se
Lokale Spezialitäten, darunter auch Elch, werden in diesem Kellerrestaurant serviert.

Feuer zerstörte Stadt wurde nach 1835 großenteils neu erbaut. Heute ist Jönköping von der Land- und Forstwirtschaft des Umlandes geprägt. Im östlichen Gemeindeteil Huskvarna ist eine vielfältige Industrie angesiedelt. Heute hat Jönköping 112 000 Einwohner.

Hovrättstorg Im **historischen Stadtkern** zwischen Vättersee, Munksjön und Rocksjön sind noch einige alte Gebäude erhalten. Am Hovrättstorg stehen das Landgericht, erbaut 1639–1655, und das aus dem späten 17. Jh. stammende alte Rathaus, ein etwas roher Renaissancebau.

*Landesmuseum Südlich vom Hovrättstorg steht am Dag Hammarskjölds Plats der großzügige Neubau des Landesmuseums mit einer recht umfangreichen Sammlung von **Werken der klassischen Moderne** sowie einer stadtgeschichtlichen Abteilung und historischen Sammlungen. Nach einem längeren, technischen Umbau präsentiert sich das Museum neu.
❶ www.jkpglm.se

Die Västra Storgatan führt zum einstigen Werksgelände der Streichholzfabrik, das heute als **Tändsticksområdet** ein Kultur- und Sozialzentrum bildet. In den ehemaligen Betriebsräumen der Fabrik ist das **Streichholzmuseum** eingerichtet, in dem nicht nur die Fertigungstechnik, sondern auch die soziale Situation der Fabrikarbeiter Thema ist. Weiter kann man eine beneidenswert umfangreiche Sammlung von Streichholz-

Außergewöhnlich: die Habo-Kirche

schachteln bestaunen sowie sich über den zwielichtigen Zündholzkönig Ivar Kreuger informieren. Auf dem Gelände befinden sich außerdem ein Radiomuseum, Boutiquen und Behindertenwerkstätten, ein Kulturhaus mit Café und das Landestheater. Entsprechend viel Zeit sollte man für den Besuch des Kulturzentrums einplanen.
❶ Juni–Aug. Mo.–Fr. 10.00–17.00, Sa., So. bis 15.00,
sonst Di.–So. 11.00–15.00 Uhr, Eintritt: 40 SEK, bis 19 Jahre frei,
Nov.–Ende Febr. kostenlos, www.matchmuseum.se

Stadtpark Noch weiter westlich erstreckt sich der Stadtpark, von dem man einen guten Blick auf den Vättersee hat. Außerdem gibt es hier ein Museum mit **Schwedens größter Sammlung präparierter Vögel** sowie ein Freilichtmuseum mit småländischen Häusern.
❶ Juni–Aug. tgl. 11.00–17.00 Uhr

Huskvarna

Der Stadtteil Huskvarna ist weitgehend industriell geprägt. Besonders in der Sparte der Motorsägen ist der Markenname Husqvarna bekannt. Das **Husqvarna-Werksmuseum** veranschaulicht 300 Jahre Industriegeschichte (Hakarpsvägen 1). Auch das einstige Schmiededorf ist mit seinen Kunsthandwerkerateliers einen Besuch wert. Fährt man die E 4 nordwärts am Ufer des Vättern entlang, passiert man rechts die große Holzplastik des »Jätten Vist« genannten Trolls.
Werksmuseum: Mai–Sept. Mo.–Fr. 10.00–17.00, Sa., So. 12.00–16.00, sonst Mo.–Fr. 10.00–15.00, Sa., So. 12.00–16.00 Uhr, Eintritt: 50 SEK, erm. 20 SEK, www.husqvarnamuseum.se

Schwedens größtes Moor

Das größte schwedische Moorgebiet südlich von Lappland ist der **Nationalpark Store Mosse**, der südlich von Jönköping über die E 4 zu erreichen ist. In dem schön gestalteten Naturzentrum können die Besucher – gut gewärmt vom Kaminfeuer – Kraniche, Kanadagänse und Singschwäne beobachten, die am Kävsjön-See brüten.

**Habo-Kirche

Rund 15 km nördlich von Jönköping, am Westufer des Vättern, liegt der kleine Ort Habo. Seine große, mit roten Schindeln verkleidete Holzkirche ist **einer der eigenartigsten Sakralbauten Schwedens**. Wände und Decken sind aus Holz und lückenlos mit farbenprächtigen Bibelmotiven geschmückt, die 1741–1743 geschaffen wurden. Die dreischiffige Holzkirche selbst wurde 1680 umgebaut; von der mittelalterlichen Kirche ist noch der Taufstein erhalten.
❶ Sommer tgl. 9.00–18.00, sonst außer Sa. 10.00–16.00 Uhr

FAHRT UM DEN VÄTTERSEE

Gränna

Das hübsche Städtchen Gränna liegt am Südostufer des Vättersees am Fuß des steilen Grännaberges. Die Gründung des Orts geht auf den Grafen Per Brahe zurück. 1652 ließ er die nach ihm benannte Hauptstraße so anlegen, dass er sie von dem heute nur als Ruine erhaltenen **Schloss Brahehus** gut überblicken konnte. Die schöne **Barockkirche** (12. Jh.), etwas erhöht über den Häuserzeilen am Fuß des Berges gelegen, wurde nach einem Brand 1895 wieder errichtet. Das Grännaberget-Freilichtmuseum auf dem Berg umfasst eine Hauptmannsunterkunft, eine Soldatenkate und die Hütte eines Papiermachers. Eine bekannte, kulinarische Spezialität von Gränna sind **Zuckerstangen** (polargris). Gränna ist auch der Geburtsort des **Polarforschers Salomon August Andrée** (1854–1897), der zusammen mit zwei Begleitern in einem Heißluftballon den Nordpol überqueren wollte. Das Unternehmen scheiterte jedoch am 83. Breitengrad. Alle drei Männer kamen um, die Überreste der Expedition fand man erst 1930. Das **kleine Museum** an der Brahegatan in einem malerischen Karree niedriger Holzhäuser zeigt, was von dem wage-

Glaskunst

BAEDEKER WISSEN

Das schwedische Glasreich

13 international bekannte Glasmanufakturen, jede mit eigenem Profil und besonderer Atmosphäre – versteckt in den Wäldern Smålands liegt das einzigartige Glasreich. Hier kann man nicht nur zusehen, wie aus einer glühenden Glasmasse wundervolle Objekte entstehen, sondern auch selbst an einem Workshop teilnehmen, einmalige Sammlungen von Glaskunst und historischem Glas bewundern und günstig Glaswaren einkaufen.

▶ **Arbeitsschritte**
 - Schmelzen (ca. 1800 – 1600 °C)
 - Formen (ca. 1600 – 800 °C)
 - Kühlen (ca. 600 – 100 °C)

Durch Drehen der Glasmacherpfeife im Hafen wird das flüssige Glas an die Pfeife gebracht.

Nur Sekundenbruchteile hat der Glasbläser, wenn der richtige Schmelzgrad erreicht ist. Er bläst Luft in den rotglühenden Klumpen, durch Drehbewegungen nimmt das Glas Gestalt an. Immer wieder muss es erhitzt werden.

©BAEDEKER

▼

1628
Die erste Glashütte entstand in Småland, als Karl Karlsson Gyllenhielm den aus Deutschland stammenden Glasbläser Paul Gaukunkel anwarb.

▼

1742
wird die bekannteste und heute älteste Glashütte Kosta-Boda gegründet.

▼

1898
Gründung der Glashütte Orrefors, die durch innovative Glastechniken schnell bekannt wurde.

Glasreich (Glasriket)
Rohstoffe wie Quarzsand und Brennholz aus den vielen Wäldern machen Småland zum idealen Standort für die Glasproduktion.

www.glasriket.se

▶ **Grundstoffe:**
Glas, Quarzsand, Natriumcarbonat, Pottasche, Feldspat Kalk, Dolomit, Altglas

Je nach Form werden verschiedene Glaslagen übereinander geschichtet oder verziert.

Bergdala Studioglas
(u.a. Serie mit dem blauen Rand)
www.studioglas.se

Boda (Kunst- und Gebrauchsglas)
www.kostaboda.se

Johansforshyttan (Astrakan-Apfel)
www.johansforshyttan.se

Kosta (Kunst- und Gebrauchsglas)
www.kostaboda.se

MickeJohan Konstglas
(moderne Glasobjekte, seit 2011)
www.mickejohankonstglas.se

Mats Jonasson Målerås
(Kunst- und Zierglas, z.B. Tierreliefs)
www.matsjonasson.com

Nybro (bemaltes Glas)
www.nybro-glasbruk.se

Orrefors (klassisches Design)
www.orrefors.se

Pukeberg (Designausbildung, Gebrauchs- und Zierglas)
www.bruksshopenipukeberg.se

SEA (zeitlose Klassiker)
www.seaglasbruk.se

Skruf (stilreines Glas, klassisches und modernes Design)
www.skrufsglasbruk.se

Transjö Hytta (kleinste Hütte im Glasreich, idyllische Lage, Workshops) www.transjohytta.com

Åfors (Drei Designer, künstlerisches Glas) www.kostaboda.se

▼
1900
Neue Ideen, Farben und Techniken sorgten für guten Absatz. Die Zahl der Glashütten wuchs auf über 100 Betriebe.

▼
1930
Orrefors entwarf als erste Glashütte eine Serie Haushaltsgläser in geometrischer und schnörkelloser Form und stellte sie in Stockholm aus.

▼
seit 2000
Vermarktung der noch bestehenden 13 Glashütten durch eine eigene Tourismusgesellschaft (www.glasriket.se).

Einmal jährlich treten Radler zum Wettrennen um den Vöttern an.

mutigen Unternehmen übrig geblieben ist. Gegenüber, jenseits der Straße, steht Andrées Geburtshaus.

*Visingsö   Mit dem Schiff kommt man in 20 min. von Gränna nach Visingsö, der größten Insel im Vättersee. Prähistorische Gräberfelder beweisen eine frühe Besiedlung. Die Familie Brahe errichtete **Visingborgs Slott** (17. Jh.), einst das prachtvollste Schloss des Landes, aber seit dem Brand von 1718 eine Ruine.

Runenstein von Rök   Von Gränna folgt man der E 4 in nördlicher Richtung bis jenseits von Ödeshög und biegt links nach Rök ab. Dort steht vor der Kirche **Schwedens größter und bedeutendster Runenstein mit der längsten Runeninschrift der Welt. Der Block ist von 700 Runenzeichen bedeckt, in denen so mancher Philologe das erste Gedicht Schwedens zu erkennen glaubt. Sicher ist aber, dass ein Wikingerhäuptling im 9. Jh. den »Rökstenen« zum Gedenken an seinen verstorbenen Sohn Värmod aufstellen ließ. Seine magische Wirkung kann der Stein nicht so recht entfalten, weil er unter einem Dach steht, das aber zu seinem Schutz notwendig ist. Angeschlossen ist ein **Freilichtmuseum**.

Nördlich von Rök breitet sich der teils versumpfte Tåkernsee aus, der schon in Selma Lagerlöfs Erzählung »Nils Holgersson« als große Vogelkolonie beschrieben wird und heute ein Naturreservat mit guten Beobachtungsmöglichkeiten (Gänse, Kraniche, Schwäne und etwa Rohrdommeln) ist. Ornithologen schätzen den See wegen der bis zu 250 verschiedenen Arten als eines der besten Vogelgebiete.

Tåkernsee

* VADSTENA

Vadstena verdankt seinen Ursprung der Heiligen Birgitta. Sie war zunächst Haushofmeisterin bei König Magnus Eriksson und Königin Blanka, bis sie ein Offenbarungserlebnis hatte und 1346 den Kungsgård als Klosterstiftung erhielt. Das Kloster wurde allerdings erst sechs Jahre nach ihrem Tod fertiggestellt. Später entwickelte sich Vadstena zu einem wichtigen Wallfahrtsort und Handelsplatz, 1400 erhielt es die Stadtrechte.

Eine Heilige als Gründerin

Reizvoll sind die Lage des Ortes direkt am Seeufer, die engen Gassen und die Vielzahl alter Häuser. Unmittelbar am Hafen steht das von Gustav Wasa im 16. Jh. errichtete Schloss, ein abweisender und glattflächiger, wuchtiger Renaissance-Bau mit gedrungenen Ecktürmen, der von einem Wassergraben umgeben ist. Heute ist das Schloss u.a. Sitz des Landesarchivs.

Schloss

❶ Juni, Aug. tgl. 11.00–16.00, Juli bis 18.00 Uhr,
Eintritt: 70 SEK, erm. 50 SEK

Zwischen Schloss und See liegt der Hamnpark. Auf der Strandpromenade geht man nordwestlich zum Birgittakloster und weiter zur 1430 geweihten, einstigen Klosterkirche. Die dreischiffige, gotische Hallenkirche wird nach der Farbe des blaugrauen Steins Blåkyrkan genannt. Bemerkenswert ist die farbige Fassung der Gewölberippen. Größter Schatz ist der **Birgitta-Flügelaltar**, eine Lübecker Arbeit aus dem 15. Jh. Links davon steht das 1331 gefertigte Reliquiar der Heiligen, die im Mittelteil dargestellt ist. Von Kindheit an hatte sie Visionen, noch nach ihrem Tod soll sie Wunder gewirkt haben.

Blåkyrkan

Gut erhalten ist das nahe Mönchskloster, das sein heutiges Aussehen den barocken Umbauten verdankt und jetzt **teilweise als Hotel** dient. Wenn man durch die Innenstadt zum Schloss zurückkehrt,

Kloster

MOTALA

Alter Thingplatz

Die schon im 14. Jh. als Thingplatz erwähnte, in den 1920er-Jahren nicht zuletzt durch ihren starken Rundfunksender bekannte Stadt Motala liegt am Götakanal, der hier den Vättersee mit dem Borensee verbindet. Die Geschichte der Stadt ist eng mit der Person von Baltzar Graf von Platen, dem **Erbauer des Götakanals**, verbunden, der auch einen Teil des Stadtbebauungsplans erstellt hat. Am Rand des Sportparks beim Kanal ist sein Grab.

Kanalmuseum

Beim Gästehafen am Götakanal ist im ehemaligen Kanalgesellschaftshaus von 1822 das Kanal- und Seefahrtsmuseum eingerichtet, in dem das Modell einer Schleusen- und Hubbrückenanlage sowie Kanalbauwerkzeug und eine **Reihe von Schiffsmodellen** zu sehen sind. Außerdem wird die Geschichte des Kanalbaus unter Baltzar von Platen illustriert.
❶ Mai Sa., So. 11.00–17.00, Juni–Mitte Aug. tgl. 10.00–17.00, Eintritt: 40 SEK, erm. 10 SEK, www.gotakanal.se

Motormuseum

An die motorsportliche Tradition der Stadt erinnert das Motormuseum, das in einem großen, roten Lagergebäude am Hafen untergebracht ist. Es zeigt eine ganze Reihe exzellent restaurierter Oldtimerautos und -motorräder sowie historische Radioapparate.
❶ Mo.–Sa. 8.00–20.00, So. ab 10.00 Uhr, Eintritt: 80 SEK, erm. 45 SEK, www.motala-motormuseum.se

> **! BAEDEKER TIPP**
>
> **Kanalidyll Borensberg**
>
> Auf der von Motala am Borensee nach Osten führenden Str. Nr. 36 kommt man nach Borensberg, wo die Schleusentreppe des Götakanals immer Schaulustige anzieht. Direkt am Kanal liegt das kleine, **charmante Göta Hotell**, ein rot gestrichenes Holzhaus von 1908 und ein Fotomotiv wie es typischer für Schweden nicht sein könnte. Von der Terrasse kann man die Schiffe auf dem Kanal vorbeiziehen sehen (Göta Hotell, Götagatan 2, Borensberg, Tel. 0141 4 00 60, www.gotahotell.se).

Beim Sportpark überquert eine Brücke den Götakanal und den parallel verlaufenden Motala Ström. Am jenseitigen Ufer steht das aus dem 17. Jh. stammende Schloss Charlottenborg mit dem **Motala-Museum**, dessen Hauptattraktion die Holzschnitzereien von **Sophia Isberg** bilden: Die Künstlerin (1819–1875) stellte ihre Arbeiten, die sie vor allem aus Birkenholz fertigte, auch in London, Paris und Wien aus. Förderungen, selbst durch das schwedische Königshaus, lehnte sie selbstbe-

Oben: kommt man am alten Theater und am Rödtorn, einem alten Turm, vorbei, ehe man durch die Storgatan und über den Rådhustorg mit seinen schönen Bürgerhäusern wieder den Hamnpark erreicht.

Sehr ungewöhnlich sind die farbigen Gewölberippen der Klosterkirche von Vadstena.

wusst ab. Sie war arm, wollte aber ihr selbst-bestimmtes Leben behalten.
❶ Juli tgl. 13.00–16.00, sonst Di.–Fr., So. 13.00–16.00 Uhr, Eintritt 40 SEK, bis 18 Jahre frei, www.motalamuseum.com

Askersund liegt an der Nordspitze des Vätternsees. Am Marktplatz sind noch einige alte Holzhäuser und das spätbarocke Rathaus erhalten. Südlich des Ortes biegt man auf die Str. Nr. 49 ein und folgt dem Westufer des Sees Richtung Karlsborg.

Askersund

Der kleine, 1983 gegründete Tiveden-Nationalpark zwischen Vättern und Unden besteht aus Seen und einer wild zerklüfteten Felsenlandschaft, die von **Kiefernurwald** bedeckt ist. Von der Str. Nr. 49 zweigt bei Granvik die Zufahrt zum Park ab und endet an einem Parkplatz mit Infohäuschen. Von hier kann man auf einem rund 5 km langen,

Nationalpark Tiveden

Vögel beobachten, Picknick machen, ausruhen – alles möglich am Vättersee

markierten Wanderweg den unübersichtlichen Tivedenurwald erkunden. Neben Hirschen und Elchen sind hier auch Wölfe heimisch.

Karlsborg Auf der Str. Nr. 49, **einer der landschaftlich schönsten Strecken Schwedens**, fährt man am Westufer des Vättern weiter nach Süden bis Karlsborg, wo der Götakanal in den Vättersee eintritt. Die größte Sehenswürdigkeit der Stadt ist die weitläufige Festung, die 1819–1909 auf der in den See ragenden Landspitze angelegt wurde und auch heute noch militärischen Zwecken dient. In die südwestliche Festungsmauer ist die Garnisonskirche integriert, unter der sich ein wehrtechnisches Museum befindet.

Hjo Kurz hinter Karlsborg verlässt man bei Mölltorp die Str. Nr. 49 und folgt der Str. Nr. 195 weiter am See entlang zu der mittelalterlichen Stadt Hjo, deren schöne Holzvillen von einer glanzvollen Vergangenheit als Badekurort künden. Im Societetshus gibt es eine **Schmetterlingsausstellung** und ein **Aquarium** mit Fauna aus dem Vättersee. Über Brandstorp und Habo erreicht man schließlich wieder Jönköping, den Ausgangspunkt der Rundreise.

Växjö • ZIELE

✱ Växjö

✦ E 2

Landschaft: Småland
Provinz: Kronobergs Län
Einwohnerzahl: 83 700
Höhe: 160 m ü.d.M.

Die südschwedische Provinzhauptstadt Växjö liegt am Nordende des kleinen gleichnamigen Sees. Hier, wo einst die Wege (Väg) am See (Sjö) zusammentrafen, gab es schon in der Eisenzeit und unter den Wikingern einen Handelsplatz.

Växjö wird »Wäckschö« ausgesprochen. Zwischen der Einkaufsstadt und dem weiter östlich gelegenen Nybro erstreckt sich das Glasreich mit seinen zahlreichen Glasbläsereien (▶ Baedeker Wissen, S. 392).

SEHENSWERTES IN VÄXJÖ UND UMGEBUNG

Das Zentrum der auf regelmäßig rechteckigem Grundriss angelegten Innenstadt ist der Stortorg, an dem das stattliche Gebäude der Länsresidenz steht. Das bemerkenswerteste Bauwerk der Stadt ist der weithin sichtbare Dom mit seinem charakteristischen, von zwei spitzen Turmhelmen gekrönten Westwerk. Er wurde im 12. Jh. erbaut und nach Blitzschäden bis zum Jahr 1959 restauriert. Nach der bislang letzten Sanierung 1995 erscheint die Kathedrale heute sehr hell und wird von modernen Kunstwerken geziert, die u. a. die beiden **bekannten Glaskünstler** Göran Wärff und Bertil Vallien geschaffen haben. Das Kircheninnere ist dreischiffig, Wände und Gewölbe sind nahezu schmucklos. Beachtenswert ist der **originelle Kerzenhalter** in der Form eines Baums, dessen Blätter aus buntem Glas bestehen.
❶ Tgl. 9.00 – 18.00 Uhr

Dom

> **! BAEDEKER TIPP**
>
> *Kostbares Papier*
>
> Der kleine Ort Lessebo liegt in der Mitte zwischen Växjö und Kalmar. Hier kann man handgeschöpftes, nach jahrhundertealter Tradition hergestelltes Papier kaufen oder sich auf einer Führung die Papierherstellung erklären lassen.
> Lessebo Handpappersbruk
> Tel. 0478 47691
> Papierverkauf
> Mo.–Fr. 9.00–17.00 Uhr

An den Dom schließt sich der Linnépark an. Hier befindet sich das alte Karolinische Gymnasium, zu dessen Schülern Carl von Linné gehörte, der 1707 in Stenbrohult außerhalb von Växjö geboren wurde. Der **Kräutergarten** geht auf eine Anregung des berühmten Botanikers zurück, ferner gibt es eine Kakteenzucht.

Linnépark

Växjö

AUSKUNFT
Touristenbüro
Residenset
Stortorget Kronobergsgatan 7
35112 Växjö
Tel. 0470 73 32 80
www.turism.vaxjo.se

OUTDOOR
Der Värendsleden ist eine 120 km lange Kanustrecke entlang der Seen Helgasjön, Salen und Åsnen durch eine atemberaubende Wasserwelt mit zahlreichen Vogelschutzgebieten. Für die ganze Strecke (sie gilt als leicht bis mittelschwer) braucht man etwa eine Woche, aber natürlich sind auch kürzere Teilabschnitte möglich. Eine detaillierte Karte ist in den Touristenbüros und bei den meisten Bootsverleihern erhältlich.

ESSEN
Elite Stadshotellet ❸❸–❸❸❸
Kungsgatan 6
Tel. 0470 1 34 00
In diesem zum Stadshotell gehörenden Restaurant wird moderne schwedische Küche geboten. Die Einrichtung ist schnörkellos und stilvoll. Im Sommer kann man auch draußen sitzen und das Treiben auf der belebten Kungsgatan beobachten.

ÜBERNACHTEN
Tofta Strand Hotell & Konditori ❸❸
Lenhovdavägen 72
Tel. 0470 6 52 90
www.toftastrand.nu
Gemütliches, kleines Hotel in schöner Lage auf einem Wassergrundstück am Toftasjö. Die zum Hotel gehörende, benachbarte Villa Vik mit dem vorzüglichen Restaurant war vor 100 Jahren Wohnsitz der Sopranistin Kristina Nilsson, die im 19. Jh. als eine der größten Sängerinnen ihrer Zeit galt.

EINKAUFEN
Zauberhaftes Glas
Die Hütte Bergdala bei Växjö ist für ihr blaues Glas bekannt. In Kosta werden Gläser in sehr modernem Design geschaffen, großer Verkaufsraum.
Tel. 0481 3 16 50
In der Glashütte Orrefors erzeugen zehn Designer neben bunten Glaskunstwerken auch wunderschöne aus Kristallglas.
Tel. 0481 4 28 81

Utvandrarnas Hus Vom Linnépark aus unterquert man die Eisenbahnlinie und kommt zu dem rechts stehenden Auswandererhaus, das den zahlreichen Bürgern Växjös gewidmet ist, die in der Zeit zwischen 1850 und 1930 **nach Amerika** ausgewandert sind. Hier werden wechselnde historische und ethnologische Ausstellungen veranstaltet.
 ❶ Tgl. 10.00 – 17.00 Uhr, www.utvandrarnashus.se

Xperiment Hus In dem 100 Jahre alten Lokomotivschuppen können Kinder und Erwachsene nach Herzenslust experimentieren und nach Herzenslust die aufregende Welt der **Wissenschaft und Technik** erkunden (Regementsgatan).
 ❶ Di. – Fr. 10.00 bis 16.00, Sa., So. ab 11.00 Uhr

Auch heute noch findet man im Kloster in Ystad Ruhe.

Im Bezirksmuseum werden die småländische Kulturgeschichte, Archäologie sowie Wald- und Landwirtschaft dokumentiert. Das ebenfalls hier beheimatete, äußerst sehenswerte **schwedische Glasmuseum** zeigt eine repräsentative Sammlung aus fünf Jahrhunderten – die ideale Einstimmung auf eine Fahrt durch das Glasreich.
❶ Di.–Fr. 10.00–17.00, Sa., So. 10–16 Uhr, Eintritt: 50 SEK, bis 19 J. frei, www.smalandsmuseum.se

*Smålands Museum

Ungefähr 5 km nördlich vom Zentrum steht **auf einer kleinen Insel** im Helgasjön die Ruine des Schlosses Kronoberg. Die aus dem 14. Jh. stammende Anlage war zunächst Bischofsresidenz und wurde dann Königsgut.

Kronoberg

* Ystad

✢ D 1

Landschaft: Skåne (Schonen)
Provinz: Skåne Län
Einwohnerzahl: 28 400
Höhe: Meereshöhe

Mit über hundert alten Fachwerkhäusern besitzt Ystad einen der schönsten Stadtkerne in ganz Schweden. Mittelalterliche Atmosphäre mit verwinkelten Innenhöfen und altersschiefen Häusern erlebt man am intensivsten bei einem Bummel durch die kopfsteingepflasterten Gassen.

ZIELE • Ystad

Reich durch Schmuggel

Die südschwedische Hafenstadt Ystad liegt an der schonischen Ostseeküste. Im Mittelalter war sie ein Hauptort für den Heringsfang. Ursprünglich dänisch, kam sie erst 1658 an Schweden. Ihre eigentliche Blütezeit setzte mit der napoleonischen **Kontinentalsperre** (1806 – 1810) ein, als der Handel mit Schmuggelware den Bürgern in kürzester Zeit hohe Gewinne brachte.

SEHENSWERTES IN YSTAD

Franziskanerkonvent

Nördlich des Marktplatzes gelangt man zur Petrikirche (13. Jh.). Nahebei steht das ehemalige Franziskanerkonvent, **nach dem in Vadstena das besterhaltene in Schweden**. Im Jahr 1267 wurde mit dem Bau begonnen, nach der Profanierung durch die Reformation um 1530 benutzte man den Gebäudekomplex als Spital, Schnapsbrennerei und Lagerhaus. Heute dienen die Konventsgebäude auch als Stadtmuseum.

① Juni – Aug. Mo. – Fr. 10.00 – 17.00, Sa., So. 12.00 – 16.00 Uhr, sonst Di. – Fr. 12.00 – 17.00, Sa., So. 12.00 – 16.00 Uhr

Marienkirche

Das Alte Rathaus am **Stortorg** wurde über einem Keller mit Kreuzgewölben aus dem 14. Jh. errichtet. Am Stortorg steht auch die Marienkirche, deren geschweifte kupferne Haube aus dem 16. Jh. ein Wahrzeichen der Stadt ist. Vom Turm blickt noch heute der Wächter über die Stadt, **sein Hornsignal ertönt nachts zu jeder Stunde**. Das Innere ist reich geschmückt und mit schönen Schnitzereien ausgestattet. Sehenswert ist auch die wertvolle Silbersammlung.

Südostwärts vom Stortorg liegt das **Charlotte-Berlins-Museum**, ein Bürgerhaus mit schöner Einrichtung aus dem 19. Jh. Nur wenige Schritte weiter südlich steht das regionale **Kunstmuseum** mit einer guten Sammlung von Kunst des 19. und 20. Jh.s aus Schonen und Dänemark, Gastausstellungen, Fotogalerie, Museumsladen und Café.

Charlotte-Berlins-Museum:
Juni – August Mo. – Fr. 12.00 – 17.00, Sa., So. bis 16 Uhr,
Eintritt: 40 SEK, bis 16 Jahre frei

Kunstmuseum: Mitte Juni – Ende Aug. Di. – Fr. 10.00 – 17.00, Sa., So. 12.00 – 16.00 Uhr, sonst Di. – Fr. 12.00 – 17.00, Sa., So. bis 16.00 Uhr

> **BAEDEKER TIPP !**
>
> *Spettkaka*
>
> Auf den ersten Blick haben Spettkaka, die man in fast jeder Konditorei sieht, große **Ähnlichkeit mit unserem Baumkuchen**. Doch der schonische Spettkaka ist ein überaus kalorienhaltiger, knuspriger Kuchen aus Fett, Eiern, Zucker und Mehl, der **über offenem Feuer** getrocknet wird. Ein leckeres Souvenir, aber nicht leicht zu transportieren, denn die Pyramiden erreichen teilweise eine beeindruckende Größe und sind höchst zerbrechlich (▶Bild S. 64)

Ystad • ZIELE

Ystad erleben

AUSKUNFT
Ystads Turistbyrå
St. Knuts Torg, 27142 Ystad
Tel. 0411 57 76 81
www.ystad.se

FREIZEIT UND SPORT
Badestrände
Östlich von Ystad, zwischen Ales Stenar und Skillinge, liegen kilometerlange Sandstrände. Der schönste Abschnitt ist bei Sandhammaren.

ESSEN
Restaurang Store Thor €€€
Stortorget
Tel. 0411 1 85 10
www.storethor.se
Hier speist man gut und stimmungsvoll in den aus dem 15. Jh. stammenden Kellergewölben des Alten Rathauses.

Bryggeriet €€
Långgatan 20
Tel. 0411 69 99 9
www.restaurangbryggeriet.nu
Minibrauerei und Restaurant. Das Bier »Ysta Färsköl« wird in Kupferkesseln mitten im Restaurant gebraut. Die Küche verwendet bei der Zubereitung der Speisen, wo immer es geht, einen kräftigen Schluck davon.

Sandskogens Värdshus €€
Strandvägen 1
Tel. 0411 1 47 60
www.sandskogen.vendelrestauranger.se
Schönes altes Holzhaus in Strandnähe. Um die Mittagzeit ein preisgünstiges und gutes »Dagens Rätt«.

Bäckahästens Kaffeestuga €–€€
Lilla Östergatan 6
Tel. 0411 1 40 00
Gemütliches Kaffeehaus, im Sommer auch Gaststätte mit Mittagstisch. Besonders schön ist es im Sommer, wenn im Freien am alten Apotheksgarten serviert wird.

ÜBERNACHTEN
Anno 1793 Sekelgården €€€
Långgatan 18
Tel. 0411 7 39 00
www.sekelgarden.se
34 Zi. Kleines, familiengeführtes Hotel im Herzen von Ystad. Das Hotel ist in einem Fachwerkhaus untergebracht, die Zimmer, darunter die Wallander-Suite, sind liebevoll eingerichtet.

Ystads Saltsjöbad €€€€
Saltsjöbadsvägen 15
Tel. 0411 1 36 30
www.ystadssaltsjobad.se
Grandhotel in einzigartiger Lage direkt am Meer vor den Toren Ystads.

An der Ecke von Stora Östergatan und Pilgränd steht das teilweise von 1480 stammende Pilgrändshus, **angeblich Skandinaviens ältester erhaltener Fachwerkbau**. Der gegenüberliegende Aspelinska Gården (1778) zählte einst zum Eigentum einer Goldschmiedfamilie. Weiter östlich und etwas abseits der Stora Östergatan liegt der schöne Per Hälsas Gård mit mehreren sehenswerten Gebäuden aus dem 17. – 19. Jh..

*Fachwerkhäuser

ZIELE • **Ystad**

Östlich und etwas außerhalb des Zentrums liegt der Sandskog (Sandwald). Zu Beginn des 19. Jh.s wurden hier zum Schutz gegen den vom Wind herangetragenen Flugsand Bäume angepflanzt. Heute ist die Gegend ein Naherholungsgebiet mit schönen Badestränden. Die Strände ziehen sich bis Nybrostrand hin und sind meist von kleinen Dünen begrenzt.

> **! BAEDEKER TIPP**
>
> *Auf Kurt Wallanders Spuren*
>
> Man kann in Ystad auch auf den Spuren von Kurt Wallander wandern. In zehn Mankell-Büchern hat der melancholische Kommissar bisher versucht, mysteriöse Morde in seiner Heimatstadt aufzuklären. Mehr als 30 Schauplätze listet der **»Wegweiser für Wallander-Fans«** (kostenlos im Touristenbüro erhältlich) auf. Der treue Wallander-Fan quartiert sich im »Hotel Continental« ein, isst im »Lottas« zu Abend und trinkt seinen Kaffee in »Fridolfs Konditori«.

Das **Filmmuseum** ist den »Wallander«-Filmstudios angeschlossen. Dort bekommt man u. a. **Hintergrundinfos zu den Wallanderfilmen**. Von hier beginnen auch die Führungen durch die Filmstudios (Elis Nilssons väg 8).
● April – Mitte Juni Mo., Di., Sa., So. 10.00 – 16.00,
Mitte Juni – Sept. Mo. – Do., Sa., So. 10.00 – 16.00 Uhr,
Sept. Mo., Di., Sa., So. 10.00 – 16.00 Uhr, Eintritt: 60 SEK, Studioführungen (nur zu ausgewählten Terminen) 150 SEK (inkl. Eintritt Cineteket), Tel. 0411 57 70 57, www.ystad.se/cineteket.se

UMGEBUNG VON YSTAD

Örups Stenhus Fährt man von Ystad in nordöstlicher Richtung auf der Str. Nr. 19, so erreicht man nach 19 km Örups Stenhus, **eine der ältesten Burgen in Skåne**. Sie wurde um 1490 erbaut und hat Ähnlichkeit mit Schloss Glimmingehus.

Valleberga Knapp 17 km östlich von Ystad steht in Valleberga die **einzige erhaltene Rundkirche Skånes** aus dem 12. Jh. Sie besitzt den gleichen Grundriss wie die Rundkirchen auf der dänischen Insel Bornholm, die früher zum selben Stift gehörten. Den Taufstein der Valleberga-Kirche fertigte im 12. Jh. ein gotländischer Steinmetzmeister mit dem Namen »Magister Maiestatis« an. Im frei stehenden, mittelalterlichen Wehrturm ist ein Museum untergebracht.

*Ales Stenar An der Küste südöstlich von Ystad liegt das kleine Fischerdorf Kåseberga. Etwas erhöht über dem Strand befindet sich die hervorragend erhaltene Steinsetzung Ales Stenar, die höchstwahrscheinlich **aus der Wikingerzeit** stammt. Insgesamt 59 Steinblöcke bilden einen 67 m langen und 19 m breiten Schiffsgrundriss. Es könnte aber auch sein, dass Ales Stenar viel mehr als nur ein Wikingergrab ist, da man **mit der Steinsetzung auch die Tage des Sonnenjahres** und die Stunden des Tages bestimmen kann.

Etwa 20 km östlich von Ystad hinter Kåseberga erinnert ein Museum in dem Haus, in dem Dag Hammarskjöld lebte, an den 1961 bei einem Flugzeugabsturz ums Leben gekommenen, früheren schwedischen UN-Generalsekretär. Ein daneben angelegter **Meditationsplatz** ist sehr beliebt für Trauungen und Taufen.
❶ Juni – Aug. tgl. 12.00 – 17.00 Uhr

Museum Dag Hammarskjöld

Verlässt man Ystad in nördlicher Richtung auf der Str. Nr. 13, erreicht man noch vor Sjöbo Schloss Snogeholm. In wunderschöner Lage auf einer Landzunge im Snogeholmssjön war es ursprünglich eine Burg aus dem 15. Jh., die um 1860 im französischen Barock umgebaut wurde. Heute beherbergt es **ein exklusives Hotel**.

Schloss Snogeholm

Idyllisch und liebevoll herausgeputzt präsentiert sich das **Fischerstädtchen** im Sommer seinen Besuchern. So ist es auch eine Freude, vom Gästehafen über den Marktplatz und weiter entlang der Storgatan zu schlendern und in die engen Gassen mit den niedrigen, in Pastelltönen gestrichenen Häusern einzutauchen. Wer lieber baden möchte, findet in der Umgebung viele schöne Strände. Die **St. Nicolaikirche** wurde im 12. Jh. aus grauem Halla-Stein erbaut, doch lange war ihre Fassade hinter Zementputz versteckt. Als der Künstler Carl Milles in Simrishamn zu Besuch war, versprach er, der Gemeinde eine seiner Skulpturen zu schenken, wenn diese doch nur die Kirche von diesem hässlichen Putz befreien würde. Der Handel war erfolg-

Simrishamn

Ein Hauch von Stonehenge: Auch Ales Stenar diente als Kalender.

ZIELE • **Ystad**

reich, denn heute hat die Kirche wieder ihre unverputzte Fassade, und auch Carl Milles hat Wort gehalten: Auf dem Rasen steht eines seiner Werke. Im Innern sind die Kanzel mit einem Monogramm von König Christian IV., das prächtige Taufbecken und das Votivschiff von 1776 sehenswert. Das **Österlens Museum** im Zentrum zeigt Ausstellungen zu Fischerei und Seefahrt sowie zur Klöppeltradition in Österlen.

Österlens Museum: Ende Juni – Ende Aug. Mo.–Fr. 11.00–17.00, Sa. 10.00–14.00, sonst Di.–Fr. 12.00–16.00, Sa. 10–14.00 Uhr

*Glimminge-hus

Auch Selma Lagerlöf muss von Glimmingehus beeindruckt gewesen sein, denn sonst hätte sie den kleinen Nils Holgersson kaum so ausführlich über die mittelalterliche Burg berichten lassen. Die Burg, südöstlich von Simrishamn etwas landeinwärts gelegen, wurde **1499 begonnen und seit der Fertigstellung nicht mehr verändert**. Reichsadmiral und Reichsrat Jens Holgerson Ulfstad war der Auftraggeber, Adam van Düren, der sich schon in Köln und Lund einen Namen gemacht hatte, der Baumeister. Zahlreiche Verteidigungsanlagen und Wassergräben betonen den Festungscharakter. Eindringlinge konnten mit **kochendem Wasser oder Pech** begossen werden, jedes Stockwerk war einzeln zu verteidigen, und notfalls wurde die

Glimmingehus ist die besterhaltene mittelalterliche Burg ganz Skandinaviens.

enge Treppe mit schweren Steinplatten blockiert. Im Treppenhaus steht der »Vildmann«, eine Kalksteinskulptur, die noch von Adam van Düren stammt und wahrscheinlich den Bauherrn mit Keule und erlegtem Hasen darstellt. Im Sommer finden in der Burg **Ritterspiele**, Mittelalterfestivals und nächtliche Führungen statt.

❶ Juni – Mitte Aug. tgl. 10.00 – 18.00, April, Mai, Aug., Sept. 11.00 – 16.00, Okt. Sa., So. 12.00 – 16.00 Uhr

Von Simrishamn führt die Str. Nr. 9 rund 20 km nach Norden zu dem kleinen Küstenort Kivik, der alljährlich Ende September mit seinem Apfelmarkt Tausende Besucher anzieht. Der jährliche Jahrmarkt von Kivik im Juli gehört zu den traditionsreichsten und **größten Märkten Schwedens**. Mitten im Apfelanbaugebiet von Österlen, im nahen Bredarör, liegt zudem das **größte Rollsteingrab Schwedens**. Das Königsgrab aus der Bronzezeit ist leicht an dem beeindruckenden Steinhaufen mit 75 m Durchmesser zu erkennen. Im Innern befindet sich eine Kammer mit Steinritzungen, auf denen Sonnenräder, Pferde und Wagen zu sehen sind. Kivik

Grabkammer: Mai – August täglich 10.00 – 18.00 Uhr

Etwas südlich von Kivik liegt direkt an der Küste der nur 4 km² große Nationalpark Stenshuvud mit umso reichhaltigerer Pflanzenwelt. Von den drei Gipfeln hat man einen **schönen Blick übers Meer und die Steilküste**. Von Södra Mellby erreicht man einen Parkplatz mitten im Nationalpark. Dort befindet sich das Naturum mit einer Informationsausstellung. Nationalpark Stenshuvud

❶ Juni – Aug. 11.00 – 18.00, sonst bis 16.00 Uhr

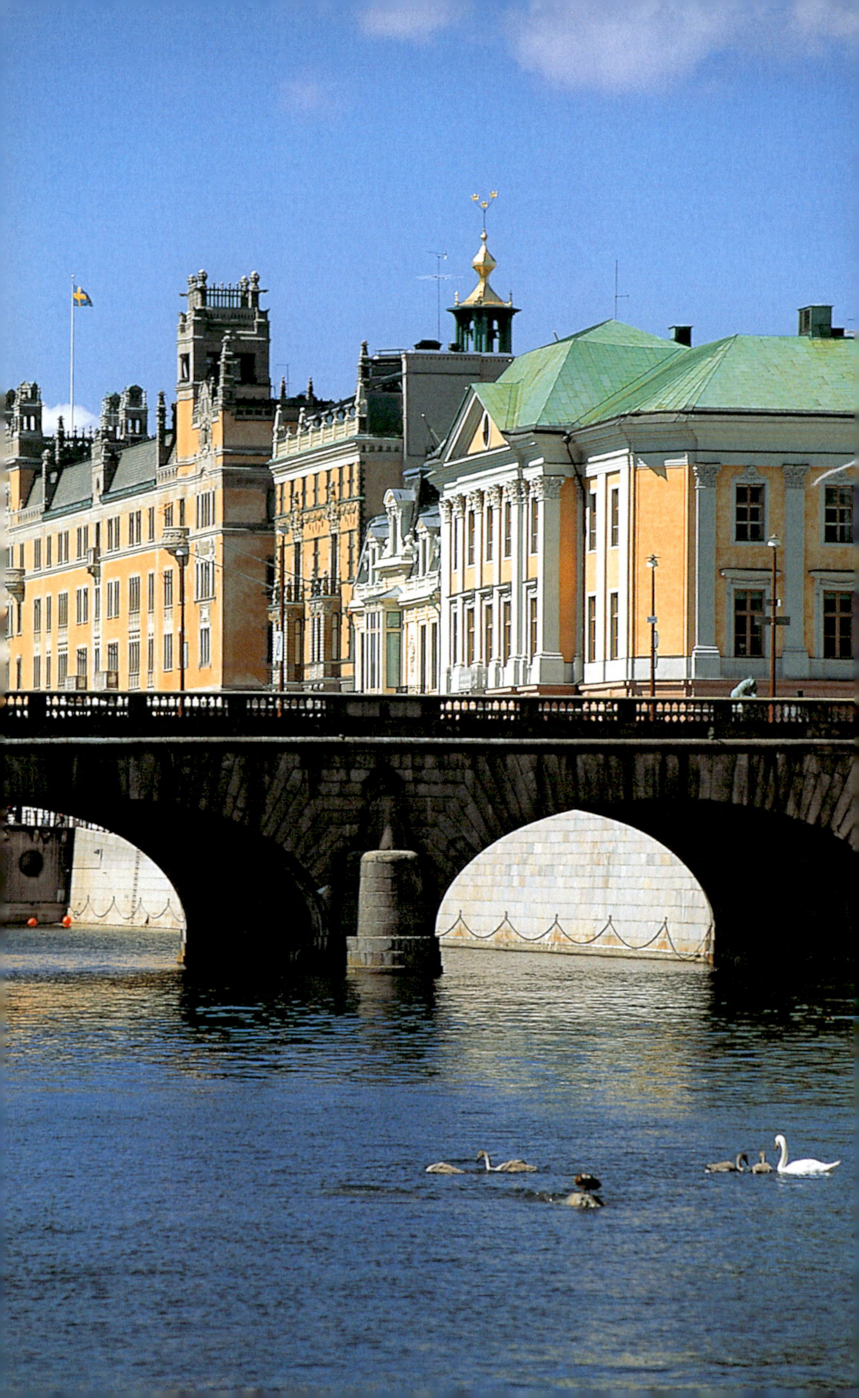

PRAKTISCHE INFORMATIONEN

Auf welchem Weg man am besten nach Schweden kommt, wie die Einheimischen richtig zu begrüßen sind, welches eine gute Reisezeit ist – und warum Schwedenkrimis die beste Vorbereitung sein können, um sich aufs Urlaubsziel einzustimmen.

Anreise · Reiseplanung

ANREISEMÖGLICHKEITEN

Mit dem Flugzeug
Von allen großen deutschen Flughäfen bestehen mit der skandinavischen Fluggesellschaft SAS und Lufthansa tägliche **Flugverbindungen** nach Schweden. Seit auch Billigflieger die Strecken in den Norden bedienen, hat sich das Preisniveau nach unten bewegt. Mit Ryanair kann man momentan von Berlin, Düsseldorf, Frankfurt/Hahn, Hamburg/Lübeck, Bremen und München nach Stockholm fliegen. Norwegian fliegt von Berlin, Hamburg und München nach Stockholm. Für Reisende nach Westschweden bieten sich auch die **Billigflugangebote via Oslo** an – dorthin fliegt ebenfalls Ryanair von Frankfurt/Hahn, Bremen und Berlin sowie Norwegian von Berlin.

Mit Auto und Fähre
Am schnellsten erreicht man Schweden per Auto über die 16 km lange, gebührenpflichtige **Öresund-Brücke** (www.oeresundsbron.com) zwischen Kopenhagen und Malmö. Eine bequeme Alternative ist auch die **Überfahrt** mit einer der Fähren von Rostock/Warnemünde,

Schweden erreicht man für knapp 32 € auch über die Öresund-Brücke.

FÄHREN
Kiel – Göteborg
ca. 14 Std., Stena Line

Travemünde – Trelleborg
7 – 9 Std., TT-Line

Rostock – Trelleborg
6 Std., TT-Line u. Scandlines

Sassnitz – Trelleborg
3,5 Std., Scandlines

Vogelfluglinie
Puttgarden – Rødby 45 min.
Helsingør – Helsingborg 20 min.
Rostock – Gedser 2 Std. Scandlines

FÄHRVERBINDUNGEN INNERHALB SCHWEDENS
Oskarshamn – Visby
Destination Gotland

Nynäshamn -Visby
Destination Gotland

FÄHRGESELLSCHAFTEN
Stena Line
www.stenaline.de, Tel. *01805 91 66 66

Scandlines
www.scandlines.com, Tel. 0381 5 43 50

TT-Line
www.ttline.com, Tel. 04502 8 01 81

Destination Gotland
www.destinationgotland.se
Tel. 0046 7 71 22 33 00

BAHN UND BUS
Deutsche Bahn
Tel. *01805 99 66 33
www.bahn.de

Deutsche Touring
Am Römerhof 17
60486 Frankfurt/M.
Tel. 069 7 90 35 01
www.touring.de

Sassnitz oder Travemünde nach Trelleborg oder via Dänemark (Vogelfluglinie Puttgarden-Rødbyhavn, Rostock-Gedser und Helsingør-Helsingborg). Nach Gotland dauert die Überfahrt drei Stunden ab Nynäshamm oder Oskarshamn. Man sollte sie möglichst **frühzeitig** buchen, um sich nicht nur einen Platz zu sichern, sondern auch in den Genuss des Frühbucherrabatts zu kommen.

Eurolines-Busse (www.touring.de) und Berlin Linien Bus (www.berlinlinienbus.de) fahren **von Hamburg bzw. Berlin** nach Stockholm. — Mit dem Bus

Züge fahren von Hamburg auf der Vogelfluglinie (Puttgarden-Rødby), dann weiter **über Kopenhagen und Helsingborg**, wo Anschluss zu weiteren schwedischen Städten besteht. Über Fahrpläne und günstige Leistungsangebote informieren die Vertretungen der Deutschen Bahn (www.bahn.de), der Österreichischen Bundesbahnen (ÖBB) und der Schweizerischen Bundesbahnen (SBB). Für **Bahnfahrten durch Skandinavien** empfiehlt sich ein Inter Rail Pass (www.interrailnet.com). — Mit dem Zug

Schnelle Verladung: Fährhafen von Göteborg

EIN-UND AUSREISEBESTIMMUNGEN

Reisedokumente Schweden ist EU-Mitglied, für Deutsche, Schweizer und Österreicher entfallen daher die Passkontrollen. Trotzdem sind, um sich ausweisen zu können, Reisedokumente wie **Personalausweis oder Reisepass** immer mitzuführen.

Führerschein und Autoplakette Es gilt der **EU-Führerschein,** für Schweizer und andere Mitglieder von Nicht-EU-Staaten der internationale Führerschein. Das Fahrzeug hat die EU-Plakette bzw. die Länderplakette aufzuweisen.

ZOLLBESTIMMUNGEN

Einfuhr von Waren Für Reisende aus EU-Ländern gibt es bei der Einfuhr von Waren für den Eigengebrauch **keine Beschränkungen**. Es gelten die EU-Richtlinien für den Warentransport. **Reisende aus der Schweiz** dürfen einführen: bei Vollendung des 20. Lebensjahres 1 l Spirituosen oder 2 l Likör, 2 l Wein und 32 l Bier; bei Vollendung des 18. Lebensjahres 200 Zigaretten oder 100 Zigarillos, 50 Zigarren oder 250 g Tabak.

HAUSTIERE

Hunde und Katzen Hunde und Katzen dürfen nach Schweden mitgenommen werden, sofern man einen **Heimtierpass** vorlegen kann, der schon vor der Abreise in Deutschland ausgestellt werden muss. Die Tiere müssen leserlich tätowiert oder **mit einem Mikrochip** versehen und nachweisbar **gegen Tollwut geimpft** sein (weitere Informationen über das Schwedische Landwirtschaftsamt: Statens Jordbruksverk, Smittskyddsenheten, S-55182 Jonköping, www.jordbruksverket.se).

MÜCKENPLAGE

Schwedens Mücken sind legendär im negativen Sinne, aber ganz so unerträglich, wie viele behaupten, ist die Mückenplage nicht. Sie betrifft in der warmen Jahreszeit besonders die **feuchten und tiefer gelegenen Gebiete** Schwedens. In Flusstälern, an Seen, Mooren und vor allem im hohen Norden, wo ein halbes Jahr lang die Sonne kaum untergeht, schwirren ganze Wolken von Insekten durch die Luft, darunter eben auch Stechmücken. Daher unbedingt entsprechende Schutzmittel einpacken (Autan, Moskitonetz, **Hut mit Mückennetz**, Antijucksalbe). Auch in den schwedischen Supermärkten und Apotheken sind Abwehrmittel chemischer Art erhältlich, z.B. das **Spray Mygga**. Salzwasser ist für Mücken uninteressant, wer also in Meeresnähe reist, dürfte den Plageegeistern entkommen. Auch in Gebiete über der Baumgrenze verirrt sich in der Regel keine Mücke.

Mückenschutz

Auskunft

AUSSERHALB SCHWEDENS
VisitSweden-Touristeninformation
Stortoget 2-4, 83130 Östersund
www.visitsweden.com
Deutschland: Tel. 069 22 22 34 96
Österreich: Tel. 01 9 28 67 02
Schweiz: Tel. 044 5 80 62 94

IN SCHWEDEN
Blekinge
Blekinge Turism, Ronnebygatan 2,
37132 Karlskrona
Tel. 0455 30 50 20
www.blekinge.se

Bohuslän/Dalsland/Västergötland
Västsvenska Turistrådet

Kungsportsavenyen 31-35,
41136 Göteborg
Tel. 031 81 83 00
www.vastsverige.com

Dalarna
Turistinformation Dalarna
Trotzgatan 10-12, 79183 Falun
Tel. 023 6 40 04
www.dalarna.se

Halland
HallandsTurist
Kristians Ivs Väg 3, vån 8,
30180 Halmstad
Tel. 035 13 48 00
www.halland.se

Hälsingland
Hälsingland Turism
Collinigatan 12, 82143 Bollnäs
Tel. 0278 62 40 07
www.halsingland.se

Jämtland/Härjedalen
Jämtland/Härjedalen Turism
Rådhusgatan 44
83182 Östersund
Tel. 063 14 40 22

Lappland
Kulturens Hus
Skeppsbrogatan 17, 97185 Luleå
Tel. 0920 45 70 00
www.swedishlapland.com/

Östergötland
Östsvenska Turistrådet
Drottninggatan 24, 60181 Norrköping
Tel. 011 1965 00
www.ostergotland.info

Skåne (Schonen)
Tourism in Skåne
Stortorget 9, 21122 Malmö
Tel. 040 20 96 00
www.skane.com

Småland
Smålands Turistråd
Box 1027, 55111 Jönköping
Tel. 036 35 12 70
www.visit-smaland.com

Värmland
Visit Värmland
Västra Torggatan 26, 65184 Karlstad
Tel. 054 7 01 10 00
www.varmland.org

Västmanland
Västmannlands Kommuner & Landsting
Norra Källgatan 22, 72211 Västerås
Tel. 021 39 79 40
www.vastmanland.se

BOTSCHAFTEN
Schwedische Botschaft
Rauchstr. 1, 10787 Berlin
Tel. 030 50 50 60
www.schweden.org

Deutsche Botschaft
Skarpögatan 9
11527 Stockholm
Tel. 08 6 70 15 00
www.stockholm.diplo.de

Schweizer Botschaft
Valhallavägen 64
10041 Stockholm
Tel. 08 6 76 79 00
www.eda.admin.ch/stockholm

Österreichische Botschaft
Kommendörsgatan 35
11458 Stockholm
Tel. 08 6 65 17 70
www.aussenministerium.at/stockholm

Mit Behinderung unterwegs

Barrierefrei reisen
Schweden ist **vorbildlich** bei Vorkehrungen für behinderte Reisende. Hotels und Restaurants sind meist auf den Besuch von Rollstuhlfahrern eingerichtet. Auch die öffentlichen Verkehrsmittel sind sehr behindertenfreundlich, und sogar **viele Ziele in freier Natur** sind durch Stege und Wege für Rollstuhlfahrer erreichbar geworden. Eine

sehr gute, wenn auch nicht immer aktuelle Broschüre mit dem Titel **»Schweden für Menschen mit Handikap«** erhält man bei Visit Sweden. (▶Auskunft S. 413)Bei De Handikappades Riksförbund erhält man auch einen – allerdings nur schwedischsprachigen – Führer über behindertengerechte Kneipen und Restaurants in Stockholm.

AUSKUNFT IM HEIMATLAND
Bundesverband Selbsthilfe Körperbehinderter
Altkrautheimerstraße 20
74238 Krautheim/Jagst
Tel. 06294 4280
www.bsk-ev.org

Verband aller Körperbehinderten Österreichs
Schottenfeldgasse 29
1070 Wien
Tel. 01 5123661460
E-Mail: info@vakoe.at

Mobility International Schweiz
Amtshausquai 21
4600 Olten
Reisedienst
Tel. 062 2126740
www.mis-ch.ch

AUSKUNFT IN SCHWEDEN
De Handikappades Riksförbund
Storforsplan 44, 12321 Farsta
Tel. 08 6858000
www.dhr.se

Turism för alla
Box 1087, 25110 Helsingborg
Tel. 070 5625617
www.turismforalla.se

Elektrizität

Das schwedische Stromnetz führt **220 Volt** Wechselspannung. Adapter für die in Mitteleuropa üblichen Elektrogeräte sind nicht erforderlich.

Adapter nicht notwendig

Etikette

Die Schweden sind sehr freundliche Menschen, und dies zeigt sich im täglichen Umgang besonders. So bedankt man sich z.B. für alles, und das ausgiebig. Daher lautet das wichtigste schwedische Wort, das jeder Tourist beherrschen sollte, **»tack« – danke.**

Freundlicher Umgangston

In Schweden wird jeder geduzt – egal, ob der Nachbar oder der Ministerpräsident. Einzige **Ausnahme sind Mitglieder des Königshauses**. Das führt dazu, dass viele Schweden, die Deutsch sprechen,

Immer per Du

ihren Gesprächspartner auch in der Fremdsprache duzen. Die Begrüßung mit **Handschlag ist in Schweden unüblich**. Titel tragen die Schweden nicht stolz vor sich her.

Pünktlich sein Bei Einladungen zum Essen sollte man pünktlich kommen. Bei Privateinladungen werden zehn Min. Verspätung akzeptiert, bei Geschäftsessen sind **Verspätungen tabu**. Nach Beendigung des Essens – das immer mit einer Tasse Kaffee abgeschlossen wird – bedankt man sich mit einem »tack för maten« – »Danke für das Essen«. Weiter ist es üblich, beim Betreten der Wohnung **die Schuhe auszuziehen**. Diese Tradition wird oft locker gehandhabt, doch als Gast sollte man zunächst die Schnürsenkel lösen – wenn der Gastgeber darauf keinen Wert legt, wird er darauf hinweisen. In Schweden kleidet man sich in der Regel leger, bei Geschäftstreffen hingegen konservativ, und wenn sie abends ausgehen, werfen sich die Schweden gern in Schale. Manches Lokal hat einen **»Dresscode«** und verlangt entsprechende Kleidung.

> **? BAEDEKER WISSEN**
>
> *Nummernlapp*
>
> Immer schön der Reihe nach: Der »Nummernlapp« ist eine skandinavische Erfindung. Beim Betreten eines Ladens ziehen die Kunden eine Nummer, nach deren Reihenfolge sie dann bedient werden. Welche Nummer dran ist, zeigt eine Anzeigetafel.

Rauchverbot Seit 2005 besteht in Restaurants, Hotels, Kneipen und **allen öffentlichen Verkehrsmitteln** striktes Rauchverbot.

Geld

Zahlungsmittel In Schweden werden nahezu überall die gängigen Kreditkarten akzeptiert. An den Bankautomaten kann man mit ihnen bzw. der

WECHSELKURSE
1 € = 8,89 SEK
1 SEK = 0,11 €
1 SEK = 0,13 CHF
1 CHF = 7,39 SEK

KREDITKARTE SPERREN
Bank- und Kreditkarten, aber auch Handys können unter folgender Nummer gesperrt werden:

von Schweden aus
+49 116 16

von Deutschland aus
116 116

Bank-Karte und der jeweiligen Geheimnummer problemlos Geld abheben. Offiziell gültige Währung ist die Schwedische Krone (SEK).

Banken öffnen im Allgemeinen Mo. – Fr. 9.30 – 15.00 Uhr (donnerstags bis 17.00 Uhr), in den Großstädten sind manche Filialen auch länger geöffnet. In den **Flughäfen und Hauptbahnhöfen** der Städte Stockholm, Göteborg und Malmö sind Wechselstuben eingerichtet, die täglich 8.00 – 21.00 Uhr öffnen. Geld kann man auch an vielen Postämtern wechseln; vom Postsparbuch abheben ist nicht möglich.

Banken

Gesundheit

Bei einem akuten Notfall ist die Notaufnahme (akuttmottagning) der Krankenhäuser zuständig. Man kann sich aber auch in einem Gesundheitszentrum (vårdcentral) oder von einem Arzt behandeln lassen. Wie jeder Schwede auch muss man dort je nach Behandlung zwischen 150 und 280 SEK **Eigenanteil** bezahlen. In **Apotheken** wird ebenfalls eine Eigenbeteiligung fällig. Wechselnden Apothekennachtdienst gibt es in Schweden nicht, doch finden sich in den Großstädten in Krankenhausnähe Apotheken mit verlängerten Öffnungszeiten. Der Gang zum **Zahnarzt** (tandläkare) kann dagegen teuer werden, denn hier müssen bis zu 70 % der entstandenen Kosten selbst getragen werden.

Arzt und Zahnarzt

Seit 2004 ersetzt die **Europäische Krankenversicherungskarte** der deutschen Krankenkassen (EHIC) den Auslandskrankenschein. In Schweden wird diese Karte bei Arztkonsultationen akzeptiert. Die Eigenbeteiligung (s.o.) entfällt dadurch aber nicht. Die Versicherungskarte **ersetzt auch nicht eine zusätzliche Auslandsreisekrankenversicherung**. Solch eine Zusatzversicherung abzuschließen ist also sinnvoll, z.B. um den Krankenrücktransport abzudecken.

Krankenversicherung

Literaturempfehlungen

Eine spannende Einführung in das Reiseland Schweden bieten die Kriminalromane von **Henning Mankell,** Håkon Nesser und Liza Marklund. Schon einige Jahre alt sind die Krimis des Autorenpaares **Maj Sjöwall und Per Wahlöö.** Sie vermitteln mit ihren Büchern aber nicht nur Spannung, sondern gewähren auch einen Einblick ins schwedische Gesellschaftssystem der 1970er- und 1980er-Jahre. Sehr lesenswert sind auch die Spionageromane des Journalisten **Jan Guillou**. Sozialkritik und Spannung halten sich hier die Waage.

Kriminalromane

Populäre Romane	Zu den populärsten Romanen der letzten Jahren zählen »Populärmusik aus Vittula« von **Mikael Niemi** und »Der Hundertjährige, der aus dem Fenster stieg und verschwand« von **Jonas Jonasson**.
Klassiker	Auf andere Art auf Schweden einstimmen lassen kann man sich von **Selma Lagerlöf**. Ihre Kindheitserinnerungen »Mårbacka« und der Roman »Gösta Berling« porträtieren die Landschaft und Menschen ihrer Heimatprovinz Värmland. Hinauf in den hohen Norden führt der schöne Band »Erzählung vom Leben der Lappen« von Johan Turi. Ebenfalls auf eine Nordlandfahrt kann man sich mit **Carl von Linnés »Lappländische Reise«** begeben.

Medien

Zeitungen und Magazine	Deutschsprachige Zeitungen und Zeitschriften sind an Flughäfen und Bahnhöfen an mit **»IP« (International Press)** gekennzeichneten Zeitungsläden (pressbyråer) erhältlich. Die wichtigsten schwedischen Tageszeitungen sind die liberale **Dagens Nyheter** (www.dn.se) und das konservative Svenska Dagbladet (www.svd.se). Boulevardblätter sind Aftonbladet (www.aftonbladet.se) und Expressen (www.expressen.se).

Bibi Andersson und Gunnel Lindblom in dem
Drama »Wilde Erdbeeren« von Ingmar Bergman

Das Fernsehen hat einen nicht zu unterschätzenden Anteil daran, dass die meisten Schweden über sehr gute Fremdsprachenkenntnisse verfügen. Alle Filme (nicht nur aus Hollywood) werden nämlich im Original mit Untertiteln ausgestrahlt.

Fernsehen

Notrufe

NOTRUFE IN SCHWEDEN
Polizei, Feuerwehr, Rettung
Tel. 112

Pannenhilfe
Assistancekaren: Tel. 020 92 19 21
Falck: Tel. 087 67 90 00

IN DEUTSCHLAND
ADAC-Notrufzentrale München
aus Schweden: Tel. +49 89 22 22 22

ACE-Euro-Notruf
aus Schweden: Tel. 01802 34 35 36

Deutsche Rettungsflugwacht
aus Schweden: Tel. +49 711 70 10 70

DRK-Flugdienst Bonn
aus Schweden: Tel. +49 228 23 00 23

IN ÖSTERREICH
ÖMTC-Notrufzentrale Wien
aus Schweden: Tel. +43 1 25 12 0 00

IN DER SCHWEIZ
Rega Rettungsflugwacht
aus Schweden: Tel. +41 44 654 32 22

Post · Telekommunikation

Die Postämter (postkontor) sind an Werktagen von 9.00–18.00 und Sa. von 9.00–13.00 Uhr geöffnet. Briefmarken (frimärken) sind außer bei Postämtern auch in Tabak- und Papierwarengeschäften, in größeren Lebensmittelgeschäften und zum Teil auch in Kaufhäusern erhältlich. Das **Porto für eine Postkarte** oder einen Brief innerhalb Europas beträgt 11 SEK.

Post

Die meisten Telefonzellen in Schweden sind Kartentelefone. **Telefonkarten** gibt es zu 25, 50 und 100 Einheiten. Erhältlich sind die Karten bei Zeitungskiosken, Touristenbüros und Geschäften in der Nähe der entsprechenden Telefonzellen. Die jeweils nächste Verkaufsstelle ist in den Zellen angegeben. Mit dem **mobilen** kann man in Schweden problemlos telefonieren – lediglich in den nördlichen Landesteilen ist die Netzabdeckung noch etwas löchrig. Alle deutschen Anbieter haben Roamingabkommen mit schwedischen Partnern. Oft kann man bei seinem Anbieter auch spezielle **Auslands-**

Telefon

PRAKTISCHE INFOS • **Preise · Vergünstigungen**

VORWAHLEN VON SCHWEDEN
nach Deutschland
0049

nach Österreich
0043

in die Schweiz
0041

NACH SCHWEDEN
von Deutschland, Österreich und der Schweiz
0046

tarife hinzubuchen, die günstige Gespräche von Schweden nach Deutschland ermöglichen. Vor Ort kann man Prepaid-Karten kaufen, die sich bei längerem Aufenthalt im Land lohnen.

Preise · Vergünstigungen

Reisebudget vor Ort

Schweden ist kein billiges Reiseland, allerdings auch keineswegs so teuer wie vielfach vermutet. Benzin ist nach Einführung der Ökosteuer in Deutschland etwa gleich teuer. Die **Preise für Alkohol und Zigaretten, Süßigkeiten und Essen in Restaurants** sind in Schweden tatsächlich deutlich höher. Mittags isst man in vielen Restaurants für weniger Geld: Zwischen 11.30 und 14.00 Uhr servieren diese das preisgünstige »dagens rätt«. Einige Preisbeispiele: ein Glas Wein im Restaurant ab 7 €; 0,33 l Bier (bei Systembolaget) ab 1,50 €; Ferienhausmiete je nach Saison: ab 260 €/Woche. (Die Beispiele für Getränke im nebenstehenden Kasten verstehen sich als **Restaurantpreise**.)

> **? BAEDEKER WISSEN**
>
> *Was kostet wie viel?*
>
> Doppelzimmer
> **ab 850 SEK**
>
> 3-Gang-Menü
> **ab 300 SEK**
>
> Einfache Mahlzeit
> **ab 110 SEK**
>
> Eine Tasse Kaffee
> **ab 11 SEK**
>
> Ein Glas Bier
> **ab 55 SEK**
>
> Ein Liter Normalbenzin
> **ab 15 SEK**

Bei **Hotels** lohnt es grundsätzlich, sich nach Sondertarifen zu erkundigen. In Großstädten wie Stockholm, Malmö und Göteborg macht es bei längerem Aufenthalt Sinn, sich die jeweilige **Städtekarte** zu kaufen, die Museumseintritte und Fahrten mit den öffentlichen Verkehrsmitteln billiger machen. In Verbindung mit der Karte können teils auch **günstige Wochenend- und Ferientarife** bei den großen Hotels gebucht werden (▸siehe dazu die einzelnen Stadtkapitel in »Reiseziele von A bis Z«).

Reisezeit

Die schönste Reisezeit für **Südschweden** sind die Monate Mai bis Oktober, der klimatisch günstigste Monat ist der Juni; für **Mittel- und Nordschweden** empfehlen sich Juni bis September, denn im Mai sind viele Wanderpfade in Nordschweden von der Schneeschmelze noch versumpft. Juli ist der Hauptferienmonat der Schweden und der Lieblingsmonat der **Mücken**, es ist wärmer, aber auch regenreicher als im Vormonat. Im August beginnt schon die Nachsaison, in Nordschweden kann es herbstlich kühl werden. September ist ein sehr guter Monat für Aktivurlauber. Jetzt hat man die Wanderpfade für sich allein, und die Mückenplage hört auf. Für **Skitouristen** eignen sich am besten die Monate März und April. Grundsätzlich ist es auch im meist sonnigen Südschweden nie falsch, die Gummistiefel und Regenkleidung einzupacken.

Die besten Monate

Auf Grund der nördlichen Lage geht in dem Gebiet **nördlich des Polarkreises** die Sonne für Tage oder gar Wochen nicht unter. Obwohl in Stockholm von der Mitternachtssonne nichts mehr zu sehen ist, bleiben auch hier die Nächte hell; die Abenddämmerung geht nahtlos ins Morgenrot über. Die Mitternachtssonne scheint in: Abisko vom 12. Juni bis 14. Juli, in Kiruna vom 31. Mai bis 14. Juli, in Riksgränsen vom 26. Mai bis 18. Juli und am Kebnekaise, dem höchsten Berg des Landes, vom 23. Mai bis 22. Juli.

Mitternachtssonne

Sprache

Viele Schweden sprechen Englisch, manche auch Deutsch. In den **größeren Hotels und Reisebüros** findet man fast überall Deutsch sprechende Mitarbeiter. In abgelegenen Orten und Gebieten, besonders im nördlichen Landesteil, wird in der Regel nur Schwedisch gesprochen. Ein paar Worte zu beherrschen ist von Vorteil.

Viel Englisch, auch Deutsch

BESONDERHEITEN IM SCHWEDISCHEN

Das Schwedische gehört zur nordgermanischen oder skandinavischen Sprachgruppe. Charakteristisch ist, dass der **bestimmte Artikel ans Ende des Wortes** gehängt wird (z.B. vägen = der Weg, kyrkan = die Kirche). Das macht die Übertragung ins Deutsche etwas verwirrend: »Stortorget« steht auf den Straßenschildern vieler Städte, was übersetzt »Der Marktplatz« heißt. Wird in diesem Reiseführer nun der Marktplatz beschrieben, muss es »der Stortorg« heißen,

Nur nicht verwirren lassen

sonst hätte man den Artikel »der« gleich zweimal verwendet. Ähnliches gilt für museum/museet. Wer am schwedischen Telefon- oder Wörterbuch zu verzweifeln droht, dem hilft vielleicht dieser Hinweis: Im **schwedischen Alphabet** folgen Å, Ä, Ö nach Z.

Aussprache In der Aussprache weicht das Schwedische besonders bei folgenden Buchstaben vom Deutschen ab: **å** wie ein breiter dunkler o-Laut **o** meist etwas dumpf, mitunter wie ü **u** fast wie ü **c** vor e, i, y wie ein scharfes s (ß), sonst wie k **ch** vor e, i, y, ä, ö, wie sch **d, h, l** vor j stumm, also djur (Tier) wie jüür **f** am Silbenende wie w **g** vor e, i, ö, y und nach l und r wie j; gj vor o und u wie j **k** vor ä, e, i, ö, y und in der Verbindung kj wie sch, z.B. kyrka wie schürka, kött wie schött **s** immer scharf wie ß; sj wie sch **tj** vor ä, e, i, ö, y wie sch; ti in der Endung -tion wie sch **v** immer wie w **y** wie ü.

SPRACHKURSE

Im Urlaub an die Uni Während der Sommermonate bieten das Schwedische Institut in Stockholm sowie einige Universitäten ein vielfältiges Kursprogramm zur schwedischen Sprache an. Auskünfte bei: Svenska Institutet Svenskundervisningsenheten, Skeppsbron 2, Box 7434, 10391 Stockholm, Tel. (08) 4 53 78 00, www.si.se.

Sprachführer Schwedisch

Speisekarte

Restaurant	restaurang
Schnellgaststätte	kafeteria, barservering
Imbissbude	gatukök
Frühstück	frukost
Mittagessen	lunch, middag
Abendessen	kvällsmat, middag
essen	äta
trinken	dricka
viel, viele	mycket, många
wenig	lite
Rechnung	räkning
bezahlen	betala
sofort	genast
gegrillt	grillat
gebraten	stekt
gekocht	kokt
Speisekarte	matsedel
Suppe	soppa

Hmmm! Ganz frische »Räkor«, also Krabben!

Fleisch	kött
Braten	stekt
Wurst	korv
Schinken	skinka
Elch	älg
Hähnchen	kcykling
Kalb	kalv
Lamm	lamm
Rentier	ren
Rind	oxe
Schwein	gris
Fisch	fisk
Fischklößchen	fiskbullar
Dorsch	torsk
Forelle	forell, laxöring
Hering	sill
Krabben	räkor
Lachs	lax
geräucherter	rökt lax
Obst	frukt
Apfel	äpple
Apfelsine	apelsin
Birne	päron

Erdbeere	jordgubbe
Heidelbeere	blåbär
Himbeere	hallon
Kirsche	körsbär
Pflaume	plommon
Preiselbeere	lingon
Zitrone	citron
Gemüse	grönsaker
Blumenkohl	blomkål
Bohne	böna
Erbse	ärta
Gurke	gurka
Kartoffel	potatis
Kohl (Rotkohl)	kål (rödkål)
Kopfsalat	huvudsallat
Spinat	spenat
Tomate	tomat
Nachspeisen	dessert, efterrätt
Speiseeis	glass
Kompott	kompott
Eingemachtes	sylt
Pudding	pudding
Schlagsahne	vispgrädde
Getränke	dryckor
Bier	öl
Kaffee	kaffee
Milch	mjölk
Mineralwasser	mineralvatten
Sahne	grädde
Tee	te
Wasser	vatten
Wein	vin
Weißwein	vitvin
Rotwein	rödvin
Brot	bröd
Weißbrot	vetebröd
Brötchen	franskt bröd
Kuchen	kaka
Gebäck	småkakor
Waffeln	våfflor

Grundzahlen

0	noll
1	en, ett
2	två

3	tre
4	fyra
5	fem
6	sex
7	sju
8	åtta
9	nio
10	tio
11	elva
12	tolv
13	tretton
14	fjorton
15	femton
16	sexton
17	sjuton
18	arton
19	nitton
20	tjugo
21	tjugoett
22	tjugotvå
23	tjugotre
25	tjugofem
30	trettio
40	fyrtio
50	femtio
60	sextio
70	sjuttio
80	åttio
90	nittio
100	hundra
101	hundraen
200	två hundra
300	tre hundra
725	sju hundra tjugofem
1000	tusen
500 000	fem hundra tusen
1 Mio.	en million

Bruchzahlen

1/2	en halv
1/3	en tredjedel
1/4	en fjärdedel, en kvart
1/5	en femtedel
0,3	noll komma tre

Monate

Januar	januari
Februar	februari
März	mars
April	april
Mai	mai
Juni	juni
Juli	juli
August	augusti
September	september
Oktober	oktober
November	november
Dezember	december

Wochentage

Montag	måndag
Dienstag	tisdag
Mittwoch	onsdag
Donnerstag	torsdag
Freitag	fredag
Samstag	lördag
Sonntag	söndag
Feiertag	helgdag

Wichtige Wörter und Redewendungen

deutsch (Deutscher)	tyska (tysk)
schwedisch	svenska
Deutschland	Tyskland
Schweden	Sverige
Guten Morgen!	god morgon!
Guten Tag!	god dag!
Guten Abend!	god kväll!
Gute Nacht!	god natt!
Auf Wiedersehen!	adjö!/Hei då!
Sprechen Sie …	talar ni …
deutsch	tyska
Ich verstehe nicht.	jag förstår inte.
Ja, jawohl	ja (ha), jo, ju
bitte!	var så god!
danke	tack!
danke sehr!	tack så mycket!
Dame, Frau	dam, kvinna
Herr	herre
(Für) Damen	Damer
(Für) Herren	Herrar

Wo ist …?	var är …?
die …Straße	gatan
die Straße nach	vägen till …
der Platz	platsen, …torget
die Kirche	…kyrkan
das Museum	museum, museet
wann?	när
offen/geöffnet	öppen/öppet
Rathaus	stadshus
Post	postkontor
Briefmarke	frimärke
Bank	bank
Bahnhof	järnvägsstation
Hotel	hotell
Übernachtung	övernattung
Was kostet …?	vad kostar …?
eine Zeitung	tidning
Ich möchte gern …	jag skulle gärna …
ein Zimmer	ha ett rum
mit einem Bett (Einzelzimmer)	med en bädd (enkelrum)
mit zwei Betten (Doppelzimmer)	med två bäddar (dubbelrum)
mit Bad / ohne Bad	med bad / utan bad
der Schlüssel	nyckeln
die Toilette	toaletten
ein Arzt	läkare, doktor
rechts	till höger
links	till vänster
geradeaus	rakt fram
oben	uppe, ovanpå
unten	nedanför, nere
neu	ny
teuer	dyr
Eintrittskarte	inträdesbiljett

Verkehrsaufschriften und Warnungen

Halt!	stopp! halt!
Zoll!	tull
Vorsicht!	se upp! giv akt!
Langsam!	sakta!
Baustelle	vägarbete, gatuarbete
Einbahnstraße	enkelriktad
Durchfahrt verboten!	genomfart förbjuden!
Straße gesperrt	gatan avstängd
Baden verboten	badning förbjuden
Zelten verboten	förbud mot tältning

Autotechnische Ausdrücke

Deutsch	Schwedisch
Abschleppen	ta på släp
Anlasser	självstart
Auto	bil
Batterie	batteri
Benzin	bensin
Reifenpanne	punktering
Parkplatz	parkeringsplats
Rad	hjul
Reifen	däck
Reparaturwerkstätte	bilverkstad
Blinker	blinkljus
Bremse	broms
Ersatzteil	reservdel
Führerschein	körkort
Hupe	signalhorn, tuta
Kühler	kylare
Luft	luft
Motorrad	motorcykel
Öl	olja
Ölwechsel	oljebyte
Panne	motorstop
Scheibenwischer	vindrutetorkare
Scheinwerfer	strålkastare
Sicherung	säkring
Tankstelle	bensinstation
Ventil	ventil
Vergaser	förgasare
Zündkerze	tändstift
Zündung	tändning
Zylinderkopf	cylinderhuvud

Geografische Begriffe

Deutsch	Schwedisch
Berg	berg
Hochgebirge	fjäll
Gipfel	höjd, topp
Bergspitze, Zinne	spets
Gletscher	glaciär
Bergwand (felsig)	bergvägg
flacher Berghang	backe
Bergrücken	ås
Hügel	kulle
Tal	dal
Klamm, Schlucht	klyfta, skreva
Fluss	älv

kleiner Fluss	å
Wasserfall	fors
Meeresstraße	sund
Wasser, Gewässer	vatten
Strand, Flachküste	strand
steiles Felsufer	klint
Insel	ö
Wald	skog
Moor	myr, mosse
Sumpf	kärr, träsk
Stadt	stad
Kirche	kyrka
Turm	torn
Schloss	slott
Garten, Park	trädgård
Straße	gata
Landstraße	landsväg
Weg	väg
(Markt-)Platz	torg, plats, plan
Brücke	bro
Eisenbahn	järnväg
Fähre	färja

Toiletten

Öffentliche Toiletten sind in Schweden relativ selten. Häufig wird für die Benutzung ein Obulus verlangt. Bei Überlandreisen sind Tankstellen bei dringenden menschlichen Bedürfnissen die richtige Anlaufstellen. In der Stadt darf man bei freundlicher Nachfrage (»Ursäkta mig, var ligger toaletten?« Wo finde ich die Toiletten?) die WCs in Restaurants und Bars benutzen. Kleine Gaststätten haben manchmal keine nach Geschlechtern getrennten Räumlichkeiten.

Selten öffentlich

Verkehr

Zwischen den deutschen und schwedischen Verkehrsregeln gibt es keine großen Unterschiede. Trotzdem gilt es einiges zu beachten: **Licht ist Pflicht,** und das gilt rund um die Uhr, in der Stadt wie auf dem Land. Nebelschlussleuchten dürfen jedoch nicht eingeschaltet werden. Die zulässige **Höchstgeschwindigkeit** außerhalb geschlossener Ortschaften liegt zwischen 70 und 90 km/h, auf Autobahnen

Allgemeine Vorschriften

darf man zwischen 90 und 110 km/h fahren. Die schwedische Polizei führt häufig **Geschwindigkeitskontrollen** durch und die Strafen für zu schnelles Fahren sind empfindlich: Schon eine Überschreitung der Geschwindigkeitsbegrenzung in Ortschaften (max. 50 km/h) um bis zu 10 km/h kostet 2000 SEK, auf anderen Straßen (70–90 km/h, auf der Autobahn 110 km/h) 1500 SEK. Wer ein höheres Tempo – nicht nur auf Schnellstraßen und Autobahnen – gewohnt ist, sollte dies bedenken. Die Promille-Grenze für Alkohol liegt bei **0,2 Promille**. Eine **durchgehende gelbe Linie** am Fahrbahnrand bedeutet Halteverbot; eine gestrichelte gelbe Linie und eine gelbe Zickzacklinie am Fahrbahnrand weisen auf Parkverbot hin.

Achtung, Elche! Die bei Touristen als Souvenir beliebten Elchwarnschilder sollten nicht nur fotografiert, sondern auch beachtet werden. Besonders in den dämmerigen Morgen- und Abendstunden im Frühjahr und Herbst tauchen Elche oft unverhofft auf der Straße auf. Nähert sich ein Wagen mit Licht, bleiben sie aus Neugier oft noch stehen, anstatt weiterzulaufen. Ein Zusammenstoß mit einem Elch kann auch für die Autoinsassen lebensgefährlich sein, da die Tiere sehr groß und schwer sind (▶Baedeker Wissen, S. 24). Fahrer sollten daher immer versuchen auszuweichen. Ist dies nicht möglich, wird geraten, dem Elch in die Hinterbeine zu fahren, so dass er nicht direkt auf das Fahrzeug stürzt, sondern auf der Straße zu Fall kommt.

Überholen Viele schwedische Straßen sind »**eineinhalbspurig**«. Anders als in Deutschland benutzt nicht der Überholende die zweite Spur, sondern **das langsamere Fahrzeug macht den Weg frei** und weicht kurz auf den rechten Seitenstreifen aus. Macht ein vorausfahrendes Fahrzeug Platz, bedankt man sich durch kurzes Rechts-Links-Blinken. Übrigens signalisieren auch Radfahrer durch Fahren auf dem Seitenstreifen, dass Fahrzeuge sie überholen können.

AUTO
Motormännens Riksförbund
Fridhemsgatan 32, Stockholm
Tel. 08 6 90 38 00
Tel. 020 21 11 11
(nur innerhalb Schwedens)
www.motormannen.se

Pannenhilfe
Tel. 020 91 20 12

BAHNAUSKUNFT
Staten järnvägars (SJ) AB
Tel. 0771 75 75 75
(Infotelefon und Ticketservice)
www.sj.se

BUS
Swebus
Tel. 0771 21 82 18
www.swebus.se

Die hier abgebildete Ölandsbrücke ist wie alle Straßen in Schweden mautfrei, einzig die Öresundbrücke kostet Gebühr.

Tankstellen sind in der Regel Mo. – Sa. 7.00 – 19.00 Uhr, an Autobahnen und Hauptverbindungsstrecken z.T. auch rund um die Uhr geöffnet. Die meisten Tankstellen sind **Selbstbedienungstankstellen** mit Geldscheinautomaten für 20-, 50- und 100-Kronen-Scheine; meist ist es auch möglich, mit den gängigen internationalen Kreditkarten zu bezahlen. Diese Tankstellen sind mit dem Wort »sedel« (Banknote) angekündigt – Tankstellen hingegen, an denen man bei einem Tankwart an der Kasse zahlt, sind mit »kassa« gekennzeichnet. Vor allem im hohen Norden sollte jede Tankmöglichkeit genutzt werden, da Tankstellen dünn gesät sind. Vor einer längeren Fahrt sollte man dies unbedingt bedenken.

Tankstellen

Zeit

Wer nach Schweden reist, braucht seine Uhr nicht umzustellen. Ganzjährig gilt die **gleiche Zeit wie in Deutschland**.

Register

A
Abisko-Nationalpark 239
Åhus 243
Ales Stenar 404
Alkohol 32
Älvdalen 304
Åmål 374
Andrée, Salomon August 53
Ängelholm 122
Ångerman Älv 197
Ångermanland 19
Anreise 67, 414
Anundshögen 381
Arboga 292
Architektur 49
Åre 220
Åreskutan 220
Arild 124
Arjeplog 211
Arkösund 281
Arvidsjaur 210, 211
Arzt 421
Äskhult 377
Aspeberget 142
Asplund, Gunnar 49
Atterbom, Per Daniel Amadeus 51
Auskunft 413
Auswanderung 44

B
Bahnreisen 415
Bärenhalbinsel 125
Barock 49
Båstad 126
Bauernmalerei 49
Behinderung 414
Bellmann, Carl Michael 50
Bergbau 36
Bergslagen 127
Bergslagskanal 129
Bernadotte, Jean Baptiste 43
Bernstein 350
Berzelius 54
Bevölkerung 30
Birgitta von Schweden 54
Birka 341
Birkenzone 22
Bjärehalvön 125
Björkö 340
Bjursås 148
Blekinge 18, 230
Blekingeleden 232
Bohus Fästning 133
Bohuslän 131
Boliden 308
Bollnäs 203
Bönhamn 198
Borås 168
Borgholm 288
Borlänge 129
Bosjökloster 258
Brahe, Tycho 246
Bro 177
Bronzezeit 39
Bunge 177
Burgsvik 179
Busreisen 415
Byrum 287
Byxelkrok 287

C
Carl XVI. Gustaf 45
Celsius, Anders 50
Christian II. 41
Christianisierung 40
Christine von Schweden 55
Cowern, Patricia 217

D
Daglösen 131
Dalapferdchen 302
Dalarna 19
Dalby 258
Dalhem 175
Dal-Malerei 145
Dalslandkanal 374
Döda Fall 344
Dorotea 208
Dreißigjähriger Krieg 42
Duved 220

E
Egby 287
Einwanderung 30
Eisenzeit 39
Eiszeit 15
Eketorp 286
Ekornavallen 370
Elch 23
Elektrizität 415
Energiewirtschaft 37
Engelbrektsson, Engelbrekt 41
Enquist, Per Olav 51
Ericsson, Astrid 58
Ericsson, John 131
Eriksberg 231
Erzbahn 233
Eskilstuna 265
Esrange 239
Etikette 415
Euro 32
Europäische Krankenversicherungskarte 417
Europäische Union 32

F
Fähre 411
Falkenberg 378
Falköping 367
Falsterbonäset 347
Falun 143
Färjestaden 285

Register ANHANG

Fatmomakke 210
Fauna 23
Felsbilder 139
Felszeichnungen 39, 47
Filipstad 131, 135
Fiskebäckskil 138
Fjällbacka 138
Fjällnäs 188
FKK 96
Flora 22
Flüge 67, 414
Flygare-Carlén, Emilie 51
Forstwirtschaft 37
Fossum 143
Frövi 130
Frykenseen 372
Funäsdalen 187

G

Gällivare 217
Gånggrifter 39
Garbo, Greta 55
Gärdslösa 287
Gävle 149
Geld 416
Gesunda 303
Gesundheit 417
Gettlinge 285
Glimmingehus 406
Götar 40
Göteborg 152
Gotik 48
Gotland 18, 169
Gotska Sandön 177
Gråborg 289
Gränna 391
Gryt 281
Guffriede 179
Gustav II. Adolf 56
Gustav II. Adolf 42
Gustav I. Wasa 42

H

Halland 18
Hallandsåsen 184
Hallands Väderö 126

Hällristningar 47, 139
Halmstad 180
Hälsingland 19
Hammarskjöld, Dag 56
Hanse 41
Härjedalen 185
Härnösand 195
Haustiere 416
Hedared 168
Hedeviken 186
Hedin, Sven 56
Heidenstam, Carl Gustaf Verner von 51
Heilige Ansgar 40
Helsingborg 188
Hjälmarsee 293
Hjo 398
Hoburgen 179
Höga Kusten 194
Höganäs 125
Höllviken 350
Holmhällar 179
Hudiksvall 200

I

Iggesund 202
Ikea 57
Inlandsvägen 206
Insel Fårö 177
Insel Härnön 196
Insel Ven 246
Ismantorpsborg 286

J

Jämtland 19, 219
Jamtli 295
Järvsö 203
Johnson, Eyvind 51
Jokkmokk 214
Jönköping 389
Jukkasjärvi 235
Julbock 150
Jungfrukusten 202

K

Kalix 254

Kalmar 222
Kalmarer Union 41
Kamprad, Ingvar 57
Karleby 370
Karlevistenen 285
Karlfeldt, Erik Axel 51
Karl Knutsson 41
Karlsborg 398
Karlshamn 231
Karlskoga 371, 372
Karlskrona 227
Karlstad 372
Karums Alvar 288
Kåseberga 409
Kebnekaise 235
Kellgren, Johan 50
Kinda-Kanal 250
Kinder 79
Kirchenstädte 254
Kiruna 233
Kivik 407
Klassizismus 49
Klima 22
Kneippbyn 178
Kolmården 280
König Christian I. 41
Köping 382
Koster-Inseln 139
Krankenversicherung 417
Kristianstad 240
Kronoberg 401
Kronprinzession Victoria 45
Kullaberg 124
Kullen 124
Kungälv 133
Kunstgeschichte 47
Kvikkjokk 215

L

Laestadius, Lars Levi 238
Lagerkvist, Pär 51
Lagerlöf, Selma 58, 373
Laholm 184
Landhebung 16

ANHANG Register

Landschaften 16
Landskrona 244
Landwirtschaft 37
Långe Jan 285
Lappland 19
Lärbro 177
Larsson, Carl 50, 58, 148
Laubbäume 22
Leander, Zarah 58
Lickershamn 177
Lidköping 365
Lidman, Sarah 51
Lindesberg 130
Lindgren, Astrid 58
Lindh, Anna 45
Linné, Carl von 59
Literatur 417
Litlesby 143
Ljugarn 179
Lo-Johansson, Ivar 51
Lövånger 308
Luleå 251
Lummelundagrottan 176
Lund 255
Luttra 370
Lysekil 137

M
Mälarsee 262
Malmberget 218, 219
Malmö 270
Mankell, Henning 59
Mårbacka 373
Mariefred 264
Mariestad 370
Marstrand 133
Martinson, Harry 51
Medelpad 19
Medien 418
Megalithbauten 39
Mellbystrand 184
Mellerud 374
Minderheiten 30
Mittelschwedische Senke 15

Mitternachtssonne 425
Mölle 124
Mölndal 165
Moltebeeren 23
Monarchie 31
Mora 299
Morasteine 361
Motala 396
Mückenplage 413
Museum Dag Hammarskjöld 405

N
Nadelbäume 22
Namatj 216
Narvik 233
Nationalpark Tiveden 397
Natur 15
Nesser, Håkon 51
Njullá 239
Njupeskärsfall 305
Nobel, Alfred 60
Nora 130
Nordens Ark 138
Nordingrå 198
Norra Kvill 386
Norrbotten 19
Norrköping 278
Norrland 19
Notfall 417
Notrufe 419
Nusnäs 302
Nyköping 280

O
Öland 18, 281
Ölandbrücke 284
Öljaren-See 268
Örebro 289
Öresund-Brücke 275, 414
Orkan Gudrun 22
Örnsköldsvik 198
Orsa Grönklitt 301
Orsasee 301

Örups Stenhus 404
Orust 136
Oser 16
Oskarshamn 385
Östersund 293
Östra Ämtervik 373
Ottenby 285
Övre Fryken 374

P
Padjelanta 214
Padjelantaleden 216
Palme, Olof 44
Pershyttan 131
Pflanzen und Tiere 22
Pieljekaise Nationalpark 211
Pirak, Lars 215
Piteå 308
Post 419
Preise 420

R
Rallarstig 219
Rättvik 302
Rauchverbot 420
Raukar 171
Regierung 32
Reichstag 32
Reisedokumente 412
Reisezeit 421
Ren 23
Renaissance 49
Ribersborg 272
Rogen 187
Rök 394
Roma 175
Romanik 47
Rönnäng 136
Ronneby 231
Rottneros 373
Rundkirchen 48
Runen 39

S
Sala 382

Register ANHANG

Sälen 305
Saltoluokta 217
Saltsjöbaden 340
Sandviken 151
Sånfjäll Nationalpark 186
Sarek 214
Särna 305, 307
Schären 15
Scheele, Carl Wilhelm 50
Schlacht von Brunkeberg 41
Schlacht von Lützen 42
Schloss Drottningholm 338
Schloss Gripsholm 264
Schloss Gunnebo 165
Schloss Hovdala 243
Schloss Krapperup 125
Schloss Malmöhus 275
Schloss Örebro 290
Schloss Snogeholm 405
Schloss Strömsholm 382
Schloss Tidö 381
Schloss Tjolöholm 165
Schloss Tullgarn 263
Schloss Vittskövle 243
Schonen 16
Sigtuna 268
Siljansee 296
Simrishamn 405
Sjöfallsbryggan 217
Skanden 15
Skara 366
Skåne 16
Skanör/Falsterbo 347
Skärhamn 136
Skärså 203
Skellefteå 306
Skelleftehamn 308
Skokloster 269
Skuleberg 197, 198
Skuleskog Nationalpark 198
Småland 16
Smögen 138

Snäckgårdsbad 176
Söderhamn 203
Söderköping 281
Södertälje 263
Solliden 288
Sölvesborg 232
Sommerlath, Silvia 45
Sprache 421
Sprachen 30
Stabkirche 48, 168
Steinzeit 39
Stellung der Frau 30
Sten, John 202
Stensholm 139
Stenshuvud 407
Stockholm 309
-Drottningholm 338
-Ekopark 337, 338
-Blutbad 41
-Gamla Stan 318
-Gröna Lund 332
-Hallwylsches Palais 326
-Historiska Museet 331
-Königliche Bibliothek 330
-Königliches Armeemuseum 329
-Königliches Schloss 318
-Konserthus 327
-Kulturhus 326
-Kungsholmen 328
-Millesgården 338
-Moderna Museet 325
-Nationalmuseum 324
-Naturhistoriska Riksmuseet 337
-Östasiatiska Museet 325
-Östermalm 329
-Riddarholms Kyrkan 321
-Riddarhus 320
-Sergels Torg 326
-Sjöhistoriska Museet 337

-Skansen 336
-Stadshus 329
-Storkyrka 319
-Strandvägen 329
-Strindberg-Museum 328
-Tyska Kyrkan 320
-Vasa-Museum 332
-Waldemarsudde 336
Stora Alvaret 283
Stora Karlsö 179
Stora Sjöfallet 214
Stora Sjöfallet Nationalpark 217
Storforsen 308
Storjungfrun 202
Storlien 221
Strängnäs 264
Strindberg, August 51, 60
Strömstad 139
Sundborn 148
Sundsvall 341
Sunne 373
Surte 133
Svear 40
Sveg 186
Sverige 40
Swedenborg, Emanuel 50
Sylarna 221

T

Tåkernsee 395
Tällberg 303
Tegefjäll 220
Telefon 419
Tjörn 136
Toiletten 429
Torekov 126
Torne Älv 238
Torneträsk 239
Torsbo 143
Tourismus 37
Trelleborg 345
Trollhättan 364
Trollskogen 287

ANHANG **Register**

Tucholsky, Kurt 264
Tykarpsgrotte 242
Tylösand 183
Tyrislöt 281

U
Uddevalla 136
Umeå 351
Union mit Norwegen 43
Uppland 19, 361
Uppsala 354

V
Vadstena 395
Valleberga 404
Vänersee 362
Varberg 375
Västerås 379
Västerbotten 19
Västervik 383
Västmanland 19
Vättersee 387
Växbo 203
Vaxholm 340
Växjö 399
Vemdalen 186
Vendelzeit 39
Verkehr 429
Verwaltungsgliederung 32
Vilhelmina 208
Vimmerby 385, 386
Visby 172
Visingsö 394
Vitlycke 139
Vuollerim 215

W
Waräger 40
Wasalauf 300
Wechselstuben 421
Westfälischen Frieden 42
Wikinger 40
Windmühlen 283
Wirtschaft 33
Wohlfahrtsstaat 33

Y
Ystad 401

Z
Zahnarzt 421
Zeit 430
Zeitungen 418
Zollbestimmungen 412
Zorn, Anders 61

atmosfair · ANHANG

nachdenken · klimabewusst reisen

atmosfair

Reisen verbindet Menschen und Kulturen. Doch wer reist, erzeugt auch CO_2. Der Flugverkehr trägt mit bis zu 10% zur globalen Erwärmung bei. Wer das Klima schützen will, sollte sich nach Möglichkeit für die schonendere Reiseform entscheiden (wie z.B. die Bahn). Gibt es keine Alternative zum Fliegen, kann man mit atmosfair klimafördernde Projekte unterstützen.

atmosfair ist eine gemeinnützige Klimaschutzorganisation unter der Schirmherrschaft von Klaus Töpfer. Flugpassagiere spenden einen kilometerabhängigen Betrag und finanzieren damit Projekte in Entwicklungsländern, die den Ausstoß von Klimagasen verringern helfen. Dazu berechnet man mit dem Emissionsrechner auf **www.atmosfair.de** wieviel CO_2 der Flug produziert und was es kostet, eine vergleichbare Menge Klimagase einzusparen (z.B. Berlin – London – Berlin 13 €).

atmosfair garantiert die sorgfältige Verwendung Ihres Beitrags. Alle Informationen dazu auf www.atmosfair.de. Auch der Karl Baedeker Verlag fliegt mit atmosfair.

Verzeichnis der Karten und Grafiken

Top-Reiseziele 2
Landschaften 17
Schweden auf einen Blick 20
Klimastationen 27
Polarlicht 28
Nobelpreis (Infografik) 62
Tourenübersicht 105
Tour 1 109
Tour 2 112
Tour 3 114
Tour 4 116
Falun 145
Göteborg 156
Götakanal 167
Visby 173
Helsingborg 190
Himmlische Lichter 212
Kalmar 225
Karlskrona 229
Linköping 249
Lund 257
Dom von Lund (3D) 261
Schloss Gripsholm (3D) 267
Malmö 273
Öresundbrücke (3D) 277
Örebro 289
Stockholm 316
Ridarholm-Kirche 321
Vasa-Museum (3D) 335
Wikinger (Infografik) 348
Uppsala 357
Tanz der Kraniche (Infografik) 368
Västerås 381
Jönköping 389
Glasreich (Infografik) 392

Bildnachweis

Amme, Michael/laif: 5u.
Bilderberg 61
Bilderberg/ Boisvieux U2, 38, 86, 260
Bilderberg/ Madej U4o., 175, 230, 237
Bilderberg/ Modrak 46, 336
Bilderberg/ Schmid 97
Branscheid 333
CHROMORANGE/gourmet-vision70r
DuMont Bildarchiv/ Riehle 3ur, 4u, 12, 13, 34, 41, 64, 66, 74, 78, 90, 117, 137, 141, 166, 180, 183, 194, 232, 243, 250, 259, 261u., 265, 269, 280, 284, 287, 309, 312, 314, 318, 320, 328, 339, 340, 356, 360, 340, 384, 386, 390, 394, 398, 423, 431
DuMont Bildarchiv/Scholz 35
Dumont/Bildarchiv 4o., 5mitte, 31, 70li., 94, 408, 418
Foodcollection 5o
Huber 120, 350
Huber/ Gräfenhain 48, 226
Huber/ Mezzanotte 174
Huber/ Römmelt 238
Hyse, Lennart 810: 71re.
Interfoto 52, 54, 57, 59
istock/Marcus Lindström 330
laif 295
laif/ Daams 3or, 176
laif/ Galli 14, 178, 274, 371, 397
laif/ Hub 84, 125
laif/ Modrow: 2, 210
look/ Dressler: U3o. 1, 3li., 25, 132
look/ Gruene: 222
mauritius Great shots: 7, 184

Mauritius: U4l, 367, 405
mauritius/ age fotostock: U3u., 6, 9, 10, 18, 102, 205, 278, 342
mauritius/ Boerner: 277ro
mauritius/ Credit Super Stock: 266
mauritius/ Magnusson: 291
mauritius/ Rommelt: 119
mauritius/Nordic Photos: 267ro
mauritus/ Ekholm: 36
mauritus/ Guierig: 107
mauritus/ Wiede: 221
Mendzigall, Dieter: 92
Montgomery, Henrik/Scanpix 73
Nahm, Peter 1, 69, 80, 140, 151, 168, 196, 202, 215, 261ol, 261or, 262, 267l, 271, 283, 293, 306, 382, 412
Nowak, Christian 99, 148, 158, 160, 162, 165, 187, 216, 240, 246, 254, 267ru, 299, 302, 327, 359, 401, 406
pa: U4u., 130, 199, 208, 218, 268, 276, 277u
pa/ Leuven: 304
pa/ Reck: 378
pa/ Royal Press Europe/ Nieboer: 45
pa/ Willi Rolfes, Okapia: 22
Pfaffinger: 142
picture-alliance/dpa: 301, 410
Schmitt, Franck 71l
Szerelmy, Beate 313, 334, 335ol, 335ul, 335ur
WILDLIFE/S.E.Arndt: 82

Titelbild: Max Galli/laif

Impressum

Ausstattung:
186 Abbildungen, 35 Karten und grafische Darstellungen, eine große Reisekarte
Text:
Wolfgang Hassenpflug, Rasso Knoller, Peter M. Nahm, Dr. Christian Nowak, Dina Stahn
Bearbeitung:
Baedeker Redaktion (Beate Szerelmy, Redaktionsbüro Negwer/ Andrea Freund, Christian Calmano, Thomas Zwicker, Julia Haude)
Kartografie:
Klaus-Peter Lawall, Unterensingen; MAIRDUMONT Ostfildern (Reisekarte)
3D-Illustrationen:
jangled nerves, Stuttgart
Infografiken:
Golden Section Graphics GmbH, Berlin
Gestalterisches Konzept:
independent Medien-Design, München
Chefredaktion:
Rainer Eisenschmid, Baedeker Ostfildern
8. Auflage 2013
Völlig überarbeitet und neu gestaltet

© KARL BAEDEKER GmbH, Ostfildern
für MAIRDUMONT GmbH & Co KG; Ostfildern
Der Name Baedeker ist als Warenzeichen geschützt. Alle Rechte im In- und Ausland sind vorbehalten. Jegliche – auch auszugsweise – Verwertung, Wiedergabe, Vervielfältigung, Übersetzung, Adaption, Mikroverfilmung, Einspeicherung oder Verarbeitung in EDV-Systemen ausnahmslos aller Teile des Werkes bedarf der ausdrücklichen Genehmigung durch den Verlag.

Anzeigenvermarktung:
MAIRDUMONT MEDIA
Tel. 0049 711 4502 333
Fax 0049 711 4502 1012
media@mairdumont.com
http://media.mairdumont.com

Printed in China

Trotz aller Sorgfalt von Redaktion und Autoren zeigt die Erfahrung, dass Fehler und Änderungen nach Drucklegung nicht ausgeschlossen werden können. Dafür kann der Verlag leider keine Haftung übernehmen.
Kritik, Berichtigungen und Verbesserungsvorschläge sind jederzeit willkommen. Schreiben Sie uns, mailen Sie oder rufen Sie an:

Verlag Karl Baedeker / Redaktion
Postfach 3162
D-73751 Ostfildern
Tel. 0711 4502-262
info@baedeker.com
www.baedeker.com

Die Erfindung des Reiseführers

Als **Karl Baedeker** (1801 – 1859) am 1. Juli 1827 in Koblenz seine Verlagsbuchhandlung gründete, hatte er sich kaum träumen lassen, dass sein Name und seine roten Bücher einmal weltweit zum Synonym für Reiseführer werden sollten.

Das erste von ihm verlegte Reisebuch, die 1832 erschienene **Rheinreise,** hatte er noch nicht einmal selbst geschrieben. Aber er entwickelte es von Auflage zu Auflage weiter. Mit der Einteilung in die Kapitel »Allgemein Wissenswertes«, »Praktisches« und »Beschreibung der Merk-(Sehens-)würdigkeiten« fand er die klassische Gliederung des modernen Reiseführers, die bis heute ihre Gültigkeit hat. Der Erfolg war überwältigend: Bis zu seinem Tod erreichten die zwölf von ihm verfassten Titel 74 Auflagen! Seine Söhne und Enkel setzten bis zum Zweiten Weltkrieg sein Werk mit insgesamt 70 Titeln in 500 Auflagen fort.

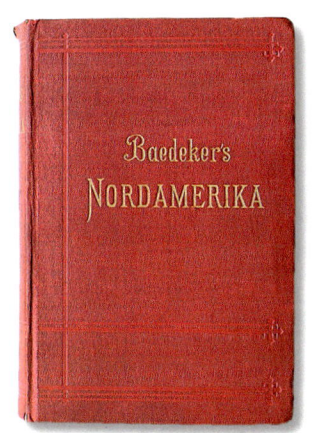

Bis heute versteht der Karl Baedeker Verlag seine große Tradition vor allem als eine Kette von Innovationen: Waren es in der frühen Zeit u. a. die Einführung von Stadtplänen in Lexikonqualität und die Verpflichtung namhafter Wissenschaftler als Autoren, folgte in den 1970ern der erste vierfarbige Reiseführer mit professioneller Extrakarte. Seit 2005 stattet Baedeker seine Bücher mit ausklappbaren 3D-Darstellungen aus. Die neue Generation enthält als erster Reiseführer Infografiken, die (Reise-) Wissen intelligent aufbereiten und Lust auf Entdeckungen machen.

In seiner Zeit, in der es an verlässlichem Wissen für unterwegs fehlte, war Karl Baedeker der Erste, der solche Informationen überhaupt lieferte. In der heutigen Zeit filtern unsere Reiseführer aus dem Überfluss an Informationen heraus, was man für eine Reise wissen muss, auf der man etwas erleben und an die man gerne zurückdenken will. Und damals wie heute gilt für Baedeker: Wissen öffnet Welten.

Baedeker Verlagsprogramm

- Ägypten
- Algarve
- Allgäu
- Amsterdam
- Andalusien
- Argentinien
- Athen
- Australien
- Australien • Osten
- Bali
- Baltikum
- Barcelona
- Bayerischer Wald
- Belgien
- Berlin • Potsdam
- Bodensee
- Brasilien
- Bretagne
- Brüssel
- Budapest
- Bulgarien
- Burgund
- Chicago • Große Seen
- China
- Costa Blanca
- Costa Brava
- Dänemark
- Deutsche Nordseeküste
- Deutschland
- Deutschland • Osten
- Djerba • Südtunesien
- Dominik. Republik
- Dresden
- Dubai • VAE
- Elba
- Elsass • Vogesen
- Finnland
- Florenz
- Florida
- Franken
- Frankfurt am Main
- Frankreich
- Frankreich • Norden
- Fuerteventura
- Gardasee
- Golf von Neapel
- Gomera
- Gran Canaria
- Griechenland
- Griechische Inseln
- Großbritannien
- Hamburg
- Harz
- Hongkong • Macao
- Indien
- Irland
- Island
- Israel
- Istanbul
- Istrien • Kvarner Bucht
- Italien
- Italien • Norden
- Italien • Süden
- Italienische Adria
- Italienische Riviera
- Japan
- Jordanien
- Kalifornien
- Kanada • Osten
- Kanada • Westen
- Kanalinseln
- Kapstadt • Garden Route
- Kenia
- Köln
- Kopenhagen
- Korfu • Ionische Inseln
- Korsika
- Kos
- Kreta
- Kroatische Adriaküste • Dalmatien
- Kuba
- La Palma
- Lanzarote
- Leipzig • Halle
- Lissabon
- Loire
- London
- Madeira
- Madrid
- Malediven
- Mallorca
- Malta • Gozo • Comino
- Marokko
- Mecklenburg-Vorpommern